U0459370

# 资 本 论 上册

## （第三卷）

［德］马克思◎著

郭大力　王亚南◎译

 湖南人民出版社·长沙

# 编者序

　　这是马克思的主要著作的第三卷，他的理论的最后部分。我终于能够把这一部分公刊于世，那是我的荣幸，当我1885年公刊第二卷时，我以为，第三卷除了最重要的数篇，也许我所遇到的困难，都只是技术上的。实际也是这样。但我当时没有预料到，全卷中最重要的几篇，会给我这么多的困难；也没有预料到，还会有其他诸种障碍，使本书的完成这样延迟。

　　第一种最妨碍我工作的障碍，是视觉衰弱。这个障碍，使我在数年间，不得不把着笔时间，限制在最低限度内。即在目下，我所有的写作，仍须在人工光线下进行，此外，我还有别种不能拒却的工作，例如马克思及我本人前期著作的编辑和翻译，以及订正，序跋，增补，那往往须有新的研究。当中最主要的是《资本论》第一卷英译本的刊行；对于这个译本的文字，我负了终审之责，那曾费去我许多时间。一个人，只要他究问一下近十年间国际社会主义文献的大发展，尤其是马克思和我的前期著作的译本种数的增加，他一定会和我一样，认为这个事实——我只能在极少数种文字上对于翻译者有益；因此，我对于若干请我订正译文的人，不得不辞谢——是我自己的一种幸运。但文献的增加，不过是国际劳动运动也相应发展的一个征象罢了。这种运动，曾以一种新的责任加于我。自我们公开活动的第一日起，各国社会主义者运动和劳动运动，就有大部分的媒介工作，是落在马克思和我身上。当这个运动全部益益臻于健全时，这种工作是依比例增加起来了。在马克思未死之前，这种工作的主要部分，是落在马克思身上。但自他死后，这种益益增加的工作，不得不由我一人担任。在这时，各国工党相互间的直接的交际，已成常则；且这个倾向，现今是日加无已。为我的学说工作计，同人们要求我帮助的地方，确实是超过我的愿望之上，但像我这样，既以五十余年的精力在这个运动中奋斗，自应把由此发生的种种工作，视为是应尽的义务，决不能畏避，必须立即实践的。我们这个动荡的时代，是和 16 世纪一样；对于公共问题，我们决不能单作一个理论家。这种单纯的理论家，只能在反动派方面发现，但也就因此，所以这辈先生不是现实的理论家，却只是反动的辩护者。

因为我滞留在伦敦，所以我与党的交际，在冬季，是以通信为多。在夏季，却大部是面谈。加之，发生这种运动的国家是益益增多，机关报纸的数目也迅速增加。我必须跟着它走。因有这种种缘故，所以我迫不得已，是只能在冬季，尤其是在一年最初的三个月间，做那些不能随时中断的工作。一个七十余岁的人，脑髓的联想纤维，不免退缓得叫人讨厌。我已经不能像先前一样，容易地，迅速地，在艰难的理论工作上，把工作中断所引起的困难克服了。所以，一冬的工作，如不能在这一冬完毕，便只好留待次冬再开始，这种情形，在最难的第五篇，尤其被我经验到。

照以下所述，读者当可知，第三卷的编辑工作，本质上，是与第二卷的编辑工作不同的。第三卷除一个草案外就没有别的可以利用；并且，这个草案，也是极不完全的。照例，各篇的开端，都曾细心撰修，即在文体上也有推敲。但越下去，研究工作，就越是概括，越是有遗漏，越是牵涉那在研究进行中其位置尚未经最后决定的支点，越是把句子弄得冗长复杂，以致其内孕育的思想，不能一目了然。许多地方，书法与说明方法，明白表示在工作过程中著者的疾病的开始与加重。这种疾病，使著者的独立工作，益益觉得困难；最后，还使著者的工作，不得不暂时完全停止。这并不是不可思议。在1863年至1867年，马克思不仅已将《资本论》后二卷的初稿完成，将第一卷整理好预备付印，且曾努力于国际劳动者协会的设立和扩张，这是一种可惊的工作。结果，他的健康的破坏，在1864年、1865年，就已露出最初的征候，以致不能亲手将第二卷和第三卷做好。

我的工作，是先把草稿全部抄写一遍，使它成为一种易读的抄本。这种草稿就连我也往往是不能辨认的。单是这件事，就很花时间。然后真正的编辑工作，方才开始：我曾把这种工作，限制在必要的限度内。在意义已经很明了的地方，我曾竭力保存初稿的性质。从不同的观点观察同一的对象，从而，把同一的思想复述几遍，殆已成为马克思的习惯。对于这种复述，我概加以保留。甚至以不同文字表示同一思想的地方，我也不加削除。但些地方，我所加的订正或增补，已不以编辑为限；有些地方，我是利用马克思所供给的事实材料，尽可能根据马克思的精神，而自行推得结论。在这些地方，我都把全段话，用角形弧括起来，并附上我的姓名的简笔字了。我所加的注，有时不便用括弧，但凡是有我的简名的地方，其全注都须由我逐字负责的。

这是自明的，一个原稿初次草成时，总会提示许多点，表示待以后说明，并不是每一点后来都加说明的，因为我要宣示著者整理的计划，所以关于这些点，我都照原样，没有改动。

再分别来叙述。

关于第一篇，主要的草稿，必须大加限制，始能应用。关于剩余价值率与利润率的关系，全部数字的计算（第三章），是在草稿开头的地方提示的，第一章所说明的主题，却到后来才附带讨论。在这场合。两个改编的草稿，各有二开本的八页，可供应用。但这两个草稿，也未曾一贯编好。第一章，就是由这两个草稿编成的。第二章，是从主要草稿采出。第三章包有一列不完全的数字的计算；但此外还有一束差不多完全的草稿，是在七十年代写成的，那在方程式的形态上，叙述了剩余价值率与利润率的关系。我的朋友摩亚，第一卷英译本大部分的翻译者，曾为我整理这个草稿；他是剑桥的研究数学的老学生，他担任这个工作，要比我适宜。我就依照他的摘要，间或也利用主要草稿，而把第三章编成。第四章，除仅有一标题外，没有别的什么可以利用。但因这一章所讨究的题目"周转对于利润率的影响"，非常重要，所以我不得不补撰起来。就因为这个理由，所以，全章都用括弧括着。但在编辑进行中，我才发觉，第三章的利润率公式，必须加以改正，方才能普遍应用。第五章起至第一篇末，我是以主要草稿为唯一根据，不过仍有许多颠倒和增补的地方。

续三篇，除更正文体外，我是完全照主要草稿编辑的。有少数几段，主要是论述周转的影响的，必须加以整理，俾能与我补作的第四章相合。这些地方，也用括弧括着，并记上我的简名。

主要的困难，是在第五篇，而全卷讨论的最复杂的对象，也是在第五篇。马克思就在这点，遭遇过一次重病的袭击。所以在这点，我没有完全的草稿可用，甚至连一个可以补充完全的纲要也没有，却只有一个工作的草案，但数经努力，仍不过以一些杂乱堆积的注释批评和拔萃资料而终。像对付第一篇一样，对于这一篇，我开始是把各空隙补起来，把仅有提示的各段完成，至少使著者所欲讲的各点，差不多完全补足起来。我至少曾三度如此尝试，但都失败了；由此丧失的时间，便是这一卷所以延迟至此的主要理由之一。最后，我才知道，这条路是走不通的，我其实应当涉猎这方面的浩瀚的文献，但由这样完成的东西，会不像是马克思的著作。因此，我只有把这个问题缩短，使我的工作，仅是就已有的材料加以整理，并加以必不可少的补充。这样，我就在 1893 年春，把这一篇的主要工作完成了。

再就各章说，第二十一章至二十四章的各点，都早已完成。第二十五章第二十六章的参考资料，仍须加以筛选，并把其他地方发现的材料补充进去。第二十七章第二十九章几乎完全可以照草稿编辑，但第二十八章却有些地方必须重新配置。真正的困难，是从第三十章开始。从这章以下，我不单要整理参考资料，并且要整理思想的线索；因为，在思想的进行中，时时有插句歧语为之中断，且常常把一种思想，附带在别的处所再论。因此，第三十章经过许多颠倒，许多删削，方才编成。第三十一章的原稿，是比较更贯串的。但其后，却有一篇冗长的草稿，题名"混乱"的，不过是国会关于 1848 年及 1857 年恐慌的报告的拔萃。在这种拔萃中，总集有二十三个企业家及经济学著作家的陈述，（这种陈述，是特别关于货币与资本，关于金输出，关于投机过度等的），并间或加以诙谐的短评。当时人关于货币与资本的关系所抱的见解，都在这个拔萃中，由问或答的方式，包括着。马克思原要从批评的讽刺的观点，考察在金融市场上，货币的观念和资本的观念是怎样"混乱"。我在多次尝试之后，相信这一章是不能编成的。但在有关联的地方，我曾利用这些材料，尤其是马克思曾经批评过的材料。

由我收容在第三十二章内的材料，是已经相当整理好的。但其后又有一束国会报告的拔萃，那牵涉各种与这篇有关的问题，中间杂有著者的长短不一的批评。这种拔萃与批评在快要结束时，主要是以货币金属及汇兑市场的变动为目的，最后则以杂评为殿。反之，"资本主义前期的状态"一章（第三十六章）却已经完全加工好了。

我是利用"混乱"中那未在别处使用的各种材料，编成第三十三章至三十五章。这是当然的，为要保持贯串起见，我不能不加一些穿插进去。在这种穿插不仅有形式的性质时，我都曾标示出来，表示那是我插进去的。这样，马克思关于这点的各种叙述，全都在本文中收容了。所遗下的，不过是拔萃的一小部分，这一小部分或仅复述已在别处叙述过的事情，或其所论之点，未曾为原稿所细密论究。

讨究地租的那一篇，曾十分加工好，不过没有适当的整理好。这可取证于下述的事实；即，马克思曾经觉得，第四十三章（在原稿里面，那是地租篇的最后一段），有摘要重述一篇全部的计划的必要。这种摘要，深为编辑者所欢迎，因为原稿是以第三十七章开始，继以第四十五章至四十七章，然后才是第三十八章至四十四章。最大的工作，是编制对差地租 II 的诸表，并发现这种地租的第三种情形。这是第四十三章的题目，但未曾在原稿内研究的。

马克思曾在 70 年代，以全新的精深的方法，考究地租篇，俄国自 1861 年的"改良"以后，关于地租，时有统计报告及其他各种刊物出版。他对于这些报告及刊物，曾就原版加以研究。他的俄国友人，把这种原版尽量供给于他，他曾就此撰成拔萃，以便将来整理这篇时，有所参考。俄国的土地所有权及农业生产者榨取方法，是有各式各样的形态的，所以，在第一卷，我们研究产业工资劳动时，以英格兰为典型，在地租篇，则应以俄罗斯为典型。但不幸，他不能把这个计划实现。

最后第七篇是完全写好了的，不过只是一个初稿，在能付印之前，必须把错综复杂的文句，切成分句。最后一章，只有一个冒头。发展的资本主义社会，有三个大的阶级。在这章，与三个大所得形态（地租，利润，工资）相应的三大阶级（土地所有者，资本家，劳动者），以及他们的存在所必致引起的阶级斗争，是被视为资本主义时期的实际的成果。依照马克思的习惯，这种结论的概括，是要留到付印的时候，再加以最后的编辑的。必须如此，他才能由最新的历史上的事情，照常样，取得他最希望的现实的证据，来证明他的理论的展开。

这一卷，像第二卷一样，没有第一卷那样多的引语和拔萃。凡引自第一卷的话，都经注明第二版或第三版的页数。草稿中，凡是参照前辈经济学家的理论叙述的地方大都只记下名姓，其本文原拟待最后校订时补入的。当然，我必须保留它的原来面目。被引用的国会报告仅有四，但每个报告都被利用得很多。此四者为：

（一）下院委员的报告第八册，"商业不景气"第二册第一篇，（1847—1848 年），证述细录。在引语中，题作"商业不景气（1847— 1848 年）"。

（二）上院秘密委员关于 1847 年商业不景气的报告。1848 年印。证述系 1857 年印（因 1848 年被认为太早）。在引语中，题作"商业不景气（1848—1857 年）"。

（三）与（四）1857 年银行法的报告。1858 年银行法的报告。——下院委员关于 1844 年、1845 年银行法的影响的报告，及证述。在引语中，题作"银行法（有时题作'银行委员'）1857 年或 1858 年"。

第四卷——剩余价值学说史——在情形允许我着手时，我就会着手编辑的。

\*     \*     \*

在《资本论》第二卷的序文中，我曾给那些大人先生一个机会指示洛贝尔图经济学能成就什么；因为他们曾经喧嚣的说："洛贝尔图这个人，是马克思的秘密的源泉和优秀的先驱者。"我还请他们论证，"相等的平均利润率的成立，怎样能够并且必须不与价值法则相违背，却宁说是以价值法则为基础"。但这些从客观的理由或从主观的理由，但不从科学的理由，称善良的洛贝尔图为经济学第一流大明星的大人先生们，并没有一个人能够答复我提出的问题。但有别一些人，觉得应当在这个问题的考究上，用功夫。

柳居士教授（Prof. W. Lexis）在批评本书第二卷时，（《康拉德年鉴》1885 年第 452—465 页），曾提起这个问题来，但不曾要给予任何直接的解决。他说："这个矛盾（即里嘉图，马克思的价值法则与相等的平均利润率之间的矛盾）的解决，是不可能的，如果不同种的商品是分别地被考察，价值被认为等于交换价值，交换价值又被认为与价格相等或相比例。"照他的意思，这种矛盾的解决，只有依下方法才可能：那就是"把个个商品的价值由劳动决定的说法放弃，并且把商品生产的全体，把商品在资本家全阶级和劳动者全阶级间的分配，放在眼里。……劳动者阶级仅从总生产物取得一部分。……落在资本家阶级手里的部分，便是马克思所谓剩余生产物，……所谓剩余价值。资本家阶级中的人，把剩余价值分配在他们自己中间，但其分配，不比例于他们所使用的劳动者数，只比例于各人投下的资本量；当然，土地也算在资本价值之内的"。依体化在商品内的劳动单位而定的观念价值，即马克思的观念价值，不与价格相符，但"能当作一个运动——推移到现实价格的运动——的出发点。现实价格的成立，乃以同量资本要求同量利润这个事实为前提"。因此，会有若干资本家，其商品出售的价格，高于其观念价值，别一些资本家，其商品出售的价格，则低于其观念价值。"但因剩余价值的增损，会在资本家阶级内部互相抵消，故剩余价值的总量，无异于一切价格比例于商品观念价值的时候。"

很明白，在这里，问题并没有解决，但已经依一种弛松的浅薄的方式，大体正确的，把问题提出了。论者既颇以庸俗经济学者的资格自夸，他能这样说，实已超出我们所应有的期待。不仅此也。还有一些庸俗经济学者的著作，是我们要在此后讨论的。和这些著作相比较，我们看到这种叙述，是还不免要觉得惊奇。这个论者的庸俗经济学，是颇为特出的。他说，资本利得的发生方法，确实可依照马克思的说法来推论，但没有必须采纳马克思的见解的理由。庸俗经济学有一种在表面上很可赞美的说明方法。"此等资本家贩卖者例如原料生产者，制造业者，批发者，零售业者，都会在交易上谋利润，都会以买价以上的价格售卖，都会把商品的成本价格依照一定的百分比率提高。只有劳动者不能从事同样的价值增加，他所处的不利地位，使他必须依照自己的费用，那就是依照必要生活资料额，把劳动售卖给资本家。……这种价格增加，对于以购买者资格出现的工资劳动者，有充分的意义；结果是总生产物的价值一部分移转给资本家阶级。"

不必多费思索，就知道，这位庸俗经济学家说明资本利润的方法，会在实际上，得到和马克思剩余价值学说相同的结果；就知道，依照柳居士的说明方法，劳动者所处的"不利地位"，是和马克思所说明的正好相同。一切不劳动者既可在价格以上售卖，唯独劳动者不能，那很明白，他是在被诈欺的状态中，和马克思所说明的，正好相同。最后，又很明白，在英吉利，人们尚且会在耶方斯·门格尔（Jevons-Mengerschen）的使用价值学说与边际效用学说（Grenznutzentheorie）上，建立美观的庸俗的社会主义，他们当然可以在这个理论的基础上，建立同样美观的庸俗的社会主义。我是这样推测，如果萧伯讷先生（Herm G. B. Shaw）熟习这种利润学说，他也许会用双手把这个理论抓住，却把耶方斯和嘉尔·门格尔踢开，就在这个岩石上面，建立起未来的费边社教堂（Fabianisehe Kirche）。

在事实上，这个理论不过是马克思理论的一种换书。这种价格增加的全部，是由何处支办呢？由劳动者阶级的总生产物呀！这是因为"劳动"这种商品，或如马克思所说，劳动力这种商品，必须在其价格以下出售呀。因为，如果一切商品有一种共通的特性，必须在生产成本以上出售，独劳动为例外，必须常常依照生产成本来出售，它就其实是在价格以下出售了，价格才是这个庸俗经济学世界的通则。这样，归于资本家或资本家阶级的额外利润，结局，便是由这个事实发生的了，即：劳动者，在再生产其劳动价格的代价之后，尚须无酬的，生产一种追加的生产物，那就是剩余生产物，无给劳动的生产物，剩余价值。柳居士在用语的选择上是极慎重的。他不曾明白说，这个见解是他自己的见解。如果这就是他的见解，那很明白，他绝不是他自己所说的那样的庸俗经济学者，他自己曾说，这种庸俗经济学者，在马克思眼里，不过是一种"毫无希望的白痴"。他这个人，宁说是假装为庸俗经济学者的马克思主义者了。这个假装究是有意还是无意披起的，是一个无需在这里关心的心理学上的问题。能够明白这个问题的人，也许也能明白，怎样在某时候，像柳居士那样明眼的人，竟会拥护复本位制那样一个无聊的主张。

首先对这个问题实际寻求答案的人，是斯密德博士（Dr. Conrad Schmidt），他曾于 1889 年公刊一个小册子，题名作《以马克思价值法则为基础的平均利润率》（出版于斯杜加特，底兹）。他尝要使市场价格的形成，与价值法则及平均利润率相一致。产业资本家在他的生产物中，首先取得他的垫支资本的代置，其次是取得一种不支付任何代价的剩余生产物。但要获取这种剩余生产物，他必须使用一定量对象化的劳动，方才能把剩余生产物占取的。从资本家的立场说，此量对象化的劳动，便是创造此种剩余生产物的社会必要条件；他的垫支资本，就是代表此量对象化的劳动的。一切其他的产业资本家，都是这样。现在，因为生产物依照价值法则，系比例于生产的社会必要的劳动而互相交换；因为从资本家方面说，其剩余生产物成立所赖的必要劳动，即系在其资本内堆积的过去劳动，所以，剩余生产物的相互交换，乃比例于它们生产上所必要的资本，而非比例于实际在它们里面包含的劳动。所以，归于每个资本单位的部分，是等于所生产的剩余价值全部的总额，被除于在其上使用的资本的总额。所以，相等的资本，在相等的期间内，会提供相等的利润。这是可以实行的；因为，剩余生产物的这所谓成本价格，即平均利润，会被加到有给的生产物的成本价格中，并使有给的生产物和无给的生产物，同样依照这个已经提高的价格出售。所以，照斯密德看来虽说个个商品的平均价格是依价值法则决定，但平均利润率依然可以成立。

这种构想是极其巧妙的，全然是依照黑格尔的模范做成的。但这种构想，是和多数黑格尔式的构想一样不正确。剩余生产物和有给生产物是没有区别的。如果价值法则直接适用于平均价格，则二者，都须比例于生产上所必要所消费的社会必要劳动，来售卖。价值法则，自始即与资本家说明方法所引起的见解相反对。依照这种见解，蓄积着的过去的劳动，——资本即由此成立——不单是一定额已完成的价值；并且，因为它是生产和利润形成的因素，所以还是价值形成的因素，是创造追加价值的源泉。但价值法则，却认定只有活动的劳动，有这个特性。资本家希望比例于资本量而取得相等的利润，并把他们的资本垫支视为是他们的利润的成本价格，那是大家知道的。但若斯密德竟利用这个见解，来调和那依照平均利润率计算的价格和价值法则，他就把价值法则抛弃了：因为，他这样做，是把一种完全和价值法则矛盾的见解，当作是共同决定的因素，和这个法则合在一起。

如果是蓄积着的劳动，和活的劳动，同为价值形成的要素，价值法则就是不能适用的。

如果蓄积着的劳动，不是价值形成的要素，即斯密德的见解，便与价值法则不能并存。

斯密德曾临近这个问题，因为他相信，他可以发现一个最合于数学原理的公式，来论证每个商品的平均价格与价值法则之一致。但他就在这时候，踏上了迷路了。不过他虽在目标已近的地方走入迷路，他那本小书的其余各部分，却表示他曾极悟解地，由《资本论》的首二卷，引出了其他的各种结论。他曾以独力发现马克思在第三卷第三篇所推出的正确的答案，那就是利润率为什么有下降的趋势，关于这点，是前人所未曾说明的。他还曾正确说明商业利润如何由产业剩余价值发生，并曾提出一列的叙述，来说明利息与地租。他预告了马克思在第三卷第四篇第五篇所说明的诸种事情。

在后来的一篇论文中（《新时代》1892—1893 年第 4、5 号），斯密德曾由别一个方法尝试得到解决。其大意说，竞争会使资本由利润低下的生产部门，移到利润超过的生产部门，并由此成立平均的利润率。竞争为利润平均化的大原因，并不是新的主张。但斯密德又要证明，利润的平均化过程，和生产过多的商品的售卖价格还原到社会依价值法则所能支付的价值标准的过程，是一致的。但这不能把问题解决，其故，已由马克思在本书充分说明了。

在斯密德之后，肥尔曼（P. Fireman）曾试图解决这个问题。（《康拉德年鉴》第三辑 1892 年第三卷第 793 页）。他对于马克思的分析的其他诸方面，也有所评述，但我们对于这种评述，且不置论。他是立足在这种误解之上的；那就是，他错误地，认马克思不过要加说明的地方，为马克思要加定义的地方，好像在马克思的著作中，我们应寻求固定的完成的普遍适用的定义一样。实则，当事物及其相互关系不被视为固定的，但视为变动的时，它们的心像，概念，也同样须受变化与转型的。它们不能被封入硬结的定义中，却宁可在历史或论理的形成过程中被展开。由此，我们当可明白，为什么马克思在第一卷的开端，会从他的历史的前提（单纯的商品生产）出发，然后从这个基础进到资本；那就是，从单纯商品出发，而不从在概念上历史上的第二义的形态（已在资本主义下发生变更的商品）出发。这一点，是肥尔曼绝不认识的。我也宁愿把这些以及其他各种可以在各种反对论上发生的附随事项，抛而不论，却立即进而讨论问题的核心。在理论方面，论者所传习的，是：在剩余价值率不变时，剩余价值是比例于所使用的劳动力的数目。但在经验方面，论者所知道的，却是：在平均利润率不变时，利润是比例于所使用的总资本的数量。关于这一层，肥尔曼是这样说明的；他说，利润仅仅是因袭的（他的意思是说，它是从属于一定的社会形态，和它共生共灭的）现象，它的存在，不能与资本相脱离。当利润有十分把握可以获得时，则因有竞争之故，一切的资本必定有相等的利润率。那就是说，没有相等的利润率，也就没有资本主义的生产。以这种生产形态为前提，每个资本家在利润率不变时所能得的利润额，视其所有的资本量而定。但利润是由剩余价值，由无给劳动构成的。其量由劳动榨取程度而定的剩余价值，如何始克转化为由所用资本量而定的利润呢？"不过是由这个方法，即：不变资本与可变资本间……的比例最大的各生产部门，将在其价值以上售卖商品；同时，不变资本与可变资本间的比例最小的各生产部门将在价值以下售卖商品，只有 c∶v 的比例恰好代表中位的各生产部门，是依照真正的价值售卖商品。……个个价格与价值是如此不一致的，这种不一致，会把价值原理否定么？不会的。当一部分商品的价格提高到价值以上时，别一部分商品的价格会依同比例跌到价值以下，所以价格的总额会与价值的总额相等。……这种不一致，会在结局上消灭的。"这种不一致，是一种"搅乱"；"在严正的科学上，我们不能把一个可以计算的搅乱，视为是一个法则的否定"。

我们试以第九章的相当的文句，和这种叙述相比较，我们便会发觉，肥尔曼在这里，已经实际触到了决定的点。但这篇重要的文章，竟如此不当地，遭受冷淡的待遇，那可证明，肥尔曼虽在已经有这种发现之后，仍需有许多中间的连节，方才能对于这个问题，提示完全明白的解决。并且，虽有许多人关心这个问题，但他们都怕手指被烧着。这不仅因为肥尔曼的发现尚在不完全的形态中，并且因为对于马克思的说明，他的理解，以及以这种见解为基础的批判，尚有不可否认的缺陷。

舒里齐的沃尔夫教授（Julius Wolf）每逢到在难题目上出丑的机会，就决不肯放弃。他告诉我们说，这个问题全部，是由相对剩余价值解决的。（《康拉德年鉴》第三辑第三卷第 352 页以下）。相对剩余价值的生产，完全由于不变资本——与可变资本比较而言——的增加。"不变资本的增加，是以劳动的生产力的增加为前提。但因为生产力的增加，会引起剩余价值的增加（因生活资料将更便宜）。故剩余价值的增加与总资本中不变资本部分的增加之间，将表现一种直接的关系。不变资本的增加，指示劳动生产力的增加。所以，在可变资本不变，不变资本增加时，剩余价值必定也会增加。这一点，我们的意见，是和马克思一致的。这个问题正是我们要解决的。"

但马克思在第一卷许多地方所说的话，正好是相反的。又，他说，照马克思的意思，在可变资本减少时，相对剩余价值会比例于不变资本的增加而减少。这个断语的可惊，殊足使一切议会的言辞相形而见绌。并且，沃尔夫的每一行，都证明，绝对的说或相对的说，他完全不了解相对剩余价值或绝对剩余价值。他曾说："最初一看，好像我们都在支离破碎的巢中。"实在说，他全文中只有这一句话是真确的。但这有什么关系呢？沃尔夫先生既这样以他的天才的发现来炫示，所以，他不禁要以悼词赞扬马克思，并且把他自己的毫无根据的胡言，视为是"一种新的证据，足以证明马克思对于资本主义经济的批判体系，是怎样锐利和透彻"。

还有更厉害的。沃尔夫先生说："里嘉图也主张，相等的资本支出，会生出相等的剩余价值（利润）来，相等的劳动支出，也会生出相等（就量而言）的剩余价值来。问题是：其一如何与其他相一致？但马克思不承认问题是在这个形态上。他曾毫无疑虑的（在第三卷内）论证，第二个命题不必是价值法则之无条件的结论。这个命题，甚至正好与他的价值法则相矛盾，从而，……必须经与放弃。"他又要探究，在我和马克思二人中，究竟是谁把这个错误弄出来的，当然，他不自觉，堕在错误中的，是他自己。

如果我把这篇文章的绝妙好辞，丢掉一个字也会成为对读者的侮辱，并且会把当中的滑稽光景一概抹杀。但我只要在这里加说这一点。他既大胆的，预料马克思"曾毫无疑虑的，在第三卷内论证"一些什么；又同样大胆的，利用这个机会，报告一种在教授间流行的福音，说斯密德上述的著作，是"直接受恩格斯怂恿写成的"。沃尔夫君啊！也许足下所居住所活动的世界，常惯有人当众提出一个问题来，但把该问题的解决方法私下通知朋友。我也不难相信，足下能够这样做。但在我所来往的世界内，我们是不必要用这种卑鄙的方法的。我这一篇序文，已经可以把这一层证明。

马克思死后不久，洛里亚先生（Achille Loria）即在《纽安多洛居亚》杂志（1883 年 4 月号），登载一篇关于马克思的论文。他首先叙述马克思的生平，但其内充满错误的报道，然后对于马克思的公共的政治的及著作的活动，加以批评。他在那里伪造了马克思的唯物史观，并用一种断言，把马克思的唯物史观加以曲解。这种断言，暗示了当中含有大的目的。这个目的，后来是达到了。1886 年，这位洛里亚先生刊行一题名作"社会之经济基础"的著作；在书中，他竟把马克思的历史观，——他曾在 1883 年如此误解如此歪曲的历史观，——当作是他自己的发现，而公告于惊呆的世人。确实的，马克思的学说，已在这本书内，被堕入到卑俗的水准了；其中所引述的历史的证据和实例，充满着中学生也能辨识的误谬。但这有什么关系呢？他以为，政治状态与事件，无论在何时在何处，均应由相应的经济状态说明这一个发现，不是马克思在 1845 年的发现，却是洛里亚先生在 1886 年的发现。至少，他曾使他的同国人这样相信；因为这本书已有法文翻译，还曾使若干法国人这样相信。他现今已能以划时代的新历史学说的创始者的资格，出现在意大利了。但终有一日，意大利的社会主义者，会把洛里亚先生偷来的孔雀的羽毛，拔下来的。

但这只是洛里亚先生行事的一个小样本。他还告诉我们说，马克思的全部理论是建筑在一种意识的诡辩（un consaputo sofisma）上。马克思是明知故犯的，应用似是而非的理论等。他还以全系列的类此的下流假话，欺瞒读者，使马克思在读者看来也像是洛里亚一流的野心家，是和勃笃亚这位教授一样为目的而不择手段的。但在其后，他却把一个最重要的秘密，泄露在读者面前。在这里，我们且回到利润问题上来。

洛里亚先生说，照马克思的见解，一个资本家的产业经营所生产的剩余价值（洛里亚先生认它即是利润）之量，定于它所使用的可变资本，因不变资本是不提供任何利润的。但这与事实相反。因为在事实上，利润不是以可变资本为准据，而是以总资本为准据的。马克思自己也曾承认这一点（第十一章），并承认这个事实表面像与他的理论相矛盾。但他怎样解决这个矛盾呢？他指示读者去看一个尚未出版的续卷。以前，洛里亚曾对他的读者说，他相信马克思并未有片时想到这一卷的著作。现在，他是夸大的说："马克思常以第二卷恐吓他的论敌，但始终未曾把它刊布。现在，它被刊布了。但我仍有理由相信，这第二卷不过是一种狡猾的逃避方法。在缺少科学的论据时，他总是使用这个方法的。"并且，经洛里亚这样说明之后，若仍有人不信马克思和有名的洛里亚一样是学问上的骗子，他就是没有救药了。

总之，洛里亚先生告诉我们，马克思的剩余价值学说，绝对与一般均等利润率的存在相矛盾。但《资本论》的第二卷终于出版了。关于这个问题，我曾提出公开的问题。假如洛里亚先生也是一个怕羞的德意志人，他一定有几分觉得进退两难了。但他是一个大胆的南方人，他生长在热带，像一般人所说那样，天生就有几分是厚脸的。利润率的问题是公开提出了。洛里亚先生曾公然宣告这个问题是不能解决的。但正因为这个理由，所以他要公然解决这个问题，来挽救他自己的面子。

这个奇迹，是在《康拉德年鉴》（新辑第二十卷272页以下）一篇评述斯密德论文（以上讲过的那篇论文）的文章内，出现的。当他从斯密德论文知道商业利润是怎样计算之后，他就突然把一切弄明白了。他说："因为价值由劳动时间决定的方法，会使那些以资本大部分投在工资上面的资本家受到利益，所以，不生产的（即商业的）资本，得由这种受到特别利益的资本家，取去较高的利息（那是指利润），并由此，在各个产业资本家之间，引起均等。……比方说，如果产业资本家A，B，C，各使用100劳动日，但A在生产上不使用不变资本，B在生产上使用不变资本100，C在生产上使用不变资本200；并且100劳动日的工资等于50劳动日，则A的利润率为100％，B的利润率为33.3％，C的利润率为20％。但若有第四个资本家D，他蓄积一个不生产的资本300。凭此向A抽取40劳动日的价值，向B抽取20劳动日的价值作利息（利润）；这样，资本家A和B的利润率都会降至20％，和C的利润率一样了。D有资本300，得利润60，他的利润率也是20％，和其余几个资本家一样。"

有名的洛里亚，就用这种惊人的技巧，很轻便的，把他十年前曾经宣告为不能解决的问题解决了，但不幸，他并没有把当中的秘密告诉我们；即，这种"不生产的资本"，怎样有权力不仅向这些产业家，抽取平均利润率以上的额外利润，并把它放进钱袋里，像土地所有者把农民的剩余利润，当作地租，予以收取一样。按照这种见解，商人就可向产业家，抽取一种与地租相类的贡赋，并由此使平均的利润率成立了。当然，在一般利润率的成立上，商业资本是一个极重要的要素；那是几乎每一个人都知道的。只有在根底上绝不注意经济学的文学上的演奇家，敢断言：商业资本有一种魔力，虽无土地所有权，也会在一般利润率的成立之前，把一般利润率以上的剩余价值全吸收掉，并把它化作自己的地租。并且，说商业资本能发觉某一些产业家的剩余价值恰好与平均利润率相一致，并使那一些在马克思价值法则下不幸受牺牲的人，得不出任何手续费，而出售他们的生产物，因而在命运上得到救济，也未免是同样可惊。只有奇术师，会猜想马克思必须有这样可怜的诡术！

当我们以洛里亚先生比于他的北方的竞争者沃尔夫先生——他在这方面也不示弱的——时，这位有名的洛里亚先生，方才发出他的完全的光辉。与这位意大利人比较，沃尔夫先生即在其巨著《社会主义与资本主义社会秩序》一书中，也似乎是一头小狗。和他相比较，沃尔夫先生是极笨拙的，甚至可以说是极谦虚的。因为洛里亚先生是趾高气扬的，说马克思是不比别人更多，也不比别人更少，却恰好和他自己一样，是意识的诡辩家，是似而非论者，妄言家，骗子，并且说马克思虽明知不能写也不会写出一个续卷，但不得已时，仍以在续卷完成理论的预约，示于众。无限的大胆，但一遇穷境，就像鳗鱼一样滑；非常英武的，蔑视他人踢来的脚；惯作卖假膏药的广告；专一串通朋党来买名誉——在这一切点上，还有谁比得上洛里亚先生啊！

意大利是古典的国。自近代世界的曙光在意大利升起以来，那里曾产生许多大人物，堪称为无比的古典的完人，自但第以至加利波底（Garibaldi）。但它受外人支配而衰落的时代，也曾留给它以若干古典人物的假面具。当中两个曾经特别雕凿的标本，是斯加纳勒尔（Sgarnarelli）型和杜尔加马拉（Dulcamara）型。我们的有名的洛里亚，却把此二人的古典的合一，实现了。

最后，我必须请读者看到大西洋的彼岸去。纽约的斯帝伯林（George C. Stiebeling），也曾对这问题提出一个解决，一个极其简单的解决。因为是这样简单，所以大西洋两岸的人，都不十分重视他。这个待遇，曾引起他的愤怒，他曾在大洋两岸的无数小册子和新闻纸上，大露不平。虽曾有人在《新时代》中指出他的解决，完全以计算上的错误为基础，但这不能使他摇动；马克思也曾有计算上的错误，但在许多点上，他仍是正确的。所以，我们且把斯帝伯林的解决法，拿来看一看。

"假设有两个工厂，它们以等额的资本，在相等的时间内运用，但不变资本与可变资本的比例不相等。假设总资本（c+v）= y，不变资本与可变资本的比例的差额，等于 x。在第一个工厂 y = c + v，在第二个工厂 y =（c−x）+（v+x）。第一个工厂的剩余价值率 = $\dfrac{m}{v}$，第二个工厂的剩余价值率 = $\dfrac{m}{v+x}$。再假设总剩余价值（m）——总资本 y 或 c+v，会在一定时间内，依照这个数额增加的——为利润（p），换言之，p = m。这样，第一个工厂的利润率 = $\dfrac{p}{y}$ 或 $\dfrac{m}{c+v}$；第二个工厂的利润率 = $\dfrac{p}{y}$ 或 $\dfrac{m}{(c-x)+(v+x)}$ 也是 $\dfrac{m}{c+v}$。这个问题，就这样自行解决了，即，在价值法则的基础上，同量资本在同时间运用不等量活劳动的结果，会由剩余价值率的变化，引起相等的平均利润率。"（斯帝伯林著《价值法则与利润率》纽约，约翰亨利）。

以上的计算，虽甚精美明晰，但我们仍必须问斯帝伯林先生说：他怎样知道，第一个工厂所生产的剩余价值量，恰好与第二个工厂所生产的剩余价值量相等呢？他曾明白表示，c，v，y，x，这几个计算上的因素，在这两个工厂是恰好相等，但未有一字说到 m。不能说因为二者的剩余价值量，都以代数记号 m 代表，故其量也必相等的。加之，因为斯帝伯林先生轻视利润（p）与剩余价值（m）相一致，所以，我们所须证明的，宁可说就是这两个 m 的相等。在这里，只有两个可能性。其一是，这两个 m 相等，各个工厂生产等额的剩余价值；既然总资本相等，所以利润也相等。若是这样，斯帝伯林先生，就在出发时，已经假定他所要证明的事情了。其他是一个工厂比别个工厂生产更多的剩余价值；若是这样，他的全部计算就都不能支持了。

斯帝伯林不惜以任何劳苦和费用，在这种误算之上，堆积他的层层的计算，而以之供众阅览。我敢说，几乎一切他的计算，都全是错误的，即有例外，它们所能证明的事情，也和他所要证明的事情，完全不同。比方说，他曾比较 1870 年和 1880 年的美国国势调查，证明利润率已经在事实上跌落，但他对于这个事实的说明，完全错误了；他以为马克思的学说，曾假定一个永久不变化的固定的利润率，故不得不加以纠正。但本书本卷的第三篇，却说明"固定的利润率"一词，并不是马克思学说中的要素，却纯然是斯帝伯林的一个幻想。利润率下落倾向的原因，正好与斯帝伯林所假设的相反。当然，斯帝伯林先生的意见是出于善意，但讨论科学问题的人，最要紧，是把他所利用的著作先读通，不要解错著者的本意，尤其不要把他著作中原不包含的东西包括进去。

这全部研究的结果，是：就连在这个问题上面，也只有马克思学派能够有点成就。

肥尔曼和斯密德读到这第三卷，一定会对于他们各自的工作，感到十分满足的。

恩格斯
1894 年 10 月 4 日于伦敦

# 恩格斯遗稿 资本论第三卷补

《资本论》第三卷，自公刊以来，曾经遇到各式各样的说明。我们的预料，也正好是这样。在付印时，我就注意，要使它在可能范围内，成为一个可以典据的版本，那就是尽可能用马克思自己的字眼，来表达新由马克思得到的结论。我不过在绝对不可少的地方，并且在读者一看就明白是谁在说话的地方，插进一句两句去。人们总猜想，我的工作是应当把我面前的资料，变成一本系统地编辑好的书，像法国人说的那样，是 en faire un livre。那就是为读者的便利，从而把文字的典据性牺牲掉。但我的编辑方法，不是这样的。我没有权利采取这种编辑方法。像马克思这样的人在科学上的发现，自应完全依照他自己的说明，传到后世去。其次，我也不高兴用这个方法，来处理一个这样伟大的人的遗著。这样做，会陷我于不信的。第三，这种方法其实还是全然没有用处。对于那些不能读或不愿读的人，或者那些花更多力气（比正确理解所必要的力气更多）去误解第一卷的人，无论怎样加工，一般说来，也是不中用的。反之，对于这些要有现实理解的人，最重要的，正是原本；对于这些人，我的编辑至多只有评注的价值，只是对于一个未出版未编完的书物的注解。对于第一卷，在讨论时，不待说，要援引原文；对于第二卷第三卷，完全的编辑本也是不可少的。

对于一个包含许多新见解但不过匆匆写下只经一度整理还难免有缺点的著作，争论当然是不足怪的。而在这里，为要除去理解上的困难，为要把重要的其意义尚未在本文充分叙述的观点，提到前面来，并依照 1895 年以来的情形，使那个在 1865 年已经写成的原本，取得若干重要的补充起见，我的补注，当不是无用的。实在说，已经有两点，在我看，必须有简短的说明了。

## I 价值法则和利润率

人们总以为，这两个因素间的表面上的矛盾，在马克思著作发表之后是和在它发表之前一样，不能得到一致认可的解决。有许多人自以为把握了这个大奇迹，并还埋怨说马克思的著作，不曾提示人们所期待的妄想，却不过对于这种对立，提示一个单纯的合理的散文式的提示。当然，当中最这样埋怨的，是有名的幻想的洛里亚（Loria）。他最后发现了一个亚基默德式的支点，好像由此一个像他这样的小妖魔，已经能够把一座建筑牢固的大建筑，升到空中，并把它粉碎。他愤怒地说，那不应当有一个解决么？那是一个纯粹的秘密！经济学家说到价值时，他们是说这种价值，那在事实上是由交换确定的。"如果讨论的是商品不照着来售卖也不能照着来售卖的价值，那就无论是哪个经济学家，也无论他怎样用功研究，他总不能有什么理解。……马克思主张，商品从来不照着来售卖的价值，是比例于商品内包含的劳动来决定。他这样主张时，他不外是在一个倒转的形态上，复述正统派经济学家的命题。商品照着来售卖的价值，不与使用在它上面的劳动成比例。……马克思又说，个别价格虽与个别价值有差别，但商品全体的总价格，却常与商品全体的总价值相一致，即与商品总量内包含的劳动量相一致。但这个说法，也无济于事。因为价值既不外是一个商品对别一个商品相互交换的比例，所以总价值这个名词，根本就不合理，是瞎说，……是矛盾。在著作一开始的地方，马克思就说，交换所以能使两种商品相等，是因为它们包含一个同种而又等量的要素，那就是它们里面包含有同样大的劳动量。但现在他却又极郑重地加以否认，因为他断言，诸商品全然不是依照它们所包含的劳动量的比例来交换。哪时候曾见有这样十足的误论，曾见有更大的理论上的破产呢？又，哪时候见过，这样一个科学上的自杀，还这样夸张，这样自大呢？"（《纽安多洛居亚》1895年2月1日第477、478和479页）

我们知道，我们的洛里亚是太幸运了。他不是把有马克思当作和他一类的人，当作普通的骗子来看待么？因为，看起来，好像马克思也在欺骗他的读者，像洛里亚所做的一样；好像他也只是弄玄虚，像这位最小的意大利经济学教授一样。不过，杜尔加马拉（Dulcamara）必须这样做，因为他了解他的职分；这个直率的北方人马克思，却十分愚拙地，说一些无意义不合理的话，所以结局不外是一个真正的自杀者。

且慢说，那些不依照由劳动决定的价值来售卖的商品，并不是不能照着这个价值来售卖。在这里，我们且就洛里亚先生这个断言来讨论。他说："价值不外是一个商品和别一个商品相交换的比例。所以，就这点说，商品的总价值这个名词，根本就不合理，是瞎说。"照他说，二商品相交换的比例，它们的价值，纯然是偶然的，是由外部事情给予商品的，是今日和明朝不同的。一石小麦是和一公分金还是和一公斤金相交换，非定于小麦或金所固有的条件，那是定于和二者全无关系的事情。因为如果不是这样，这些条件就会在交换上贯彻，并且会在大体上支配它，从而在交换之外取得独立的存在了。但有名的洛里亚说，这是瞎说。两种商品无论是用什么比例交换，这个比例都是它的价值；就只如此。所以，价值是与价格一致的，一种商品有多少种价格，就有多少种价值。价格是由需要和供给决定的。如果还有人进一步去问，并竟然希望得到答案，他就是傻子。

但这里还有一个小的困难。在通常的状态下，需要与供给是相抵的。所以我们且把世界上现有的商品分成两半，一份代表需要，同样大的一份代表供给。假设每一份都代表一千亿马克（法郎，镑或其他）的价值。依照亚当·里赛（Adam Riese）的算法合起来，是一个二千亿的价格或价值。但洛里亚先生说，瞎说，一点道理没有。这二分合起来，可以代表二千亿的一个价格。但说到价值却不是这样。如果我们是说价格，则 $1000+1000=2000$。但若我们是说价值，则 $1000+1000=0$。至少在我们论商品总额时是如此。因为在这里，每一份商品所以只要一千亿的价值，是因为每一份商品对于别一分商品会给予并且能给予这个额数。但我们若把这二种人的商品总体，在第三种人手上结合起来，则第一种人不复有价值，第二种人也不复有价值，第三种人又原来没有——所以结局是没有一个人有一点点。在这里，我们又要惊叹，我们的南方人凯格里阿斯托洛是怎样巧妙地咒骂价值概念，所以，对于他，价值概念是一点概念没有留下来。这就是庸俗经济学的成就！

在布隆（Braun）编辑的《社会立法纪实》第七卷第四册内，桑巴德（Werner Sombart）对于马克思主义体系的轮廓，提示了一个大体颇佳的说明。实在说，就马克思著作的大体来看，能像他这样成熟地，把马克思实在说过的话，叙述出来，在德国的大学教授间，这还是第一次。他说，马克思主义体系的批判，不能是反驳——"政治的野心家，才用反驳法来把握它"——只能是进一步的展开。并且，很明白，桑巴德所研究的，正是我们现在研究的论题。他是研究这个论题：价值在马克思体系内有怎样的意义。他由此得到这个结论，即：价值在资本主义所生产的商品的交换关系内，不会在现象上出现；价值不存在资本主义生产当事人的意识内；它不是经验的，只是一个思想上的论理的事实；在马克思的场合，价值概念，在物质的决定性上，不外是劳动的社会生产力这一个事实（那是经济存在体的基础）之经济的表现；价值法则，在资本主义的经济秩序内，结局的，支配着经济的进行；它对于这种经济秩序，一般是适用的；商品的价值，是特殊的历史的形态；支配一切经济过程的劳动生产力，就是在这个形态上贯彻的。——关于价值法则在资本主义生产形态上的意义，桑巴德的见解是如上述。我们且不说这种见解是不对的。但在我看，总嫌太狭隘了。依照我的见解，它并没有把这个法则在这个法则所支配的社会经济发展阶段内所有的意义，包括尽。

在布隆的《社会政治中央新闻》（1895 年 2 月 25 日第 22 号）内，有一篇同样优美的论文，批评《资本论》第三卷，那是斯密德（Conrad Schmidt）写的。最显著的，是他的这种论证，即：马克思由剩余价值导出平均利润的办法，曾使以往经济学所提出但从未有人解决过的问题，第一次得到解决。这个问题是：这个平均利润率的水准是怎样决定的，并且怎样（比方说）它是 10% 或 15%，不是 50% 或 100%。自我们知道，最初由产业资本家占有的剩余价值，便是利润和地租的独一无二的源泉以来，这个问题是自行解决了。斯密德的文章的这一部分，可以说是直接为洛里亚之流的经济学家写的——如果那些不愿睁开来的眼睛，可以做得到，使它睁开来的话。

但关于价值法则，就是斯密德也不免有他的形式上的见解。

他把价值法则，叫作说明现实交换过程的科学假设；他把它当作必要的理论出发点，当作引路的必要的出发点，把它拿来和表面上完全和它矛盾的竞争价格的现象，相对待。依照他的意见，没有价值法则，则对于资本主义现实界的经济状态，不能有任何理论上的洞见。并且，在他给我的一封私信上，斯密德也把资本主义生产形态内的价值法则，当作一个虚拟，一个理论上必要的虚拟。——但照我的意见，这个见解是完全不当的。价值法则对于资本主义生产，决不仅是一个假设，更不仅是一个必要的虚拟。它有更重要得多更确定得多的意义。

桑巴德和斯密德——至于那个有名的洛里亚，我只把他当作一个有趣味的庸俗经济学上的银箔——都没有确切把握到，这里讨究的，不仅是一个纯论理的过程，并且是一个历史的过程和它在思想上的反映，其内部关联的论理讨究。

决定的文句，见马克思《资本论》第三卷第124页。"这当中的困难，完全是这样发生的，即：商品不以单纯的商品的资格交换，却当作资本的生产物交换。这诸种资本要求在剩余价值总量中，得到与它自身相比例的一份，如为等量，则要求得到相等的一份。"为要说明这当中的区别，我们且假定，劳动者有他们的生产手段，平均劳动同样长的时间，并以同样大的强度，从事劳动，并直接相互交换他们的商品。在这场合，在一日之内，这两个劳动者虽会由劳动，以等量的新价值，加到他们的生产物去，但他们各人的生产物，可以有不同的价值，因为它们的生产手段所包含的已经体化的劳动，是不等的。后一个价值部分，代表资本主义经济的不变资本；新价值中那用在劳动者生活资料上的部分，代表资本主义经济的可变资本；新价值的其余部分，就代表资本主义经济的剩余价值，在这场合，那也是属于劳动者的。所以，这两个劳动者扣除"不变"价值部分（那不过是他们垫支的）的代置额外，会取得相等的价值；但代表剩余价值的部分对生产手段的价值所持的比例——那就是资本主义的利润率——却是二者不同的。因为每一个在交换上都得到了价值来代置生产手段，所以这个事情好像是全然没有关系。"商品正依照价值或是近于依照价值的交换，是代表更低得多的阶段。商品依照生产价格的交换，却必须在资本主义已发展到一定高度以后，才能够发生。……且不说价格与价格变动须受支配于价值法则。在此，我们还可说，商品价值不仅从理论方面说，即从历史方面说，也是先于生产价格的。这种考察，对于劳动者有其生产手段的情形，是适用的。不分古今，自耕农和手工匠，都有这种情形。此所言，和我们以前发表的见解——由生产物到商品的发展。是起因于共同体与共同体间的交换，不是起因于同一共同体各份子间的交换，——也很吻合。并且，这个情形还不仅适合于原始的状况，并且在各生产部门的生产手段，非经困难即不能转用到别的生产部门，以致在一定程度内，各生产部门相互间俨然像对峙的国家或共产体相互间一样时，也适合于以奴隶制度农奴制度为基础的以后的各种状态，以及基尔特的手工业组织。"（马克思《资本论》第三卷第 125、126 页。）

如果马克思能更彻底地把第三卷修改一遍，没有疑问，他一定会把这段话大大引申。这里所说，不过提示了关于这个问题的答案的轮廓。所以关于这一点，我们且更精密地讲讲。

我们都知道，在社会初创的时候，生产物是由生产者自己消费，这些生产者也自然而然，组织在一个多少有共产性质的共同体内；用生产物的剩余额来和别人交换——生产物到商品的转化，就是这样开端的——是以后发生的事。这种交换，最先是在血统相异的诸个别共同体间发生；嗣后在共同体内部也发生了，并且主要也就为这个缘故，这种共同体就分解成为或大或小的家族团体了。但就在这种分解之后，互相交换的家长，仍旧是自耕农民；他们的全部需要品，几乎都是在自己田园内得家人的帮助生产的，只有一小部分必需的物品，是由外面，用自己的多余的生产物来交换。家族不仅从事耕作和饲畜，它还把生产物加工成为完成的消费可能品，有时还用手磨磨粉，烙面包，纺纱织布，鞣皮，建造并修缮木造的房屋，并制造工具和家具，甚至兼作木匠铁匠的时候也不少。所以家族或家族团体大体都是自给自足的。

　　一个这样的家族要从其他家族换得或购得的少数物品，在德意志，直到十九世纪初叶，还主要是手工生产的物品。这种物品，自耕农民不知道怎样制造，就也因此，这些物品不由自己生产。这或是因为原料不完备，或是因为所购的物品要比较更优良得多，或更便宜得多。在中世纪的自耕农民眼里，所换物品需要怎样多的劳动时间，是明白知道的。一村的锻匠和车匠，都在他们眼前劳动，鞋匠和缝工（在我幼年时代，他们还是依次寄宿在莱茵河两岸农民家中，并在那里，把自己准备好的材料，加工成为衣服鞋履）也是这样。农民和卖东西给他的人，都直接是劳动者（直接的生产者）所交换的物品都是他们各自的生产物。他们在这种种生产物上用去了什么呢？劳动呀！只是劳动呀！对于工具的代置，对于原料的生产和加工，他们所给予的，都只是他们自己的劳动力。这样，除了用在生产物上面的劳动量的比例，他们怎样能拿他们的生产物，来和别一个劳动的生产者的生产物相交换呢？在这里，就是用投在这种生产物上的劳动时间作尺度，使诸交换得在分量上决定。除了这个尺度，再没有别的尺度是可能的。不然，难道你相信，农民和手工人会这样蒙昧无知，以致把十小时劳动的生产物，拿来和一小时劳动的生产物相交换么？实在说，在农民的自然经济全期，除了这种交换，实不能有别样的交换。在这种交换上，互相交换的诸商品量，有这样的趋势，那就是益益用体现在其内的劳动量来尺度。自货币加入这种经济方法以来（在这个时候，与价值法则相吻合的趋势，从一方面说，是更趋显著，但从别一方面说，这种趋势又为高利贷资本的侵入和金融榨取所破裂了），价格平均与价值在极微限度内近似的时期，是已经变得更长了。

农民的生产物和都市手工业者的生产物间的交换，也是这样的。最初，这种交换是直接发生的，没有商人在当中作媒介，农民们就在市镇的逢市日，实行买卖。在这场合，不仅手工业者的劳动条件，在农民眼里是明白的；并且，农民的劳动条件，在手工业者眼里，也是明白的。因为，他还是一个小块土地的自耕农民，他不仅有菜园和果园，并且常常有一个小田园，一头或两头乳牛，一头猪，一些鸡鸭等。中世纪的人都能精确地相互地计算原料，补助材料的生产成本，劳动时间。至少就日常的通用品说是这样。

但是，像谷物或家畜那样的生产物，所需要的劳动，是跨着长的不规则的空隔时间，其收获量也不确定。说到这诸种生产物的交换，以上所述的以劳动量为尺度的计算方法（那当然只是间接的，相对的）又是怎样呢？对于那种不能计算的民族，又是怎样呢？很明白，那只能由一个冗长的在暗中摸索的逐渐求其近似的过程。只有由此，人们方才能够把困难通过。但各个人有在大体上使成本计算益发变得正确的必要，和加入来交易的物品种类的不多，以及他们的生产方法在一百年间极少变化的事实，使目的的达到比较容易。像家畜这样的商品（每个家畜的生产时间都很长，所以这种确定像是最难的）竟最先成为一般的货币商品（Geldware）。这个事实，证明了，不要多久，这种生产物的相对量，就近似地确定了。因为，家畜要成为货币商品，家畜的价值，它对全系列其他商品的交换关系，必须已经有一个异常的（相对的说）在许多家族范围内为人们一致承认的确定性。要这样，家畜饲养者和他的顾客，才都会确信，他们所用的劳动时间，不致无代价的，在交易时，送给别人。反之，一个民族越是接近商品生产的原始状况——例如俄国人和东方人——他们就把越多的时间浪费，希望能从顽固吝啬的行商人那里，为他们投在生产物上的劳动时间，取得充分的代价。

全部的商品生产，以及各种复杂关系价值法则的不同诸方面，如《资本论》第一卷第一篇所说，就是在这各种复杂关系上适用的——尤其是劳动得以形成价值的条件，都要依价值须由劳动时间决定的事实来说明。其中，有些条件（那是当事人没有意识到的，必须由辛苦的理论的讨究，方才会由日常经验抽象出来；它们是依照自然法则的方法来发生作用，并且像马克思所论证的那样，必然会从商品生产的性质引起）更加是这样。最重要最有划时代性的进步，是到金属货币的推移。这种推移的结果是，现在，价值由劳动时间决定的事实，不复能在商品交换的表面上看到。为实际的把握起见，货币成了决定的价值尺度。加入交易中的商品越是种类繁杂，商品越是来自远地，生产各种商品所必要的劳动时间越是不能支配，情形便越会是这样。并且，货币当初大都是从外国输进来的。它是当作贵金属输进来，从一方面说，农民和手工人对于在这些上面使用的劳动，要为大体上正确的估计已不可能了，从另一方面说，劳动为价值尺度的意识，也显然为货币记号的惯习所掩蔽了。于是，货币就在大众的观念中，开始代表绝对的价值了。

简言之，马克思的价值法则，在一般经济法则适用的限度内，是适用于单纯商品生产的全期，一直到资本主义生产形态侵入，引起一个变化的时候。一直到那时候，价格都是以那种依马克思法则决定的价值为中心，而在其周围摆动，所以单纯的商品生产越是展开得完全，较长的不为外部强制影响所间断的时期的平均价格，就越是在极微限界内，与价值相一致。所以，马克思的价值法则，对于这一个时期——从生产物当作商品来交换的时候起，到纪元后十五世纪——有经济上的一般的妥当性。但商品交换是从一个未有历史记载的时候开始的。在埃及，至少在纪元以前三千五百年，也许是纪元前五千年；在巴比伦，至少在纪元以前四千年，也许是纪元前六千年，所以价值法则已经在一个五千年至七千年的时期，实行支配了。现在，我们要惊叹洛里亚先生的透辟了。洛里亚先生把这个在这个时期普遍地直接地适用的价值，叫着商品从来不照着来售卖也不能照着来售卖的价值，他以为，每一个要有妥当理解的经济学者，都不要过问它。

以上我们没有说到商人。而在以上，我们也没有说到单纯商品生产到资本主义商品生产的转化。在此以前，我们原可不必顾到商人的介入。商人是这个社会内的革命要素；在这个社会内，一切都是安定的，都世代相传，成为固定的。在这个社会内，农民以自由土地所有者，自由的或隶属的佃农或农奴的资格，不只把他的田地，并且把他的位置，世代相传下去。都市的手工业者，也把他的手工业，他的基尔特特权，相沿不断地相传下去，甚至他的顾客，他的销场，他自幼在世袭职业上习得的技巧，都会一代一代传下去。现在，商人在这个世界出现了。这个世界的变革就发生了。但他们不是意识的革命者；反之，他们也是普通的人。中世纪的商人决不是个体，他们像他们的同时人一样，在本质上，都是组合的成员（Genos senschafter）。在农村，与原始共产主义相应的马尔克组合（Markgenossen schaft）行着支配。每一个农民原来有一个同样大的田地，他们所有的各级土地的面积，是一样大的，他们在共同的马尔克中，也相应的，有同样大的一份权利。自马尔克组合变为有限制的组织不复有新土地可供分配以来，田地就由继承等手续再行分割了。因此，马尔克成员的资格，也有相应的再分割；全份土地为一单位，所以在共同的马尔克中，有半份，四分之一份，八分之一份田地，和半份，四分之一份，八分之一份权利等。一切后来的职业组合，尤其是市镇上的基尔特——其制度不外是马尔克组织法在一个手工业特权上（不是在一个有限的土地领域内）的应用——都是依照马尔克组合的模型成立的。这全部组织的中心，是每一个成员，对于全部有保障的权利和收益，实行均等的分配。1527 年爱尔柏原野和巴门的"纺纱"特权，很适切地把这一点表白出来了。（参看杜恩著《莱茵河下流的工业》第二卷 162 页以下。）开矿业也有这种情形。在开矿业上，每一个成员享有相等的一份，并且像马尔克的田地一样，权利义务都是可再分割的。并且，在经营海外贸易的商会会员间，同样有这种情形。在亚历山大湾或君士坦丁堡的威尼斯人和热内亚人，每一国人，都在他们自己的 Fonda-co——宿舍，餐馆，货仓，陈列处，贩卖处和中央事务部等处——设立一个完全的商会，禁止同业和顾客，在规定的价格以下买卖。他们的商品，必须依照那由公共规定的价格来卖，甚至他们的商品的品质，也须有商会的戳记作保证。并且，这种商会还会规定他们在购买土著的生产物时，至多只许支付怎样的价格等。汉西亚诸邦，在德意志桥（通挪威贝根地方的桥）上的举措，也不外是这样。荷兰方面英吉利方面的竞争者，也是这样。如果有人在价格以下售卖或在价格以上购买，他就要倒霉。大家会一致抵制他；这种抵制，已经会使他破灭，且不说商会对犯规者所加的处罚。并且，还有范围更有限的组合，为一定的目的组织起来。例如 14 世纪热内亚的"摩那"（Moana）佛斯亚人在小亚细亚和开奥斯岛在 14 世纪 15 世纪多年来对于明矾矿山的统治。又如莱文斯堡大贸易公司（自 14 世纪末叶以来，它就经营意大利西班牙的贸易，并且在那里设立殖民地）德意志的奥斯堡佛格会社，威尔塞会社，沃林会社，霍克斯推勒会社等。牛尔堡希尔舒沃格公司（它在 1505—1506 年，有 66000 "杜克兹" 资本，有三艘船自葡萄牙驶往印度，从而有一年得纯利 175%，嗣后又有一年得纯利 150%。参看黑特著《利维特贸易》第二卷第五二四页）以及其他许多为路德所痛斥的独占会社，也是这样的例。

到这里，我们方第一次遇到利润和利润率。商人的意图，也曾经是使利润率，对于一切成员，成为均等的。威尼斯人在利维特，汉西亚人在北方，在购买商品时，是大家支付一致的价格，他们所出的运输费也是一致的。并且，他们由这种商品所收受的价格，以及他们购买归航品所支付的价格，也是和本国其他一切商人相等的。所以，利润率也是一切人均等的。就大贸易会社而言，利润依照投资比例分配，那是一件自明的事，这好比，马尔克的各个成员，对于马尔克的权利，会照份数，享受一定的部分；矿山的利益，也照份数，在各成员间平均分配。这个均等的利润率——它，在它的完全的发展上，是资本主义生产的最后结果之一——证明了，在它的最单纯的形态上，就是资本在历史上的出发点之一。它是马尔克组合的直接的嫩枝，马尔克组合又是原始共产主义的直接的嫩枝。

原来的利润率，必然是很高的。营业（最初是独占营业，所以酬劳是异常的大）是极危险；这不仅因为有异常猖獗的海盗；并且，参加竞争的国家，只要有机会，还会实行各种强制行为；最后，销场和畅销条件，又依存于外国君主的特许权，这种特许权中途破裂或撤销的事情，是常常发生的。所以在利润中，必须包含一个很高的保险费。加之，交易是迟滞的，营业的进行是缓慢的，在最好的时候，营业固然会成为一种有独占利润的独占贸易，但可惜这种时候，大都不会很长久。并且，利润率平均极高的事情，又证明当时通行的利息率也极高。但无论如何，大体说来，利息率与平常的商业利润的百分率相比，总要更低。

但这种由组合全体共同作用来形成，全体一律均等的高的利润率，只在组合之内——在这场合，就是在一国（Nation）之内——有地方性质的效力。威尼斯人，热内亚人，汉西亚人，荷兰人，每一国都有一个特殊的利润率。并且，在当初，各个销路也还有不同的特殊的利润率。诸不同的组合利润率（Genossen-schafts-profitraten），是由相反的路，由竞争，归于均衡的。最先，是同一国内不同诸市场的利润率，归于均衡。如果威尼斯货物在亚历山大城，比在塞普鲁岛，比在君士坦丁堡，比在特勒普城，可以获得更多的利润，威尼斯人就会把更多的资本，投到亚历山大城来。这种资本要从别的市场取出来的。在同一市场上经营同种或类似的商品的诸国，也必定会在利润率上，发生渐渐的均衡过程。由此，常惯会有某一些国家崩溃，从舞台上消失。不过，这个过程会不断为政治的事件所中断。例如，利维特的贸易，就因蒙古人和土耳其人的侵入，趋于衰落。1492年以后地理上商业上的大发现，不过把这种过程加速，最后把它解决。

由此，销场上起了一个突然的扩大。通商路线也跟着起了变化。不过，这个情形，并没有在商业经营的方法上，引起任何的变化。当初，对印度和美洲的贸易，仍然以组合的组织占优势。不过，在这种组合背后，有了更大的国家了。在对美洲的贸易上，有全体的大的联合的西班牙人，代替了经营利维特贸易的加泰隆人在他们之外，还有两个大国，英吉利和法兰西；甚至荷兰和葡萄牙（这两个国家是最小的，不过至少还是和威尼斯一样大一样强，在前一时代，威尼斯是最大最强的商业国了）。国家给那些商人（16 世纪 17 世纪的商业冒险家）一个后盾，因此，各成员须荷武器来自卫的组合，益益变为不必要的。因此，组合的费用，也变成一种不能忍耐的负担。个人财富的发展，又大大加速了；因此，联合商人所能投在一种企业上的基金，和以前整个组合所能投的基金，是一样多了。继续存在的诸商业会社，大都转型为配有武力的公司，它在母国的保护和庇荫下，把新发现的全部土地征服，并独占地利用它。不过，殖民地越是在新的范围内隶属于国家，组合贸易就越是在个别商人的贸易当前，显得落后。因此，利润率的均衡，也就益益专门成为竞争范围以内的事了。

以上，我们只认识了商业资本的利润率。因为，在此以前，我们也只有商业资本和高利贷资本；产业资本是以后才发展的。那时候，生产还主要是在自有其生产手段的劳动者手里进行，他的劳动不须对资本提供任何剩余价值。他不过要无代价的，把生产物的一部分给予第三者，在那时，那是在封建领主的贡献形态上，给予第三者的。所以，商人资本至少在当初，只能由本国生产物的外国购买者，或从外国生产物的本国购买者手里，取得它的利润；直到这个时期之末（在意大利，正是利维特贸易趋于衰落的时期），外国人的竞争和迟滞的销路，方才强制输出品的手工生产者，使他们不得不在输出商人之前，以低于价值的价格，售卖商品。所以，在这里，我们看见了这种现象，即：在国内的零售贸易上，个别生产者平均是互相依照价值来售卖商品，但在国际贸易上，却由一定的理由，不照这个规则进行。那是和现在的世界完全相反的。在现代，生产价格在国际贸易和批发贸易上适用，而在都市上的零售贸易上，价格形成却是由完全不同的利润率来调节。所以，在今日，牛肉由伦敦批发商人到伦敦个个消费者手里的增价程度，比牛肉由芝加哥批发商人到伦敦批发商人手里的增价程度（包括运费在内）要更大。

价格形成的方法的变更，是逐渐实行的。引起这种变更的工具，就是产业资本。在中世纪，产业资本的胚芽已经成立了，那是在这三个范围内成立的，即，航运业，开矿业，织物业。由意大利诸海上共和国至汉西亚诸海上共和国的航运业，没有水手，即工资劳动者（他们的组合形态下的工资关系，为分红这一件事所掩盖了），是不可能的。当时的大轮船，没有水手，工资劳动者或奴隶，也是不可能的。矿业公会，原来是组合形态上的劳动者，现在几乎在一切场合，都变成了股份公司，以劳动者为手段，从事开采了。至于织物业，商人也已开始直接雇用小的织布师傅做事。他把纱给他们，他们收取一定的工资，就为他把纱织成布。简言之，他已由单纯的购买者，变为所谓"发行人"（Verleger）。

这是资本主义剩余价值形成之最初的发端。矿业公会，当作一个不开放的独占公司，我们可以除开不说。就航运业来说，也很明白，航运业的利润至少须在国内比得上。此外，还须加上额外的保险费，船舶消耗的补偿费等。织物发行人——他们把那种凭资本主义方法造成的商品，拿来和同种类的在手工生产方法下造成的商品相竞——又怎样呢？

商业资本的利润率先就已经有了。并且，它还已经均衡为一个近似的平均率；至少就当地说是如此。但是，什么事情使商人从事"发行人"这种特殊的职业呢？只有一件，那就是，售卖价格虽与他人相等，但可望得到更大的利润这件事。现在，他有这种希望了。因为，他可以雇用那些小老板做事。一向来，生产者只能售卖他的完成生产物；现在，这个限制，生产上的这个因袭的限制，被打破了。商业资本家购买劳动力；劳动力的所有者虽还有他们自己的生产工具，但不复有原料了。他虽然保障了织布工人的经常的职业，但在反面，却能压低织布工人的工资，使他们提供的劳动时间的一部分，成为无给的。因此，发行人就可以在向来的商业利润之外，占有更多的剩余价值了。当然，对于这种事业，他必须使用追加的资本，来购买棉纱等物，并且，把此等物在布织成以前，放在织布工人手里。这些东西的全部价格，必须在购买时，预先支付的。但第一，在通例的场合，他还须已经使用额外的资本，垫支给织布工人（因为照例只有债务能迫人变为这样），由此，他才把新的生产条件征服。第二，丢开这点不说，他的计算是像这样：

假设我们的商人用 30000 杜克兹或镑，来经营输出业。其中，假设有 10000 用来购买国内的商品，其余 20000 用在海外的贩销市场上。资本每两年周转一次。年周转额 = 15000。现在，我们这位商人，为自己打算，要转为织物的发行人。试问，他必须垫支多少资本呢？我们假设每一匹布的生产时间售和卖时间，平均是两个月（这个假设，当然太高了），我们又假设，一切都须用现钱支付。所以，他必须垫支充足的资本，使他的织布工人，可以在两个月内有棉纱使用。因为他在一年间周转 15000，所以在两个月间，他有 2500 用来购买。且假设，在其中有 2000 代表棉纱价值，500 代表织布工人的工资。我们的商人必须有 2000 追加资本。但我们又假设，他由这个新方法由织布工人那里取得的剩余价值，为垫支价值的 5%，这样，剩余价值率不过等于 25%（那当然是极有限的。$2000c + 500v + 125m$，$m' = \frac{125}{500} =$ 25%，$p' = \frac{125}{2500} = 5\%$）。在这场合，我们这位商人在他一年周转的 15000 中，已经可以赚到 750 的额外利润，所以只要经过 $2\frac{2}{3}$ 年，他的追加资本就已经赚到了。

但为要加快销路和周转，并由此使相等的资本，可以在较短的时间内赚得相等的利润，或在相同的时间内赚得更大的利润，他会把他的剩余价值的一小部分送给买者，那就是，比竞争者以更低的价格售卖。这些竞争者也会渐渐变成发行人，在这场合，额外的利润就会全体还原为普通利润的。那就是，追加的资本将只取得较低的利润。利润率的均等，再恢复了，虽然那是在别一个水准上恢复。由此，国内赚得的剩余价值，还会有一部分让给国外的购买者。

产业受资本支配的第二步，是由制造业的侵入完成的。这种情形，又使制造业者（他们在 17 世纪 18 世纪——在德国，到 1850 年还几乎一般是如此，其实，到今日，也还有些地方是如此——通例就是他自己的输出商人）能够比旧式佛郎克方面的竞争者（手工业者）以更低廉的费用从事生产。这个过程反复下去，制造业资本家所占有的剩余价值，使他自己或输出商人（和他共分剩余价值的商人）能用更低的价格售卖，一直到新的生产方法普遍化，然后再归于均衡。已有的商业利润率（虽然只在局部地方以内水准化），仍然是普洛克鲁特士，他毫不姑息的，把多余的产业剩余价值，夺取了去。

制造业已经由生产物更便宜的原故，骎骎日上了；大工业还更是这样。大工业由不断更新的生产上的革命，使商品的生产成本益益减低，并毫不姑息的，把一切前期的生产方法抛在一边。它又为资本彻底把国内的市场征服，把那些由自给农民家族经营的小生产和自然经济倾覆，把小生产者间的直接交换废止，使全国民成为资本的仆役。它还使不同诸种商业和工业的利润率，均衡成为一个一般的利润率；最后，并为这个均衡过程，保障适当的支持点。因为一向来资本要由一个部门移到别一个部门，会遇到许多障碍，现在这些障碍是有大部分被扫除了。并且，就全部交易而言，由价值到生产价格的变化，也是由此完成的。这种变化是依照客观的法则进行，当事人可以不意识到，也不预料到。如果有什么职业的利润，超过一般的利润率，竞争会使它还原到一般的水准。所以，最先由产业家占有的超过平均的剩余价值，会再被夺去。从理论方面说，这种现象决无难于说明之处。但在实际上，还更无任何难于做到的地方，因为剩余价值超过一般水准的诸生产部门，都用更多的可变资本，更少的不变资本，那就是有更低的资本构成；按照这诸生产部门的性质，它们也要到最后，才被放到资本主义的经营下面，其资本主义性质也最不完全。就中，农业尤其是这样。再说到生产价格提到商品价值以上的现象。那是必然的，如果那些有高位资本构成的部门的资本，要能获得剩余价值与平均利润率的水准相等。这种现象，在理论上虽极难说破，但我们以前讲过，在实际上，那是极易办到的。因为这类商品，当它们初依资本主义方法来生产，初加入资本主义商业上来的时候，会与同种类的还依照前资本主义方法生产的商品，相竞争。资本主义的生产者，就放弃剩余价值的一部分，也还能取得当地通用的利润率。这种利润率，原来与剩余价值没有直接的关系；因为在资本主义生产方法成立从而产业利润率成立以前，这个利润率就早经成立了。

## II　交易所（Die Börse）

（一）第三卷第五篇，尤其是第二十七章，我们曾说到交易所在资本主义生产方法上，一般有怎样的位置。但自 1865 年（这一卷著作的时候）以来，有一种变化发生了。在今日，交易所的重要性是增进了许多，并且它的功能也是在不断增加。在进一步的发展中，它还有这个趋势；那就是，全部生产（工业和农业）全部交易，交通机关，和交易机关，都累积在交易所投机人手里。交易所成了资本主义生产的最突出的代表。

（二）在 1865 年，交易所在资本主义体系中，还只是次要的元素。在那时，国债券代表投机价值的主要部分，但其数量还是比较的少。在那时，股份银行，在大陆和美国已经盛行了，在英格兰，也已实行把贵族的私人银行吞并。但就量而言，那还是比较小的。铁道证券和现在比较起来，也还很微弱。直接的生产事业，很少采取股份的形态。在当时，"大臣眼"仍只是一个难于克服的邪教。在更贫的诸国，如德国、奥地利、美国等处，银行也通例是这样。

当时，交易所还是资本家互相通融其蓄积资本的地方，并且，在劳动者直接看来，它又不过当作资本主义经济会发生不道德的一般的影响之新的证据，不过是加尔文教义的证明。这个教义是：在这个世间，幸福和痛苦之间，富和贫之间，快乐和悲惨之间，支配和被支配之间，完全是由恩宠的选择，换言之，是由偶然决定的。

（三）现在却不同了。自 1866 年恐慌以来，蓄积是以不断增加的速度进行，所以随便在哪一个工业国，至少在英国，生产的扩大，不曾与蓄积并步而进。个别资本家的蓄积，不复能全部用来扩大他个人自己的营业；所以，早在 1845 年，英国棉业界的人，就已经从事铁道诈欺了。但随着这种蓄积的增加，食利者的人数也增加了。这种人不从事任何规则的营业，却悠游自在，以某公司董事或监察人的资格，做一点轻巧的事情，再不然，就为要吸收那当作货币资本的游移资金，设立合法的有限责任公司。以前负无限责任的股东的责任，也多少减小了。

（四）此后，工业也渐渐变为股份的企业。一个部门接着一个部门变为股份公司。最先是铁，那在现在已需有巨大的投资了。（在此以前，开矿业已需有巨大的投资，但在那里，尚未股份化）。然后，化学工业和机械建造业。在大陆，有织物业（在英国，兰克夏郡有些地方，也是这样）。其次是酿酒业。然后有托拉斯创造共同管理下的极大的企业（例如联合制钾托拉斯），普通的单位商号，一天甚似一天，只是这种极大企业得以建成的初阶。

商业也是这样。里夫公司、巴孙公司、摩勒公司、底伦公司，成立了。现在，零售商店也采取公司组织了。那还不只在合作商店的外形下。

银行以及别的信用组织，在英格兰，也是这样。——大多数新起的，都采取有限股份公司的形态。有些旧银行，例如格林士银行，也变为有七个股东的有限公司了。

（五）在农业的范围内，有同样的情形。异常扩充的银行，尤其是在德意志，已经在各式各样的官僚的借口下，成为不动产的抵押者。这种抵押券和银行的股票，以现实土地所有权以上的权利，给予交易所。在抵押品满期的场合，尤其是如此。在这场合，农业革命对于土地耕作发生了强烈的影响。这个情形，进行得很速，不久，英国法国的土地都成为交易所投机的对象了。

（六）现在，一切外国的投资，都采股份形态。这里只说到英格兰；美国的铁道；北部和南部的金开采业；等。

（七）其次说到殖民地。现在，它完全是交易所的支店了。欧洲列强就为交易所投机的利益，在几年前，把非洲瓜分了。法国人把杜尼斯和丹金征服了。非洲是直接租给公司了。马斯考那兰和拿达兰为罗特交易所所有了。

# 目录

第一篇

## 剩余价值之化为利润及
## 剩余价值率之化为利润率

第三篇

# 利润率下落倾向的法则

第四篇

# 商品资本和货币资本转化为商品
# 经营资本和货币经营资本（商人资本）

第五篇

## 利润之分为利息与企业利益·生息资本

第一篇

剩余价值之化为利润及剩余价值率之化为利润率

# 第一章
# 成本价格与利润

我们在第一卷，是就资本主义生产过程的本身加以考察，认其为直接的生产过程，而把外部各种事情所生的间接影响存而不论，这个生产过程所呈现的种种现象，便是第一卷研究的对象。但这个直接的生产过程，还未完结资本的生涯。在现实界内，它还须由流通过程来补足。流通过程便是第二卷研究的对象。但在第二卷，尤其是第二卷的第三篇，我们是把流通过程视为社会再生产过程的媒介，认定资本主义生产过程，大体不外是生产过程与流通过程的合一。在第三卷，我们不要泛论这个合一了。我们宁要在这一卷发现并说明，资本一般运动过程所生的诸种具体形态。各种资本，在现实的运动上，便是在这诸种具体形态上对立着的。资本在直接生产过程中的形式及其在流通过程中的形式，都不过是这诸种具体形态的特别的要素而已。所以，这第三卷所指示的诸种资本形态，对于各种资本在社会表面上，在相互的行动及竞争中，在生产当事人习常的意识中，所由而表现的形态，是一步一步更加接近了。

在资本主义下生产的每一个商品 W 的价值，都由 $W = c + v + m$ 公式表示。我们若在生产物价值中减去剩余价值 m，便只留下 c + v 的等价或代置价值，那是在生产要素上支出了的资本价值。

假设某商品的生产须支出资本 500 镑，20 镑代表劳动手段磨损，380 镑代表生产材料，100 镑代表劳动力。又假定剩余价值率为 100%。如是，生产物的价值 = 400 镑（c）+100 镑（v）+ 100 镑（m）= 600 镑。

把 100 镑剩余价值减去，仍有 500 镑的商品价值。这 500 镑不过补还已支出的资本 500 镑。商品价值的这一部分，仅补还所消费的生产手段的价格和所使用的劳动力的价格，它所补还的，不过是该商品所费于资本家自己的；所以，对于资本家这就是商品的成本价格（Kostpreis）。

但商品所费于资本家自己的东西，和商品生产自身所费的东西，是两种完全不同的量。商品价值中由剩余价值构成的部分，是无所费于资本家的，因为它所费的，是劳动者的无给劳动。但因在资本主义生产的基础上，劳动者在加入生产过程后，也在发生作用的属于资本家的生产资本中，成为一个成分，所以，资本家成了现实的商品生产者；在他看来，商品的成本价格，必然会表现为商品自身的现实的费用。命成本价格为 k，则 W = c+v+m 的公式，便转成为 W = k+m 的公式，那就是：商品价值 = 成本价格+剩余价值。

商品价值中有几个部分仅用来代置生产中支出的资本价值。把这几个部分归纳在成本价格这个范畴里，从一方面说，适足表示资本主义生产的特殊性质。商品之资本主义的费用，是由资本的支出来计量；商品的现实的费用，却是由劳动的支出来计量。所以，商品的资本主义的成本价格，和商品的价值（即商品的现实成本价格），是不同的量。明白说，它比商品价值小。因为 W = k+m，所以 k = W−m。但从他方面说，商品成本价格这个项目，决不是仅仅在资本家账簿上存在。这个价值部分的独立，对于现实的商品生产，会继续发生实际的影响。那就是，这个价值部分，必须由商品形态，经流通过程，不绝地，再转为生产资本的形态。换言之，商品的成本价格，须不绝购回各种在生产上消费掉的生产要素。

但成本价格的范畴，与商品的价值形成毫无关系，也与资本的价值增殖过程毫无关系。虽知道商品价值 600 镑的六分之五或 500 镑，只是 500 镑支出资本的等价或代位价值。从而，仅足购回资本的各种物质要素，我们仍不知道，商品价值的这六分之五（即商品的成本价格）是怎样生产出来的，也不知道其余六分之一（即商品的剩余价值）是怎样生产出来的。但我们的研究会指出，在资本经济上，成本价格，是错误地，表现为价值生产上的一个范畴[①]。

再用我们前面讲过的例。假定一个劳动者，在一平均社会劳动日内生产的价值，由 6 先令的货币额表示。这样，500 镑（即 10000 先令）的垫支资本（即 400 c + 100 v），便是 $1666\frac{2}{3}$ 个十小时劳动日的价值生产物。在此额中，有 $1333\frac{1}{3}$ 劳动日结晶化在等于 400c 的生产手段的价值中，有 $333\frac{1}{3}$ 劳动日结晶化在等于 100v 的劳动力的价值中。假定剩余价值率为 100%，则新形成的商品的生产，即 100 v + 100m，须费 $666\frac{2}{3}$ 个十小时劳动日的劳动力的支出。

但如第一卷第七章所示，我们知道，600 镑新形成的生产物的价值，是由两个部分构成的。第一个部分，是在生产手段上支出的 400 镑不变资本的再现价值；第二个部分，是 200 镑新生产的价值。所以，商品的 500 镑本价格，包含再现的 400c，和新

---

① 译者注：马恩研究院版，价值生产误为世界生产 Weltproduktion。

生产的 200 镑价值的半数（即 100v）；换言之，包含商品价值的两个要素，就二者的发生方法言，这两个要素是全然不同的。

因在 $666\frac{2}{3}$ 十小时劳动日内支出的劳动，具有合目的的性质，故被消费的生产手段的 400 镑价值，是由生产手段移转到生产物去了。这种旧价值，是再现为生产物价值的成分，不是在这个商品生产过程中发生的。它是商品价值的成分，仅因为它原先是垫支资本的成分。支出的不变资本，是由它自身附加在商品价值中的商品价值部分代置的。所以，成本价格的这个要素，有两重的意义：从一方面说，因为它是代置支出资本的商品价值部分，所以它是商品成本价格的成分；从他方面说，它所以是商品价值的成分，仅因为它是支出资本的价值，换言之，仅因为生产手段费了这样多。

成本价格的别一个成分，是全然不同的。在商品生产上支出的 $666\frac{2}{3}$ 日劳动，形成 200 镑的新价值。这新价值的一部分，只代置 100 镑垫支的可变资本，换言之，只代置所使用的劳动力的价格。但这个垫支的资本价值，在新价值的形成上，是绝不参加的。在资本垫支之内，劳动力是当作价值被计算的，但在生产过程内，它却会发挥价值形成者（Wertbildner）的机能。在资本垫支内，是劳动力的价值，占有位置；在现实的机能的生产资本中，则是由活的形成价值的劳动，代有其位置。

成本价格是由商品价值诸不同的成分合成的。这诸种成分之间的区别，只要我们比较支出不变资本部分价值量发生变化时的情形，和支出可变资本价值量发生变化时的情形，便会一目了然。假设同一生产手段的价格或不变资本部分由 400 镑增至 600 镑，或由 400 镑减至 200 镑。在前一场合，不仅商品的成本价格，要由 500 镑增加到 600c+100v＝700 镑，商品价值也会由 600

镑增加到 $600c + 100v + 100m = 800$ 镑。在后一场合，不仅成本价格会由 500 镑减为 $200c + 100v = 300$ 镑，商品价值也会由 600 镑减为 $200c + 100v + 100m = 400$ 镑。因为，所支出的不变资本，将以其自身价值移转到生产物去，所以在其他一切事情相等的情形下，生产物价值将与资本价值的绝对量，同增同减。反之，我们假设其他一切事情相等，但同量劳动力的价值，由 100 镑增至 150 镑或减至 50 镑。在前一场合，成本价格由 500 镑增加到 $400c + 150v = 550$ 镑；在后一场合，成本价格由 500 镑减为 $400c + 50v = 450$ 镑；但在这二场合，商品价值都不会变化，仍旧等于 600 镑；前一场合，是 $= 400c + 150v + 50m$；在后一场合是 $= 400c + 50v + 150m$。垫支的可变资本，不把自身的价值，移转到生产物中去。在生产物中，可变资本的价值，被一个由劳动创造的新价值所代替了。可变资本绝对价值量上的变化，若仅表现劳动力的价格的变化，它就不会改变商品价值的绝对量；由活劳动创造的新价值的绝对量，是绝不会因此发生变化的。这种变化，只影响新价值二成分间的量的比例。这二成分，一个构成剩余价值，另一个代置可变资本，加入商品成本价格里面。

成本价格的这二部分，就我们的例 $400c + 100v$ 说，只有一个同点，即：它们是商品价值的二部分，都是代置垫支资本的。

但这个现实的事态，从资本主义生产的观点看，却必然要以倒转的方法，表现的。

资本主义生产方法，和以奴隶制度为基础的生产方法，除有其他各种异点外，还有一个异点是：劳动力的价值或价格，表现为劳动本身的价值或价格，即表现为劳动工资（第一卷第十七章）。所以，垫支资本的可变价值部分，是表现为垫支工资的资本，或表现为一个资本价值而被用以支付生产上所消费的一切劳动的价值或价格。假设一平均社会的十小时劳动日，实现为 6 先令的货币额，在此场合，100镑可变的资本垫支，便是 $333\frac{1}{3}$ 十小时劳动日所生产的价值的货币表现。但这个在资本垫支上占有位置的所购劳动力的价值，不是现实的机能的资本之部分。在生产过程中，它的位置，是被活劳动力所代替了。拿我们以上的例来说，假设劳动力的榨取程度为100%，劳动力便须支出 $666\frac{2}{3}$ 十小时劳动日，从而，把200镑新价值加到生产物中去。但在资本垫支上，这100镑可变资本，是当作支付工资的资本，或当作在 $666\frac{2}{3}$ 十小时劳动日内实行的劳动的价格。以 $666\frac{2}{3}$ 除100镑，得3先令，这就是一个十小时劳动日的价格，与五小时劳动的价值生产物相等。

一方面是资本垫支，他方面是商品价值，试比较之，即得：

（1）500镑的资本垫支，等于400镑在生产手段上支出的资本（即生产手段的价格）加100镑在劳动上支出的资本（即 $666\frac{2}{3}$ 劳动日的价格或其工资）。

（2）600镑的商品价值等于500镑的成本价格（400镑已支出的生产手段的价格，加100镑已支出的 $666\frac{2}{3}$ 劳动日的价格），加100镑剩余价值。

在这个公式内，投在劳动上的资本部分，仅在这一点，与投在生产手段（如棉花石炭）的资本部分相区别；即，它用以支付一种在实质上不同的生产要素。但未在下述一点表示它们的区别：即在商品价值形成过程上，从而在资本价值增殖过程上，它们还演着机能上不同的节目。生产手段的价格，当作资本垫支的一个要素，会再现在商品的成本价格中，而所以会如此，正因为这种生产手段已经合目的的被利用。在生产上消费掉的 $666\frac{2}{3}$ 劳动日的价格或工资，当作资本垫支的一个要素，也会再现在商品的成本价格中，而所以会如此，也正因此量劳动，已在合目的的形态上被支出。在此，我们只看见完成的既存的价值，参加在生产价值形成过程中的垫支资本的诸价值部分，但不见新价值的创造要素。因此，不变资本与可变资本的区别，消灭了。500镑的成本价格，现在含有二重意义。第一，它是600镑商品价值的成分，它适足代置在商品生产上支出的500镑资本。第二，商品价值的这个成分所以存在，只因为它原来就当作所用诸生产要素（即生产手段与劳动）的成本价格，原来就当作资本垫支，存在的。资本价值，就因为（且以此为限）它是曾当作资本价值被支出，所以会当作商品的成本价格，再现出来。

垫支资本的各价值部分，投在各种在实质上不同的生产要素上，即投在劳动手段，原料，补助材料，和劳动上。但这个事情，只规定一点，即：商品的成本价格，必须再购回这种种在实质上不同的生产要素。所以，就成本价格的形成来说，我们只见到固定资本与流动资本的区别。在上例，我们假定有20镑是劳动手段的磨损。（400c 等于20镑劳动手段的磨损加380镑生产材料）。假设在商品生产之前，劳动手段的价值为1200镑，所以，在商品生产之后，它将在两种形态上存在，其中20镑当作商品价值的部分，而1200-20或1180镑，则成为依然为资本家所有的劳动手段的残余价值，换言之，这1180镑，不当作他的商品资本的价值要素，仅当作他的生产资本的价值要素。与劳动手段相反，生产材料与劳动工资，却会在商品生产中全部移转，以其全部价值，参加所产商品的价值。我们讲过，垫支资本诸不同成分，会视周转速度如何，而取得固定资本或流动资本的形态

（参看第二卷第二篇第八章以下）。

所以，资本垫支 1680 镑：其中，固定资本 1200 镑，加流动资本 480 镑（380 镑生产材料加 100 镑工资）。

但商品的成本价格只为 500 镑，其中 20 镑是固定资本的磨损，480 镑是流动资本。

商品成本价格与资本垫支的差别，不过证明这一点：商品成本价格，仅由实际在生产上支出的资本构成。

在商品的生产上，有价值 1200 镑的劳动手段被使用，但在此垫支资本价值中，仅有 20 镑在生产上消费掉。是以，所用固定资本只有一部分，参加商品的成本价格；它在生产中也只支出一部分。但所用流动资本，却全部参加商品的成本价格：它在生产中也是全部支出的。这不证明了如下的事情么？所消费的固定资本部分与流动资本部分，将比例于其价值量，同样参加商品的成本价格，而商品的这个价值部分，也仅起源于在商品生产上支出的资本。若不是这样，我们就无从解释，为什么已垫支的 1200 镑固定资本，仅把在生产过程中丧失的 20 镑，不把未在生产过程中丧失的 1180 镑，附加到生产物价值中去了。

在成本价格的计算上，固定资本与流动资本，有这样的差别。这种差别，不过是确切证明了成本价格显然是由支出的资本价值，或支出的诸生产要素（那包括劳动）所费于资本家的价格构成的。而就别一方面说，在价值形成上，可变资本部分，即投在劳动力上的资本部分，又在流动资本这个名称下，被视为与不变资本的一部分（即由生产材料构成的资本部分）相同。资本价值增殖过程就这样完全神秘化了①。

以上我们只考察了商品价值的一个要素，即成本价格。现在

--------

① 这个事实，会在经济学者头脑内引起怎样的混乱，我们已经在第一卷第七章第三节以西尼尔氏为例，加以说明了。

我们还要考察商品价值的别一个成分，即成本价格以上的超过额或剩余价值。一看就知道，剩余价值是商品价值超过商品成本价格的剩余。但因为成本价格等于支出资本的价值，成本价格须不断再转化为支出资本的物质要素；所以，这个价值超过额，也就是在商品生产上支出的又从商品流通内归来的资本之价值增加额。

我们已在以前讲过，剩余价值 m，只是由可变资本 v 的价值变化，发生的；所以，它原来只是可变资本的加量（Inkrement）。但它又同样是支出总资本 c+v 在生产过程终了后的价值增加额。c+（v+m）公式（那表示 m 的生产，是因为确定的垫支在劳动力上的资本价值转化为一个流动量，那就是由一个不变量转化为可变量），还可表现为（c+v）+m。在生产之前，我们有一个 500 镑资本。在生产之后，我们有一个 500 镑的资本，加一个 100 镑的价值增加额[①]。

但剩余价值，不仅对于参加价值增殖过程的垫支资本部分，为增加额；对于不参加价值增殖过程的垫支资本部分，也为增加额；从而，不仅对于由商品成本价格代置的支出资本，为增加额；对于生产上一般使用的资本，也为增加额。在生产过程之前，我们有一个 1680 镑的资本价值：1200 镑投在劳动手段上的固定资本（其中只有 20 镑的磨损，参加入商品价值内），加 480 镑投在生产材料和工资上的流动资本。在生产过程之后，我们有 1180 镑的生产资本的价值成分，加 600 镑的商品资本。这两个价值额相加，资本家现在有了 1780 镑的价值。减 1680 镑垫支的

---

[①] "在实际上，我们已经知道，剩余价值纯然是 v（即化为劳动力的资本部分）发生价值变化的结果；所以，v+m＝Δv+Av（即 v 加 v 的加量）。然现实的价值变化和价值变化的比例，曾因有这个事实而被蒙蔽，即：因可变资本部分增加之故，垫支总资本也会增加。它原来是 500 磅，现在是 590 磅。"（第一卷第七章第一节）。

总资本，仍有 100 镑的价值增加额。总之，100 镑的剩余价值，对于 500 镑在生产上支出的资本部分，为价值增加额；同样，对于 1680 镑所用资本，也为价值增加额。

由资本家的观点来看。依他看，这个价值增加额，很明白是由用资本进行的生产行为（Produktiven Vorgängen）发生出来的。因为这个价值增加额要在生产过程之后才存在，在生产过程之前是不存在的。先就在生产上已经支出的资本说，剩余价值就像是同样地由资本诸价值要素（由生产手段及劳动构成的要素）发生的。这各种要素，是同样参加成本价格的形成。它们都以它们所已有的当作垫支资本的价值，附加到生产物价值中去，不复有不变价值量与可变价值量的区别。只要暂时设想一切支出的资本，是全由工资构成，或全由生产手段的价值构成，这一点便会非常明白的。在第一场合，我们将不复有商品价值 400c+100v+100m，却将有商品价值 500v+100m。投在工资上的 500 镑资本，是 600 镑商品价值生产上所使用的全部劳动的价值，故也构成全部生产物的成本价格。但在这里，我们在商品价值形成上，只认识了一个过程，那便是成本价格的形成；支出资本的价值，当作生产物的价值部分，就是由此再现的。至若 100 镑剩余价值部分是如何发生，我们就不知道了。在商品价值等于 500c+100m 的第二场合，情形也是这样。在这二场合，我们都知道，剩余价值是由一定的价值产生出来的；因为，这个价值无论是垫支在劳动的形态上，抑是垫支在生产手段的形态上，它总归是垫支在生产资本的形态上的。但从别一方面说，这个垫支的资本价值却不能因为它支出了，因为它构成商品的成本价格，便以此为理由，而形成剩余价值。且就因为它形成商品的成本价格，所以，它不形成剩余价值，只形成支出资本的等价或代置价值。如果它也形成剩余价值，它当然不是以支出资本的特殊性质，来形成剩余价值，乃是以垫支资本，从而以所用资本一般的资格，形成剩余价值。总之，剩余价值不仅由垫支资本中那参加商品成本价格的部分发生，且也因垫支资本中那不参加商品成本价格的部分发生。一句话，剩余价值是由所用资本的固定部分和流动部分发生的。总资本，无论是劳动手段，是生产材料，抑是劳动，都会在实质上，当作生产物形成者（Produktbildner）。在价值增殖过程上虽只有一部分资本参加，但在现实的劳动过程上，却是资本全部在实质上参加的。或也就为了这个理由，所以它虽仅以一部分贡献于成本价格的形成，但却以全部贡献于剩余价值的形成。无论如何，剩余价值总是同时由所用资本的一切部分发生的。若像马尔萨斯那样说："资本家对于其所投资本的一切部分会期待均等的利益①，这个结论还可以更简洁的叙述下来。"

因此，剩余价值，若当作垫支总资本的观念上的产儿，便取得了一个转化的形态，成为利润（Profit）了。所以一个价值额是资本，乃因它为生产利润而投下②，或者说，利润的生出，因为有一个价值额当作资本被使用。假令利润为 p，公式 W＝c＋v＋m＝k＋m 就变成了公式 W＝k＋p，即商品价值＝成本价格＋利润。

如上所述，利润依然和剩余价值是一样的东西，不过是在一个神秘化的形态上罢了。这个神秘化的形态，必然会从资本主义生产方式发生。就因为不变资本与可变资本的区别，不能在成本价格之外表的形成上辨认，所以在生产过程中发生的价值变化的起源，也须由可变资本部分，移到总资本上面来。因为在一极端上，劳动力的价格表现在工资这个转化形态上，所以在对极上，剩余价值也表现在利润这个转化形态上。

---

① 马尔萨斯《经济学原理》第二版伦敦 1836 年第 267、268 页。

② "资本：那是以利润为目的而投下的"。马尔萨斯《经济学定义》伦敦 1827 年第 86 页。

我们曾讲过，商品的成本价格，比它的价值更小。$W = k + m$，所以，$k = W - m$。如 $m = 0$，则 $W = k + m$ 的公式，还原为 $W = k$ 即商品价值＝商品成本价格。在特殊的市场状况中，商品的售卖价格，可降而与商品的成本价格相等，甚至降落到其下，但在资本主义生产的基础上，剩余价值等于零的情形，照理是绝不会发生的。

所以，如果商品依照价值售卖，那是会有一个利润实现的。这个利润，等于商品价值内包含的剩余价值全部。不过，资本家在价值以下售卖商品，也仍然是有利润的。只要商品的售卖价格（Verkaufspreis）超过它的成本价格，哪怕售卖价格在其价值以下，其中包含的剩余价值，仍会有一部分实现出来，从而常常取得一个利润。就我们的例说，商品价值等于 600 镑，成本价格等于 500 镑。假令商品是依照 510 镑、520 镑、530 镑、560 镑、590 镑售卖，那便是在价值 90 镑、80 镑、70 镑、40 镑、10 镑以下售卖，但从此种售卖，仍可得 10 镑、20 镑、30 镑、60 镑、90 镑的利润。在商品价值与其成本价格之间，有一系列的售卖价格是可能的。商品价值中由剩余价值构成的要素越是大，这种中间价格（Zwischenpreise）的实际作用范围也越是大。

这样，若干种日常的竞争现象，——例如在减价求售（underselling）的场合，某一些产业部门的商品价格，便宜得奇怪——是可以说明了①。资本主义竞争的基本法则，直到现在尚为经济学家所不理解。我们以后会知道，这个支配一般利润率和所谓生产价格（Produktionspreise 由一般利润率决定的生产价格）的法则，便是建立在商品价值与商品成本价格间的差异上；进一步说，便是建立在商品虽在价值以下售卖但仍能获得利润的可能

① 参照第一卷第十八章。

性上。

商品售卖价格之最低限，由商品的成本价格而定。若在成本价格以下售卖商品，所支出的生产资本的成分，便不能完全由售卖价格代置了。这种过程如果继续下去，垫支的资本价值便会消灭。单从这个见地说，资本家已经可以把成本价格认作商品的真正的内在价值了。因为，他如要将他的资本保存，成本价格便是必要的价格。并且，商品的成本价格，还是资本家在生产上支付的，从而是由生产过程决定的购买价格（Kaufpreise）。因之，由商品售卖而实现的价值超过额或剩余价值，在资本家看来，便像是商品售卖价格超过其价值的超过额，不是其价值超过其成本价格的超过额了。因之，在资本家看来，商品内包含着的剩余价值，不是由商品售卖而实现，却是由商品售卖而发生了。这个幻想，我们已在第一卷第四章第二节（资本总公式的矛盾）详论过了。这个幻想，既为托伦斯等人再主张，被认为是经济学超过里嘉图的进步，所以，在这里，我们且就他们所主张的形式，再讨论一下。

"自然价格，由生产成本（Produktionskost）构成，换言之，由商品生产或制造上的资本支出构成。这个价格，不能包含利润。……当农人为耕作田地而支出 100 卡德谷物，但在此后收获 120 卡德时，这 20 卡德便是支出以上的生产物的剩余额，便是他的利润；若说这个剩余额或利润，是他的支出的一部分，那当然是不合理的。……制造家支出一定量原料，工具，与劳动的生活资料，但收回一定量完成品。这一定量完成品，必须比原料，工具，与生活资料（这一定量完成品所以能够获得，就因有这种种物品的垫支）包含更大的交换价值。"于是托伦斯得出结论说：售卖价格超过成本价格的剩余或利润，是由这个事实发生的；即，消费者"由直接或间接的交换，会把比生产成本为大的分量"① 给予资本的各个成分。

事实上，一个定量以上的超过额，不能成为此定量的一部分；所以，利润（商品价值超过资本家支出的超过额）也不能成为资本家支出的部分。所以假令在资本家的价值垫支之外，不复有任何其他的要素，参加商品的价值形成，我们就无从知道，怎样从生产过程出来的价值，会比加入生产过程的价值更大，换言之，怎样能从无生有了。但托伦斯不过由商品生产的领域，逃至商品流通的领域，来逃避这从无生有的创造。托伦斯说，利润不能由生产而生，否则，它就已经包含在生产成本中，不算是成本以上的超过额了。但兰塞答说：如果利润不是在商品交换以前存在，利润就不能从商品交换生出。生产物相交换了，此诸生产物所代表的价值额，显然不会因此而改变。它在交换之前，必定和在交换之后一样。这里应附注一句：关于商品如何能在价值以上售卖这件事，马尔萨斯也曾明白援引托伦斯的典据②，虽然他提出了不同的解释，或不如说未曾解释，因为，这一类的讨论，结局，是和燃素有无负重量的讨论一样，这种讨论，在某一个时期也是非常有名的。

在资本主义生产支配着的社会状态内，非资本主义的生产者，也须受资本主义的观念支配。对现实关系有深刻理解而著名于世的巴尔扎克（Balzac）就在他最后一篇小说《农民》中，适切地描写了小农民为保全高利贷业者的善意，不受酬地为他做种种劳动；他们认为这种劳动的供给不能要求任何的给予，因为自己的劳动，对于自己是不要任何现金支出的。由此，高利贷业者是一箭双雕了。他既可以节俭劳动工资的支出，又使那不能以劳

---

① 托伦斯《财富生产论》伦敦 1821 年第 51–53 页、349 页。
② 马尔萨斯《经济学定义》伦敦 1853 年第 70、71 页。

动耕作自己田地，因而渐渐趋于破灭的农人，益益堕入高利贷的蜘蛛网内。

有一种无思想的观念，以为商品的成本价格构成商品的现实价值，所以，如果商品的售卖价格等于它的成本价格，换言之，等于所费生产手段的价格加工资，商品便是依照价值售卖。这种无思想的观念，已经当作社会主义的新发现的秘密，由惯以科学外观夸人的普鲁东，公告于世了。商品价值还原为商品成本价格的观念，实际也便是他所拟计的人民银行（Volksbank）的基础。我们已在前面指示出，生产物各种不同的价值构成部分，可表现为生产物的比例部分。（第一卷第七章第二节）。假设二十磅棉纱的价值是 30 先令（其中 24 先令生产手段，3 先令劳动力，3 先令剩余价值），所以剩余价值可表现为生产物的十分之一，即棉纱二磅。假设棉纱二十磅现今是照成本价格售卖，即依照二十七先令的价格售卖。买者即可白得二磅棉纱，换言之，商品是以低于价值十分之一的价格售卖了。但劳动者依然要负担剩余劳动，不过从前是为资本家棉纱生产者负担，现在是为棉纱购买者负担。设想一切商品依成本价格售卖，和一切商品皆依价值而在成本价格以上售卖，有相同的结果，那是一个谬误。因为，就令劳动力的价值，劳动日的长度，劳动的榨取程度到处是相等的；各种商品价值内包含的剩余价值量，仍会因生产上垫支的资本的有机构成之不同而极不相等①。

---

① "不同诸资本所生产的价值量和剩余价值量，——假设劳动力的价值是已定的，劳动力的榨取程度是一样大的——与这诸资本的可变成分的量，即转化为活劳动力的成分的量，成正比例。"（第一卷第九章）

# 利润率

　　资本的总公式是 G—W—G′；那就是，一个价值量，投在流通中，为要取出一个较大的价值量。生出这个较大价值量的过程，是资本主义的生产过程；实现这个较大价值量的过程，是资本的流通过程。资本家生产商品，不是为商品本身，不是为商品的使用价值，不是为自己个人的消费。资本家实际关心的生产物，不是可以触知的生产物，只是所费资本价值以上的生产物的价值超过额。资本家在投下总资本时，绝不顾虑，资本各个成分。在剩余价值的生产上，是负着不同的任务。他是不分彼此地把这各个成分垫支出去的。他的目的，不仅是再生产垫支的资本，而且是生产垫支资本以上的价值超过额。但他要把自己垫支的可变资本的价值，化为更大的价值，那只有把它用来交换活的劳动，只有把它用来榨取活的劳动。但他要榨取劳动，又必须同时垫支实现劳动所必需的条件（即劳动手段与劳动对象，机械和原料），换言之，必须同时把一个属于他所有的价值额，转化为生产条件的形态。他所以是资本家，所以能实行劳动的榨取过程，就因为他以劳动条件所有者的资格，和那只有劳动力的劳动者相对立。我们已在前面（第一卷）说过，正因为生产手段为非劳动者所有，所以劳动者变为工资劳动者，非劳动者则变为资本家。

资本家究竟是为要从可变资本抽出利得，所以垫支不变资本呢，还是为要使不变资本的价值增殖，所以垫支可变资本呢？换言之，资本家究竟是为要使机械与原料有较大的价值，所以把货币投作工资呢，还是为要榨取劳动，所以把货币投作机械和原料呢？这件事的解释，对于资本家是没有多大关系的。当然，只有可变资本部分创造剩余价值，但它只在一定条件下，创造剩余价值；即，还有别的资本部分（即劳动的生产条件）垫支。就因为资本家要榨取劳动必须垫支不变资本，所以他就在想象中，把它们不分彼此地混合起来了。在这情形下，无怪他觉得，他的利益的实际程度，非由利益对可变资本的比例决定，乃由利益对总资本的比例决定，非由剩余价值率决定，乃由利润率决定。我们以后会知道，不变的利润率，会表示种种不同的剩余价值率。

资本家所支付的价值成分，换言之，资本家投在生产中而有等价物可以获得的价值成分，都包含在生产物的成本中。这种成本是必须代置，然后资本才可以照原量保存，其原量才可以再生产出来。

商品中包含的价值，等于其生产所费的劳动时间，而此劳动总和，则由有给劳动与无给劳动二者合成。但商品所费于资本家的成本，却只是对象化在商品内的劳动的一部分，即有给的一部分。商品中包含的剩余劳动对于劳动者，虽然是和有给劳动一样要费劳动，一样会创造价值，一样会当作价值形成要素，参加到商品内去，但不费资本家一文。所以，资本家的利润是怎样发生的呢；这是因为他不支付一文已经可以得到一种可以卖的东西。剩余价值或利润，不外是商品价值超过其成本价格的超过额，即，商品内含劳动总额超过其所含有给劳动额的超过额。不问剩余价值是从哪里发生的，剩余价值总归是垫支总资本以上的超过额。所以，这种超过额，也与总资本保持一个比例，这比例可由 $\frac{m}{C}$ 分数式表示。这分数式内之 C 即总资本。所以，剩余价值率用 $\frac{m}{v}$ 代表，与剩余价值率不同的利润率，则用 $\frac{m}{C} = \frac{m}{c+v}$ 代表。

依可变资本计算的剩余价值率，称剩余价值率；依总资本计算的剩余价值率，称为利润率（Profitrate）。此二者，实系同一数量的不同的计算方法；因计算标准不同，相同的量，会表示出不同的比例或关系来。

应由剩余价值率的利润率化，推论剩余价值的利润化。不能反过来。但在事实上却须以利润率为历史方面的起点。剩余价值与剩余价值率，相对的说，乃是不可目见的待探究的本体；利润率及剩余价值之利润形态，却表现在现象的表面。

很明白，个别资本家所关心的唯一的事，是剩余价值（即他售卖商品所得的价值超过额）与商品生产上垫支的总资本，保持怎样的比例。他不关心这个超过额与资本某部分的确定比例及内部关系；他所关心的，宁可说是掩蔽这种确定比例和内部关系的朦胧的烟幕。

商品价值在成本价格以上的超过额，虽生于直接的生产过程，但它到流通过程中才实现。并且在竞争内，在现实市场上，这个超过额实际是否实现，又依何程度实现，那要取决于市场状况。因之，这个超过额，表面上，很容易被认为是由流通过程发生的。在此，我们不必费词说明，当商品在价值以上或价值以下售卖时，那不过表示剩余价值的分配方法不同；这各种人分配剩余价值的方法和比例虽有不同，剩余价值的分量和性质，却是一点不会变化的。不仅我们第二卷所讨论的各种转化，将在实际的流通过程中进行；这种种转化，还会与现实的竞争，与商品在价值以上或在价值以下的买卖相伴而起，以致个别资本家所实现的剩余价值，既取决于直接的劳动榨取，还须取决于相互的欺骗行为（Wechseeitigen Uebervorteilung）。

除劳动时间外，尚有流通时间会在流通过程中，发生影响，并限制一定时间内实现的剩余价值量。但此外还有一些在流通过程中发生的因素，会对直接的生产过程，发生决定的影响。二者（直接的生产过程与流通过程）是不绝交错着，浸润着，并由此不断使二者的区别特征，晦而不显。剩余价值的生产与价值一般的生产，如前所述，都会在流通过程内，取得诸种新的性质。资本会经过诸种转化的循环，最后，它会从其内部有机的生命出来，加入外部的生活关系中。在这关系中，互相对立的，不是资本与劳动，却就一方面说，是资本与资本，就他方面说，是单纯当作买者与卖者的个人。流通时间与劳动时间，在进路上互相交错着。好像二者同样可以决定剩余价值一般。资本与工资劳动互相对立的原形态，遂因貌似独立的诸种关系的加入，被掩蔽了。剩余价值好像不是抢夺劳动时间的产物，而是商品售卖价格超过其成本价格的超过额了。成本价格，表现为商品的固有价值，利润则表现为商品售卖价格超过其固有价值的超过额。

剩余价值的性质，在直接生产过程的持续中，也会印到资本家意识上来。此可取证于他贪求别人劳动时间的事实。那是我们考察剩余价值时叙述过了的。但（1）直接的生产过程，只是一个转瞬即行消灭的阶段，它会不断推移到流通过程中去；因此，利得的源泉及剩余价值的性质，虽也在生产过程中多少被感觉到，但这种感觉，至多不过当作一个等格的要素，和这样一个观念相并存，即：实现的超过价值额，是由这一种运动引起的，这种运动，是与生产过程相独立的，由流通发生出来的，从而是属于和劳动完全没有关系的资本的。流通上的这种现象，曾为近代经济学者兰塞，马尔萨斯，西尼尔，托伦斯等人所举述，以证明资本在其单纯的物质存在上，不与劳动发生社会关系（实则，使资本成为资本的，就是这种社会关系），也是剩余价值的源泉。这个源泉，与劳动相并而存，且不依存于劳动。（2）工资，是和原料价格，机械磨损等，同被列在成本项下：无给劳动的榨取，被表现为一项开支的节省，表现为一定量劳动的给付的减少，表现得完全和原料买价便宜，或机械磨损减少相同。因此，剩余劳动的榨取，便把它的特别性质丧失了；它与剩余价值的特别关系，就弄得含糊了；如第一卷第六篇所说，劳动力价值是表现在工资形态上的，也就因此，这个倾向是更被促进，更被助长了。

因资本各部同样表现为超过价值（利润）的源泉，资本关系就神秘化了。

剩余价值经利润率转化为利润形态。惟这种转化的方法，不外是已经在生产过程中进行的主客颠倒（Verkehrung von Subjekt und Objekt）之进一步的发展。我们讲过，在生产过程中，劳动之主观的生产力，表现为资本的生产力。从一方面说，过去劳动（那支配活的劳动）的价值，人格化为资本家；从他方面说，劳动者则表现为对象化的劳动力，表现为商品。从这种颠倒的关系出发，哪怕在单纯的生产关系内，也必然会引起相应的颠倒的概念，引起倒转的意识。这种意识，因流通过程有种种转化和变形之故，是进一步发展了。

把利润率的法则，直接当作剩余价值率的法则来表现，或反过来表现，那是一种完全颠倒的尝试。此可由里嘉图学派而知。在资本家的头脑中，这两种法则，当然是不加区别的。在 $\frac{m}{C}$ 这个表现中，剩余价值是由总资本价值（在生产上垫支的总资本价值）计算的，但在生产上，这个垫支的价值，只有一部分完全消费掉，别一部分仅只被使用。在事实上 $\dfrac{m}{C}$ 的比例只表示全部垫支资本的价值增殖程度；由剩余价值之概念的内部的关系及其性质来立论，这个比例所表示的，不过是可变资本变化量与垫支总资本量的比例。

总资本的价值量，就其自身说，与剩余价值量，没有任何内部的关系，至少，没有直接的内部的关系。就物质的要素说，减去可变资本后的总资本，即不变资本，是由实现劳动的物质要件（劳动手段与劳动材料）构成的。要使一定量劳动实现在商品中，并由此形成价值，是必须有一定量劳动材料和劳动手段的。按照所附加的劳动的特殊性质，在劳动量与生产手段（活的劳动便是附加到这上面的）量之间，有一定的技术关系；从而，在这限度内，剩余价值量（或剩余劳动量）也与生产手段量，保有一定的关系。例如，假设生产工资的必要劳动，等于每日六小时；这样，劳动者要作六小时剩余劳动，要生出 100% 的剩余价值，他便须劳动十二小时。他十二小时用去的生产手段，会倍于六小时所用去的生产手段。但他六小时附加的剩余价值，却和六小时或十二小时用去的生产手段的价值，不保持任何直接的比例。在这里，用去多少的生产手段的价值，全没有关系；成为问题的，只是技术上必要的数量。又，原料或劳动手段是便宜抑或昂贵，也全然没有关系；只要有必要的使用价值，能与被吸收的活的劳动，保持技术上必要的比例。如果我知道，一小时要纺去棉花 x 磅，费 a 先令，我当然知道，在十二小时内要纺去 12x 磅棉花，费 12a 先令；于是，我们能够计算剩余价值与六小时内用去的棉花的价值，成什么比例；也能计算，剩余价值与十二小时内用去的棉花的价值，成什么比例。但活劳动与生产手段价值的比例，在 a 先令为 x 磅棉花的名称的限度内，才与我们有关系。

一定量棉花既有一定的价格，所以，反过来，在棉花价格不变的限度内，一个一定的价格，也可以作一定量棉花的指标。如我已知道，要榨取六小时剩余劳动，必须使劳动者劳动十二小时；又，知道准备此量棉花必须有十二小时，且知道必需十二小时的棉花量的价格，我自然可以迂回曲折地，知道棉花价格（当作必需量的指标）与剩余价值的比例。不过，单是根据原料的价格，我们决不能推论一小时（不是六小时）所能纺掉的原料量。所以，在不变资本价值与剩余价值之间，从而在总资本价值（c+v）与剩余价值之间，没有任何内部的必然的关系。

已知剩余价值率和剩余价值量，则利润率所表示的，不外是剩余价值的别一个计算方法，那就是，用总资本的价值，不用那和劳动交换并直接生出剩余价值的资本部分的价值，为计算标准。但在现实（即在现象界），事情正好反过来。剩余价值是已知的，被视为是商品售卖价格超过其成本价格的超过额。于是，这个超过额何由发生的问题，依然是神秘的。因生产过程中的劳动被榨取呢？因买者在流通过程中受骗呢？抑是兼从二者呢？此外，已知的，是这个超过额对总资本价值的比例，或利润率。依垫支总资本的价值，计算售卖价格超过成本价格的超过额，是极重要极自然的；因为，总资本依何种比率自行增殖其价值，换言之，总资本的价值增殖程度，实际便是由此窥知的。然若从利润率出发，我们便无从知道，这超过额与投在工资上的资本部分保持什么特别的比例。在以后的某章（指第四卷），我们会知道，因为要由这条路探寻剩余价值的秘密及其与可变资本部分的特别的比例，马尔萨斯曾表演怎样一种滑稽的跳舞。利润率当作利润率，它所指示的，不外是这个超过额对资本各等分持有的均等的比例。从这观点出发，我们决不能在固定资本与流动资本间的区别之外，再指出任何内部的区别来。且固定资本与流动资本的区别所以能够表示出来，也仅因为这个超过额，有两种计算方法。第一，是当作一个单纯的量，当作成本价格以上的超过额。在这第一种形式上，流动资本是以全部，固定资本却只以磨损的一部，计入成本价格内。第二，是当作价值超过额对垫支资本总价值的比例。在这场合，全部流动资本的价值固然加入计算，全部固定资本的价值也加入计算。流动资本在这二场合，是以同法计入的；但固定资本在前一场合的计算方法，和流动资本的计算方法不同，而在后一场合却和流动资本的计算方法相同。但在此，固定资本与流动资本的区别，像是唯一的区别了。

所以，当此超过额由利润率再反射（用黑格尔说话的语气来说）出来时，换言之，由利润率取得特征时，它就表现为资本每年（或在一定流通期间内）生出的在其自身价值以上的超过额了。

利润率虽在数量上与剩余价值率不同，但剩余价值与利润，却实际是同一的，且在数量上也相等。但利润是剩余价值之转形的形态。剩余价值的起源及其存在的秘密，就是在这个形态上隐蔽的，消灭的。事实上，利润只是剩余价值的现象形态。必须由分析，将这个现象形态剥除，然后才能把剩余价值认识。在剩余价值上，资本与劳动的关系就全盘暴露了。而在资本与利润的关系上，换言之，在资本与剩余价值这个形态（在这个形态上，剩余价值，一方面表现为商品在流通过程内实现的商品成本价格以上的超过额，他方面又表现为由它对总资本的比例决定的超过额）的关系上，资本是表示为一种对自的关系（Verhältnis zu sich sebst）。当作一个原价值额的资本，就在这种对自的关系上，与一个由它自身生出的新价值，相区别。这个原价值额，是在它运动中，由生产过程与流通过程，生出这个新价值。这是人们意识到了的。但如何进行的问题，现在却是神秘化了，好像是由资本内部的秘密性质发生的。

我们越是追索资本的价值增殖过程，资本关系便越是神秘化，资本关系的内部组织的秘密，越是难于暴露。

在这第一篇，我们视利润率和剩余价值率，在数量上相异；但视利润与剩余价值在数量上相等，不过形态相异罢了。在次篇，我们将会知道，形态的转化会更进一步。在那里，在数量上，利润也被视为与剩余价值不等了。

# 第三章

# 利润率与剩余价值率的比例

如前章末尾所述，我们在这里，和第一篇全篇，都假定一定额资本所得的利润额，和以此额资本为媒介而在一定流通阶段内生产的剩余价值总额相等。固然，一方面，剩余价值，会分成各种下属形态，即资本利息，地租，赋税等；他方面，剩余价值，在大多数场合，也不与依照一般利润率所得的利润相一致（这一点是要在第二篇讨论的）。但我们且把这两点暂时搁起来不讲。

假设利润在数量上与剩余价值相等，则利润及利润率的大小，依单纯的比例来决定。这种数量，在各个场合，都是已定的或可定的。所以，我们的研究，最先便应在纯粹数学的范围内了。

我们仍用第一卷第二卷所用的符号。总资本 C 分为不变资本 c 与可变资本 v，生产一个剩余价值 m。剩余价值对垫支可变资本的比率 $\frac{m}{v}$，我们称之为剩余价值率，用 m′ 作符号。所以 $\frac{m}{v}=m′$ 从而 m=m′v。设剩余价值的计算不以可变资本为标准，却以总资本为标准，那就是利润 p。剩余价值对总资本 C 的比率 $\frac{m}{C}$，我们称之为利润率 p′。于是，我们有下式：

$$p' = \frac{m}{C} = \frac{m}{c+v}$$

以上得的值 m'v 代 m，则得下式：

$$p' = m'\frac{v}{C} = m'\frac{v}{c+v}$$

这方程式可以表现为如下比例：

$$p' : m' = v : C$$

换言之，利润率与剩余价值率之比，等于可变资本与总资本之比。

这个比例，表示利润率 p' 常较剩余价值率 m' 为小，因可变资本 v 常较 C（v+c 即可变资本加不变资本之和）为小。唯一的但实际上不可能的例外情形，是 v＝C，那就是，全不用不变资本，全不用生产手段，资本家只垫支工资的情形。

但有一系列的因素，对于 c、v、m 的量，有决定的作用。这些因素也会在我们的研究上，加入考虑的。以下，我们且简略地把这些因素提到。

第一是货币的价值。我们可以在全部研究中，假定货币的价值是不变的。

第二是周转。这个因素，在这里，我们也全未考虑，因为它对利润率的影响，我们将在以后某章考察。〔在此，我们只要暗示一点。$p' = m'\frac{v}{C}$ 公式只对于可变资本的一个周转期间才是完全正确的。但若以 m'n（年剩余价值率）代 m'（单纯剩余价值率），这个公式便也适用于年周转。在这里，n 代表可变资本一年内的周转次数。——参看《资本论》第二卷第十六章第一节——F. E.〕

第三，劳动生产力也须加入考虑的。它对于剩余价值的影响，我们已在第一卷第四篇详论过了。它对于利润率，至少对于个别资本的利润率，也有直接的影响。我们已在第一卷第十章讨论，个别资本如能以社会平均生产力以上的生产力发生作用，其生产物所表示的价值，如能较同种商品的社会平均价值为低，他便能实现额外利润。但这情形，我们不要在这里考虑，因在这一篇，我们是从这个前提出发，即：商品是在社会标准条件下生产，从而是依照价值售卖的。我们在每个场合都假定劳动生产力保持不变。实际上，投在一产业部门上的资本的价值构成，即可变资本对不变资本的确定出比例，常表示确定的劳动生产力的程度。当这比例不是因不变资本诸物质成分的价值变化而变动，也不是因工资变化而变动时，我们就可断定，必定是劳动生产力发生了变化。所以，c、v、m 这几个因素上的变化，每每包含劳动生产力的变化。

其余三因素——劳动日的长度，劳动的强度，劳动的工资——也是这样。此三者，对于剩余价值量与剩余价值率的影响，我们已在第一卷（第十五章）详细论述过了。为求简明起见，我们假定这三个因素是不变的，但很明白，v 与 m 的变化，仍可包含决定 v 与 m 的诸种因素的量的变化。在这里我们只要简单地记着，工资对于剩余价值量与剩余价值率的影响，和劳动日长度及劳动强度的影响，正好相反；那就是，工资增加，会减少剩余价值；劳动日延长及劳动强度增加，会增加剩余价值。

假定 100 镑资本，20 个劳动者，每日十小时，可以生产一星期的总工资 20 镑，和剩余价值 20 镑。如是，我们得下式：

$$80c+20v+20m; \ m'=100\% ; \ p'=20\%$$

假设劳动日延长为十五小时，工资不增加；20 个劳动者的总价值生产物，将由 40 增加至 60，因 10：15＝40：60。v（付于劳动者的工资）既保持不变，故剩余价值由 20 增加至 40。如是，我们得下式：

$$80c+20v+40m; \ m'=200\%; \ p'=40\%$$

反之，若劳动仍为每日十小时，但工资由 20 跌为 12，如是，我们仍有总价值生产物 40，但其分配方法不同；v 减为 12，从而，余下的 28 为 m。

在此，我们得下式：

$$80c+12v+28m; \ m'=233\frac{1}{3}\%; \ p'=\frac{28}{92}=30\frac{10}{23}\%$$

所以我们知道，劳动日的延长（或相应的劳动强度的增加）和工资的跌落，同样可以增加剩余价值量和剩余价值率；反之，在其他情形不变时，工资的增加，则可以把剩余价值率压下。是故，倘 v 因工资增加而增加了，它所表示的，当不是一个增加的劳动量，只是一个给付较高的劳动量。所以，m′ 与 p′ 不会增加，只会降落。

这件事指示了，劳动日，劳动强度，劳动工资发生变化，一定会同时使 v 与 m 变化，使二者的比例变化，并使 m 与 c+v（即总资本）的比例（即 p′）变化。很明白，m 对 v 的比例的变化，证明上述三劳动条件中，至少已有一个发生了变化。

可变资本对总资本及其价值增殖运动的有机的关系，以及可变资本与不变资本的区别，都在此显示了。在所论以价值形成为限时，不变资本所以重要，仅因其自身已有价值。至若 1500 镑不变资本是代表 1500 吨铁（每吨一镑）抑是代表 500 吨铁（每吨三镑），那是在价值形成上无关重要的。不变资本价值所代表的现实材料量，在价值形成和利润率问题上，是全然没有关系的。无论不变资本的价值的增减，与这个价值所代表的物质的使用价值量，成何种比例，利润率的变动与不变资本的价值的变动，总采取相反的方面。

可变资本却完全不是这样。就可变资本说，最重要的，不是它所有的价值，换言之，不是对象化于其中的劳动，乃是用它的价值作指标而由它推动（但非由它表示）的总劳动。这个总劳动，与表示在可变资本价值中的有给劳动，是有差别的。可变资本内包含的劳动越是小，则其间的差额越是大，换言之，其所包含的形成剩余价值的部分越是大。假设十小时劳动日一日，等于十先令。如必要劳动，换言之，支付工资或代置可变资本的劳动，等于五小时，等于五先令，则剩余劳动等于五小时，剩余价值等于五先令。如等于四小时，等于四先令，则剩余劳动等于六小时，剩余价值等于六先令。

所以，当可变资本的价值量，不复为其所推动的劳动量的指标时，或不如说，在这个指标自身的尺度发生变化时，剩余价值率就会以相反的方向，相反的比率变化的。

现在我们可以把前面定立的利润率方程式 $p' = m'\dfrac{v}{C}$，应用到各种可能的情形上来。我们依次把 $m'\dfrac{v}{C}$ 中各个因素的价值变化，来确定这种种变化在利润率上的影响。由此，我们可以得一序列的情形，我们认这些情形，是同一个资本依次变化的作用状态，或认它们是诸种相异的资本，它们在不同产业部门或不同国度内同时并存，且可相互比较。当然，我们以下所揭诸例，有若干，当作同一个资本在时间上继起的状态，是不合理的，或是实际上不可能的。但这种障碍，只要记着，这些例的目的，仅在比较各种互相独立的资本，也就可以除去了。

现在我们把 $m'\dfrac{v}{C}$ 这个乘积，分成两个因素，一个是 $m'$，一个是 $\dfrac{v}{C}$。我们先认 $m'$ 为不变数，以探究 $\dfrac{v}{C}$ 各种可能变化的结果；次认 $\dfrac{v}{C}$ 这个分数为不变数，以穷究 $m'$ 的可能的变化；最后，假设一切因素都是可变数，例述所有的情形，以推究支配利润率的诸种法则。

1. $m'$ 不变，$\dfrac{v}{C}$ 可变

这一类情形，包含许多附属的情形，但我们可以为这一类情形，定下一个总公式来。假设我们有两个资本 C 与 $C_1$，各自的可变部分为 v 与 $v_1$，剩余价值率同为 $m'$，利润率为 $p'$ 与 $P_1{}'$，于是

$$p' = m'\frac{v}{C}; \quad p_1{}' = m'\frac{v_1}{C_1}$$

使 C 与 $C_1$，v 与 $v_1$ 互相比例；例如，假设 $\dfrac{C_1}{C}$ 分数之值为 E，$\dfrac{v_1}{v}$ 分数之值为 e。于是，$C_1 = EC$，$v_1 = ev$。试以所得之值，在上述方程式中，代 $C_1$ 与 $v_1$，即得：

$$p_1{}' = m'\frac{ev}{EC}$$

只要把上述二方程式，化作如下的比例：我们又可以得到第二个公式：

$$p' : p_1{}' = m'\frac{v}{C} : m'\frac{v_1}{C_1} = \frac{v}{C} : \frac{v_1}{C_1}$$

以同数乘除其分子或其分母，分数的值依然不变。所以我们可以把 $\dfrac{v}{C}$ 和 $\dfrac{v_1}{C_1}$，还原为百分数，那就是，使 C 与 $C_1$ 二者 $= 100$。如是，我们得 $\dfrac{v}{C} = \dfrac{v}{100}$ 和 $\dfrac{v_1}{C_1} = \dfrac{v_1}{100}$。把上述比例中的分母去掉，即得：

$$p' : p_1{}' = v : v_1$$

那就是，任两个资本，如其以相同的剩余价值率发生机能，则其

利润率相互的比，与其可变资本部分相互的比相等。惟此所谓可变资本部分，系以各自对总资本的百分比计算者。

这两个公式，包含 $\frac{v}{C}$ 各种变化的情形。

在个别的分析这各种情形以前，我们且声明一点。因为 C 是 c 与 v，不变资本与可变资本的总和，因为剩余价值率与利润率通常皆以百分比表示，所以我们宁可把 c+v 的总和，假定为 100，那就是，以百分比表示 c 与 v。在我们仅要决定利润率，不要决定利润量时，只说数字（例如说资本 15000 即不变资本 12000 和可变资本 3000，生产出剩余价值 3000），或是把数字缩为百分比，原是没有区别。

$15000C = 12000c + 3000v\ (+3000m)$ 或是说

$100C = 80c + 20v\ (+20m)$。

在这二场合，剩余价值率 $m' = 100\%$，利润率 $p' = 20\%$。

二资本互相比较的场合，例如上述一资本，和别一个资本互相比较的场合，也是这样的。

$12000C = 10800c + 1200v\ (+1200m)$。

$100C = 90c + 10v\ (+10m)$

就这两个方程式说，$m' = 100\%$，$p' = 10\%$。在这场合，以百分比的形态来比较，是更一目了然得多的。

反之，如我们所考察的，是同一个资本所生的各种变化；百分比的形式，就只间或有用；因这种形式，正好会把这各种变化掩蔽。例如，当资本由 $80c + 20v + 20m$ 的百分比形态，变为 $90c + 10v + 10m$ 的百分比形态时，我们不能由此辨别，百分比的构成上的变化，是由于 v 绝对减少抑由于 c 绝对增加，抑是由于二者。要辨别这点，我们必须知绝对的数量。而在研究下述各种变化情形时，我们却必须知道，变化是怎样发生的。$80c + 20v$ 变为

90c+10v 是不变资本增加，可变资本不变（即由 12000c+3000v 变为 27000c+3000v）的结果呢？是不变资本不变，可变资本减少（即由 12000c+3000v 变为 $12000c+1333\frac{1}{3}v$）的结果呢？抑是二者皆变（即由 12000c+3000v 变为 13500c+1500v）的结果呢？以上三场合，皆系由 80c+20v 变为 90c+10v，但我们在研究上述三种情形时，我们必须把这种百分比形式抛开，或仅在第二线上使用它们。

（1）m′与 C 不变，v 可变

v 的量变化，则 C 要保持不变，C 的别一成分即不变资本 c，必须与 v 以同额，依相反方向，发生变化。假设 C 原来 = 80c+20v=100，现在 v 减为 10，则 C 要依然等于 100，c 便须增至 90，因 90c+10v=100。一般说，当 v 变为 v±d，换言之，加 d 或减 d 时，C 也当变为 c+d，换言之，以同额但依相反方向发生变化。必须如此，当前的各种条件，方才算是具备。

又，当剩余价值率 m′不变，但可变资本 V 变化时，依同理，剩余价值量必须变化，因 m 等于 m′v；现在，m′v 的一个因素 v，是有不同的值了。

这场合所假定的前提，使我们在原来的方程式 $p'=m'\dfrac{v}{C}$ 之外，又由 v 的变化，得到第二个方程式 $p_1'=m'\dfrac{v_1}{C}$。在这方程式内，v 变为 $v_1$，因此而变化的利润率 $p_1'$ 是我们所求的。

此利润率还可由如下的比例求得：$p':p_1'=m'\dfrac{v}{C}:m'\dfrac{v_1}{C}=v:v_1$。换言之，剩余价值率不变，总资本不变，则原利润率与因可变资本变化而得的利润率之比，等于原可变资本与变化后的可变资本之比。

资本原来像上面讲的那样是：

Ⅰ. 15000C = 12000c + 3000v（+3000m）。

现在是：

Ⅱ. 15000C = 13000c + 2000v（+2000m）。

这样，C仍为15000，$m'$仍为100%，第一场合利润率20%与第二场合利润率$13\frac{1}{3}$%之比，等于第一场合可变资本3000与第二场合可变资本2000之比。那就是：$20\% : 13\frac{1}{3}\% = 3000 : 2000$。

可变资本或是增加，或是减少。先取一个增加的例，假设有一个资本，是这样构成的，这样发生机能的：

Ⅰ. $100c + 20v + 10m$；C = 120，$m' = 50\%$，$p' = 8\frac{1}{3}\%$。

现在，可变资本增为30；依照前提，不变资本必须由100减为90，要这样，总资本才不变化，才依然是120。所生产的剩余价值量，依照原来不变的50%的剩余价值率，应增为15。于是我们得：

Ⅱ. $90c + 30v + 15m$；C = 120，$m' = 50\%$，$p' = 12\frac{1}{2}\%$。

最先，我们假设工资不变。其次，又假设剩余价值率的其他因素（劳动日与劳动强度）也不变。v的增加（由20增为30），就不过表示，所使用的劳动者已经增加一半。因此，总价值生产物也会增加一半，由30增加为45，其分配方法依旧，即以$\frac{2}{3}$分为工资，$\frac{1}{3}$分为剩余价值。但在劳动者数增加时，不变资本即生产手段的价值，却由100减为90。这样，在我们当前的情形下，劳动生产力减低，不变资本也减少了。这情形，在经济上是可能的么？

在农业及开采业（extraktiven Industrie）上，劳动生产力的减少及使用劳动者数的增加，是极易理解的。在这二种产业，上述的过程，在资本主义生产的限界内和基础上，便不是与不变资本的减少，却是与不变资本的增加相伴而起的。哪怕 c 的减少，是由于价格跌落，个别资本要由第一场合变为第二场合，仍只以极例外的情形为限。但若所论是两个投在不同国度或不同部门（农业的或开矿业的诸部门）上的独立的资本，则一场合，与他一场合比较，常可见到这种情形，即雇用多数劳动者，从而使用较大可变资本，同时又使用价值较少或数量较少的生产手段。

但若我们放弃工资不变的假定；假定可变资本由 20 增至 30，是因为工资提高二分之一。于是，我们有了一个完全不同的情形。相同的劳动者数，——比方说 20 个劳动者——用同量的或稍较少的生产手段工作。如劳动日不变，——例如仍为十小时——则总价值生产物也不变，依然等于 30。这 30 必须要用来代置垫支的 30 的可变资本；如是，剩余价值，就完全消灭了。但我们却假定，剩余价值率像在第一场合一样，是 50%。这情形，必须在劳动日延长二分之一的情形下，换言之，在劳动日延长为每日十五小时的情形下，方才是可能的。如是，二十劳动者必须在十五小时内，生产 45 的总价值；要这样，方才具备一切条件，于是我们得：

$$\text{II}.\ 90c+30v+15m;\ C=120,\ m'=50\%,\ p'=12\frac{1}{2}\%$$

在这场合，20 个劳动者不比在第一场合，使用更多的劳动手段，工具，机械等，但必须使用更多二分之一的原料或补助材料。若这种材料的价格跌落，则在我们假定的前提下，从经济方面说，就连个别资本，也极易由第一场合推移到第二场合。而资本家为自己计，至少可由较大的利润，对于由不变资本减值引起的损失，得到若干赔偿。

再假设可变资本不是增加，而是减落。在这场合，我们只要把上例倒转来，把第二场合当作原资本，由第二场合转化为第一场合。那就是由

Ⅱ．90c+30v+15m 转化为

Ⅰ．100c+20v+10m。

双方的利润率及支配其相互比例的条件，分明都不会因有这种转化，而起变化。

假设在不变资本增加时，v因使用劳动者数已减少三分之一而由30减为20。在此，我们有了近代产业的正常现象了。那就是，劳动生产力增加，生产手段量加大，但使用这生产手段的劳动者减少。此运动必伴着利润率减低的现象，那是我们要在本书第三篇叙述的。

但若在劳动日不变时，v因劳动者数不变，工资减低，而由30减为20，则总价值生产物和以前一样是 30v+15m=45。因 v 已跌为20，剩余价值自会增至25，剩余价值率自会由50%增至125%，这是与我们的前提相背的。要符合我们所假定的条件，50%的剩余价值，应由25减而为10。所以，总价值生产物也须由45减为30。这种减少，只有在劳动日缩短三分之一的条件下，才是可能的。如是，我们得

$$100c+20v+10m; \quad m'=50\% ; \quad p'=8\frac{1}{3}\%.$$

不待说，工资减少而劳动时间如是缩短的情形，是实际上不可能的。但这是没有关系的。利润率是若干种可变数的函数，如我们愿知道，这各种可变数将如何影响利润率，我们自须顺次研究个别的影响，不问这种孤立的影响，在经济学上面，能否由同一个资本发生。

（2）$m'$ 不变，$v$ 可变，$C$ 因 $v$ 变而变。

这个情形，与上述的情形，仅有程度上的区别。在这情形下，$c$ 不因 $v$ 减少而以同额增加，不因 $v$ 增加而以同额减少，但保持不变。在大工业及农业的现在条件下，可变资本只是总资本的比较小的部分，所以，总资本由可变资本变化而起的增加或减少，也比较的小。我们再从这样一个资本出发：

I . $100c + 20v + 10m$；$C = 120$，$m' = 50\%$，$p^1 = 8\frac{1}{3}\%$ 由此变为：

II . $100c + 30v + 15m$；$C = 130$，$m' = 50\%$，$p' = 11\frac{7}{13}\%$。

相反的可变资本减少的情形，只要把这当中的推移反转来，使其由 II 式变为 I 式，便极为明白。

在这场合，各种经济条件，在本质上，是和上述的场合相同的，无需乎重述一遍。由 I 式至 II 式的推移，包含劳动生产力减小二分之一；从而，在 II 式，要操纵 $100c$，也比在 I 式，多需二分之一的劳动。这情形，是可以在农业上发生的①。

但在上述的场合，不变资本转化为可变资本，或可变资本转化为不变资本，总资本是不增不减的。在此，如可变资本部分增加，便必须有追加资本被拘束（Bindung）；如可变资本部分减少，便必致有原被使用的资本游离（Freisetzung）出来。

（3）$m'$ 与 $v$ 不变，$c$ 从而 $C$ 为可变

在这场合，方程式 $p' = m'\frac{v}{C}$ 转化为 $p_1' = m'\frac{v}{C_1}$。把两方共有的因素除去，我们得如此的比例：

$p_1' : p' = C' : C_1$

---

① 原稿上有这样的一句："到后来再研究这个情形怎样和地租发生关系"。——F. E.

那就是，剩余价值率相等，可变资本部分相等，利润率与总资本成反比例。

假设我们有三个资本，或同一资本的三种相异的状况：

I. $80c+20v+20m$；$C=100$，$m'=100\%$，$p'=20\%$

II. $100c+20v+20m$；$C=120$，$m'=100\%$，$p'=16\frac{2}{3}\%$

III. $60c+20v+20m$；$C=80$，$m'=100\%$，$p'=25\%$

其比例如下：

$$20\%:16\frac{2}{3}\%=120:100；20\%:25\%=80:100$$

$m'$ 不变时，关于 $\dfrac{v}{C}$ 的种种变化，我们的总公式是：

$$p'_1=m'\frac{ev}{EC} 现在是$$

$p'_1=m'\dfrac{ev}{EC}$ 因 $v$ 未有变化，所以 $e$ 这个因素（即 $\dfrac{v_1}{v}$），在这里是等于 1。

因 $m'v$ 等于 $m$（剩余价值量），又因 $m'$ 与 $v$ 二者皆不变，所以 $m$ 不因 $C$ 变化而受影响。剩余价值量在变化之后，是和在变化之前一样。

假设 $c$ 减为零，则 $p'=m'$，利润率等于剩余价值率。

$c$ 的变化，或由于不变资本的物质要素的价值变化，或由于总资本的技术构成变化，那就是，由于该生产部门的劳动生产力变化。在后一场合，社会劳动生产力因大工业及农业发展而起的增进，将使 III 式变为 I 式，I 式变为 II 式。一个用 20 支付而生产价值 40 的劳动量，最初是操纵价值 60 的生产手段。生产力增加但价值依旧时，所操纵的生产手段，将由 60 增至 80，再增至 100。若生产力减落，则顺序刚好相反；同量劳动所能推动的生产手段将减少，营业将受限制，在农矿等业上面，这种情形是可以发生的。

不变资本的节省，一方面可以提高利润率，他方面可以使资本游离出来，所以，对于资本家是极重要的。但对于这一点，及不变资本要素（尤其是原料）的价格变化的影响，我们要留在下面再详论。

在此我们再看见了，不变资本的变化，无论是起因于 c 的物质成分的增减，或仅起因于 c 的价值变化，是一样会影响利润率的。

（4）$m'$ 不变，$v$，$c$，$C$ 皆可变。

在这场合，表示利润率变化的总公式，依然和以前一样是 $p'_1 = m' \dfrac{ev}{EC}$。假设剩余价值率不变，这个公式可引出如下的各种结果。

（a）如 E 较 e 为大，换言之，如不变资本如此增加，以致总资本增加的程度，较可变资本增加的程度大，利润率便会跌落。如资本 $80c + 20v + 20m$ 在构成上转化为 $170c + 30v + 30m$；$m' = 100\%$，但 $\dfrac{v}{C}$ 由 $\dfrac{20}{100}$ 减为 $\dfrac{30}{200}$。v 与 C 都增加了，但利润率则相应地由 20% 减为 15%。

（b）如 $e = E$，那就是，如 $\dfrac{v}{C}$ 这个分数，表面上发生变化，但其值依然不变，或其分子与分母被乘或被除于等数，则利润率保持不变。$80c + 20v + 20m$ 与 $160c + 40v + 40m$，同有 20% 的利润率。因为 $m' = 100\%$，而 $\dfrac{v}{C} = \dfrac{20}{100} = \dfrac{40}{200}$，也在上述二例，表示相等的值。

（c）如 e 较 E 为大，那就是，如可变资本增加的程度，较总资本增加的程度大，则利润率将提高。如 $80c+20v+20m$ 变为 $120c+40v+40m$，则利润率将由 20% 增为 25%，因 $m'$ 不变，$\frac{v}{C}$ 由 $\frac{20}{100}$ 增为 $\frac{40}{160}$，由 $\frac{1}{5}$ 增为 $\frac{1}{4}$。

当 $v$ 与 $C$ 以相同的方向变化时，我们可这样把握数量的变化。即：二者在一定程度内，以相同的比例变化，以致在这点内，$\frac{v}{C}$ 保持不变，超过这点；二项中只有一项变化，由此，复杂情形可还原为上述的简单情形。

假设 $80c+20v+20m$ 变为 $100c+30v+30m$。在前者仅变为 $100c+25v+25m$ 的程度内，$v$ 与 $c$，从而 $v$ 与 $C$ 的比例，是保持不变的。所以在这程度内，利润率也保持不变。在此，我们可以拿 $100c+25v+25m$ 为出发点了。我们发觉，$v$ 加 5，即增加为 30，从而 $C$ 也由 125 增加为 130。我们有了上述的第二种情形，即单有 $v$ 变化，及由此而起的 $C$ 的变化。原为 20% 的利润率，因在剩余价值率不变时增加 $5v$，遂增加为 $23\frac{1}{13}$%。

当 $v$ 与 $C$ 以相反方向发生数量上的变化时，我们也可以把它还原作更单纯的情形。假设我们再从 $80c+20v+20m$ 出发，要由此变为 $110c+10v+10m$。在前式变化为 $40c+10v+10m$ 的程度内，利润率保持不变，依然是 20%，把 $70c$ 加到这个中间形式上去，利润率跌为 $8\frac{1}{3}$%，如是，我们当前的情形，也只有一个可变数（即 $c$）的变化。

$v$，$c$，$C$ 虽同时变化，但这种同时的变化，不提供任何新的观点。它结局依然可以还原，使其只有一个因素可变。

还有一个情形，那就是 $v$ 与 $C$ 在数量上不变，但其物质要素发生价值变化，以致 $v$ 表示一个不等的被推动的劳动量，$c$ 表示一个不等的被推动的生产手段量。但这个情形，实际也逃不出以上所说的范围。

在 $80c+20v+20m$ 中，原来是用 $20v$ 作 20 个劳动者的工资，每个劳动者每日劳动 10 小时。现在，假设每人的工资由 1 增加为 $1\frac{1}{4}$。这样，$20v$ 不能支付 20 个劳动者，只能支付 16 个劳动者了。但 20 个劳动者，在 200 劳动小时内，生产 40 的价值，16 个劳动者，在每日十小时，从而在 160 小时劳动内，将只生产 32 的价值。工资既仍然是 $20v$，则在 32 的价值中，只有 12 为剩余价值了。剩余价值率便由 100％减为 60％了。但依照我们的前提，剩余价值率是不变的，所以劳动日必须延长 $\frac{1}{4}$，即由 10 小时，延长至 12 小时半。如是，20 劳动者每日 10 小时，在 200 小时内生产 80 的价值，16 个劳动者每日 12 小时半，在 200 小时内也生产 80 的价值。$80c+20v$ 的资本，现在是和以前一样生产 20 的剩余价值。

反之，如工资降落，$20v$ 已可充作 30 个劳动者的工资。如是，$m'$ 不变，则劳动日必须由 10 小时减为 $6\frac{2}{3}$ 小时。$20 \times 10 = 30 \times 6\frac{2}{3} = 200$ 小时。

在这诸相反的前提下，其价值由同额货币表示的 c，究竟会在什么程度内，适应事情的变化，表示不等的生产手段量，这个问题，在本质上是已经在前面讲过了。纯粹的这种情形，乃是极端的例外。

但若 c 各要素的价值变化，仅增减各要素的分量，但不影响 c 的价值总额，则在 v 量不生变化的限度内，利润率与剩余价值率都不受影响。

在我们的方程式中，v、c 与 C 的各种可能的变化情形，都列举在上面了。我们看见了，在剩余价值率保持不变时，利润率可以增，可以减，可以不变。v 对 c，从而，v 对 C 的比例，只要稍许发生变化，就可以变化利润率。

我们还知道，v 的变化有一定的限界，到这限界以后，$m'$ 便不能在经济上不变了。因为 c 方面的变化，总会达到限界，以致 v 不复能保持不变，所以 $\frac{v}{C}$ 的可能的变化，也是有限界的；超过这个限界，$m'$ 就非变化不可的。我们以下就要研究 $m'$ 的变化。在 $m'$ 也变化时，我们更可明了方程式各可变数的交互的作用了。

2. $m'$ 可变

当我们把方程式 $p' = m' \frac{v}{C}$ 变为别一个方程式 $p_1' = m_1' \frac{v_1}{C_1}$ 时，我们就为各种相异的剩余价值率，求得了一个共通的利润率公式，不必问 $\frac{v}{C}$ 是否也同样变化。（在上述二方程式中，$p_1'$、$m_1'$、$v_1$、$C_1$ 是指 p、m、$v_1$、C 的变化的值）。我们可以得：

$$p' : p_1' = m' \frac{v}{C} : m' \frac{v_1}{C_1}$$

此式可化为下式：

$$p_1' = \frac{m_1'}{m'} \times \frac{v_1}{v} \times \frac{C}{C_1} \times p'$$

（1）$m'$ 可变，$\frac{v}{C}$ 不变

在这场合，我们得二方程式如下：

$$p' = m' \frac{v}{C} \; ; \; p_1' = m_1' \frac{v}{C}$$

上二方程式内的 $\frac{v}{C}$ 相等。所以

$$p' : p_1' = m' : m_1'$$

二资本的构成相同，则二者的利润率之比，与二者的剩余价值率之比相等。在这里，在 $\frac{v}{C}$ 这个分数内，成为问题的，既不是 v 与 C 的绝对量，只是 v 与 C 的比例，所以，构成相同的一切资本，不问其绝对量如何，都适用这个结论。

80c+20v+20m；C＝100，m′＝100%，p′＝20%

160c+40v+20m；C＝200，m′＝50%，p′＝10%

100%：50%＝20%：10%。若 v 与 C 的绝对量，在二场合是相等的，则利润率相互间的比例，也与剩余价值率相互间的比例相等。

$p' : p_1' = m'v : m_1'v = m : m_1$ 例如：

80c+20v+20m；m′＝100%，p′＝20%

80c+20v+10m；m$^z$＝50%，p′＝10%

20%：10%＝100×20：50×20＝20m：10m

现在很明白了，如资本的绝对构成或百分比构成相等，则剩余价值率在工资不等，或劳动日不等，或劳动强度不等的情形下，才会成为不等的。试取下述三式为例：

Ⅰ．80c+20v+10m；m′＝50%，p′＝10%

Ⅱ．80c+20v+20m；m′＝100%，p′＝20%

Ⅲ．80c+20v+40m；m′＝200%，p′＝40%

总价值生产物在Ⅰ式 30（20v+10m），在Ⅱ式为 40，在Ⅲ式为 60。此可由下述三法而起。

第一，假设工资是不等的，所以，20v 在各式所表示的劳动者数，也是不等的。假设在Ⅰ式是使用 15 劳动者十小时，工资每人每日 $1\frac{1}{3}$ 镑，生产 30 镑的价值，其中 20 镑补还工资，10 镑充作剩余价值。假设工资减为 1 镑，那就可以使用 20 劳动者十小时，生产 40 镑的价值，其中 60 镑补还工资，20 镑充作剩余价值。假设工资再减为 $\frac{2}{3}$ 镑，那就可以使用 30 劳动者十小时，生产 60 镑的价值，其中依然有 20 镑补还工资，有 40 镑充作剩余价值。

在这场合，资本的百分比构成不变，劳动日不变，劳动强度不变，但剩余价值率因工资变化而变化。当里嘉图说"利润的高或低，恰好与工资的低或高成比例"（《经济学原理》第一章第三节，《里嘉图全集》麦克洛克编 1852 年版）时，他的话只在这场合是正确的。

第二，是劳动的强度不等。这样，20 劳动者将以同一劳动手段，在每日十小时劳动内，在 I 式生产 30 个某种商品，在 II 式生产 40 个某种商品，在 III 式生产 60 个某种商品。每个商品，除包含所消费的生产手段的价值外，尚表现 1 镑的新价值。因为 20 个商品即 20 镑，已足补还工资，故在 I 式有 10 个商品即 10 镑剩余价值，在 II 式有 20 个商品即 20 镑剩余价值，在 III 式有 40 个商品即 40 镑剩余价值。

第三，是劳动日的长度不等。在劳动者数同为 20，劳动强度又相等时，在 I 式，每日劳动九小时，在 II 式，每日劳动十二小时，在 III 式，每日劳动十八小时。这样，诸总生产物 30：40：60 等于 9：12：18。因工资在各式皆为 20，故剩余价值在 I 式为 10，在 II 式为 20，在 III 式为 40。

工资的增减，将以相反的方向，劳动强度的增减和劳动日长短的变化，将以相同的方向，影响剩余价值率，并在 $\frac{v}{C}$ 不变时，照这个样子，影响利润率。

（2）$m'$ 与 $v$ 可变，$C$ 不变

这场合，适用下述的比例：

$$p' : p_1' = m'\frac{v}{C} : m_1'\frac{v_1}{C} = m'v : m_1'v_1 = m : m_1$$

利润率相互间的比例，与剩余价值量相互间的比例相等。

可变资本不变时，剩余价值率的变动，包含价值生产物在数量上及分配上的变化。v 与 m'，同时发生变化时，价值生产物的分配往往也发生变化，但价值生产物的数量不必会发生变化。那有三种情形是可能的。

（a）v 与 m'的变化，采取相反的方向，但变化的量相等，例如

80c+20v+10m；m'=50%，p'=10%

90c+10v+20m；m'=200%，p'=20%

价值生产物在上二式是相等的，所附加的劳动量在上二式也是相等的；20v+10m=10v+20m=30。区别只在这一点，即：在 I 式，是 20 支付工资，10 留作剩余价值；在 II 式，仅 10 支付工资，从而有 20 留作剩余价值。只有这一个情形，是 v 与 m'同时发生变化，但劳动者数，劳动强度，与劳动日长度皆不变化。

（b）m'与 v 的变化，采取相反的方向，但其量不等。在这场合，或 v 的变化较大或 m'的变化较大：

I . 80c+20v+20m；m'=100%，p'=20%

II . 72c+28v+20m；m'=71$\frac{3}{7}$%，p'=20%

III . 84c+16v+20m；m'=125%，p'=20%

在 I 式，价值生产物 40，其中有 20v；在 II 式，价值生产物 48，其中有 28v；在 III 式，价值生产物 36，其中有 16v。价值生产物与工资同是变化的。但因价值生产物的变化，即是所附加的劳动量的变化；所以，那还包含劳动者数的变化，或劳动时间的变化，或劳动强度的变化，或在三者中包含一种以上的变化。

（c）m'与 v 依同方向变化。这样，二者可以互相把作用

加强。

$90c+10v+10m$；$m'=100\%$，$p'=10\%$

$80c+20v+30m$：$m'=150\%$，$p'=30\%$

$92c+8v+6m$；$m'=75\%$，$p'=6\%$

在此，三个价值生产物也是不同的，即 20，50 与 14。各场合的劳动量的差异，也可还原为劳动者数，劳动时间，或劳动强度的差异，或还原为三者中一种以上的差异。

3. $m'$、$v$ 与 C 皆可变

这个情形，不提供任何新的观点，可以由（二）项（$m'$可变）之下的总公式来解决。

所以，剩余价值率的大小的变化，对于利润率，将发生如下各种影响。

（1）在 $\dfrac{v}{C}$ 不变时，$p'$ 的增减，与 $m'$ 的增减，保持相同的比例：

$80c+20v+20m$；$m'=100\%$，$p'=20\%$

$80c+20v+10m$；$m'=50\%$，$p'=10\%$

$100\%：50\%=20\%：10\%$

（2）在 $\dfrac{v}{C}$ 与 $m'$ 以同方向变动时，换言之，在 $m'$ 增加，$\dfrac{v}{C}$ 也增加，$m'$ 减少，$\dfrac{v}{C}$ 也减少时，$P'$ 比 $m'$ 会以更大的比例增加或减少。

$80c+20v+10m$；$m'=50\%$，$p'=10\%$

$70c+30v+20m$；$m'=66\dfrac{2}{3}\%$，$p'=20\%$

$50\%：66\dfrac{2}{3}\%<10\%：20\%$

（3）当 $\frac{v}{C}$ 比 m′ 以较小的比例但依相反的方向发生变动时，p′ 比 m′ 会以更小的比例增加或减少。

80c+20v+10m；m′=50%，p′=10%

90c+10v+15m；m′=150%，p′=15%

50%：15% >10%：15%

（4）当 $\frac{v}{C}$ 比 m′ 以较大的比例但依相反的方向发生变动时，m′减少，则 p′增加，m′增加，则 p′减少。

8c+20v+20m；m′=100%，p′=20%

90c+10v+15m；m′=150%，p′=15%

即，m′由 100%增为 150%；p′由 20%减为 15%。

（5）最后，当 $\frac{v}{C}$ 与 m′ 以相反的方向但以相同的比例变化其大小时，m′虽增加或减少，但 p′不变化。

只有这最后一个情形还须有相当的说明。在讨论 $\frac{v}{C}$ 的变化时，我们已经看到，同一的剩余价值率，可以表示不同的利润率。现在，我们又看到同一的利润率，可以建立在极不同的剩余价值率上。但在 m′保持不变时，v 与 C 的比例随便发生怎样的变化，也会引起利润率的差异。如要使利润率保持不变，则在 m′发生变化时，$\frac{v}{C}$ 必须以相等的程度，但依相反的方向发生量的变化。这种情形，就同一个资本或两个在同国内的资本说，是极少发生的。假设我们有一个资本

80c+20v+20m；C=100，m′=100%，p′=20%

再假设工资跌落，以致同数劳动者，无须 20v，有 16v，已经可以雇得。这样，我们游离出了 4v，在其他情形不变时，我们即得下式：

$80c+16v+24m$；$C=96$，$m'=150\%$，$p'=25\%$

如要使利润率依旧为20%，总资本应须增为120，那就是不变资本应须增为104。这样，我们得下式：

$104c+16v+24m$；$C=120$，$m'=150\%$，$p'=20\%$

这个情形，在工资下落，同时劳动生产力也适应资本构成的变化而变化时，或在不变资本的货币价值由80增至104时，才是可能的。总之，这个情形的发生，必须有几种不常结合在一起的诸种条件，偶然结合在一起。事实上，$m'$变化但$v$从而$\dfrac{v}{C}$不同时变化的情形，只在极有限定的情形下，才是可以想象的。换言之，仅使用固定资本与劳动，其劳动对象则由自然供给的产业部门，才有发生这种情形的可能。

但若所比较的，是两国的利润率，就不如此了。在此，同一的利润率，实际是由不同的剩余价值率表现的。

综上述五种情形观察，我们知道，利润率的提高，可伴着剩余价值率的下落，也可伴着剩余价值率的提高。利润率的下落，可伴着剩余价值率的提高，也可伴着剩余价值率的下落。不变的利润率可以和增加的或减少的剩余价值率相应，我们又在（Ⅰ）项讲过了，提高的，跌落的，或不变的利润率，也可以和不变的剩余价值率相应。

\*　　\*　　\*

所以，利润率是由两个主要因素决定的，其一是剩余价值率，其他是资本的价值构成。这两个因素，概括地说，有下述种种作用。我们且以百分比表示资本的构成。在此，二资本部分究系何一部分为变化的起点，是一件没有关系的事。

相异二资本的利润率，或同一资本在二连续不同状态下的利润率，在下述诸场合，是相等的。

（1）资本的百分比构成相等，剩余价值率也相等。

（2）资本的百分比构成不等，剩余价值率也不等，但剩余价值率乘百分比的可变资本部分（即 m′乘 v）之积相等，那就是，以总资本百分比计算的剩余价值量（m＝m′v）相等换言之，诸 m′相互间与诸 v 相互间成反比例。

在下述诸场合，是不等的。

（1）资本的百分比构成相等，剩余价值率不等。在这场合，利润率相互间的比例，与剩余价值率相互间的比例相等。

（2）剩余价值率相等，资本的百分比构成不等。在这场合，利润率相互间的比例与可变资本部分相互间的比例相等。

（3）剩余价值率不等，资本的百分比构成也不等。在这场合，利润率相互间的比例，与 m′、v 之积（即依总资本百分比计算的剩余价值量）相互间的比例相等①。

_____

① 在原稿上，我们看到，关于剩余价值率和利润率（m′-p′）的差，有一种极详细的计算。这个区别，有各种有趣味的特色，其运动指示了各式各样的场合，而这诸场合，此二比率或是相远，或是相近。这诸种运动，表现为曲线形。这种资料不曾载入本书，那是因为，它对于本书的直接目的，比较更不重要。愿在这一点进一步研究的读者，我只希望其能注意这个事实就够了。——F. E.

# 第四章

# 周转速度对于利润率的影响

〔我们已在第二卷说明了，资本周转对于剩余价值的生产，从而对于利润的生产，有什么影响。在此，我们可以简述如下。资本的周转，必须经过一定的期间，因此，决不能以全部资本同时使用在生产上。又因此，必须有一部分资本，在货币资本的形态上，在库存原料的形态上，在已制成但未售出的商品资本的形态上，或在未到期的期票的形态上，保留着不用。又因此，在能动的生产上，从而在剩余价值的生产与占有上，所使用的资本，往往要减去这个部分，所生产所占有的剩余价值也须依相同的比例减少。所以，资本周转所需的时间越是短，则与全部资本比较，这样保留不用的资本部分也越是小，从而，在其他事情不变时，所占有的剩余价值也越是大。

第二卷已详细说明，周转时间的缩短，或其二部分（生产期间与流通期间）之一的缩短，都会增加所生产的剩余价值量。但因利润率只表示所产剩余价值量对参加生产的总资本的比例，所以，每一次这样的缩短，都会提高利润率。我们前在第二卷第二篇关于剩余价值的说明，都可适用到利润率上来，没有再述一遍的必要。在此，我们只要注意两三个要点。

缩短生产期间的主要手段，是提高劳动的生产力，那就是人们普通所说的产业进步。设同时不须为多费的机械等项而异常增加总资本支出，从而减少依总资本计算的利润率，则利润率必定会提高。冶金业及化学工业最近的进步，就有许多，确实有这个结果。北塞麦，西门子，基尔克，里斯道麦斯等厂新发现的钢铁制造法，就曾以比较上极小的费用，使原来极为冗长的诸种过程，缩短至最低限度。由石炭油提炼红色染料或茜染料的方法，利用已有的制造石炭油染料的工厂设备，已可在数星期内，得到原来要几年才可得到的结果。原来，茜染料是由茜根制造的。但茜根生长必须有一年的时间；茜根被制造染料以前，又须经过数年，方才会成熟。

缩短流通期间的主要手段是改良交通。过去五十年间在交通方面发生的革命，只有十八世纪后半发生的产业革命，可以相比较。在陆地上，由碎石敷成的街道，已为铁道所代替，在海洋上，缓慢的不定期的帆船，已为迅速的规则的汽船航线所代替。全地球，为电报线环绕着。苏伊士河又把东亚及澳洲加入汽船交通之内。在 1847 年，要装运一般货物到东亚去，流通时间尚至少须有十二个月（见第二卷），现在却减为十二个星期了。自1825 年至 1857 年，几度恐慌的两大中心，美洲与印度，就因有交通机关的这种革命，得与欧洲诸工业国更接近百分之七十至九十，因而把这几度恐慌的爆发力丧失一部分。全世界商业的周转时间，依相同的比例缩短了，参加全世界商业的资本的活动能力，是倍加了，乃至三倍了。不待说，这会有影响于利润率。

但要把总资本周转对于利润率的影响，纯粹地表示出来，我们必须假定，所比较的两个资本，就其他一切事情说，是相等的。假定剩余价值率相等，劳动日相等外，还须假定资本的百分比构成相等。假设资本 A 的构成，是 $80c+20v=100C$，剩余价值率为 100%，资本周转每年二次。如是，年生产物为：

160c+40v+40m。决定利润率时，我们当然不以 40m 依周转的 200 资本价值来计算，却必须以 40m 依垫支的资本价值 100 来计算。于是，我们得 $p' = 40\%$。

假设还有一个资本 $B = 160c+40v = 200C$，剩余价值率同为 100%，但每年只周转一次。如是，年生产物也为：

160c+40v+40m。在这场合 40m 便应依垫支资支 200 来计算，利润率只有 20% 为资本 A 的利润率的半数。

我们发觉了，两个百分比构成相等，剩余价值率相等，劳动日相等的资本，其利润率之比，与其周转期间之比相反。设资本的构成不等，或剩余价值率不等，或劳动日不等，或工资不等，那当然会在利润率上，引起别的差别，但这与资本周转无关，所以，无需在这里赘述，那已经在第三章讨论过了。

周转时间缩短对于剩余价值生产，从而对于利润生产的直接影响，我们已在第二卷第十六章"可变资本的周转"，讨论过了。那会使可变资本部分，有较大的作用力。在那里，我曾指出，每年周转十次的可变资本 500，与每年周转一次的可变资本 5000 比较，如果剩余价值率相等，工资相等，则在一年时间内所占有的剩余价值也必相等。

假设资本 I，包含 10000 的固定资本，每年磨损 10%，即 1000，又包含 500 的流动不变资本，500 的可变资本，剩余价值率为 100%，可变资本每年周转十次。为求说明简单起见，我们假设，流动可变资本与可变资本以同一时间周转。实际的情形，通例也是如此的。如是每一周转期间的生产物等于：

100c（磨损）+500c+500v+500m = 1600

每年周转十次，全年的生产物为：

1000c（磨损）+5000c+5000v+5000m = 16000

$$C = 11000，m = 5000，p' = \frac{5000}{11000} = 45\frac{5}{11}\%$$

再假设资本Ⅱ，包含固定资本9000，每年磨损1000，又包含1000的流动不变资本，1 000的可变资本，剩余价值率为100%，可变资本每年周转五次。如是，可变资本每一周转期间的生产物等于：

200c（磨损）+1000c+1000v+1000m＝3200

每年周转五次，全年的生产物等于：

1000c（磨损）+5000c+5000v+5000m＝16000

$C=11000$，$m=5000$，$p'=\dfrac{5000}{11000}=45\dfrac{5}{11}\%$

再假设资本Ⅲ，不包含固定资本，只包含6000的流动不变资本，5000的可变资本。剩余价值率100%，每年周转一次。如是，全年生产物等于：

6000c+5000v+5000m＝16000

$C=11000$，$m=5000$，$p'=\dfrac{5000}{11000}=45\dfrac{5}{11}\%$

在以上三场合，每年的剩余价值量皆等于5000；因为以上二场合的总资本皆为11000，故利润率皆为$45\dfrac{5}{11}\%$。

反之，假设资本Ⅰ的可变资本每年不周转十次，只周转五次，情形就完全不同了。在这场合，周转一次的生产物等于：

200c（磨损）+500c+500v+500m＝1700

年生产物等于：

1000c（磨损）+2500c+2500v+2500m＝8500

$C=11000$，$m=2500$，$p'=\dfrac{2500}{11000}=22\dfrac{8}{11}\%$

利润率减落了一半，因为周转时间延长了一倍。

要之，一年间占有的剩余价值量，等于可变资本一周转期间所占有的剩余价值量，乘一年间的周转次数。假设我们称一年间占有的剩余价值或利润为 M，每一周转期间所占有的剩余价值为 m，一年间可变资本的周转次数为 n，则 M＝mn，设以 M′代表年剩余价值率，则 M′＝m′n。这一点，我们已经在第二卷第十六章第一节讲过了。

不待说，利润率的公式 $p' = m' \frac{v}{C} = m' \frac{v}{c+v}$，在分子的 v 与分母的 v 相等时，方才是正确的。分母的 v，应该表示总资本中那平均用作可变资本或工资的全部分。分子的 v，则由下面这个事实限定；那就是，它曾经生产并占有一定量的剩余价值 m，而此剩余价值与 v 的比例 $\frac{m}{v}$，便是剩余价值率 m′。必须如此，$p' = \frac{m}{c+v}$ 这个方程式，才转化为 $p' = m' \frac{v}{c+v}$。分子的 v，现在是更严密限定了，它应与分母的 v（那就是，C 资本的可变资本部分全部）相等。换言之，$p' = \frac{m}{C}$ 这个方程式，要能妥当的转化为 $P' = m' \frac{v}{c+v}$，则 m 所指的，应该是可变资本一个周转期间内生产的剩余价值。如 m 仅代表这个剩余价值的一部分，m＝m′v 固然还是不错的，但这个 v，就比 C＝c+v 中的 v 更小了；因为，在这场合，仅以较可变资本全部为小的数额，投在工资上面。反之，如 m 所代表的剩余价值，比 v 周转一次所生产的剩余价值更大，那就是，这个 v 之中，有一部分，或全部分，在第一次周转之后，又周转了第二次，甚至第三次第四次以上。如此，生产剩余价值并代表所付全部工资的 v，就比 c+v 中的 v 更大了，这样的计算，当然是不对的。

所以，要使利润率的公式恰好正确，我们必须以年剩余价值率代替单纯的剩余价值率，从而，以 M′或 m′n 代替 m′。换言之，我们必须以 n 乘剩余价值率 m′，或以 n 乘 C 所包含的可变资本部分 v。n 是代表可变资本一年间的周转次数的。如是，我们得：

$p' = m'n \dfrac{v}{C}$。这便是年利润率的计算公式。

但在大多数场合，资本家自己也不知道，曾投多大的可变资本到营业上来。我们已在第二卷第八章讲过（以后还有机会看到），资本家在其资本中注意的唯一的差别，是固定资本与流动资本的差别。如果资本家不把自己手里的货币形态上的流动资本部分存在银行，他必把这部分存在自己钱柜中。他是从这个钱柜取出货币来支付工资，也从这个钱柜，取出货币来购买原料与补助材料。这两种用度，被记在同一个现金账户内。即特别为工资开一账户，它所能说明的也只是年终计算的已经付出的工资，是 vn，不是可变资本 v。要确定这个 v，必须有一种特别的计算。以下，就是一例。

在这里我们仍用第一卷第七章第一节曾经用过的例，即某个有 10000 个妙尔纺锤的纺纱工厂。我们假定，1871 年 4 月该厂某一个星期的事实，得适用于该全年。包含在机械内的固定资本，为 1000000。流动资本未举出，我们就假定它是 2500 镑。这是一个很高的估计。但我们既假定没有信用办法（Kreditoperationen），从而，没有别人的资本可供永久的或暂时的利用，我们的估计，自不能不放高一些。又，每星期生产物的价值，是包含 20 镑的机械磨损，358 镑的流动不变资本（6 镑租金，342 镑棉花，10 镑煤炭煤气煤油），52 镑付作工资的可变资本，80 镑剩余价值，所以：

20c（磨损）+358c+52v+80m=510

每星期流动资本的垫支 = 358c+52v=410，其百分比构成 = 87.3c+12.7v。依此计算全部流动资本 2500 镑，其中便包含 2182 镑不变资本，318 镑可变资本。一年间付作工资的总支出，等于 52 镑的五十二倍，或 2704 镑。所以，318 镑可变资本，在一年间，几乎要周转 $8\frac{1}{2}$ 次。剩余价值率为 $\frac{80}{52}=153\frac{11}{13}\%$ 由这诸要素，我们可以计算利润率，因为我们可以把这几个值套入

$p'=m'n\frac{v}{C}$，$m'=153\frac{11}{13}$，$n=8\frac{1}{2}$，$v=318$，$C=12500$，所以：

$$p'=153\frac{11}{13}\times 8\frac{1}{2}\times\frac{318}{12500}=33.27\%$$

再以 $p'=\frac{m}{C}$ 这个单纯的公式，来试验这个结果。一年间的总剩余价值或利润，等于 $80\times52$ 镑 = 4160 镑。以总资本 12500 镑除之，得 33.28%，结果几乎恰好相等。这是异常高的利润率，只可以在特别好况的时候（棉花极便宜，棉纱价格又极高）说明。在实际上，这样高的利润率，当然是不能在全年维持的。

$p'=m'n\frac{v}{C}$ 公式中的 $m'n$，如上所述，即是第二卷所称的年剩余价值率。在上例为 $153\frac{11}{13}\%\times8\frac{1}{2}$；正确言之，为 $1307\frac{9}{13}\%$。在第二卷，我们曾说，一个坦直的人，听说年剩余价值率为 1000%，会哑然不知所云。但若他知道孟彻斯德在生活的实际上，竟有 1300% 以上的年剩余价值率，他也许会心安意得的，不说什么。但在极繁荣的时期——这种时期久已不复见了——这样的年剩余价值率，决不是罕见的。

同时，这又可以理解近代大工业的资本，实际是怎样构成的。总资本合计 12500 镑，其中分 12182 镑为不变资本，318 镑为可变资本。用百分比来计算，是 $97\frac{1}{2}c+2\frac{1}{2}v=100C$。总资本只有四十分之一的部分用来支付工资，但这个部分，每年可以周转八次以上。

就因为资本家在本人的营业上不常这样计算，所以，统计学家对于社会总资本中的不变部分，究与其可变部分成什么比例，也几乎绝对保守沉默。只有美国的国势调查，曾揭举，在现状下，各种营业所付的工资及其所获的利润之总和，能够到什么地步。当然，这种资料依然是极可疑的，因为它所根据的，是产业家自己的丝毫不受拘束的报告。但那依然是极可宝贵的。在这问题上，还是我们所有的唯一的数据。在欧洲，我们是不能期望我们的大产业家也这样暴露事实的。——F. E.〕

第五章

# 不变资本使用上的经济

## I 概说

在可变资本不变，从而，以相等的名义工资，使用同数劳动者时，绝对剩余价值的增加，或剩余劳动（从而劳动日）的延长（无论超过的时间有无给付），会相对地（与总资本及可变资本相对而言），减低不变资本的价值，所以，即不说剩余价值的增加与庞大，不说剩余价值率的可能的增进，利润率也是会由此提高的。就不变资本中由工厂建筑物机械等构成的固定部分说，用十六小时和用十二小时，是一样的。劳动日的延长，无须在不变资本中那最多费的部分，引起新的支出。并且，固定资本的价值，由此还可在周转期间的较短的序列中，再生产出来，从而，把这种资本获取一定额利润的垫支时间缩短。所以，那怕超过的时间也有给付，甚至在一定限度内，比正常劳动时间有更高的给付，利润依然会因劳动日延长而增加。在现代产业制度上增加固定资本的必要性，是不断增加的。而这种不断增加的必要性，也就是渴望利润的资本家所以拼命要延长劳动日的一个大刺激①。

　　劳动日不变，这样的情形是不会发生的。在这场合，如要榨取较大的劳动量，只有增加劳动者数，并依一定比例，增加建筑物机械等固定资本的量（因为，在这场合，我们暂不管工资的减少或工资在标准程度以下的降落）。如其要增加劳动的强度，增加劳动的生产力，从而生出较多的相对剩余价值，则在必须使用原料的各生产部门，因在一定时间内，会把更多的原料加工好，所以，不变资本中的流动部分的量，也须增加。次之，同数劳动者所推动的机械，从而不变资本的这一部分，也须增加。所以，剩余价值的增加，必伴着引起不变资本的增加，劳动榨取的增加，必伴着生产条件（那是榨取劳动所必须使用的）的较大的支出，那就是，较大的资本支出。所以，利润率在一方面是减低了，虽然他方面却是提高了。

　　有许多种营业支出，是不论劳动日长短，总是一样的，或近似一样的。500个工人劳动十八小时所需的监督费，就比750个工人作十二小时所需的监督费更小。"十小时劳动的工厂经营费，和十二小时劳动的工厂经营费，是几乎一样多。"（1848年10月工厂监督专员报告第37页）国税，地方税，火险费，各种长雇人员的工资，机械的贬值，及其他种种工厂经营费用，都与劳动时间的长短无关；生产愈减少，则与利润相对而言，这种种经费，愈是增加。（1862年10月工厂监督专员报告第19页）

　　机械及固定资本其他诸部分的价值，会在一定期间内再生产。这种期间，实际不是由它存在所经历的期间决定，却是由劳动过程（利用它的劳动过程）所经历的总期间决定的。如果劳

---

① "因为在一切工厂内，都有一个极大量的固定资本投在建筑物和机械上，所以，机械能被运转的时间数愈大，其利益也愈大。"（工厂监督专员报告1858年10月31日第8页）

动者不只做十二小时，却必须做十八小时，一星期就会多出三日。如是，一星期将变为一星期半，二年将变为三年了。如其超过时间是无给付的，劳动者，就不仅须无代价，以标准的剩余劳动时间给资本家，并且每做两星期，就要无代价给资本家一星期，每做两年，就要无代价给资本家一年。这样，机械的价值再生产，就加速了百分之五十，原来需要的时间就减少了三分之一了。

在这章，像在下章（论原料的价格变动）一样，我们都从这样一个前提出发：即剩余价值量与剩余价值率皆为已定的。这样，可以把无用的复杂性避免掉。

论合作，分工，与机械时（可以参看第一卷第十一章），我们已经讲过，生产条件的经济（这是大规模生产的特征），本质上是由于这一点：这种条件，是当作社会化的社会结合的劳动之条件，从而是当作劳动的社会条件，来发挥机能。那是在生产过程中由总劳动者共同消费的，决不是由一群没有关联，至多也只有小规模直接合作的劳动者，在分散的形态上，消费的。一个有一架或两架中央发动机的大工厂，其发动机费用的增加，决不会与其马力的增加，从而与其可能的作用范围的增加，保持相同的比例。当工作机的数量增加时，推动它们的配力机的费用，也不会依同比例增加；又，工作机机身的价值，也不与工作机的数目，依同比例增加。生产手段的累积，还可以节省各种建筑物（不仅指真正的工作场所，并且指仓库等）。燃料灯光等的支出，也是如此。其他各种生产条件，也不因利用者多寡而有差别。

生产手段的累积，及其大规模的使用，引起上述的种种经济。但这种种经济，是以劳动者的聚合及共同工作，换言之，劳动的社会结合为本质条件的。像个别考察下的剩余价值，是由个别劳动者的剩余劳动引起一样，这种种经济，是由劳动的社会性质引起的。即在这里有可能性和必然性的不断改良，也以社会的经验和考察为唯一来源，而这种社会的经验与考察，又是由大规模结合的总劳动者的生产得到的。

诸生产条件的经济，还有第二个大部门。这个部门也是这样的。在这里，我们所指的，是：生产的排泄物（即所谓废屑），会在同一产业部门或其他产业部门，复化为新的生产要素。这所谓排泄物，就依这个复化过程，再回到生产与消费（生产的消费与个人的消费）的循环中。这一类的节省，我们以后还要详加讨论，那也是大规模社会劳动的结果。因生产规模极大之故，这种废屑的数量也极大。也就因其数量极大，所以这种废屑得再成为商业的对象，当作新的生产要素。又这种废屑，只因为它是共同生产的废屑，从而是大规模生产的废屑，所以，在生产过程上依然有其重要性，依然是交换价值的担当者。然即不说这种废屑当作新生产要素会有怎样的贡献，我们也须知道，它在能再出卖的限度内，它会使原料的费用减低。因为，适量的废屑（那就是加工时平均要损失的分量），原已计算在原料费用中的。这一部分不变资本的费用的减少，在可变资本量已定，剩余价值率已定时，自会在相应的程度内，提高利润率。

在剩余价值为已定额时，利润率只能由商品生产上必要的不变资本价值的减少，而增加。在不变资本加入商品生产的限度内，我们所考察的，不是它的交换价值，只是它的使用价值。在劳动生产力的程度已定时，换言之，在技术发展的阶段已定时，亚麻在一个绩麻工厂内所能吸收的劳动量，非定于亚麻之价值，乃定亚麻之量。同样，一个机械对于三个（比方说）劳动者所能提供的帮助，也非定于机械之价值，乃定于机械之量。在技术发展的某阶段中，一个不良的机械可以是多费的，而在他一阶段中，一个优良的机械，反而可以是便宜的。

资本家由棉花和纺绩机械便宜而得的较大的利润，也是劳动生产力增加的结果，不过这种生产力的增加，不发生在纺绩业，却发生在机械建造业方面及棉花栽培业方面。实现一定量劳动，从而，占有一定量剩余劳动所必要的劳动条件的支出减少了。那就是，占有一定量剩余劳动所必要的费用，已经减少。

以上所讲的种种节省，都是由生产手段在生产过程中由总劳动者（即社会结合的劳动者）共同使用而得的。此外，流通时间的缩短（在这里，交通机关的发展，是本质上的物质因素），也可相应地，节省不变资本的支出，这是我们以下要讲的。但在此，我们还要讲，机械的不断的改良，也会引起这一类的经济。在这种种机械改良中，（一）是机械材料的改良，例如以铁代木材；（二）是机械因机械建造法一般改良而便宜，因此，固定不变资本虽将与大规模劳动的发展一同增加，但不依等比例增加①。（三）是使现存机械更有效或更便宜的特殊改良（例如汽罐的改良），这是我们以后要讲的。（四）是废屑因机械改良而减少。

机械及一般固定资本，在一定的生产期间内，都会有相当的磨损。凡足以减少这种磨损的东西，都不仅可以使这一个商品更便宜（因为每一个商品，都须在它的价格内，再生产应归属于它的磨损的一部分），并且会减少这个期间的资本支出的部分。修理的劳动，在必要的限度，原须计算在机械原费之内。由机械耐久性增加而起的修理劳动的减少，自会相应地减少机械的价格。

当然，这一类的经济（至少其中大部分），也是以结合劳动者为媒介而后可能的，因劳动规模扩大而后实现的，所以，这种种经济，在生产过程中，也直接须有劳动者的较大的结合。

_____

① 参看乌尔《论工厂构造的进步》。

再从别方面说，一个生产部门（例如铁，煤，机械的生产，或建筑业等）的劳动生产力的发展，（那有一部分与精神生产范围即自然科学及其应用的进步，相并而行），又是别一个产业部门（例如纺织业或农业）生产手段的价值和费用所依以减少的条件。很明白，有一些商品，从一个产业部门，当作生产物出来，但会再加入别一个产业部门，作生产手段。这种商品是怎样便宜，当然要看在它当作生产物的生产部门，劳动有怎样大的生产力；同时，它更便宜，又不仅会在它当作生产手段的那个生产部门，使商品更便宜，并且会使它所参加的不变资本的价值减少，从而增进利润率。

不变资本的这样的经济，也由于产业的累进的发展。这一类经济的特色是，一个产业部门的利润率的提高，起因于别一个产业部门劳动生产力的发展。在此，资本家所得的好处，又是社会劳动的结果，不过不是他自己直接榨取的劳动者的结果。生产力的这种发展，结局，仍是得力于活动的劳动之社会性质，得力于社会内部的分工，得力于精神劳动特别是自然科学的发展，在此，资本家所利用的诸利益，即是全社会分工制度的利益。在旁的范围（即给它以生产手段的范围）内，劳动生产力发展了，由此，资本家所使用的不变资本的价值得以相对地减少，利润率就增进了。

利润率的别一种增进，非由于生产不变资本的劳动的经济，却由于不变资本自身使用上的经济。劳动者的累积与其合作规模的加大，一方面，可以节省不变资本。同一建筑物，同一暖气设备，同一点灯设备，对于大规模生产，比对于小规模生产，会成为比较小的费用。动力机与工作机，也是这样的。其价值将绝对的增加，但与扩大的生产范围相对而言，与可变资本的量相对而言，与所运转的劳动力的量相对而言，其价值却会相对的减少。

本生产范围所使用的资本的经济，原来直接是劳动——指本范围内劳动者的有给劳动——的经济；反之，上面讲的那种经济，却是依尽可能最经济的方法（那就是在一定的生产规模上，凭尽可能最少的费用），来占有别人的无给劳动。这种经济，非如上所述，由于不变资本生产上所使用的社会劳动的生产力的利用，而由于不变资本自身的使用的经济时，它不是直接起因于一定生产部门内的合作与劳动的社会形态，便是起因于机械等物，依照这样的规模生产，以致其价值不与其使用价值，依相同的程度增加，二者必居其一。

在这里，有两点，我们应该注意：第一，假如 c 的价值 = 0，则 $p' = m'$，利润率就到了最高限了。第二，在直接的劳动榨取上，所使用的榨取手段（或是固定资本，或是原料与补助材料）有多少价值，是一件毫不关重要的事。在它们当作劳动吸收器（Aufsanger von Arbeit）时，劳动，从而剩余劳动，即在其内，或以其为手段，而对象化。但在这限度内，机械，建筑物，原料等的交换价值，是全然没有关系的。在这里，唯一重要的条件是：一方面，其量须够在技术方面，与一定量活的劳动相结合，他方面，须合于目的，那就是不仅要有好的机械，且要有好的原料补助材料。利润率的大小，有一部分，取决于原料的优劣。优良的材料，遗下较少的废屑。所以，吸收同量劳动所必要的原料量，因此可以减少。又，工作机所遇到的障碍，也可减少。那还会部分地，影响剩余价值与剩余价值率。如原料过差，劳动者当然要耗去较多的时间，才能将一定量原料加工好；所以，如所付工资相等，那就会减少剩余劳动。又，这当然还会显著地影响资本的再生产与蓄积，因如第一卷（第二十二章第四节）及以下所说，资本的再生产与蓄积，取决于劳动生产力者较多，取决于所用劳动量者较少。

这样，我们可以说明资本家节省生产手段的热情了。损失浪费与否，生产手段依生产上必要的方法消费与否，一部分是取决于劳动者的熟练与教育，一部分是取决于资本家如何训练结合的劳动者。这种训练，在劳动者为自己打算而工作的社会状态中，例如在现今盛行的计件工资制度中，是不必要的。反之，这种热情，又在生产要素假造的事实上表现了。假造，是不变资本价值（与可变资本相对）减低的一个重要手段，从而也是利润率提高的一个重要手段。再者，在生产要素的价值会重现在生产物内的限度内，生产要素在其价值以上售卖，乃是欺骗的一个重要方法。这个方法，在德意志的工业上，特别重要。因为，德意志工业的基本原则是先送好的样品，后送坏的货物，定然可使顾客满意。但这是属于竞争范围内的现象，在这里，和我们没有关系。

请注意，由不变资本价值（从而不变资本费用）减少而起的利润率的增进，与该生产部门是生产奢侈品，是生产劳动者消费的生活资料，抑是生产生产手段的问题，完全没有关系。在所论为剩余价值率的限度内，这个问题才是重要的。因为，剩余价值率在本质上就依存于劳动力的价值，换言之，依存于劳动者日常生活资料的价值。但在此，我们是假定剩余价值与剩余价值率为已定的。剩余价值与总资本成何比例（这比例决定利润率），在这情形下，是全取决于不变资本的价值，这与其构成要素的使用价值是毫无关系的。

生产手段之相对的低廉化，及其绝对价值额的增加，当然，不是互相排斥的事。盖因生产手段的绝对的使用范围，在劳动生产力发展及生产规模扩大时，可异常增加起来。无论从哪一方面考察，不变资本使用上的经济，都有一部分纯然是生产手段当作结合劳动者的共同生产手段来发挥机能，来被消费的结果；这样，这种经济，是表现为直接的生产劳动的社会性质之产物；但一部分，它又是劳动生产力在以生产手段供给于资本的范围内发展的结果。这样，当我们考察与总资本相对立的总劳动，不仅考察某资本家 X 所使用而与资本家 X 对立的劳动者时，这种经济，也表现为社会劳动生产力发展的产物。其唯一差别在，资本家 X 不仅由他本人工作场所内的劳动的生产力，并且由他人工作场所内的劳动的生产力，获得利益。但在资本家心目中，不变资本使用上的这种经济，却被认为与劳动者毫无关系，是与劳动者绝对不发生关系的条件。资本家虽也很明了，关于资本家同额货币能购买多少劳动的问题，（在资本家意识中，这便表现为资本家与劳动者间的交易），劳动者有若干关系；但在他们看来，生产手段使用上的经济，换言之，这个以最小支出获得一定结果的方法，与其说是劳动固有的能力，还不如说是资本固有的能力，是资本主义生产方法所特有的一种方法。

这种思考方法，因与事实的外观相一致，故不怎样使人觉得奇异。资本关系，已在劳动者与劳动实现条件全无关系和完全分离隔绝的情状下，把内部的联系隐蔽了。

第一，构成不变资本的生产手段，仅代表资本家的货币，像罗马债务人的身体，只代表债权人的货币（依照林革的说法）一样。劳动者只在现实生产过程中，和它们接触；而在现实生产过程中，他们却把它们当作是生产的使用价值，当作是劳动手段和劳动材料。生产手段价值是增加抑是减少的问题，是和加工对象是铜抑是铁的问题一样，不会影响他和资本家的关系，不过如后所述，当生产手段价值增加从而利润率减低时，资本家对于这种事情，又会提出别种解释的。

第二，当生产的手段在资本主义生产过程中同时又为劳动榨取手段时，这种榨取手段的相对的贵贱，与劳动者无关，是像鞍辔的贵贱，与所驭的马无关一样。

最后，又像我们以前讲过的那样，劳动的社会性质，换言之，劳动者与其他劳动者为共同目的而起的结合，成了劳动者以外的人所有的权力；这种结合的实现条件，也成了劳动者以外的人所有的财产。如果没有谁强制他们节省这种财产，则浪费也与他们毫无关系。在劳动者自己所有的工厂，例如罗虚德尔工厂，便完全不是这样的。

如果一个生产部门的劳动生产力，表现为别一个生产部门的生产手段的低廉化，与改良化，从而，当作别一个生产部门的利润率的提高手段，那不待说，社会劳动的一般关联，会被视为与劳动者全无关系，而在这一切生产手段，皆由资本家购买，且为资本家占有时，被视为仅与资本家有关。当然，他是用他本人生产部门的劳动者的生产物，购买他人生产部门内的劳动者的生产物，并且，就因为他无代价占有了本人的劳动者的生产物，所以，能支配别人的劳动者的生产物。但这个关联，是很幸运地被流通过程等所隐蔽了。

所以，大规模生产最初在资本主义形态上发展，利润欲与尽可能使商品生产便宜的竞争，也使不变资本使用上的经济，表现为资本主义生产方法的特色，从而，表现为资本家的机能。

资本主义生产方法，一方面发展社会劳动的生产力，他方面，又促进不变资本使用上的经济。

但资本主义生产方法，不只使劳动者（活劳动的担当者），漠不关心于劳动条件之经济的合理的节省的使用。资本主义生产方法之矛盾的对立的性质，还进一步认劳动者生命与健康的浪费，劳动者生存条件的削减，为不变资本使用上的经济之一，为利润率提高手段之一。

劳动者以其生命的大部分，在生产过程中度过。所以，生产过程之条件，多大部分即是劳动者的能动的生活过程之条件，是劳动者的生活条件。但这种生活条件的经济，却就是提高利润率的一个方法。我们在前面讲过，过度的劳动，以劳动者转化为代劳牲畜的情形，是促进资本价值增殖及剩余价值生产的一个方法。这种经济的遂行，使许多劳动者挤住在一个狭隘的不卫生的房间内（那就是资本家节省建筑物），使许多危险的机械安置在一个房间内，对于危险丝毫没有保护设备，或对于有害的危险的生产过程，例如开矿，不采取任何预防方法。使生产过程人道化，使生产过程为劳动者感到舒适或不讨厌的种种设备，更是谈不到。从资本家的见地说，这是全然没有目的，没有意义的浪费。资本主义生产方法，虽在其他各点尽量吝啬，但对于人身物质，则不惜尽量浪费，不过，从别方面说，资本主义生产方法，其生产物分配，须以商业为媒介，且以竞争为立足点，故对于物质资料，也极为浪费。从一方面说，个别资本家是获利了，从别方面说，社会则受损失。

资本有一种趋势，要把直接使用的活的劳动，缩减至必要劳动，并常要利用劳动的社会生产力来缩短生产一个生产物的必要劳动，从而，尽可能节省直接使用的活的劳动。资本还有一种趋势，要使这种已缩短至必要程度的劳动，安置在最经济的条件下，那就是，要尽可能把所用不变资本的价值，减至最小限。在商品价值，由其所含必要劳动时间决定，非由其实际所含劳动时间决定时，使这种决定实现，并缩短商品生产的社会必要劳动时间的，就是资本。商品价格将由此减至最低限，因其生产所必要的劳动每一部分，都减至最低限。

我们对于不变资本使用上的经济，必须作一区别。当所用资本量增加，其价值额也增加时，那不过表示，有较多的资本，累积在一个人手中。但使不变资本可以节省的事情，正是较大量资本累积在一个人手中，同时所雇劳动者数大抵会绝对增加，但相对减少的事实。从个别资本家的观点考察，必要资本支出（尤其是固定资本支出）的范围是增大了；但与所加工的材料量及所榨取的劳动量比较，必要资本支出的价值，却是相对地减少了。

现在我们且举数例来解释。我们从最后一项讲起。那就是，先讨论这一类生产条件的经济，这一类生产条件，就是劳动者的生存条件和生活条件。

## II  以劳动者为牺牲的劳动条件的节省

炭坑——最必要的支出之忽略——"炭坑所有主间的相互竞争，使各种为克服显著物理困难的支出，节减至最低限度；同时，炭坑工人间的互相竞争（炭坑工人的人数，通例是多于需要的），又使他们情愿为仅略高于附近农村日佣劳动者的工资，而冒极大的危险，受极大的有害的影响。自矿坑得有利地使用儿童以来，更是如此。这种二重的竞争，……使大部分炭坑，仅有极不完全的排水方法及通气方法；通气口的建造往往不适当，抽水的设备往往不良，工程师往往无能，坑道与线路的计划与建造，往往不妥当。由此，在生命，四肢，与健康上引起的破坏的统计，是颇使人战栗的。"（矿坑炭坑童工第一报告1829年4月21日第129页）1860年顷，英国炭坑灾害死亡者数，平均为每星期十五人。依炭坑灾害报告（1862年2月6日），自1852年至1861年十年间灾害死亡的总数，达8466人。这个报告还承认，这个数字计算是过低的，因为，最初数年监督专员初就职时，他们管辖的区域过大，有许多灾害死亡，未曾报告进去。当然，监督专员的人数还嫌过少，其权力还嫌过小，但灾害次数自专员就职以来，已经减少的事实也可指示资本主义榨取的自然趋势。不过，死亡的数目，依然是很大的。生命的牺牲，大抵以矿坑所有者过度的贪欲为原因。举一例言之。有些地方，仅掘一个出口；因此，不仅空气流通极形不足，并且在这个出口闭塞时，没有第二个出口可以逃走。

若把流通的过程和竞争的赘瘤除开不说，那我们在详细观察资本主义生产时，将会发觉：对于实现的劳动即已对象化在商品内的劳动，资本主义生产是极节省的。反之，对于人，对于活的劳动，资本主义生产却比任何的别的生产方法，都更浪费。所浪费的，还不只是血与肉，而且是神经与脑髓。这个历史的时代（这个时代，正好在人类社会之意识的改造以前），实际是以个人发展之最可惊人的浪费，来保障并实行人类一般的发展。这里所述的全部节省，是由劳动的社会性质发生的，而劳动者生命健康上这样的浪费，实际也正好是从劳动的社会性质引起的。就这点说，工厂监督专员贝尔克所提出的疑问，是很有意义的。他说："由集合劳动惹起的未成年者生命的牺牲，怎样才可以防止呢？这个问题是值得郑重考虑的。"（1863 年 10 月工厂监督专员报告第 157 页）

工厂——工厂（真正的工厂）内一切保障工人安全幸福与健康的设备的忽略，都包在这项下面。表示产业军队死亡人数的灾害报告，有大部分是属于这一类的（见每年的工厂报告）。场所的狭小，通气设备的缺乏，也属这一项。

法律规定，工厂必须有横轴的保障设备，有多数工厂主反抗。对于这件事情，1855 年 10 月，荷尔讷曾深表愤慨。横轴的危险性，虽曾屡为灾害死亡的事实所证明，其保障设备，虽非多费，也非经营上的妨碍，但仍有多数工厂主拒不受命（1855 年 10 月工厂监督专员报告第 6、7 页）。工厂主在反对这次及其他各次的法律规定时，是得到义务治安法官的支持的。司裁判之职的法官，大抵自己便是工厂主或是工厂主的朋友。此辈绅士曾作何种裁判，我们不难由高等法院推事康培尔的话推知。康培尔关于一次被上诉的裁判说："这不是议会条例的解释，只是它的废止。"（上揭报告第11页）在同报告中，荷尔讷又述及有多数工厂，在机械开始运转时，不对劳动者发一声预告。这种预告的省免，常常会引起灾害。因为哪怕在机械休止时，也常有许多手和手指在机械上面做事（上揭报告第44页）。在这里，我们且引述一个有意味的对照。那时为反对工厂法，曾于1855年3月在孟彻斯德成立一个名叫"工厂法修正国民协会"的团体。这个团体曾依每马力课取二先令的方法，集合五万镑以上的基金，其目的在充作协会会员被工厂监督专员控告时的诉讼费用。这种辩白控告，都由协会出面诉讼。换言之，其目的在于证明：为利润而杀人，不以杀人论罪。但关于格拉斯哥一个商家，苏格兰的工厂监督专员金凯德说，它曾利用本工厂的旧铁，为机械装置各种保障设备，全部仅费九镑一先令。这个商家使用了一百一十马力，如果它加入厂主协会，它所须缴纳的会费，将为十一镑，比保障设备的费用全部还多。这个国民协会，是1854年为反抗规定这种保护设备的法律，而组织的。溯自1844年至1854年，工厂主完全不注意这个法律；依据拔麦斯登的训令，工厂监督专员才郑重通告各工厂主，自今以后，这个法律必须切实施行。为对付这种通告，工厂主立即把这个协会组织了。乃可异的，是这个协会的会员有若干即以治安法官资格，被认为是这个法律的执行者。当新任内政部长乔治格勒于1855年4月提出妥协案，使政府认有名无实的保护设备为满足时，国民协会还是愤然加以拒绝。在各次诉讼中，有名的工程师费尔贝伦，曾屡次挺身为工厂主，辩护资本的经济及不可侵犯的自由。工厂监督专员领袖荷尔讷，则在各方面，受工厂主的迫害与谗谤。

工厂主必要得最高民事法院的一次判决，而后甘心。依这次判决的解释，1844 年的法案，并未规定离地七呎以上的横轴，也须有保护设备。最后，始于 1856 年，由伪君子柏登（Wilson Patten）——最虔敬者之一，他的外表的宗教，随时准备为黄金骑士，作种种的龌龊事情——之手，得到一个议会条例，完全使他们满意。这个条例使劳动者事实上不能受任何特殊的保护；如在机械下受损害，他们必须向普通法院，进行损害赔偿的诉讼。在诉讼必须有莫大用费的地方如英国，这简直是一种嘲弄。而从他方面说，因为这个条例有一个极巧妙的关于鉴定的条文，以致工厂主简直没有败诉的可能。结果是灾害激增。1858 年 5 月至 10 月那半年间，据监督专员贝克尔的报告，与前半年间比较，灾害次数竟增加了 21%。他以为至少有 36.7% 的灾害，原来是可以避免的。诚然，1858 年及 1859 年的灾害次数，比 1845 年及 1846 年要少得多。就受监督的各产业部门说，劳动者数增加了 20%，灾害次数却减少了 29%。其故何在呢？在争点依然像现在（1865 年）这样解决的限度内，那主要是由于新机械的采用。这种新机械，原来就有保障的设备，这种设备既不要工厂主特别花钱，他们自然不反对。且也有少数断臂的工人，曾获得巨额的损害赔偿，并能在最终审，维持胜利的判决。（工厂监督专员报告 1861 年 4 月第 31 页，及 1862 年 4 月第 17、18 页）。

以上所述，已足说明工厂主曾如何节省保护的设备了。没有这种设备，工人（且包括许多儿童）便须以生命和四肢来冒种种直接由机械使用发生的危险。

密闭室内的劳动——场所面积的节省，从而，建筑物的节省，曾怎样使劳动者密集在狭室之内，这是周知的事实。加之，通气的设备又节省。这两种节省，与劳动时间延长的事实合起来，大大增加了呼吸器病，从而，大大增加了死亡的人数。以下的例解，皆采自 1863 年公共卫生第六报告。这个报告，是本书

第一卷屡次提到的西门医生编辑的。

劳动者的结合及其合作，使机械可以大规模使用，使生产手段可以累积，使生产手段的使用可以节省。所以，一方面对于资本家成为利润增大的源泉，他方面对于劳动者（除非同时缩减劳动时间并讲求特别的保护方法来补偿）却成为生命与健康的浪费的，也是大量共同劳动在密闭室内的进行，是共同劳动大量地在同一工作场所内的累积。这种共同劳动的条件，是由生产物制造上的便利来判断，不由劳动者的健康来判断的。

西门医生曾订立下述的原则，并以丰富的统计作印证。他说："任一地方，其人口越是在密闭室内共同工作，则在其他条件相等的限度内，其人口因肺病而死亡的数目越是增加。"（第23页）原因是空气不良。"在有某种重要工业必须在密闭室内经营的地方，劳动者死亡率的增加，使该地的死亡统计，以肺病特多为特色。这在英格兰，已是通例，也许没有一个例外"（第24页）

卫生局1860年及1861年对密闭室内经营的诸种产业，曾加以调查，作成死亡统计。这个统计说明了如下的事实：十五岁至五十五岁的男子数相等，假令英格兰各农业区域因肺结核及他种肺病而死的人数为100，则考文特勒为163，布勒克堡与斯吉蒲登为167，康格里登与布拉得福为168，莱塞斯特为171，里克为182，玛克里司斐为184，波尔登为190，诺亭格汉为192，罗虚德尔为193，德尔卑为198，萨尔福德与亚胥登·莱恩为203，里兹为218，蒲勒斯登为220，孟彻斯德为263。（第24页）下表还提示了个更适切的例。此表分别两性，指示十五岁至二十五岁的人，在每十万中，有多少是由肺病致死的。所选的各区域，都只雇用女工从事密闭室内经营的产业，男子则被雇在各种可能的劳动部门。

| 地 名 | 主要工业 | 十五岁至二十五岁男女十万人中，因肺病致死的人数 | |
|---|---|---|---|
| | | 男 | 女 |
| 贝尔康蒲士特 | 草帽缠业（女） | 219 | 578 |
| 莱登布查 | 同上 | 309 | 554 |
| 纽卜巴格内 | 花编业（女） | 301 | 617 |
| 托塞斯特 | 同上 | 239 | 577 |
| 怡和威尔 | 手套制造业（主要是女工） | 280 | 409 |
| 里克 | 丝业制造业（主要是女工） | 437 | 856 |
| 康格里登 | 同上 | 566 | 790 |
| 玛克里斯斐 | 同上 | 593 | 890 |
| 卫生的农业区域 | 农业 | 331 | 333 |

在丝制造业盛行的区域，男子参加工厂劳动者较众，其死亡率也较高。在此等地方，男女二性因肺结核病而起的死亡率，也由报告暴露了，"我国丝制造业大部分是在极不卫生的情形下经营的"。但借口经营条件特别适宜特别卫生，而要求十三岁以下儿童劳动时间特别延长，其要求又屡次被批准的，就是丝制造业的工厂主。（第一卷第八章第六节）。

以上考察的种种工业，都呈现一种不好的境况，但最不好的境况，莫过于斯密医生（Dr. Smith）关于裁缝业所描写的状况了。他说："就卫生状况说，是各工室大不相同的。但几乎没有一个不是多人拥挤，没有一个不是极有害于健康。……这种工室，必然是酷热的；但若再点煤气灯（例如昼晦或冬季傍晚时），温度就常在华氏八十度，乃至九十度（二十七至三十三摄氏度），使人流汗不止，玻璃窗上水汽凝结，以致水滴不断从天窗落下，工人虽明知会冒寒，也不得不把窗打开。——他曾描写伦敦西区十六家最大的裁缝店。在这不通气的室内，每个工人所能占有的空间，最大为270立方呎，最小为105立方呎，平均为156立方呎。有一个裁缝店，四周都是走廊，必须从上面来光线。在这个店内，雇有工人九十二名至一百名，点着许多盏煤气灯；厕所就在房边，每人所占空间，不过150立方呎。别一个裁缝店，只能算是院子里一个狗窠，光线从上面进来，空气只能从屋顶上一个小窗进来，其内有五个至六个人工作，每人所占空间，仅112立方呎。""在斯密医生叙述的这样怕人的工室内，裁缝工人每日通例须劳动十二小时至十三小时，有时，还须继续劳动十四小时至十六小时"（第25、26、28页）。

| 被使用者人数 | 产业与地方 | 每十万人中之死亡率 | | |
| --- | --- | --- | --- | --- |
| | | 自二十五岁至三十五岁 | 自三十五岁至四十五岁 | 自四十五岁至五十五岁 |
| 958265 | 农业（英格兰威尔士） | 743 | 805 | 1195 |
| 22301（男）<br>12377（女） | 裁缝工人（伦敦） | 958 | 1262 | 2093 |
| 13803 | 排字工人<br>印刷工人（伦敦） | 894 | 1747 | 2367 |

以下一点，是必须注意的。伦敦裁缝工人，排字工人，印刷工人二十五岁至三十五岁的死亡率，其报告所列的数字，是太低了。在这二种产业上，雇主往往从农村雇用大批青年工人（大抵是三十岁未满的）作徒弟，作见习。医务局长，这报告的报告者，约翰西门实际也曾注意到这种情形。这个情形，大大增加了被使用者的人数。伦敦这几种产业的死亡率，是用这作基础计算的。但这种增加，不会同样增加伦敦市死亡的人数，因他们不过

暂时留在伦敦。如果他们在伦敦得了病，他们会回农村家里去的，如果后来在农村死了，他们的死亡，便也在农村登记。这个情形，最影响年龄较小的工人，使伦敦这种年龄的人的死亡率，不能当作产业不卫生状况测量的标准。（第30页）

排字工人的状况，与裁缝工人的状况相似。他们不仅缺少换气的设备，缺少新鲜的空气，且必须作夜工。他们的劳动时间，通例是十二小时至十三小时，有时是十五小时至十六小时。"煤气灯点着时，……铸字所的烟，机械或污水池的臭气，往往从楼下侵入因而加深楼上的痛苦。楼下的热气，使天花板发热，那自然会增加楼上的热度。而在楼下装有蒸汽机关，从而全屋皆异常亢热的地方，情形是更坏。……一般说，换气设备是极不完全的，不能将热气及日落后燃烧煤气的产物排除。大多数工作场所的情状，是极惨的。若原来又作卧室，那就更惨。""有若干工作场所，特别是发行周刊的工作场所，雇用十二岁至十六岁的儿童，那里，往往继续不断作二日一夜。那些以印刷零件为业务的印刷所，工人往往在星期日也没有休息，因此，他每星期的劳动日数，不是六日，而是七日。"（第26、28页）

我们已在第一卷第八章第三节，注意女帽女服制造业女工人的情形。但在那里，我们注意她们劳动过度的情形。她们的工室，也在同报告中，由奥特医生（Dr. Ord）描写了。她们日间工作的情形虽较好，但当煤气燃烧时，她们就处在热气蒸人，臭味迫人，极不卫生的情形下了。在三十四家情形较好的缝衣店中，奥特医生曾发觉每个工人平均占有的空间是这样的。"有四家，在500立方呎之上，有四家在400立方呎至500立方呎之间，有五家在200立方呎至250立方呎之间；有四家，在150立方呎至200立方呎之间；有九家，仅有100立方呎至150立方呎。在换气设备不完善时，那怕情形最好的工作场所，也仅将就够使她们继续工作。……但是，就是在换气设备良好的工作场所内，在天黑后，依然太热，太蒸人，因有许多盏煤气灯点着。"奥特医生关于一家为牙行经营的小女服店有一段记述："一个房间，计有1280立方呎，工人十四名，每名所占空间仅91.5立方呎。女工都显出疲劳憔悴的样子。她们的工资，除茶水外，据说每星期为七先令至十五先令。……劳动时间由上午八时至下午八时。这样一间小房子，有十四个人挤在一处，换气设备又是极不良的，仅有两个可以开闭的窗户，一个关着的暖炉。任何特别的换气设备也没有。"（第27页）

关于女帽女服制造业女工人劳动过度的情形，同报告又述："时装女服店青年女工人劳动过度的情形，大约在四个月内非常厉害，因而顿时唤起公众的惊愕与愤慨。这几个月内，店内的工作通例每日须继续至十四小时，在赶造订货时，且须延至十七小时至十八小时。"其他各季店内工作为十小时至十四小时，而在自宅内进行的劳动，则通例为十二小时至十三小时。在女外套，披肩，短衫的制造（包括用缝机的劳动）上，普通工作场所内的劳动时间较少，通例不过十小时至十二小时，但据奥特医生说："有几家，正规的劳动时间，依超过时间另有给付的方法，大为延长了。别几家，则于正规劳动时间终了后，叫工人把工作带回家去完成。在此，可以附言，这二种额外劳动，都常常是强制的。"（第28页）约翰·西门在这页的附注上说："勒得克利夫君（时疫协会秘书）对于一等女服店女工人的健康状况，最有试验的机会。他在二十个自称身体健全的女工人中，只发现一个是真正健康的；其余十九人，都不免在生理上表现生机枯竭，神经衰弱，以及各种机能上的障碍。他以为，这当中的第一个原因是劳动时间过长。据他估计，即在生意最滞的时节，每日也有十二小时劳动；第二个原因，便是工作场所过于拥挤，换气方法过于不良，煤气燃烧使空气污浊，食物不当或不足，家庭休养设备的缺乏。"

英国卫生局长得到的结论是："在雇主可以为力的限度内，雇主应不问工人的工作如何，出钱为工人的劳动，防止一切不必要的有害卫生的事情。但这种在理论上应称为第一卫生权的权利，是工人实际所不能主张的。倘工人所处的地位不能在卫生上提出合理的要求，那无论立法者的意图如何，工人们总不能希望，害物排除法的负责实施者会给他们以任何切实的帮助。"（第29页）——"雇主应服从法规的最低限界，无疑是难于决定的。其决定，不免有若干技术上的困难。但……在原则上，健康保护的要求，总是普遍的。有几十万男女工人，不必要的，在职业所引起的无限的生理痛苦中，萎缩了。为这几十万男女工人的利益计，我敢表示如下的希望：卫生的劳动条件，应全般受适当的法律保障，至少，应该保证各种密闭室内的工作，必须有切实的通气设备，且尽可能，在各种不卫生的劳动部门，把那些特别不卫生的影响加以限制。"（第63页）

## Ⅲ 动力制出，动力分配，及建筑物上的经济

1852年10月的报告，荷尔讷曾引述名技师，汽槌发明者，巴特里吏罗夫提的纳斯密兹一封信如下：

"我所讲的组织变化及蒸汽机改良，曾可惊地增加了动力。这一点，公众是不甚了然的。兰克夏区的机械动力，在过去四十年间，常在怯弱的固执的因袭心理下受压迫。现在，很侥幸，我们是被解放了。在过去十五年间，尤其是过去四年间（自1848年算起），在凝缩蒸汽机的操作上，已有少数重要的变更，发生了。结果是，同一机械已能完成遥较为大的作业，煤炭的消费量

已显著减少了。自本区工厂采用蒸汽力以来，有许多年数，凝缩蒸汽机被认为安全的速率，是每分钟的活塞冲程 220 呎，那就是，活塞杆长 5 呎的蒸汽机关的横轴，每分钟只回转二十二次。再增加摆械运转的速度，即视为不当。自全部装置适合于每分钟 220 呎活塞冲程的速率以来，许多年间，各工厂机械的速率，都受着这种限制。后来，或因碰巧有人不熟习这种规定，或因有人勇于发明，以致有更大的速率被人试用。试用的结果既极顺利，模仿的人接着起来。机械尽量发挥作用了，配力装置的主要齿改轮换了，以致维持原速率的蒸汽机关，每分钟也得有 300 呎以上的活塞冲程。蒸汽机关的这种速率增加，现今殆已为人普遍采用。相同的机械，现在已有较大的供人利用的动力，且因动轮的刺激较大，运转也更有规律了。因活塞杆的速率增加，相同的气压与凝缩器真空，已可产出较大的动力。如其适当的变革，可以使一个有四十马力每分钟活塞冲程 200 呎的蒸汽机关，得以相同的气压和真空，使活塞每分钟的冲程增至 400 呎，我们所得的动力，就比从前增加一倍了。气压和真空既然在二场合相等，各个部分的紧张程度及灾害发生的危险，自不致因速率增加而大增加。仅有这点区别：与加速的活塞运动比较，我们须消费较多的蒸汽，至少是近似如此。还有，便是轴承或摩擦部的磨损，须略较为速。但这是不值得注意的。……但加速活塞运动，使同一机械发出较多动力的方法，必须在同汽罐下燃烧较大量的煤炭，或采用一个蒸发力较大的汽罐，总之，必须发出较大量的蒸汽。实际，这个方法也行过的；蒸汽制出力较大的汽罐，实际曾与旧的速率增加的机械相连合。依此方法，同机械供给的作业，在多数场合，是增加了 100%。科恩沃州诸矿山采用蒸汽机关，用一种非常便宜的方法，制出动力。约在 1842 年，这个方法就为世所注意了。棉纺绩业的竞争，又使棉纺绩业者，不得不在节省方面，求利润的主要来源。科恩沃州机械所指示的每小时的消费煤炭量与制出马力之显著差额，和沃尔夫式二筒机械所指示的异常经济的作业，在我们这一区，把燃料经济的问题，提出我们面前了。科恩沃机与二筒机，有三磅半，或四磅煤炭，就可以在一小时内，供给一个马力；棉业区域的机械，要在一小时内，供给一个马力，却非消费煤炭八磅或十二磅不可。这种显著的差额，使我们这一区的棉纺绩家及机械制造家，以相似的方法，得到异常经济的结果（惟在当时，这种经济，在科恩沃州及法兰西，已成通例。在此二处，极高的煤炭价格，使工厂主不得不在营业上，尽可能经济这一方面的费用）。这情形，曾引起一些极重要的结果。第一，在利润高的时候，多数汽罐，都以上半面，露在外界的冷气中。现在，这种汽罐，都用厚毡、砖、水泥之类的东西裹住，以此，花这样大本钱得到的热，才不致于放散。汽管也用这个方法保护，汽筒则用毡或木头包着。第二，高的气压被利用了。一向，安全瓣所受的重压是极微薄的，以致每平方时仅能开放四磅、六磅或八磅的气压。现在发现了，倘能把气压提高至十四磅或二十磅，便可节省许多的煤。换言之，工厂的工作，便能由较小量煤的消费来完成。有资力与企业心的人，都采用充分推广的气压方法，使用构造适当的汽罐，以致每一平方时，都可以在三十磅、四十磅、六十磅或七十磅的气压下，供给蒸汽。这样高的气压，使旧派技师见之，必定会吓倒。但气压增加之经济的结果，一旦可用几磅、几先令、几便士的形式明白表出，凝缩机采用高压汽罐，便成一件极普通的事情了。要彻底革新的人，都采用沃尔夫式的机械。大多数新造机械，也是这样。那就是，新造机械，大抵是二筒沃尔夫式的。在其一筒内，由汽罐来的蒸汽，即由所生压力高于气压，而生出动力来。以前，这种动力，在活塞一次冲程之后，便向空气中逃去；现在，它可以移入有四倍容积的低压筒去，在那里，经过相当的膨胀之后，再导入凝缩器中去。这种机器是经济多了。由此，三磅半或四磅煤，可以在一小时内，供给一个马力，而旧式机械要在一小时内供给一个马力，便非消费十二磅至十四磅煤不可。还有一种巧妙的装置，使二筒（一个高压机和一个低压机互相结合）沃尔夫式，得在现成的机械上应用，使其效果增加，煤的消费减少。这个结果，在过去八年或十年间，还曾由别一个方法实现。那就是，把一个高压机与凝缩机结合，使高压机利用过的蒸汽，可以移到凝缩机上来，把它推动。这个方法，是在许多方面有用的"。

"同一个蒸汽机关，有这诸种改良的一部分或全部之后，究竟增加了多少效果，还是不易得到准确的估计。但这是确实的，同重量的蒸汽机关，平均已可多作百分之五十的作业。在多数场合，在每分钟速度以 220 呎为限时，原来仅可供给五十马力的蒸汽机关，现在已可供给一百马力以上。凝缩机应用高压蒸汽所得的极经济的结果，及旧蒸汽机关因营业推广而起的较大的需要，曾在过去三年间，促进罐状汽罐的采用。由此，动力制出的费用又显著减少了。"（工厂监督专员报告 1852 年 10 月第 23—27 页）

动力的制造是如此，动力的分配及工作机也是如此。

"近数年来机械改良之急速的发展，使工厂主无需增加动力，已可将生产推广。劳动利用上的经济，是因劳动日缩短，而成为必要了。大多数经营得当的工厂，都讲求减少支出增加生产的方法。我应感谢本区一个明哲绅士的好意，赖有他，关于他工厂内所雇用的工人的数目和年龄，关于他工厂内使用的机械，关于他自 1840 年迄今所付的工资额，我得到了一个计算。1840 年 10 月，他工厂内雇用六百名工人，其中有二百名是十三岁未满的。1852 年 10 月，他只雇用三百五十名工人，其中只有六十名是十三岁未满的。但除少数例外的场，和他在这二年所使用的机械数

却相等。在这二年所支付的工资额也相等。"（勒特格莱夫语，1852 年 10 月工厂监督专员报告第 58 页）

但这种种机械改善，一直到被构造适宜的新工厂建筑物采用之后，方才发挥它的充分效果。

"装置这种新机械的工厂建筑物，也大进步了。当我论到这种种机械改良时，这一点也是我必须说明的。……地下层，是供我捻纱的，我曾为此目的，装置二万九千个复式纺锤。单就地下屋及阁楼说，我就节省了百分之十的劳动。这种节省，与其说是复式改良的结果，不如说是机械在一个联动机下累积的结果。我的工厂，用一个起动轴，已经可以推动那么多的纺锤，因此，与别的工厂比较，我的工厂，就可在联动装置上，节省 60％ 至 80％ 了。这又可节省油脂。总之，因工厂设备完全，机械改良之故，即不说动力、煤炭、油脂、配力带、起动轴方面的节省，我也至少节省了 10％的劳动。"（工厂监督专员报告 1863 年 10 月所载某棉纺绩业者的自述）

## Ⅳ 生产上的排泄物的利用

生产排泄物与消费排泄物的利用，随着资本主义生产方法的发展，也发展了。所谓生产排泄物，是指农工业的废物；所谓消费排泄物，一方面是指人身自然代谢机能的排泄物，一方面是指消费品在消费后遗留下来的形态。化学工业的副生产物（这种副生产物，在小规模生产下，是浪费掉的），机械建造业排泄出来再在铁生产上当作原料用的铁屑等，都是生产排泄物。人身的自然排泄物及破烂的衣服等，都是消费排泄物。消费排泄物，在农业上最重要。就这种排泄物的利用来说，资本主义的经济组织，是再浪费没有的。例如在伦敦就有四百五十万人的粪便，没有更好的利用方法，只好出异常大的费用，倾倒入泰晤士河中去了。

原料的昂贵，自然而然地成为废物利用的刺激。

大体说，这种再利用的条件是这样的：排泄物必须有大量产出，那只有在大规模劳动之上，才是可能的；机械必须改良，使原来不能使用的某形态上的物质，可以变成别种形态而在新生产上被利用；科学，尤其是化学，必须进步，使废物的有用性质可以发现出来。当然，在小规模的园艺农业上，例如在郎巴底，在中国南部，在日本，也曾发现这种大的经济。但大体说，在这种制度下，农业生产力，必须以人类劳动力的大浪费为代价。这种劳动力，是必须从别的生产部门夺取过来的。

这所谓废屑，几乎在每一种产业上都是重要的。1863 年 10 月工厂报告（163 页），就以下述的事实，为英格兰及爱尔兰大多数地方农民仅种少许亚麻的主要理由。该报告述及："以水力推动的小规模的麻制造厂，会在亚麻的加工上，留下许多废屑来。……棉花的废屑，是比较小的，但亚麻的废屑甚大。设能利用水渍法及机械制麻法，不利益的成分定然可以显著减少。……在爱尔兰，制麻通常用极粗的方法，以致有 28% 至 30% 的损失"。这种损失，只要采用较良的机械，就可以避免。据工厂监督专员的报告，亚麻加工时留下的大量麻屑，虽然是极值钱的，但在爱尔兰若干工厂，总是当作废屑，被工人携回家去当柴烧。（工厂监督专员报告 1863 年 10 月第 140 页）关于棉花废屑，在讨论原料价格的变动时，我们还要讨论的。

羊毛工业要比亚麻工业的经营更巧妙。"毛屑与毛织物褴褛，一向是禁止再加工的，但这个偏见，在冲毛织业（这种工业，在约克郡羊毛工业区域，现已成为一种重要工业）上，已经完全消灭了。大家希望，棉屑业也会适应一种由来已久的需要，当作一种营业，而同样存在着。前三十年间，毛织物褴褛（即纯毛织物破片），每吨平均仅值四镑四先令，但最近数年间，每吨已值四十四镑了。其需要还如此增加，以致有人夹用棉和毛。不伤毛但能将棉花弹开的方法，已经发现了。现在已有数千劳动者被使用在冲毛织物工业上，消费者受大利益了，他们已能以极适合的价格，购得品质良好的毛织物。"（工厂监督专员报告1863年10月第107页）这样翻造的冲毛织物，在1862年末，其所消费的羊毛，已占全国羊毛消费总额的三分之一。（工厂监督专员报告1862年10月第81页）这所谓"消费者"的"大利益"，是他的羊毛衣服，和以前比较，现在只经用三分之一的时间就擦破了，其纱线只经用六分之一的时间，就露出了。

英吉利丝工业是在相同的险路上进行。自1839年至1862年，纯生丝的消费相当减少了，丝屑的消费却增加了一倍。因机械改良之故，原来没有价值的材料，现今变作有多种用途的丝了。

废屑利用的最适切的例，是化学工业。它不仅依新的利用方法，利用本工业的废屑，且利用许多别的工业的废料。例如，原来几乎毫无用处的煤脂，现在可以转制蓝靛染料、红染料，新近还可以转制多种药品。

各种生产排泄物的再利用，固可引起经济，但在此之外，我们还须举出废屑发生的防止。那就是，使生产排泄物减至最低限度，并使直接参加生产的原料与补助材料能直接被利用至最高限度。

废屑的减少，一部分以所用机械的品质为条件。机械各部分构造越是准确越是精致，油脂肥皂等物就越是可以节省。这是就补助材料来说。但最重要的一点是：生产过程究曾以怎样大一部分原料化为废屑，也定于所用机械和工具的品质。最后，那还视原料的品质而定。但原料的品质，一部分以原料采掘业和农业的发展（那是狭义的 Kultur 的进步）为条件，一部分视原料在加入制造前所通过的各种过程如何发展而定。

"巴尔门底（Parmentier）曾证明，近来，例如自路易十四时代以来，法国的磨谷方法，是显著改良了。与旧磨比较，新磨已能从同量谷物，造出二倍面包。实际，巴黎每个居民每年消费的谷物，原为四塞梯尔（Setiers），后减为三塞梯尔，再减为二塞梯尔，现在只须有一塞梯尔又三分之一了，此数约合 342 磅。……我曾在勃赤地方住过许久，在那里，由花岗石及绿泥石制成的臼石（一种粗糙的旧磨谷机），已依照过去三十年间极进步的机械学原理，改造了。现在，磨石是得自拉浮特，谷物入磨，须磨两次，磨袋成一种环状运动，因此，能由同量谷物多磨出六分之一的粉来。所以，我很明了了，为什么，罗马人每日消费的谷物和我们每日消费的谷物，会相差如此之巨。这完全因为，罗马人磨粉的方法和制面包的方法，太不完善。在这里，我必须说明，蒲林尼（Plinius）在其著书第十八卷第二十章第二节所述的一种事实。……罗马的麦粉，依品质不同，每莫底鸟斯（modius）值 40、48 或 96 亚斯（ass）。这种价格，与现代的谷物价格比较，是很高的。而其价格之所以会如此大，是因为当时的磨不完善，以至于制粉的费用太大。"（杜洛·德·拉·马尔《罗马人之经济》巴黎 1840 年第一卷第 280 页）

## V　发明的经济

我们讲过，固定资本使用上的经济，是这样发生的：即，劳动条件大规模被使用；简而言之，劳动条件，当作直接社会的社会化的劳动条件，或在生产过程中当作直接合作的条件。从一方面说，力学及化学上各种发明的使用所以不致于使商品价格腾贵，就因为具备了这个条件。在事实上，这也往往是不可缺少的条件。从别方面说，由共同的生产的消费而起的经济，在大规模生产下，才是可能的。最后，何处能经济，怎样能经济，怎样应用既有的种种发现才最为单纯，怎样才可以把理论应用（应用在生产过程）上的实际阻碍克服——这等，都最须依赖结合劳动者的经验。

但在此，且注意一般劳动（allgemeiner Arbeit），与共同劳动（gemein schaftlicher Arbeit）的区别。二者在生产过程上都有作用，且有相互交错的作用，但有区别一般劳动包括一切科学的劳动，一切的发现，一切的发明。这种劳动，一部分是以现存者的合作为条件，一部分是以前人劳动的利用为条件。共同劳动则以个人的直接合作为条件。

这种区别，由如下的观察，得到了新的证明。

（1）新机械初次建造的费用，与其再生产的费用比较，有颇大的差别。比可参看乌尔和巴伯基的议论。

（2）以新发明为基础的工厂，与继起的在旧工厂亡迹上遗骸上出现的工厂比较，必须有较大得多的费用。这种差别是如此大，以致最初企业者往往破产，而后来用低价购买这种建筑物这种机械的人，却能发达。人类精神的一般劳动的新发展，及其由结合劳动而在社会上的应用，通例只能使最无价值最可怜的拜金资本家，赚取最大的利润。

# 第六章 价格变动的影响

## Ⅰ　原料价格变动及其对于利润率的直接影响

　　以上，我们假设剩余价值率是不变的。在此，我们依然是这样假设。为要使问题的研究更为单纯，这个假设乃是必要的。不过，剩余价值率不变的资本，仍可因原料价格变动（这便是我们要在此处研究的主题）而起收缩膨胀，致所使用的劳动者数增加或减少。在此场合，剩余价值率不变，剩余价值量可以变化。但这个现象在这里也可被认为是一个附随事项而除开的。如机械改良及原料价格变动，同时影响某一个资本所使用的劳动者数，或同时影响劳动工资的大小，我们只须比较（1）不变资本的变化所及于利润率的影响，和（2）工资的变化所及于利润率的影响，结果便很明白。

　　但在此，像在此以前，必须注意，如果变化是由不变资本节省或因原料价格变动而起，则此种变化，虽全不影响工资，全不影响剩余价值率与剩余价值量，但仍不免会影响利润率。那会在 $m'\dfrac{v}{C}$ 中，改变 C 的量，从而改变全分数的值。所以，无须问这种变化是发生在什么生产部门，换言之，无须问受这种变化的影响的产业部门，是或不是生产劳动者的生活资料，是或不是生产这种生活资料生产上的不变资本。就这点说，这个情形和剩余价值研究时所指示的情形，是不同的。所以，这里推得的结论，也适用于奢侈品生产上发生的各种变化。这里，所谓奢侈品生产，是指一切非再生产劳动力所必要的生产。

这里，在原料项下，仍包括种种补助材料，如蓝靛、煤炭、煤气等。又，在机械也须在这项下面考察时，它自身的原料，也是由铁木皮革等造成的。所以，它自身的价格，也会由原料（构成机械的原料）的价格变动而受影响。在机械价格因原料（构成机械的）价格变动或因辅助材料（机械运转所消费的）价格变动而提高时，利润率自然会依比例下落。而在情形相反时，结果也相反。在以下的研究中，我们说原料价格变动时所指的原料，不是指机械（当作劳动手段）构成上的原料，也不是指机械使用上的补助材料，却仅指参加商品生产过程的原料。在此仅须声明一点：铁、煤、木等（机械构造与使用上的主要要素）的自然富藏，在此，是表现为资本的自然丰度，是一个与工资高低毫无关系的利润率的定素。

利润率为 $\dfrac{m}{C}$ 或 $\dfrac{m}{c+v}$，很明白，每一件足使 C 量从而使 C 量发生变化的原因，虽不变化 m 与 v，不变化二者相互的比例，也必定会在利润率上引起变化。原料是不变资本一个主要部分。即在无真正原料参加的产业部门，也有原料当作补助材料或机械构成部分，参加进去，故其价格变动，仍会依比例影响到利润率上来。假设原料价格的减低额等于 d，则 $\dfrac{m}{C}$ 或 $\dfrac{m}{c+v}$，将变为 $\dfrac{m}{C-d}$ 或 $\dfrac{m}{(c-d)+v}$。这样，利润率就提高了。反之，如果原料价格提高，

则 $\dfrac{m}{C}$ 或 $\dfrac{m}{c+v}$，将变为 $\dfrac{m}{C+d}$ 或 $\dfrac{m}{(c+d)+v}$，利润率就落下了。如其他条件不变，利润率的提高或落下，是与原料价格成反比例。这个情形，说明了。原料价格低廉，哪怕不伴着生产物售卖范围上的变化，换言之，哪怕完全不顾到供给与需要的关系，也对于工业国非常重要。由此，我们更可推知国外贸易的影响。即不说国外贸易将减低生活必需品的价格，从而影响工资，它也会影响利润率。它会影响农工业所消费的原料或补助材料的价格。就因不曾透彻了解利润率的性质，不会透彻了解利润率与剩余价值率的差别性，所以，像托伦斯那样固执实际经验的经济学者，关于原料价格所及于利润率的显著影响，会发出在理论上完全错误的解说；反之，像里嘉图那样固执一般原理的经济学者，也误解世界贸易等所及于利润率的影响。

在此，我们可以理解，原料关税的废止或减轻，对于工业，何以会这样重要。合理地发展保护关税制度，也以原料输入尽量自由为重要原则。这种自由，与谷物关税的废止，早已成为英国自由贸易论者的主要目标。他们还渴望棉花关税的废止。

为要了解一种原料（非真正的原料，但为一种补助材料，同时又为主要的营养料）价格低廉的重要性，我们且以棉工业所用的麦粉为例罢。1837 年，格勒①已经计算过，"十万架蒸汽织机和二十五万手织机，在大不列颠境内经营，每年须消费四千一百万磅麦粉，来整理经线。此外，漂白等过程所用的麦粉量，又等于此量的三分之一。这样消费的麦粉的总价值，依他计算，在过去十年间，每年等于 342.083 镑。英国麦粉价格和大陆麦粉价格的比较，又说明了谷物关税曾使工厂主购买麦粉时，每年须多付十七万镑。依格勒计算，1837 年，至少多付了二十万镑。一个

---

① 《工厂问题与十小时法案》格勒著 1857 年伦敦第 115 页。

公司每年须为麦粉多付一千镑。因此故，大工厂主，精明谨慎的实业家，都宣称如谷物关税废止，每日劳动就可减为十小时"（工厂监督专员报告1848年10月第98页）。谷物关税是撤废了。棉花关税及其他各种原料的关税，也撤废了。但这个目的达到之后，工厂主反对十小时劳动案的呼声，却比以前更热闹起来。当十小时工厂劳动定为法律时，第一个结果便是工资一般减低的尝试。

在生产上消费的原料与补助材料的价值，会全部一次移转到生产物的价值中去，固定资本诸要素的价值，却比例于磨损程度，渐渐移转到生产物中去。因此，利润率虽定于所用资本的价值总额，不问其在生产物中所消费的数额，但生产物的价格，却受影响于原料价格者为多，受影响于固定资本价格者远较为少。但很明白——不过，我们仅偶然把这点提到，因在这里，我们仍假定商品依价值售卖，不问其由竞争引起的价格变动——市场的扩张或缩小，定于个个商品的价格，而与个个商品价格的腾落成反比例，所以，在现实上，我们也发觉，原料价格提高时，制造品的价格，不会依相同的比例提高，原料价格下落时，制造品的价格，不会依相同的比例下落。因此，当原料价格腾贵时，利润率的跌落，必定比商品依价值售卖的场合，跌得更厉害。当原料价格跌落时，利润率的提高，也必定比商品依价值售卖的场合涨得更厉害。

再者，所用机械的数量与价值，虽会与劳动生产力的发展，一同增加，但其增加的比例不同；换言之，不与机械所供给的生产物的增加成比例。所以，一般使用原料的产业部门（即以过去劳动生产物为劳动对象的产业部门），总用一定量劳动吸收追加量原料的比例，换言之，用一小时劳动所能转化为生产物（即加工成为商品）的原料量的增加，来表示它的生产力的增加。原料的价值，会比例于劳动生产力的发展，在商品生产物的价值中，成为益益增加的部分，但此不仅因原料是全部一次参加到商品生产物中，且因在总生产物每一个可除部分中，由机械磨损形成的部分，由新加劳动形成的部分，益益减少。这种减少趋势的结果，使那由原料构成的价值部分，依比例增大起来，——除非生产原料使用的劳动的生产力也增加，以致原料价值相应的减少。

再者，因原料与补助材料，与工资同为流动资本的成分，故也须不断由生产物一次的售卖，一次代置。机械仅须在磨损程度内代置，其代置可采取准备金的形式。所以，只要一年的售卖，能够提供一年的准备金，则是否每一次售卖都提出一部分为这个目的，乃无关重要，于此，我们又看见了，原料价格的提高，将使商品售卖所实现的价格，不足代置商品的一切要素，或使规模与技术基础相适合的过程，不能继续，以致机械只能有一部分被使用，或全部机械不能照常以全时间工作，并因而将全生产过程抑止，或妨碍之。

最后，由废屑而起的费用，与原料价格的变动成正比例；原料价格提高也提高，原料价格下落也下落。但在此也有一限界。1850 年，工厂监督专员的报告还述："由原料价格提高而起的一个损失源泉，只有实际纺绩业者能够注意到，那就是，由于废屑的损失。人们告诉我说，当棉花涨价时，纺绩业者所受的损失，不止与所付价格的差额成比例。粗棉纱纺绩的废屑，足有百分之十五；假设这样多的废屑，在棉花每磅值三便士半时，会每磅引起半便士的损失，那只要棉花涨价至每磅七便士，每磅损失便会增至一便士。"（1850 年 4 月工厂监督专员报告第 17 页）——美国南北战争发生之后，棉花几乎涨价到一百年中最高的程度。此时，工厂报告的说法也不同了。"棉花废屑的价格，及棉花废屑再在工厂充作原料的结果，使印棉与美棉间废屑损失的差额，得

到了若干补偿。印棉与美棉废屑损失上的差额，约为百分之

$12\frac{1}{2}$。印棉加工所必然会有的损失，为百分之二十五，所以，

实际上，印棉的使用，会使纺绩业者的费用，比所付价格多四分

之一。当美棉每磅值五便士或六便士时，这种废屑损失，每磅仅

为$\frac{3}{4}$便士，并不怎样重要，但当棉花一磅涨价至二先令，以至废

屑损失每磅为六便士时，这种损失，便极重大了。①"（工厂监督

专员报告 1863 年 10 月第 106 页）

## II 资本的价值增加与价值减少；资本的游离与拘束

我们这一章研究的诸种现象，是以信用制度及世界市场竞

争——一般说，这是资本主义生产的基础和生气——的充分发展

为前提。但我们必须先了解资本的一般性质，然后能综括表现资

本主义生产的这诸种具体形态。且这种表现，也在我们本书计划

之外，其论述，犹待于本书论述的展开。不过，表题上所示的诸

种现象，依然可以在这里概括的讲一讲。它们第一是互相关联

的；第二，又是与利润率及利润量相关联的。又因为有这诸种现

象，所以曾有人觉得，不仅利润率，即利润量（那在事实上即是

剩余价值量），也能独立在剩余价值（率或量）的运动之外，而

自为增减。所以更有略略讲一讲这诸种现象的必要。

一方面是资本的游离与拘束，一方面是资本的价值增加

---

① 报告在结论上有一个错误。由废屑而起的损失不是六便士，而是三便士。这

个损失，就印棉说，固为 25%，但就美棉说，却为 $12\frac{1}{2}$%至 15%，这里指

的，就是后一类。这个比率就五便士至六便士的价格说，也恰好是计算无误

的。不过，就美国南北战争的结束数年间输入欧洲的美棉说，废屑的比例，

也比以前显著增加了。——F. E.

（Wertsteigerung）和价值减少（Entwertung）。我们能把这二者看作不同的现象么？

首先发生的问题是：资本的游离与拘束，是指什么？价值增加与价值减少的意思是自明的。它们不外指示，因有某种一般的经济状况（因我们讨论的，不是任何个别资本的特别的命运），现有资本已经在价值上增加或减少。换言之，它们不外指示，垫支在生产上的资本，除使用剩余劳动以增殖其自身价值外，已由别的方法，引起在价值上的提高或减低。

我们所谓资本拘束，是指：如果生产要照旧规模继续，生产物的总价值，必须从新以一定的比例，再转化为不变资本和可变资本的要素。我们所谓资本游离，是指：如果生产只要照旧规模继续，生产物总价值中原须再转化为不变资本或可变资本的部分，现在已可提取出来，过剩化出来。资本的这种游离或拘束，应与所得（Revenue）的游离或拘束相分别。当资本 C 的年剩余价值为 x 时，资本家所消费的商品的低廉化，使资本家现在能以 x-a 的部分，和以前获得同量的享受。这样，所得的一部分 a，就游离出来了。此 a 可用以增加消费，也可用以再转化为资本（即蓄积）。反之，如必须有 x+a 才能继续同样的生活方法，那么，他不是把生活方法缩小，便须把前此蓄积到的所得的一部分（＝a），当作所得来支出。

这种价值增加或价值减低的事情，可以仅发生在不变资本的场合，可以仅发生在可变资本的场合，也可以同时在二者上面发生。而在不变资本的场合，这种价值增加或价值减低，又可以仅在固定资本上发生，或仅在流动资本上发生，或同时在二者上面发生。

在不变资本项下，我们必须考察原料，补助材料，半制品（在这里，我们总称其为原料），还须考察机械及其他各种固定资本。

以上我们特别考察原料的价格或价值的变动，及其所及于利润率的影响，并立下一个一般法则：即，其他各种事情不变，利润率与原料价值的高低成反比例，这个法则，对于刚刚有资本投下（即有货币转化为生产资本）的营业上新投下的资本，是无条件妥当的。

但若把这种新投下的资本存而不论，我们就发觉，已经发生机能的资本，如一部分存在于生产范围内，会以一大部分存在于流通范围内。其一部分，是在市场上，当作待要转化为货币的商品，别一部分是当作货币（不论其形式何若）待要转化为生产条件，最后第三部分，其中有一些，是在生产范围内，采取生产手段的原形态（如原料补助材料，在市场上购好的半制品，机械及其他各种固定资本），有一些是当作正在制造中的生产物。价值增加或价值减低的结果如何，有一大部分定于资本各成分相互间的比例。为简明起见，我们且暂把一切固定资本除外，只考察不变资本的其余各部分，即原料、补助材料、半制品、制造中的商品及市场上的完成品。

如果原料（例如棉花）价格提高，则在棉花低廉化时，已经制成的棉制品——半制品如棉纱，完成品如棉布——的价格，会同样提高起来。又，未加工的库存棉花的价值，及正在加工中的棉花的价值，也是这样。这种棉花所代表的劳动时间，由反应作用，将比其内包含的劳动时间更多，从而，它们附加于生产物（以它们为构成部分的生产物）的价值，也比它们原有的价值，比资本家所付的价值更大。

所以，如原料价格提高时，市场上竟有巨量完成商品（不论其完成程度如何）存在，此等商品的价值也会提高，从而，现存的资本的价值也提高。已在生产者手中的原料等物的库存品，也是这样。原料价格提高，固足减低利润率，但这种价值增加，足可使个别资本家，或使一个特别的资本的生产范围全部，不致蒙受利润率减低的损失，甚至抵消这种损失而有余。在此，我们不要论述竞争的影响，但为使说明完全起见，我们且注意：（1）库存原料如果很多，原料出产地点价格的提高，就会受到对抗的作用；（2）市场上既存的半制品或完成品，如果已经严重压迫在市场上，那就会阻碍此等商品，使它们的价格，不能与原料价格为比例的增加。

在其他情形不变的条件下，原料价格低落，则利润率会提高。在这场合，结果是正好与上述相反的。已在市场上存在的商品，尚在制造中的商品，库存的原料，将减低价值，那会使同时发生的利润率的提高，受到对抗作用。

在营业年度终了时，例如农产物收获之后，原料必须大量重新供给。此时，生产范围和市场上库存的物品愈少，则原料价格变动所生的影响愈显著。

在我们的全部研究上，我们都假定，价格的提高或下落，是现实价值变动的表现。但在此我们所论的，既为价格变动所及于利润率的影响，所以，此等价格变动究由于何种原因，是没有多大的关系。这里所得的结论，在价格腾落非由于价值变动，而由于信用制度和竞争等的影响时，也是适用的。

因利润率等于生产物价值超过额对垫支总资本价值的比例，所以，由垫支资本价值下落而生的利润率的提高，将伴有资本价值的损失，由垫支资本价格提高而生的利润率的下落，也许也会伴以资本价值的增益。

再就不变资本的别部分，如机械与一般固定资本说。此诸物，尤其是建筑物、土地等的价值增加，不先了解地租学说，是不能论究的；其讨论，自当留在以后。但这诸项，在价值减少方面，却一般是很重要的。

不绝的改良，会使现有的机械和工厂设备等的使用价值，从而，使其价值，相对的下落。这个过程，在机械新采用的时期，有强力的作用，那时候，机械尚未达到一定的成熟程度，往往在其价值尚未完全再生产之前，成为陈腐不堪的。这事实，曾在那时候，成为一个理由，使人们想要在机械磨损不致过大的限度内，以较短期间，再生产机械的价值，因而无限制地，把劳动时间延长并实行昼夜轮班制。反之，如果机械的短小作用期间（在可以预料的诸种改良面前，机械的生存期间是很短），竟不能由此得到补偿，那它就必须以无形的磨损（Moralisohen Verschleis），以过大的价值部分，移转到生产物中去，以至于不能与手工劳动竞争。①

当机械，建筑设备，及固定资本一般，已达到一定的成熟程度时，至少，其基本构造，可保持较长的时期，不至于变化。但固定资本再生产方法的改善，仍会引起同样的价值减低现象。机械的价值减落了，惟其原因，不是旧机械在新的生产力较大的机械面前，迅即为所驱逐，或在一定程度内，把价值减低，却是因为它现在已能更便宜地再生产。大企业往往须在第一个所有者破产，转归第二所有者所有以后，才在第二所有者手里繁荣，这便是理由之一。第二所有者往往依低价将其购取，故能以较少的资本支出，开始其生产。

在农业上，我们特别容易看到，使生产物价格提高或降低的理由，也会使资本的价值提高或降低；因为，农业资本有一大部分，是由其生产物（谷物牲畜等）构成的。（里嘉图）

---

① 为求例解起见，特别可以参看巴伯基的著作。资本家惯用的手段——工资的压下——在这场合，也被运用了。这种不断的价值减少，与卡勒先生的调和的头脑所梦想的，是正好相反。

尚待考察的，是可变资本。

如劳动力价值提高，是因为再生产劳动力所必要的生活资料的价值提高；反之，如劳动力价值下落，是因为这种生活资料的价值下落（可变资本的价值增加或价值减低，不外表现这两种情形），则在劳动日长度不变的条件下，在可变资本价值增加时，剩余价值将减少，可变资本价值减少时，剩余价值将增加。但在这时候，有别的事情可以发生，那就是资本的游离与拘束。这种情形，既为以上所不曾研究，所以我们必须在此简略谈到。

当工资因劳动力价值下落（这个现象，是可以和劳动现实价格的提高相伴而起的）而下落时，以前投在工资上面的资本，就有一部分可以游离出来了。这就是可变资本的游离。就新投下的资本说，这个情形的简单的影响，不过是使资本以更高的剩余价值率运用。要推动同量劳动，现在所须有的货币，已经比以前更少了。那便是牺牲有给劳动，以增加无给劳动部分。但就早已投下的资本说，那不仅会提高剩余价值率，且会使以前投在工资上面的资本的一部分游离出来。在此以前，为要使营业依旧规模进行，这一部分投在工资上面的必须由生产物卖得金代置的资本，是必须被拘束住，当作可变资本来发挥机能的。现在，这一部分可以流出来，当作新的资本供给，来扩充旧营业，或在其他某生产部门发挥机能了。

假设每星期雇用 500 名工人，原须有 500 镑。现在却只须有 400 镑。又假设二场合所生的价值量，皆等于 1000 镑；这样，在前一场合，每星期生产的剩余价值量，等于 500 镑，剩余价值率等于 $\dfrac{500}{500}$ 即 100%。但在工资减低之后，剩余价值量将等于

1000 镑减 400 镑，即等于 600 镑，剩余价值率等于 $\frac{600}{400}$ = 150%。

就投下 400 镑可变资本及相应的不变资本，开始在同生产部门新张营业的人说，剩余价值率的提高，便是唯一的影响了。但就原有营业说，则可变资本的价值减低，不仅会使剩余价值量由 500 镑增至 600 镑，剩余价值率由 100% 增至 150%，那还使可变资本 100 镑游离出来，再榨取劳动。由此，不仅可依较便宜的方法，榨取同量的劳动，且可游离出 100 镑来，使同样 500 镑可变资本，可依较高的比率，榨取较多数的劳动者。

反过来，假设 500 名被使用的劳动者，原来是依照 400v+600m = 1000 的比例，分配生产物，剩余价值率为 150%。劳动者每星期得 $\frac{4}{5}$ 镑，即 16 先令。当可变资本价值增加；以致 500 名劳动者必须费 500 镑时，各个劳动者每星期的工资等于 1 镑，400 镑就只能雇用 400 个工人了。如果雇用的工人数和以前相等，我们就应得下式：即 500v + 500m = 1000。这样，剩余价值率，就由 150% 减为 100%，那就是减少三分之一，就新投下的资本说，这只有一个影响，即剩余价值率下落。在其他事情不变的限度内，利润率将相应的下落。不过下落的比例不同而已。例如，假令 c = 2000，则在前一场合，我们得 2000c+400v+600m=3000，m′ = 150%，p′ = $\frac{600}{2400}$ = 25%。在第二场合，我们得 2000c+500v+500m=3000，m′ = 100%，p′=$\frac{500}{2500}$=20%。但就早已投下的资本说，其影响却是二重的。现在，用 400 镑可变资本，只能雇用 400 名劳动者，剩余价值率为 100% 这样，所生产的剩余价值量将仅为 400 镑。再者，价值 2000 镑的不变资本，既必须有 400 工人才能运转，则 400 名工人所能运转的，就只是 1600 镑不变资本了。所以，如要照旧规模继续生产，不要使机械的五分之一休止，那就必须增加 100 镑可变资本，像先前一样雇用 500 名工人。要这样办，自须将原来游离着的资本拘束住；这样，原想用来推广营业的蓄积，就有一部分，只能用来填补生产的空隙了。不然，就须有原来想当作所得用的钱，追加到旧资本里面去。可变资本的支出，增加了 100 镑，所生产的剩余价值却减少了 100 镑。那就是，要雇用同数劳动者必须有较多的资本，同时，每个劳动者所供给的剩余价值，又减少了。

可变资本游离的利益和可变资本拘束的不利，对于已经投下且必须在一定情形下再生产的资本，才是存在的。若对于新投下的资本，则其一方面的利益与他一方面的不利，均以剩余价值率从而利润率（二者的变化，虽不是比例的，但是相应的）的增减为限。

\* \* \*

以上研究的可变资本的游离和拘束，是可变资本诸要素（即再生产劳动力的各种费用）价值减少或价值增加的结果。但在工资率不变时，如果推动同量不变资本所必要的劳动者数减少，换言之，如果生产力发展，则可变资本也会游离出来。反之，如果劳动生产力减小，以致推动同量不变资本所必要的劳动者数必须增加，那也就会有追加的可变资本被拘束。反之，如果是原来当作可变资本用的资本一部分，被转化为不变资本的形式，那变化的，就不过是同一资本诸构成部分之间的分配。这种变化，也有影响于剩余价值率与利润率。但这个结果，不应在资本游离和资本拘束这个题目下面讨论。

我们前面已经讲过，不变资本可因其构成要素的价值增加或价值减低，而发生拘束或游离的现象。若舍此不论，又不说可变资本一部分转化为不变资本的情形，则不变资本的拘束，只在下述情形下可能：即，劳动生产力增加，以致同量劳动可以生产较大量的生产物，从而，可以推动较大量的不变资本。但在一定情形下，劳动生产力的减少，也可引起同样的结果。例如在农业上，当劳动生产力减少时，同量劳动要生出同量生产物，必须使用较多的生产手段，例如种子，肥料，排水设备等。反之，当改良及自然力的应用等，使我们能以价值较小的不变资本，代替以前价值较大的不变资本，来担任在技术上相等的工作时，即使没有价值减少的事情，也可以有不变资本游离出来。

我们曾在第二卷讲过，在商品转化为货币，即卖掉以后，由此得到的货币，必须以一定部分，再转化为不变资本的物质要素。这一部分的比例如何，则视各生产部门的技术性质的需要而定。就这方面说，除工资或可变资本外，在一切部门，都以原料（包括补助材料）为最重要的要素。而在无真正原料参加生产过程的生产部门，例如采矿业及采掘业一般补助材料尤属重要。在机械尚有工作能力的限度内，代置机械价值磨损的价格部分，其实宁可说是在观念上加入计算。这个价格部分的支付或其货币转形，可以在今日，可以在明日，也可以在资本周转时间内任一个阶段。原料却不是这样。如果原料价格腾贵，则除工资后，不复能由商品价值完全将原料代置。因此，急激的价格变动，每每促起再生产过程的中断，促起再生产过程的大危机，乃至崩溃。在此，若把信用制度存而不论，则最易发生这种价值变动——因收获变动或其他原因的——，是农产物及由有机自然产出的原料。不可由人力驾驭的自然状态，节气的利与不利等，可使同量劳动表现为极不等量的使用价值，从而，使一定量使用价值有极不相同的价格。如果 x 的价格，表现为商品 a 的 100 磅，则"商品 a 一磅的价格，等于 $\dfrac{x}{100}$；如果 x 的价值，表现为 a 的 1000 磅，则商品 a 一磅的价格，等于 $\dfrac{x}{1000}$。以上所述，是原料价格变动的一个要素。第二个要素——在这里，我们叙述这个要素，仅因为要使说明完备，因竞争与信用制度，在这里，尚在我们的考察范围之外——是：依照物的本性，植物性与动物性的物质，在发育和生产上，必受那与一定自然时间结合的有机法则支配，这种物质，不能像机械及其他固定资本煤炭、矿石那样，突然以同程度增加。假设其他各种自然条件已经具备，则机械及各种固定资本，在一个工业发达的国家，是可以在一个极短的期间内增加的。所以，由固定资本机械等物构成的那一部分不变资本，比由有机原料构成的那一部分不变资本，往往会在生产及增殖上，特别抢在前头。这不仅是一件可能的事，在资本主义生产比较发达的地方，这还是一件不可避免的事。因此，有机原料的需要的增加，比其供给的上涨，可以更迅速得多。其价格，因此提高了。这种价格增加，实际会引起下述的结果：（1）因提高的价格是以补偿运费，以致原料会从远隔诸地运来。（2）原料的生产增加，但依照物的本性，这个事情也许要在一年之后，其生产量方才能实际增加起来。（3）各种以前不被使用的代用品将被利用，废屑将更经济。这种价格增加，一旦在生产与供给的扩充上引起显著的影响，通常是有转机发生的。在这个转机上，原料及其所构成的各种商品，既然昂贵了许久，其需要自不免减退，以致在原料价格上引起一种反动。此时，除由资本价值减少引起各式各样的激变外，还会伴着引起以下各种事情。

据上所述，很明白，资本主义的生产愈发展，机械等物所构成的不变资本部分可以突然增加并继续增加的手段愈丰伙，蓄积的进行（特别是在繁荣时期）愈迅速，则机械与其他固定资本之相对的生产过剩愈大，植物性动物性原料之相对的生产过少愈常见，其价格的腾贵及相应的反动愈显著。从而，激变——以再生产过程上诸主要要素之一发生激烈价格变动而起的，——也愈频繁。

假设价格提高，一方面使需要减退，一方面使生产扩张，使货物从很远的一向不大为人利用或全不利用的生产区域输入，从而，使原料的供给超过其需要（在原来的高价格保持着不变的地方，尤其是这样），致使高昂的价格崩溃，其结果是可以从种种见地来考察的。原生产物价格之突然的崩溃，会阻止其再生产；结果，原来在最有利条件下生产原料的国家，将恢复它的独占权。这种恢复也许有一定的限制，但说恢复，总是不错的。原料的再生产，在受得一定的刺激后，以更大的规模进行了；而在多少有原料生产独占权的国家，尤其如此。在机械等物扩充后生产所依以进行并在若干变动后，成为新标准基础和新出发点的基础，也在最后周转循环的进行中，甚为扩大了。此由，次等供给地的一部分，乃不得不在刚刚开始增进的再生产上，受到显著的阻碍。例如，我们很容易由输出数字，证明过去三十年间（1865年以前的三十年间），美棉生产每一度减少，印棉生产即一度增进，但不久之后，印棉的生产，即突然地，相当继续地减退了。在原料昂贵时期，产业资本家往往会互相结合起来调节生产。例如1848年棉花价格昂腾后，他们就曾在曼彻斯特发起这种协会的。对于爱尔兰亚麻的生产，他们也曾有类似的结合。不过，直接的刺激一经过去，竞争的原则再行支配（依照这个原则，各个人都"在最便宜的市场上买"，不像这种协会那样，不顾生产物供给的价格，而要在最被爱顾的国家，助长生产能力）时，人们会再以调节供给的机能，委于价格。一切共同的，干涉的预测的统制，原料生产的思想，会再让位于供给需要自然会互相调节的信仰。我们必须承认，这种统制，大体说来，是与资本主义生产法则不相调和的，那始终只是一种空的希望，即在非常紧张非常危险的时候，也只能引起一种例外的共同行为。① 资本家在这方面的迷信，是如此粗野，以致工厂监督专员也在报告中屡次愕然失色。不待说，丰年与凶年的交替，也有时会引起便宜的原料供给。而以上所述的利润率所受的影响除在需要扩大上发生直接影响外，又在此成了刺激物。然后，机械等物的生产次第超过原料的生产这一种情形，再以更大的规模复演。然后人们又希望在原料上发生实际的改良，且不仅在量的方面，并且在质的方面。例如，希望印度能生产像美棉那样的棉花。这种实际的改良，在欧洲唤起一种永续的，渐渐增加的，坚定的需要（印度生产者在其故乡所处的经济状况且暂存而不论了）。但究其实，原料生产范围只是痉挛式的，它突然扩大，然后再急性收缩。这一切以及资本主义生产一般的精神，都可以在 1861 至 1865 年的棉业缺乏中，看到的。在那时期，再生产上最主要的元素——原料——有时全然没有。而在情形如此困难，棉花供给依然充足时，价格也非常昂贵。有时，原料还实际缺少。而在这次棉业恐慌中，本来

①  自上述的话说过之后（1865 年），世界市场上的竞争，已为一切文明国家（尤其是美国和德国）的产业迅速发展这一个事实所加强了。以迅速和惊人的程度趋于发展的近世生产力，曾突破资本主义的商品交换法则（生产力就是在这个法则之内运动的），这个事实，在今日，已经迫到资本家意识中来了。这一点，特别由二种征候指示了。第一，是对于保护关税，有了一种新的普遍的狂热。这种保护关税（Schutzzoll）因最保护那能输出的货物，故与旧保护关税主义有别。第二，是工厂主的加特尔（Kartel，Trust）把整个生产部门操纵起来，冀图调节生产，并进而调节价格和利润。不待说，这种实验，只能在经济气候比较良好的场合进行。只要暴风雨到来，这种实验就会倒败，并证明，生产虽断然需要调节，但适于这种调节工作的，断然不是资本家阶级。这种加特尔除了要加速大吞小的现象外，不能再有别的目的。——F. E.

就有这一种情形发生的。

是故，在生产的历史上，我们越是接近最目前的时代，我们便越是发觉，从有机自然获得的各种原料，是不断有一种交代作用复演着，其价值时而相对腾贵，时而相对低落。而在各种有决定地位的产业部门上，我们是更加这样觉得。我们还可发觉，以上所说的话，可由工厂监督专员报告所胪列的事例来论证。

由历史得到的结论（这个结论，由其他的关于农业的考察，也可以获得）是：资本主义体系反对合理的农业，合理的农业也与资本主义体系不相容（虽然它曾促进农业技术的发达）。合理的农业，必须有自耕小农民的手，或集体生产者的统制。

    \*   \*   \*

我们现在从英国的工厂报告，揭举种种说明的事例如下：

"营业状态是更好了。但好况与劣况的循环，因机械增加而缩短了。原料需要的增大，又使营业状态的变动，更频繁的发生。1857 年恐慌后，信用虽暂时恢复，恐慌的本身也几乎被人忘记，惟这种良好状态能否持久，还有极大部分，要看原料价格而定。有种种征候，说明最高限已经达到，超过此限，工业的利润是会益形减少，直到完全没有利润。1849 年至 1850 年，是绒线制造业最繁荣的年度，在此时，我们见，英国精梳羊毛的价格为每磅十三便士，澳大利亚梳毛的价格，为每磅十四便士至十七便士，而自 1841 年至 1850 年那十年间，英国梳毛的平均价格，从不过每磅十四便士，澳大利亚梳毛的平均价格，从不过每磅十七便士。但在 1857 年那羊毛歉收年度的开头，澳大利亚梳毛的价格，就为每磅二十三便士。在同年十二月（即恐慌极顶期）跌为十八便士；1858 年再涨至二十一便士。英国梳毛价格也于

1857年涨至二十便士，在四月九日，再涨至二十一便士，1858年1月，跌至十四便士，旋又涨至十七便士。所以，与上述十年的平均数比较，每磅要更贵三便士。……依照我的意见，我认为，1857年以相近价格为基础的营业失败，已被人忘记；或者，所生产的羊毛，已足使现有的纺锤运转；不然，毛织物的价格，会永续腾贵起来的。……但我依一向来的经验，却看见了纺锤与机械，已在难于置信的短期间内，在数量上，在速度上，倍加了；看见了，英国羊毛向法国的输出，几乎以同比率增加了，但英国及其他诸国的羊的平均年龄，却是不断缩短，因为伴着人口的迅速的增加，畜牧业者却要尽速将家畜转化为货币。当我看见那些昧于事实的人，把能力钱财，投在这种企业上，我不禁心里觉得危惧了。这种企业成败所系的原料供给，必须依确定的有机法则，方才能增加。……原料的供求状态，……似可说明棉业上的种种变动，还可说明1857年秋英国羊毛市场的状况及继起的商业恐慌。"[1]（工厂监督专员报告1857年10月贝克尔的记述第56—61页）。

约克州韦斯莱丁地方，绒线工业最繁荣的时期，是1849年至1850年。这种工业1838年使用工人计29246人；1843年计27060人；1845年计48097人；1850年计74891人。同地使用的蒸汽织机数，1838年为2768台；1841年为11458台；1843年为16870台；1845年为19121台；1850年为29539台。（1850年工厂监督专员报告第60页）梳毛工业的这种繁荣，在1850年10月，已有凶兆显露了。副监督专员贝克尔在1851年4月的报告中，关于里兹和布拉特福，就说"近来营业状况极不满

---

[1] 不待说，我们不像贝克尔先生那样，要由原料和制品的价格的不平衡，来说明1857年的羊毛恐慌。这种不平衡本身也不过是一种征象，恐慌则是一般的现象。——F. E.

意。梳毛纺绩业者遽尔失去了 1850 年那样的利润。机织业者也大都没有多大的进步。我相信，暂时停工的羊毛机械，比以前任何时候都多。同时，亚麻纺织业者也辞退工人，停用机械。织物工业的循环是极不确定的；我相信，人们不久就会认识，在纺锤生产能力，原料量，与人口增殖之间，未保持任何的比例。"（第 52 页）

棉工业的情形，也是这样。1858 年 10 月报告中说："自工厂劳动时间规定以来，一切织物工业上消费的原料量，生产量，工资量，可还原为单纯的比例法。"巴恩氏，布莱克朋市市长，关于棉工业，最近曾有一次演讲。他在这次演讲中，把该地的工业统计，编制得极正确。我且抄引其中一段如下：

"每一实马力，推动有预纺机的自动纺锤四百五十个，或推动塞洛纺锤二百个，或推动有缫纱机拉经线机整纱机幅宽四十英寸的织布机十五台。每一个马力，都在纺绩上使用二个半工人，在机织上使用十个工人。其平均工资是每星期每人十先令半。加工的平均号数（Durchschnittsnummern），在经线为 30 至 32，在纬线为 34 至 36。假设一星期纺绩的纱产量，每纺锤为十三盎司，每星期的纱产量共为 824700 磅，其所消费的棉花，计 970000 磅（或 2300 包），值 28300 磅。布莱克朋周围五里内，每星期消费的棉花，等于 1,530000 磅（或 3650 包），其成本价格等于 44625 磅。此额，与联合王国境内纺绩掉的棉花全额比较，为十八分之一，与其机械织掉的棉花全额比较，为十六分之一。"

"依巴恩氏的计算，联合王国境内棉纺锤总数为 28800000，要使这许多纺锤能以充分的速率运转，每年必须有 1432080000 磅棉花。但棉花输入额减去输出额，在 1856 年至 1857 年的年度，仅为 1022576832 磅，故必致短少 409503168 磅。巴恩氏曾就这点，与我讨论。他以为，以布莱克朋一地消费额为棉花消费额计算的基数，有概计过高之病，此不但因有号数之别，且因有机械优劣之别。他估计联合王国境内每年消费的棉花总额，为1000000000磅。如果他的估计不错，且确实有2250万磅的棉花输入过剩，则在今日，供求也就差不多均衡着，如果不考虑巴恩氏所辖市区及其他各市区待要建立的纺锤和织机。"（第59、60页）

## III　一般的例解——1861年至1865年的棉业恐慌

### 前史（1845年至1860年）

1845年——棉工业的繁荣期。棉花价格极便宜。荷尔讷关于这点曾说："在过去八年间，没有什么时候的营业，还比去年夏和去年秋，更活跃了。棉纺绩业尤然。在这六个月内，我每星期都接获报告，说工厂有新的资本投下。新工厂设立了，少数空着的工厂，有新的租借人了，原设的工厂推广了，新式的较大的蒸汽机关装置了，工作机增设了。"（工厂监督专员报告1845年11月第13页）

1846年——怨声开始听到了。"许久以前，我就在棉制造业者间，听到营业不振的怨声。在过去六星期内，有各种工厂，开始缩短工作时间，原来工作十二小时的，现多改为八小时。这个倾向好像是普通的。棉花价格大腾贵了，生产物的价格却不仅没有提高，反而比棉花涨价以前更跌落了。前四年间新设的工厂数甚多，原料的需要自必强烈增加，市场上棉产品的供给自必大为膨胀。在原料供给与生产物需要保持不变的限度内，此二事皆可以减落利润。但其实际影响，尚不只此。因棉花供给近来已形不足，而棉产物在国内外市场上的需要又缩减了。"（工厂监督专员报告1846年10月第10页）

原料需要的增加与棉产品市场的过剩，不待说，是相伴而来的。可附带一言的，是这个时期产业上的推广及继起的营业上的停滞，并非以棉业区域为限。布拉特福梳毛区域的工厂，在1836年仅有318家，在1848年有490家。此等数字，尚不足表示生产之现实的增进，因原有的工厂同时也扩充了。就亚麻纺绩业说，尤其是如此。"这一切工厂都在最近十年间，成为现在这一回营业停滞的原因，足以使市场的供给过剩。……在工厂及机械如此急速推广之后，会接着发生营业停滞的现象，乃属当然之事。"（工厂监督专员报告1846年11月第30页）

1847年——10月，金融恐慌。贴现率（Diskonto）8%。在此以前，铁道投机及东印度汇票卖买，大失败。

"跟着此等产业的推广，近年来，棉花羊毛亚麻的需要都增大了。关于这一点，贝克尔曾提出一个极有趣味的详报。他信，此等原料的需要的增加，足可说明当时的产业状况，何以会如此衰落，无须再引证金融市场的不安情形。在此等原料供给远在平均数以下的时候，尤其是如此。我个人的观察及专家的陈述，也充分支持这种见解。在贴现率实际为5%或不及此数时，这一切营业，已经极衰落。反之，生丝的供给却是丰足的，价格也是公道的，因此，其营业颇为活跃，直至最近数星期，金融恐慌才不仅影响生丝商人，且影响其主要顾客（时装品的制造家）。试一观官厅发表的报告，就知棉工业，在过去三年间，几乎是以27%的比例增加。结果，棉花由每磅四便士的价格涨至六便士，棉纱却因供给增加，仅比原价微涨。自此以后，在约克州，是以百分之四十的比例扩张；在苏格兰，还不止依此比例。绒线工业的增加，还更大①。依计算，在同时期内，其扩张率在74%四以上。生毛的消费就极大了。麻布工业自1839年以来，在英格兰也约增加25%，在英格兰约增加22%；在爱尔兰约增加90%②。以此及亚麻歉收之故，其原料价格每吨竟涨价十镑，而麻纱的价格却每捆跌了六便士。"（工厂监督专员报告1847年10月第30页）

1849年——从1848年末数月起，营业就转好了。"亚麻的价格是如此低廉，那保证将来在一切可能的情形下，都会有相当的利润。因此，制造业者不断将营业推广。1849年初，羊毛制造业者一时也繁忙起来。……但足虑者，羊毛制品的真实需要，常为经售者的需要所代替，外表上繁荣的时期（即全力经营的时期），不恰好与正当需要的时期相一致。绒线制造业的状况，数月间格外良好。……在这期间之初，羊毛价格特廉。纺绩业者已在价格相当时购入多量。当羊毛价格在春季拍卖中抬高时，纺绩业者就得利益了。因羊毛制品的需要甚强，他们的这种利益是保持住了。"（工厂监督专员报告1849年4月第412页）

"关于最近三四年内诸工厂区域营业状况的变动，我们必须承认，在某处，有一个极大的扰乱原因。……追加机械之惊人的生产力，不可说是一个新的要素么？"（工厂监督专员报告1849年4月第42页）

1848年11月，1849年5月，及同年夏至10月，营业是越趋繁荣。"由毛绒线制造的货物（其中心地为布拉特福及哈利法克士），尤其是如此。以前任何时代的营业，都没有现在这样扩

---

① 在英格兰，羊毛制造业（那是由短毛纺成梳毛，并织造它，其中心地为里兹）和绒线制造业（那是由长毛纺成绒线，并织造它，其中心地为约克州的布拉特福）。——F. E.

② 由机械纺绩麻纱的制造业，在爱尔兰的急速发展，对于德意志（西里细亚，鲁萨帝亚及韦斯特法里亚）手续麻纱所造成的麻布的输出，是一种致命的打击。

充。原料的投机及其供给的无常，在棉工业上引起的扰乱更大，引起的变动也更多。在目下，粗棉制品堆积着，使小纺绩业者感到不安，而处于不利地位。有些已经把工作时间缩短了。"（工厂监督专员报告 1849 年 10 月第 64、65 页。）

1850 年 4 月。营业还很活跃。例如："棉工业有一部分，因粗纱及粗棉织品的原料供给不足之故，陷于非常的困难。颇有人忧虑绒线制造业新增的机械，将引起同样的反动，依贝克尔君的计算，单就 1849 年说，织机的生产物，依 40％的比率增加了，纺锤的生产物，依 25％至 30％的比率增加了。其营业至今仍有依同率继续扩展的趋势。"（工厂监督专员报告 1850 年 4 月第 54 页）

1850 年 10 月。"棉花价格依然在这个产业部门引起困难；就生产成本须以大部分用在原料上面的商品说，尤其如此。生丝价格的暴腾，也在该产业部门引起压迫。"（工厂监督专员报告 1850 年 10 月第 15 页）——依照联合王国委员会关于爱尔兰亚麻栽培的报告，"亚麻价格的腾贵，及其他各种农产品价格的低廉，曾使翌年亚麻的生产异常增加"（第 33 页）。

1853 年 4 月。繁荣，大繁荣。荷尔讷说："我过去十七年间，皆在兰克夏工厂区域服务。据我在职务上注意所及的范围说，在这十七年间，要以现在为最繁荣的时候了。各产业部门都显出异常的活气。"（工厂监督专员报告 1853 年 4 月第 19 页）

1853 年 10 月。棉工业不振。"生产过剩"。（工厂监督专员报告 1853 年 10 月第 15 页）

1854 年 4 月。"羊毛工业虽不甚活跃，但尚能使一切工厂以充分力量工作。棉工业也是这样。绒线工业在过去半年间的营业，殊不规则。麻布工业因俄国出产的亚麻大麻，受克里米战争的影响，供给减少，曾受一种扰乱。"（工厂监督专员报告 1854

年 4 月第 37 页）

1859 年——"苏格兰麻布工业依然不振，因原料不充而昂贵。波罗的海诸国——这诸国是原料的主要供给地——前年度作物的质量不良。此事对于苏格兰的麻布工业发生了有害的影响。反之，黄麻（在许多种粗制品上，那可以代替亚麻）却不供给过少，也不价格过高。……在丹底地方，机械约有一半改为纺绩黄麻。"（工厂监督专员报告 1859 年 4 月第 19 页）"因原料价格昂贵，亚麻纺绩业尚不能经营有利，但其他一切工厂已能全力工作了。因此，有许多制造亚麻的机械都停工。黄麻工厂的情形还满意，因近来黄麻价格已跌到相当程度。"（工厂监督专员报告 1859 年 10 月第 30 页）

## 1861 年至 1864 年——美国南背战争——棉花饥荒——由原料稀少及昂贵而起的生产过程的中断

1860 年 4 月。"我很高兴向诸君报告，原料价格虽高，但一切织物工业（丝织业除外）在过去半年间，依然很兴旺。……在若干棉业区域，曾有招募工人的广告，有若干区域，必须从诺福尔克或其他农业区域招募工人。……在这一切产业部门，都似乎很缺少原料。限制营业的，也似乎就是这种缺少。在棉业，新设工厂的数目，现存工厂的扩张，对于劳动者的需要，都是空前未见的。各方面都需要原料。"（工厂监督专员报告 1860 年 4 月第 57 页）

1860 年 10 月。"棉花，羊毛，亚麻区域的营业状况，很好。据报，在爱尔兰，最好的营业状况，曾维持一年以上。假使不是原料价格提高，营业状况还会更好的。亚麻纺绩业者都急望以铁道开发印度的资源，并相应地发展其农业，冀使亚麻的供给得以充足。"（工厂监督专员报告 1860 年 10 月第 37 页）

1861 年 4 月。"营业暂时不振。少数棉工厂都实行减工，多数丝工厂都仅以一部分时间工作。原料昂贵。几乎在各种织物工业上，价格之高，都使消费者大众见而生畏。"（工厂监督专员报告1861年4月第33页）

1860年棉工业显然是生产过剩了。其结果，在此后数年间，都可以感觉到。"1860年的过剩的生产，要在世界市场上被吸收掉，非有二三年的时间不可。"（工厂监督专员报告1863年10月第127页）"1860年初东亚棉织品市场的不振状态已在布莱克朋（那里平均有三万台蒸汽织机，专门为东亚市场生产棉织品）的营业上，发生相应的影响。所以，在棉花封锁的影响尚未感到以前数月间，劳动的需要就已经受了限制。很造化，有许多工厂尚不至于破产。库存的原料也价值增加了。因此，本来必然会在恐慌中发生的价值减少现象，乃得以避免。"（工厂监督专员报告1862年10月第28、29、30页）

1861年10月。"营业自若干时以来已经感到不振了。有许多工厂已在冬间实际把工时缩短。不过，这是预料到了的。……不说美棉通常供给及英货通常输出中断的原因，单有如下的原因，也就不得不在来冬，把工时缩短。那就是前三年生产的异常增加和印度市场中国市场的扰乱。"（工厂监督专员报告1861年10月第19页）

**棉屑——东印度棉（苏拉棉）——劳动者工资所受的影响——机械的改良——以淀粉及矿物补充棉花——淀粉掺入所及于劳动者的影响——细纱的纺绩业者——工厂主的诈欺**

"一个工厂主曾写信给我说，关于每个纺锤消费的棉花量，足下似未十分考虑到如下的事实：即，在棉花昂贵时，每个纺绩普通棉纱（指四十号以下的棉纱，主要指十二号至三十二号）的工厂主，都在可能范围内改纺细纱，比方说，原来纺十二号的，改纺十六号，原来纺十六号的，改纺二十二号。以此等细纱加工的机织业者，则依纱重减少的比例，把麦糊加入，使织物有标准的重量。这个补救法，现在已经利用到可耻的程度。据确实的报告，我知道每件重八磅的待输出的普通衬衫料，内有麦糊达二磅之多。他种织物通常含有 50%的麦糊。因此，工厂主常自夸说，哪怕买一磅纱所付的钱，比卖一磅织物所得的钱更少，他仍可发财。他这样说，绝不是说谎。"（工厂监督专员报告 1864 年 4 月第 27 页）

"我还曾接到如此的报告，织工人都认为，他们之间疾病流行的原因，是印棉所纺的经线，包含着麦糊。那不像从前一样，完全由麦粉构成。代替麦粉的东西，据说极易把织物的重量增加，从而，使十五磅棉纱，织成以后，可以重二十磅。"（工厂监督专员报告 1863 年 10 月第 63 页。这种代用品，是名叫中国泥的滑石粉末，或名叫法国粉的石膏。）——"织工人的工资，因制造麦糊时掺和代用品之故，大减少了。掺和代用品麦糊，使棉纱重量增加，又使其更加硬而脆。每一根纱线都要由纱轴通过织机的，如果纱轴上的纱线坚固，经线就常能保持正当的位置。当经线因糊而脆时，纱轴上的纱线必时时断裂。每一次断裂，都使织工不得不费五分钟时间来接线。现在，织工接线的次数，往往比以前多十倍。因此，劳动时间相同，织机的出产却减少了。"（前揭报告第 42、43 页）

"在阿胥登，斯台黎桥，奥尔丹等处，劳动时间减少了三分之一，每星期减少的数目，尚不止此。劳动时间的减少，在多数产业部门内，是伴着工资的减少。"（前揭报告第 13 页）1861 年初，兰克夏某几处的机械织工，曾发生一次罢工。若干工厂主宣布工资将减少 5%至 7.5%。工人却主张，工资标准应当维持，唯将劳动时间缩短。工人的要求被拒绝后，罢工发生了。一个月后，工人不得不降服。现在，工厂主在两方面都胜利了。劳动者

最后除承认工资减少外，在多数工厂，尚只作短的时间。"（工厂监督专员报告 1863 年 4 月第 23 页）

1862 年 4 月。"自前次报告以来工人的痛苦，是更深了。但在这种产业的历史上，再没有别的时候，工人们能这样退让，这样沉默地，容忍这样深的痛苦。"（工厂监督专员报告 1862 年 4 月第 10 页）"暂时完全失业的工人比例，与 1848 年比较，似乎不更大许多。彼时，发生了一种普遍的恐慌，但这种恐慌已使不安的工厂主，编辑一种统计，像现在棉业每周发行的统计一样。……1848 年 5 月，曼彻斯特棉业劳动者，15%失业，有 2%工作短时间，有 70%以上作全工。但在 1862 年 5 月，失业的有15%，作短时间的，有 35%，作全工的，只有 49%。在邻近地方（例如斯托克卜特），失业工人与半失业工人的比例还更高，全业工人的比例还更低；因那里纺的棉纱号数比曼彻斯特更粗。"（第 16 页）

1862 年 10 月。"依照前次官厅公布的统计，联合王国境内，共有棉工厂 2888 所，其中有 2109 所，是在我这区域（兰克夏和哲夏）。我知道，在我区域内，这 2109 所工厂，大部分是小规模的，仅使用少数工人。但我发觉这数目是怎样大的时候，我是愕然了。其中有 392 家即 19%所用动力在十马力（蒸汽或水）以下；有 346 家即 16%所用动力在十马力至二十马力之间；有1372 家所用动力在二十马力以上。小工厂主占总数（三分之一以上）极大部分不久以前，尚是劳动者。他们是不能支配资本的人。……是以，主要的负担，系落在其余三分之二的工厂主身上。"（工厂监督专员报告 1862 年 10 月第 18、19 页）

依同报告，兰克夏和哲夏二州棉业劳动者能作全时间的人数计 40146 名，占全部工人数 11.3%；作短时间的，计 134767 名，占全部工人数 38%，失业的，计 197721 名，占全部工人数

50.7％。设在其中除去曼彻斯特及波尔登二市（在该二市，纺绩的棉纱，主要是细纱，细号纱的纺绩，不曾受到棉花饥荒多大的影响），事情还更叫人不高兴。因为作全时间的，只有 8.5％，作短时间的，只有38％，失业的却有53.5％。（第 19、20 页）

"被加工的棉花的优劣，对于劳动者极有影响，该年前数月，工厂主例皆使用廉价购入的棉花，以维持工厂的进行。当此时，通常只使用良棉的工厂，也使用多量劣质的棉花了。工人的工资大大减少。现在，也无人能依照原来的计件工资，取得可以维持生活的工资了。因此，有多次的罢工发生。有若干时候，因使用劣棉而起的差别，即对于全时间劳动者，也足使工资减而等于总工资的二分之一。"（第 27 页）

1863 年 4 月。"在该年度，棉业劳动者中作全时间的人数，不过全人数的二分之一。"（工厂监督专员报告 1863 年 4 月第 14 页）

"此时，各工厂皆不得不用印棉。用印棉有一种极大的不便；即机械速率必须大大减小。在过去数年间，曾试用种种增加速率的方法，冀使同一机械可以完成较多的作业，但速率的减小，不但影响工厂主，且同样影响劳动者。因为，大多数劳动者，是计件支付工资的；纺绩工人以纺成棉纱一磅得工资若干，织工人以织成棉布一匹得工资若干计算。就说那些每星期得工资若干的工人罢，他们也因生产缩减，以致工资减少了。……依照我的调查及所接种种关于该年度棉业工人工资的报告，则该年度与 1861 年盛行的工资比较，是平均减少了 20％。有些，竟减少了 50％。"（第 13 页）——"所得额定于加工材料的品质。就所得额的多寡而言，劳动者此际（1863 年 10 月）的状况，要比去年同时候的状况更好得多。机械是改良了，关于原料的知识是改良了，劳动者对于工作开始时不得不努力克服的困难，是更能处理了。在去年春间，我曾视察蒲勒斯登市一个缝业学校（为失业者而设的慈善机关）。有两个少女，在入织布厂时，原约定每星期可以有四先令的收入，但她们后来请求准许再进学校，因为她们在织布厂每星期的工资，是一先令不到。关于照料自动机的工人（那就是照料数架自动纺绩机的纺绩工人），据报告，他们曾在十四日全工之后得了八先令十一便士，但房租须在其中扣除。工厂主虽返还房租的半额，作为津贴。（多么仁慈啊！）但他们实际拿到家去的，仍不过六先令十一便士。1862 年末数月，有若干地方，照料自动机的工人，每星期得工资五先令至九先令，织工人每星期得二先令至六先令。……其后，情形更好了，但在若干地方，他们所获得的工资，比以前还更少。除印棉纤维较短，质料较杂外，还有别的原因，使他们的所得减少。例如，印棉混有多量棉屑，已成为一种惯例。这当然增加纺绩工人的困难。因纤维甚短，所以当纱条从纺纱机拉过，捻成棉纱时，比较容易断裂。纺纱机自然不能规则运转。……又，一个女织工，通例只能照料一台织机，因为她必须时时注意纱线是否裂断。只有少数人能照料二台以上。……在多数场合，劳动者的工资减少了 5%；或 7.5，或 10%。……在大多数场合，劳动者都尽力之所及，来处理原料，并尽力之所及，冀所得能与通常工资一样高。……织工还有一种困难必须克服，那就是他们须从劣等材料，造出上等织物来。如织物不满厂主之意，是要扣工资作罚的。"（工厂监督专员报告 1863 年 10 月第 41—43 页）

即在作全时间的地方，工资也是极可怜的。棉业劳动者都自愿从事排水、筑路、碎石、铺街等种工作，冀由此得地方官厅的扶助（这其实等于扶助工厂主，参看第一卷第二十一章）。资产阶级全体对劳动者提出警告。当提出最低的狗工资（Hundellohn）时，如劳动者拒绝不接受，则扶助委员会立将其名从扶助表中勾去。从一点说，这个时候，简直是工厂主人的黄金时代；因为，劳动者如不要饿死，便得依从资产阶级的命令，以对资产阶级最有利的价格来劳动。由此，扶助委员简直成了工厂主人的守门狗。同时，工厂主得政府的默契，又曾尽可能，阻止劳动者迁往外国，一方面使那种存在劳动者血和肉中的资本，得以不断准备，一方面又使他们从劳动者那里强取的房租，得以保持不失。

在这方面，扶助委员办事是极严格的。"如果给予了工作，则被给予的工人，立即从扶助表中勾去。所以，无论什么工作，他都须接受。倘他竟拒绝，那一定因为工资仅有其名，而工作却异常苦。"（工厂监督专员报告 1863 年 10 月第 97 页）

以公共土木工程条例（Public Works Act）为根据的劳动，莫不为劳动者乐于接受。"工作组织的原则，是各市极不相同的。但即在屋外劳动不绝对被认为劳动试验（Labour test）的地方，劳动的所得，通例也不在慈善津贴额之上，或仅略为好一点，以致在实际上仍不外是劳动试验。"（第 69 页）1863 年的公共土木工程条例，曾要力矫此弊，使劳动者每日所得的工资，可以成为独立的日佣劳动者。这个条例的目标有三：（1）地方官厅得中央救贫局长的认可，可向国库贷助委员借钱；（2）棉业区域诸市的改良，较易于实现；（3）为失业劳动者获得工作和适当的工资。至 1863 年 10 月终为止，依此条例贷出的款额，等于 883700 镑。（第 70 页）着手的工程，主要是开运河、筑道路、铺街道、开贮水池等。

布莱克朋市委员长汉特森氏关于这个问题，曾写信给工厂监督专员勒特格莱夫说："这时期总可说是痛苦艰难了。我曾在这个时期内经验到，我所辖区域的失业劳动者，愿接受布莱克朋市议会依公共土木工程条例所给予的任何工作。没有什么，再比这件事，更使我感动，更使我愉快。从前在工厂充当熟练工人的棉纺织工人，与现今在十四呎至十八呎地下开运河的日佣劳动者，在生活上，形成一种对照，比这更显著的对照，是难于想象的。"（这种劳动者，每星期约得四先令至十二先令，其多寡视家庭的大小而定。以十二先令维持八口之家的事情，也有时可以见到。资产阶级的绅士们，由这个办法，取得了两重利益。第一，他们以极低的利息，获得资金来改良那煤烟污浊的都市；第二，他们所付的工资，可以比普通工资率更低得多。）"劳动者愿接受任何工作的意思，包含大的克己心与熟虑，这是值得赞扬的，因为他们已经习惯在于温热的气候中，做更需有熟练和准确而更不需有体力的劳动，他们习惯所得的工资，又比现在他们所能得的工资，往往二倍乃至三倍。在布莱克朋，他们试做各种可能的户外工作。他们在硬而重的土地上，挖掘很深的沟。他们从事掘沟的工作，碎石的工作，筑路的工作，有时掘阴沟至十四呎、十六呎乃至二十呎深。他们往往立在泥水十时至十二时的深处。他们在异常湿寒的气候中过活。（第91、92页）劳动者愿接受户外工作，并依此为活的态度，几乎是无可非议的。"（第69页）

1864年4月。"各区有时皆听到劳动者不足的怨声。在织业尤甚。这个情形发生的原因，固然要数到这特殊部门劳动者实际的不足，同时，还须数到所用棉花品质太差以致工资太低的现象。在上月，关于工资，工厂主与工人间曾发生多次的争议。罢工事件的频频发生，颇使余抱憾。公共土木工程条例的影响，现在，在工厂主看来，成了一种竞争力。巴古伯市地方委员乃命令停止这个条例的施行。这时候，工厂虽未全部复业，但人们已经感到劳动者不足了。"（工厂监督专员报告1864年4月第9、10页）现在，是工厂主最紧急的时候。实施公共土木工程条例的结果，劳动需要是如此增加了，有许多工厂劳动者，竟可以在巴古伯石坑内，每日获得四先令至五先令的工资。因此，公共土木工程——1848 年国民工场（Ateliers nationaux）的新印版，但那是为资产阶级利益而设的——多半是渐渐中废了。

## 在无价值体上的实验

"全时间劳动者的异常减低的工资，各工厂劳动者实际的所得，虽如上述，但他们的所得额，并不是个个星期相同的。在同一工厂内，工厂主会不断实验，以种种成色，种种比例，将棉花和棉屑掺合。而因此故，劳动者的所得，遂也不免发生异常的变动。这种掺和，被称为混合。混合的方法，是时时变动的；工人的所得，也与棉花混合物的品质一同变化。有时，他们的所得，仅及前此的 15%。有一两个星期，他们的工资，减少 50%至 60%。"报告者工厂监督专员勒特格莱夫再从实地列举工资统计。下述数例，已可为充分的说明。

（A）一个机织工人，他有一个六口的家庭，每星期劳动四日，得工资四先令八便士半；（B）一个捻丝工人每星期劳动四日或五日，得工资六先令；（C）一个机织工人，他有一个四口的家庭，每星期劳动五日，得工资五先令一便士；（D）一个捻丝工人，他有一个六口的家庭，每星期劳动四日，得工资七先令十便士；（E）一个机织工人，他有一个七口的家庭，每星期劳动三日，工资五先令等。勒特格莱夫往下说："以上的统计，是值得注意的。由此证明了，对于若干家庭，劳动简直是一件不幸。因劳动不仅减少劳动者的所得，且使他们的所得减到如此的地步，以致家人绝对的必需，也只能满足一部分，除非在全家劳动的所得额，较全家失业时的补助金额更小时，再给予以追加的扶助金。"（工厂监督专员报告 1863 年 10 月第 50—53 页）

"1863 年 6 月 5 日以来，每个劳动者每星期的就业时间，平均不过七日加七小时若干分。"（前揭报告第 12 页）

自恐慌开始至 1863 年 3 月 23 日, 救贫局, 中央救助委员会, 伦敦市长官邸委员会, 几乎用去三百万镑。(第 13 页)

"在某一个纺绩细纱的区域, 纺绩工人因以美棉换用埃及棉之故, 间接把工资减低了 15%。……有某广大的, 习惯把大量棉屑混入印棉内的区域, 曾把纺绩工人的工资减低了 5%, 此外又因, 须使用印棉及棉屑之故, 使纺绩工人的工资损失了 20%至 30%。机织工人原来照料织机四台的, 不得不减为照料二台。1860 年, 每一架织机可得工资五先令七便士; 1863 年减为三先令四便士。用美棉时, 纺织工人的罚金, 为自三便士至六便士。有一个用埃及棉和印棉混合的区域, 其纺纱机纺绩工人在 I860 年平均的所得, 为每星期十八先令至二十五先令, 现在减为十先令至十八先令。其原因不仅在棉花品质逊劣; 那还因为, 为要使棉纱捻得更紧 (在平时, 这种工作必须按照工资标准, 酌予额外报酬的), 纺纱机的速率必须减小。" (第 43、44、45—50 页) "印棉的使用, 间或于工厂主有利, 但劳动者, 则与 1861 年的情形比较, 要吃亏 (见 53 页的工资表)。如果印棉的使用成为确定的事实, 工人定会要求 1857 年那样的工资。但若如此, 那就除非有棉花或棉制品的价格从中抵补, 不然, 工厂主的利润是必定要受严重影响的。" (第 105 页)

房租——"劳动者住在工厂主所有的小屋内。哪怕只是短时间劳动者, 房租也通常要在工资内扣除的。不过, 此等建筑物的价值已经跌落, 小屋已经比从前更便宜 25%乃至 50%了。原来每星期租三先令六便士的小屋, 现在只要有二先令四便士 (或以下) 的房租, 就可以租得了。" (第 57 页)

迁出——"工厂主当然反对劳动者迁出; 第一, 因为他们希望, 将来棉业情形转好时, 能有各种手段, 随时供他们在工厂内, 为有利的运用。第二, 因为若干雇主是小屋 (他所使用的工

人就住在里面）的所有者；至少，有若干雇主认为，有一部分欠租，一定可以在将来收取。"（第 96 页）

奥斯博恩（Herr Bernall Osborne）在一篇议会选举演说（1864 年 10 月 22 日）中，曾说："兰克夏的劳动者，很像古代斯多亚派的哲学家。"这不是说他们是像羊一样么？

　　本篇曾假定，每一特殊生产部门所占有的利润量，与投在该部门总资本所产出的剩余价值量相等。但资产阶级不认利润与剩余价值（即无给的剩余价值）为同一。其理由如下：

　　（1）他在流通过程中忘记了生产过程。他以为剩余价值是由商品价值的实现——那包括剩余价值的实现——造出的。〔原稿在此留有一个余白，表示马克思原拟在这点有更进一步的说明。——F. E.〕

　　（2）假设劳动的榨取程度相同，我们将发现利润率将随原料价格是更便宜抑更不便宜，随原料购买者有经验抑是缺乏经验，随所用机械妥当或不妥当，便宜或不便宜，随生产过程中各阶段的设备是完全抑是不完全，原料浪费有无防止，指挥监督是否单纯而有效，以致有极大的变化（且不说信用制度所引起的变化，不说资本家相互间的诈欺，也不说市场之偏爱的选择）。总之，虽已知某可变资本的剩余价值，此剩余价值将表现为若何大的利润率，将提供若何大的利润量，还须视资本家自己或其经理人事务员个人的营业能力如何而定。1000 镑的剩余价值（假设是1000 镑工资出产物），在 A 的营业上，以 9000 镑不变资本计算，在 B 的营业上，也许要依 11000 镑不变资本计算。在 A 的场合，利润率 p' $= \dfrac{1000}{10000}$ 即 10%。在 B 的场合，p' $= \dfrac{1000}{12000}$ 即 $8\dfrac{1}{3}$%。相对的说，总资本在 A 的营业上，比在 B 的营业上，产生了更大的利润，虽然垫支的可变资本，同为 1000 镑，所生产的剩余价值也同为 1000 镑，从而在二场合，被榨取的劳动者数相等，榨取的程度也相等。同额剩余价值的表现上的差别，或利润率从而利润本身的差别，当然还可由其他原因产生。但完全因营业能力有差别，也是可能的。此事实，使资本家确信，他的利润，非由于劳动的榨取，至少有一部分根据，是与劳动榨取毫无关系的事情，特别是他个人的活动。

＊　　＊　　＊

本篇的研究，指出了洛贝尔图（Rodbertus）的见解的谬误。洛贝尔图以为，因为利润额增大，利润计算基础的资本量同时也增大，利润额减小，利润计算基础的资本量同时也减少（就这点说，他以为，地租是和利润不同的，因为，地租增加时，土地面积可以不变），所以，资本的量的变化，不会影响利润与资本的比例，从而不会影响利润率。

这个见解，在下述二种情形中，才是妥当的。第一，其他一切事情不变，尤其是剩余价值率不变，独货币商品，这一种商品的价值变化。（其他各种事情不变，仅有名义上的价值变化，换言之，仅有价值记号腾贵或低落的时候，也是这样。）假设总资本为 100 镑，利润为 20 镑，从而，利润率为 20%。假设金跌价或涨价 100%，则在跌价的场合，同一资本原来值 100 镑的，现今将值 200 镑，利润也将有 40 镑的价值。这样，从前用货币 20 镑表现的利润，现在须用货币 40 镑来表现。而在金涨价的场合，资本价值将减为 50 镑，利润将表现为价值 10 镑的生产物。但在此二场合 $200:40=50:10=100:20=20\%$。无论如何，资本价值都不发生量的变化；不过，同一价值，同一剩余价值，有不同的货币表现。因此故，$\dfrac{m}{C}$（即利润率）也不受影响。

第二个情形是，价值发生现实的量的变化，但这种变化，不伴着 v 和 c 的比例上的变化；即剩余价值率不变，投在劳动上面的可变资本（这种可变资本，可说是被推动的劳动力的指数），与投在生产手段上面的不变资本的比例，也不变。在这情形下，假设我们有 C 或 nC 或 $\dfrac{C}{n}$ 例如 1000 或 2000 或 500。若利润率为 20%，则在第一场合，利润当为 200，在第二场合，利润当为 400，在第三场合，利润当为 100。$\dfrac{200}{1000}=\dfrac{400}{2000}=\dfrac{100}{500}=20\%$。那就是，利润率依然不变，因资本构成未生变化，又不因其量的增减受影响。所以，利润额的增减，只表示所投资本量的增减。

在第一个情形下，我们只发觉所用资本在外观上发生量的变化；在第二个情形下，我们虽发觉现实的量的变化，但资本的有机构成，其可变部分与不变部分的比例，没有变化。但若舍此二种情形不说，则所用资本的量的变化，一定是下述的变化的结果：即，资本构成部分之一，已经发生价值变化，以致这二部分的相对量（除非剩余价值不与可变资本一同变化），也发生变化。不然，这个量的变化（例如劳动的规模扩大，新机械的采用等），便是资本二有机部分相对量的变化的原因。无论如何，在其他情形不变时，所用资本的量的变化，都会伴着利润率的同时的变化。

利润率的增加，常由于这个事情：即，与生产成本（即垫支总资本）比例而言，剩余价值是相对的或绝对的增加了。或由于这个事情：即，利润率与剩余价值率间之差已经减少。

利润率的变动，可以在资本有机成分不变化或资本绝对量不变化的时候发生。因为，当资本再生产所必要的劳动时间延长或缩短（这种延长或缩短，是与现存的资本相独立的）时，这种变动，可因垫支资本（在固定资本形态上或在流动资本形态上）价值增加或价值减少而起。而每一种商品的价值（包括资本所由而构成的商品），非定于商品内含的必要劳动时间，乃定于商品再生产的社会必要劳动时间。这种生产，可以在此原生产条件更困难或更轻易的情形下进行。如同一物质资本再生产的条件变更了，以致所需的时间加倍了或减半了，则在货币价值不变的限度内，原来值 100 镑的资本，现在是值 200 或 50 镑。如果这种价值增加或价值减少的现象，会同样影响资本的各部分，利润自会相应地，表现为加倍的货币额或减半的货币额。但若这种价值增加或价值减少的现象，包含资本有机构成上的变化，或包含可变资本部分与不变资本部分的比例的增减，则在其他条件不变的限度内，可变资本相对增加时，利润率将增加，可变资本相对减少时，利润率将减小。反之，如果增减的，只是垫支资本的货币价值（因货币价值变化），则剩余价值的货币表现，将依同比例增减。这样，利润率是不变化的。

第二篇

利润之平均利润化

# 第八章 不同的生产部门之不同的资本构成及由此引起的利润率上的差异

前篇，除论证其他的事情外，还曾说明，在剩余价值率不变时，利润率可以发生变化，可以提高或减低。在这一章，我们也假定，劳动的榨取率，剩余价值率，与劳动日长度，是一切生产部门——一国的社会劳动，便分成这各个生产部门——相等的。亚当·斯密曾明白论证，各生产部门在劳动榨取上有种种的差别，这种差别，有许多，会有种种现实的或设想的相抵的理由，使其归于平均，故在一般事态的研究上，可以把它们视为是外表上的暂时的差别，而不放在计算之内。别一些差别，例如工资高度上的差别，既然第一卷开头所说，是大部分出于单纯劳动和复杂劳动间的差别，所以，这种差别虽会使各生产部门劳动者的状况极不平等，但尚不致于影响各部门劳动的榨取程度。例如，金匠的劳动，比日佣劳动者的劳动，要有更优得多的给付，但金匠的剩余劳动，也依同比例，比日佣劳动者的剩余劳动，表现为更大的剩余价值。工资与劳动日，从而剩余价值率，在诸不同生产部门间或同一生产部门诸不同投资间的平均化过程上，虽会遇到种种地方的阻碍，但资本主义生产的进步，及各种经济状态受这种生产方法支配的情形，却可以把这种平均化过程促进。这种种阻碍的研究，在研究工资的专门著作上，是极重要的，但在资本

129

主义生产的一般的研究上，却可视为是偶然的不关本质的事情而加以忽略。在这种一般的研究上，我们常假定，现实状态与其概念相符合；换言之，我们常假定，现实状态正好表现为它的一般的类型。

各国剩余价值率之差别，从而，国民劳动榨取程度之差别，对于我们当前的研究，是全然没有关系的。我们在这一篇，只要说明，在一国之内，一般利润率是依什么方法成立的。但很明白，我们在不同国民利润率的比较上，只要把前已说明的和这里待要说明的，拿来综合起来就行了。我们先考察国民剩余价值率上的差别，然后依据这种已知的剩余价值率，比较国民利润率上的差别。国民利润率的差别，非起因于国民剩余价值率上的差别时，一定有一些事情，作它的原因。在这些事情下，是和在本章的研究上一样，我们假定，剩余价值率是一般均等的，不变的。

在前章，我们曾论证，在剩余价值率不变的假设下，仍可有某一些事情，将不变资本某部分的价值提高或减落，间接影响不变资本部分与可变资本部分的比例，从而，使一定资本的利润率提高或减落。我们还说过，延长或缩短资本周转时间的事情，也能依类似的方法，影响于利润率。因为利润额与剩余价值额，与剩余价值本身，是同一个东西，故利润额——与利润率有分别——是不因以上所述的价值变动，受影响的。这种价值变动，只会影响一定剩余价值从而一定量利润所依以表现的比率，换言之，只改变利润的相对量，改变利润量与垫支资本量的比率。固然，在资本因这种价值变动而发生游离或拘束的现象时，由此间接方法受影响的东西，将不仅是利润率，而且是利润本身。但这仅适用于现已投下的资本，不适用于新的投资。并且，利润的增减，还须视同一资本所推动的劳动（因价值变动之故）以如何程度增减而定。换言之，须视剩余价值率不变时同一资本的能生产的剩余价值量（因价值变动之故），以如何程度增减而定。所以，这个外貌上所例外，不但不与一般法则矛盾，不但不是一般法则的例外，实际还只是一般法则应用上的特殊场合。

我们在前篇指出了，劳动榨取的程度不变，利润率会随不变资本构成部分的价值变化，或资本周转时间的变化一同变化。由此，我们还可以推论，当其他情形不变，独不同诸生产部门所使用的资本在周转时间或资本有机构成部分的价值比例上有差别时，那种种同时并存的生产部门之利润率，也会有差别。这种变异，在前篇被视为是在时间上继起的在同一资本上发生的；在这里，却被视为是同时存在的，是在各生产部门诸同时并存的投资上，发生的。

在这情形下，我们必须研究：（1）资本在有机构成上的差别；（2）资本在周转时间上的差别。

这全部研究的前提，不待说是：我们说某生产部门的资本的构成或周转时，是指投在这生产部门的资本之平均的标准的比例；一般的说，是指在该生产部门投下的总资本的平均，不是指其内的个别资本的偶差。

再者，我们既假定，剩余价值率与劳动日是不变的，而在这个假定中，还包含工资也不变的意思，所以，一定量的可变资本，可表示一定量被推动的劳动力，并表示一定量自行对象化的劳动。所以，如果 100 镑表示一百名劳动者一周的工资，从而在事实上，指示一百名劳动者的力，则 $n \times 100$ 镑，恰好表示 $n \times 100$ 名劳动者一周的工资，$\dfrac{n}{100}$ 镑将表示 $\dfrac{100}{n}$ 名劳动者的工资。在这里（工资为一定量时，情形常常是这样的），可变资本被视为一定额总资本所推动的劳动量的指数。所以，所用可变资本的量的差别，也可以充作所用劳动力的量的差别之指数。如 100 镑表示一周内一百名的劳动者，从而代表——假定每劳动者每周劳动六十小时——六千小时劳动，则 200 镑代表一万二千小时劳动，50 镑仅代表三千小时劳动。

我们已在第一卷说过，所谓资本的构成，是指资本的能动部分与其被动部分的比例，换言之，指可变资本与不变资本的比例。在这里，我们有两个比例必须考察。这两个比例，虽在一定情形下，会发出相等的结果，但不是同样重要的。

第一个比例，是立在技术基础上的；在生产力发展的一定阶段上，那必须认为是一定的。要在一日内（比方这样说）生产一定量生产物，必须有由一定劳动者表示的一定量劳动力，把一定量的生产手段，机械、原料等物推动，从而，生产地把它们消费掉。有一定数的劳动者，必须相应地，有一定量的生产手段；那就是，有一定量的活的劳动，必须相应地，有一定量对象化在生产手段中的劳动。这个比例，是各生产部门极不相同的；在同产业的各部门之间，也往往是极不相同的。而从另一方面说，在相差极远的诸产业部门之间，这个比例也偶有完全一致或近于一致的。

这个比例，形成资本之技术的构成，而为资本之有机构成的真正基础。

如果可变资本单纯是劳动力的指数，不变资本单纯是劳动力所推动的生产手段之量的指数，则在相异诸产业部门之间，这第一个比例也可以是相同的，例如，制铜工作与制铁工作，可以拿劳动力与生产手段量的比例相等这件事为前提。但因铜比铁贵，故在二场合，可变资本与不变资本之间的价值关系可以有差别，从而，两个总资本的价值构成也不同。技术构成与价值构成的差别，在各产业部门，是由下述的事实指出了：即，当技术构成不变时，二资本部分的价值比例，可以发生变化，当技术构成变化时，二资本部分的价值比例，又可以保持不变。当然，后一种情形，必须在所用生产手段之量与劳动力之量的比例的变化，恰恰由二者价值上的相反的变化相抵消时，方才有发生的可能。

资本的价值构成——那是由资本的技术构成决定的，且反映资本的技术构成——被我们称为资本的有机构成①。

所以，我们假设，可变资本是一定量劳动力的，或一定数劳动者的，或一定量被推动的活劳动的指数。我们已在前篇讲过了，可变资本的价值量的变化可以仅表示同量劳动力的价格的增减。但我们既假定剩余价值率与劳动日是不变的，又假定一定劳动时间的工资是一定的，所以，这一点可以无需在这里论到。从另一方面说，不变资本的量差，可以是一定量劳动力所推动的生产手段之量的变化的指数，但这种差异，也可肇因于生产部门所推动的生产手段的价值的差异。这两个观点，都是要在这里考虑的。

最后，下述诸重要事项，也须注意。

假设 100 镑是一百名劳动者一星期的工资。假设每星期的劳动时间为六十小时，还假设，剩余价值率为 100%。在这场合，劳动者在六十小时内，有三十小时是为自己，三十小时是无代价地为资本家。100 镑的工资，其实不过实现了一百名劳动者三十小时的劳动，换言之，不过实现了三千小时的劳动；其余三千小时劳动，则实现为 100 镑剩余价值，当做利润，由资本家收去。所以，100 镑工资，并非代表一百名劳动者劳动一星期对象化的价值，它只指示（因假定劳动日的长度与剩余价值率是一定的），这个资本，可以在合计六千小时内，把一百名劳动者使用。这 100 镑资本所以能指示这点：第一，因为它指示了被使用的劳

---

① 以上所说，已经在第一卷的第三版（第二十三章开头的地方）简略加以说明了。因为头二版没有把这段话包括进去，所以要在这里复述一遍。——F. E.

动者数，一镑代表一名劳动者一星期，一百镑代表一百名劳动者一星期；第二，因为在剩余价值率为100%时，每一个被使用的劳动者所做的工作，是倍于所给予他的工资，所以，一镑的工资（即半星期劳动的表现），实际是推动一个星期的劳动；同样100镑虽只包含五十个星期的劳动，但实际是推动一百个星期的劳动。所以，可变的投在工资上面的资本，在其价值（即工资额）表示一定量对象化的劳动时，是一个量，在其价值仅为其所推动的活劳动量的指数时，是又一个完全不同的量。它所推动的活劳动，要比它所包含的劳动较大，故也表现为比可变资本价值为大的价值。这价值，一方面，由可变资本所推动的劳动者数决定，另一方面，则由此等劳动者所贡献的剩余劳动量决定。

这样考察可变资本，可以引申出如下的结论。

如在生产部门 A 投下的总资本每 700 镑，仅以 100 镑用作可变资本，600 镑用作不变资本，而在生产部门 B 投下的总资本700 镑，是以 600 镑用作可变资本，仅以 100 镑用作不变资本，则 A 的总资本每 700 镑，仅推动 100 的劳动力，依照我们以前的假设，是推动一百劳动周或六千小时活的劳动，而 B 的总资本每700 镑，却可推动六百劳动周或三万六千小时活的劳动。A 的资本，将仅占有五十周或三千小时的剩余劳动，而 B 的同样大的资本，却可占有三百周或一万八千小时的剩余劳动。可变资本不仅是它自身所包含的劳动之指数；在剩余价值率不变时，它还是剩余劳动——它所推动的劳动超过它所包含的劳动的部分——的指数。劳动榨取程度相等，则在第一场合，利润率为$\frac{100}{700}$即$\frac{1}{7}$，等于 $14\frac{2}{7}$%；在第二场合，利润率为$\frac{600}{700}$即$\frac{6}{7}$，即 $85\frac{5}{7}$%，等于前者的六倍。B 的利润，实际也较大六倍（在 A 为 100，在 B 为600）。因在 B，相等的资本，推动六倍的活劳动；所以，在劳动榨取程度相等的限度内，B 所造出的剩余价值与利润也六倍。

假设 A 投下的资本，不是 700，而是 7000；反之，B 投下的资本却仅为 700，则在资本之有机构成不生变化时，资本 A 将在 7000 镑中以 1000 镑用作可变资本，雇用一千名劳动者一星期，推动六万小时的活的劳动。在其中，包有三万小时的剩余劳动。但 A 每用 700 镑资本所推动的活劳动，从而，所推动的剩余劳动，依然仅等于 B 的 $\frac{1}{6}$，所造出的利润，也等于 B 的 $\frac{1}{6}$。如所考虑者为利润率，则 A 的利润率仍为 $\frac{1000}{7000}$ 即 $\frac{100}{700}$，等于 $14\frac{2}{7}$%，B 的利润率仍为 $\frac{600}{700}$，等于 $85\frac{5}{7}$%。如投资额相等，则这场合利润率的不等，是因为在剩余价值率相等时，所推动的活劳动量的不等，使所造出的剩余价值量或利润也不相等。

如果技术条件在一个生产部门，和在别一个生产部门相同，但所使用的不变资本要素的价值，在一个生产部门，比在别一个生产部门更大或更小，那也会发生实际上相同的结果。假设在二生产部门，都以 100 镑用作可变资本，来雇用一百名劳动者一星期，并推动等量的机械与原料，但机械与原料的价格，在 B 的场合，要比在 A 的场合更高。例如，假设 A 可变资本 100 镑，推动不变资本 200 镑，B 可变资本 100 镑，推动可变资本 400 镑。这样，在剩余价值率同为 100%时，二场合所造出的剩余价值，皆为 100 镑；二场合的利润，也皆为 100 镑。但在 A，$\frac{100}{200c+100v}$；等于 $\frac{1}{3}$ 即等于 $33\frac{1}{3}$%；在 B，$\frac{100}{400c+100v}$ 等于 $\frac{1}{5}$ 即等于 20%。事实上，如果我们从二场合，各取出总资本的一个可除部分，我们将发觉，在 B 的场合，每 100 镑仅有 20 镑即 $\frac{1}{5}$ 取出来充可变资本，在 A 的场合，每 100 镑却有 33 $\frac{1}{3}$ 镑即 $\frac{1}{3}$，取出来作可变资本。B 每 100 镑生产的利润较少，因其所推动的活劳动，也较 A 每 100 镑所推动的活劳动为少。在此，利润率的差异，再还原为总资本每 100 镑所产出的剩余价值量（从而利润量）的差异。

后一例与前一例的差别点，仅在此：在后一场合，A 与 B 之间，只要变化 A 或 B 的不变资本价值，便可以得到均衡，因为我们原假定二者的技术基础相等；但在第一场合，二生产部门的技术构成就有差别，所以，要得到均衡，自非在技术构成上发生革命不可。

各种资本的有机构成相异这一点，和它们的绝对量是没有关系的。那只须问，在每 100 中，有多少是可变资本，有多少是不变资本。

用百分比率计算为不等量的诸资本（在这场合，它们就是等量的诸资本），虽有相同的劳动日，有相同的劳动榨取程度，但它们所产生的剩余价值量，从而，所产生的利润量，仍可以极不相等；因为，在不同的生产部门，资本有不同的有机构成，而有机构成的不同，又指示可变资本部分的不等，从而，指示其所推动的活劳动量的不等，并指示其所占有的剩余劳动的不等；剩余劳动既系剩余价值的实体，故也为利润的实体。总资本在各不同生产部门虽系以等量存在，但这诸等量却包含不等量的剩余价值的源泉，而剩余价值之唯一的源泉，便是活的劳动。劳动榨取程度相等时，资本 100 所推动的劳动量，从而，资本 100 所占有的剩余劳动量，取决于其可变部分之量。如果以百分比计算的 90c+10v 的资本，与同样计算的 10c+90v 的资本，在劳动榨取程度相等时，能产出同样多的剩余价值或利润来，那就非常明白，剩余价值及价值一般，必须在劳动之外，还有别的源泉了。如此，经济学之合理的基础，便完全丧失了。再假设一镑等于一名劳动者一星期（六十小时）的工资，剩余价值率为100%，那很明白，一名劳动者在一星期内所能供给的总价值生产物，等于2镑。十名劳动者一星期所能供给的总价值生产物，等于20镑。在此20镑中，10镑代置劳动者的工资，所以，这十名劳动者只能创造剩余价值10镑。反之，九十名劳动者——其总生产物为180镑，其工资为90镑——却可创造90镑剩余价值。利润率在前一场合为10%；在第二场合，多为90%。如果不是这样，则价值与剩余价值就不是对象化的劳动了。各生产部门的资本（以百分比计算，它们是等量的资本），既将以不等的部分，分为不变资本与可变资本，既将推动不等量的活劳动，既将创造不等量的剩余价值，从而，创造不等量的利润，所以，依剩余价值对总资本的百分比率来计算的利润率，必不相等。

然若诸不同生产部门依百分比计算的诸资本，从而，诸不同生产部门的等量的诸资本，会因资本有机构成不等之故，产出不等的利润，我们就可推论，在不同的诸生产部门，不等的诸资本之利润，将不能与各资本量成比例，或者说，不同诸生产部门的利润，将不与各自使用的资本量成比例。因为，如果说利润会比例于投资量而增加，那就是说，以百分比计算的利润，将互相等；如果是，则有机构成虽不同，不同诸生产部门诸等量的资本，仍将有相等的利润率了。实则，在资本有机构成为已定数的同一生产部门内，或在资本有机构成相等的不同诸生产部门间，利润量方才与所用的资本量成正比例。说不等量诸资本的利润与其资本之量成比例，实等于说，等量资本会提供等量利润，一切资本不问其量如何，其有机构成如何，其利润率皆相等。

以上所说的话，包含一个前提：即，商品依价值售卖。一商品的价值，等于在其内包含的不变资本的价值，加在其内再生产的可变资本的价值，加可变资本的加量（即所产出的剩余价值）。在剩余价值率相等时，剩余价值量定于可变资本量。资本100的生产物的价值，在一场合，为 $90c+10v+10m=110$ ；在别一场合为 $10c+90v+90m=190$ 。如商品是依照价值售费，第一个生产物卖110镑，其中有10镑代表剩余价值或无给劳动；第二个生产物卖190镑，其中有90镑代表剩余价值或无给劳动。

当互相比较的，是国民[①]利润率时，这一点是特别重要。假设在欧洲某国剩余价值率为100％，即劳动者半日为自己劳动，半日为雇主劳动；在亚洲某国，剩余价值率为25％，即劳动者以一日的 $\frac{4}{5}$ ，为自己劳动，以一日的 $\frac{1}{5}$ 为雇主劳动。但在欧洲某国，国民资本的构成为 $84c+16v$ ；在亚洲某国，因机械等物使用较少，一定量劳动力在生产中消费的原料较少，其构成为 $16c+84v$ 。如是，我们将得如下的算式：

在欧洲某国，生产物的价值 $=84c+16v+16m=116$ ；利润率 $=\frac{16}{100}=16\%$ 。

在亚洲某国，生产物的价值 $=16c+84v+21m=121$ ；利润率 $=\frac{21}{100}=21\%$ 。

亚洲某国的利润率，比欧洲某国的利润率，更高25％，前者的剩余价值率，只有后者的剩余价值率的 $\frac{1}{4}$ 。不过，如果像卡勒巴斯夏等人那样推论，却会得到相反的结论的。

在此，我们可以附带讲一讲。不等的国民利润率，大都是以不等的国民剩余价值率为基础。但在此章，我们所比较的不同利润率，却是以同一的剩余价值率为基础。

---

① 译者注：原版误为"国际"，据马克研究院版改正。

不待说，资本有机构成不等这件事，换言之，等量资本在不同生产部门所推动的劳动量不等，从而在其他条件不变的限度内推动的剩余劳动量不等这件事，可以引起利润率的不等。但在此外，利润率的不等，还有别一个源泉；那就是，资本在不同生产部门周转所需的期间不一。我们在第四章已经讲过，假设资本的构成相等，其他条件又相等，则利润率与周转期间成反比例。我们还讲过，在周转期间不等时，同一的可变资本，每年所可得的剩余价值量是不等的。所以，周转期间的差异，是等量资本不能在不同诸生产部门，在等时间内，生产等量利润的别一个理由，从而是利润率不能在不同诸生产部门相等的别一个理由。

固定资本与流动资本在资本构成上的比例本身，是不会影响利润率的。要在下述二场合之一，它才会对利润率发生影响。其一是，这构成的不等，与可变资本部分对不变资本部分的比例的不等，恰相一致。在此场合，利润率不等，乃是因为可变资本与不变资本的比例不等，不是因为固定资本与流动资本的比例不等。其二是，固定资本部分对流动资本部分的比例的不等，与实现一定额利润所需的周转时间上的不等，相符应。当然，如果诸资本以不等的比例分为固定部分和流动部分，那常会在周转时间上发生影响，使周转时间不等。但不能因此，便结论说，诸资本实现一定额利润的周转期间，必不相等。比方说，A 也许会不绝以生产物的较大部分化为原料等，B 却在较长时间内使用相同的机械等，而需用较少的原料；但在继续生产的限度内，A 与 B 总须以一部分资本投下，一个是当作原料，当作流动资本，一个是当作机械，当作固定资本。A 不绝以其资本的一部分，由商品形态转化为货币形态，再由货币形态转为原料形态。B 则不绝以其资本的一部分，无变化地在较长时间内，当作劳动工具来利用。只要二者所雇用的劳动相等，那么，他们在一年间卖出的生产物量，虽为不等的价值，但二生产物量所包含的剩余价值却是相等的。因此，虽说固定资本和流动资本的构成不相等，周转时间也不相等，但依总垫支资本计算的利润率，却不能相等。此二资本虽以不等的时间周转，但它们在同时间内，依然实现等量的利润①。周转时间的不等，若不致影响同资本在一定时间内所占有所实现的剩余劳动量，那是不关重要的。流动资本对固定资本的构成上的不等，既不必包含使利润率不等的周转时间上的不等，所以，当我们发觉利润率不等时，那很明白，这种不等，绝非起因于流动资本和固定资本的构成的不等，却是因为，在这里，流动资本和固定资本的构成的不等，仅指示一个会影响利润率的周转时间上的不等。

这样看，不变资本在不同诸产业部门由固定资本对流动资本所发生的构成上的差异，就其本身说，是毫无影响于利润率了。这是因为，决定利润率的，是可变资本对不变资本的比例；并因为不变资本的价值，从而，不变资本（与可变资本比例而言）的相对量，完全与不变资本之固定性质或流动性质，相独立。但如下的事实，也是可以发现的；即，固定资本的显著的发达，往往表示，生产是依大规模经营，不变资本是远多于可变资本；那就是，所使用的活劳动力，和它所推动的生产手段量比例而言，显得非常少。而诸种错误的结论，也就是由这个事实引起的。

---

① 由第四章所述，可知以上所说，只在以下的场合，是正确的。那就是，A 和 B 的资本，有不同的价值构成，但它们的以百分率计算的可变成分，则与周转时间成正比例，而与周转次数成反比例。假设资本 A 的百分比构成为 20c（固定的）+70c（流动的），那就是 $90c+10v=100$。在剩余价值率为 100% 时，$10v$ 会在一个周转内，生产 $10m$，从而，使一个周转的利润率＝10%。反之，资本 B 却＝60c（固定的）+20c（流动的），那就是 $80c+20v=100$。依照上述的剩余价值率，周转一次，这 20 会生产 $20m$，从而一个周转的利润率＝20%，那是倍于 A 的。但若 A 每年周转二次，B 每年仅周转一次，则 $2\times10$，每年也生产 $20m$，年利润率遂相等，皆为 20%。——F. E.

于是，我们论证了，不同诸产业部门会因资本有机构成的不等，在一定限度内，还因周转时间的不等，致有不等的利润率；又论证了，利润与资本的大小成比例，或等量资本会在等时间内提供等额利润的法则（一般的倾向），只适用于有机构成相等，剩余价值率相等，周转时间相等的诸资本。当然，这个结论，还须以商品依照价值售卖这个假设（我们一向来的研究，都是这样假设的）为前提。但从另一方面说，若把诸种非本质的，偶然的，相互抵消的区别，存而不论，则平均利润率在各产业部门，无疑地，在现实上是没有差异的，并且是不能发生差异的。不然资本主义的全部生产制度，都会被破坏。所以看起来价值学说就好像与现实的运行，与现实的生产现象不能兼容了；好像，此等现象的理解，是绝不能得到的了。

本卷第一篇已经说明了，不问资本的有机构成如何不等，在生产上垫支等量资本的诸生产部门的生产物，总归有相等的成本价格。对资本家而言，可变资本和不变资本的区别，会在成本价格上消灭。不问 100 镑是依 90c+10v 的方法抑是依 10c+90v 的方法投下，必须垫支 100 镑来生产的商品，总归是费他 100 镑，不更多也不更少。不问所生产的价值和剩余价值如何不等，在不同诸生产部门投下等量的资本，总会有相等的成本价格。成本价格的等一，便是各种投资互相竞争的基础。平均利润就是由这种竞争成立的。

# 第九章

# 价格化商品价值之生产利润率）的形成及一般利润率（平均

　　资本的有机构成，在任一现实的瞬间，皆定于两种情形：第一，定于所用劳动力对所用生产手段量的技术关系；第二，定于这些生产手段的价格。我们以前讲过，资本的有机构成，应以百分比率考察。五分之四为不变资本，五分之一为可变资本的一个资本，其有机构成，应以 80c+20v 的公式表示。又，我们在比较时，还假设剩余价值率是不变的；比方，假定是 100%。在这场合，80c+20v 的资本，会生出一个剩余价值 20m 来，从而，依总资本计算的利润率也为 20%。其生产物的现实价值如何大，还须视不变资本的固定部分及其依磨损而移入生产物去的部分如何而定。但因这个事情，对于利润率及我们现在的研究毫无关系，所以，为求简明起见，我们且假定，随便在何处，不变资本总是一律地，全部地，移到资本的年生产物中去。我们还假定，不同诸生产部门的资本每年所实现的剩余价值，与其可变部分的量比例而言，是相等的。换言之，我们把周转期间不等在这方面所能引起的差异，暂时置之度外。这一点，是我们以后要研究的。

　　假设有五个不同的生产部门；在这五个生产部门投下的资本的有机构成，是各不相同，有如下表：

| 资本 | 剩余价值率 | 剩余价值 | 生产物价值 | 利润率 |
|---|---|---|---|---|
| Ⅰ. 80c+20v | 100% | 20 | 120 | 20% |
| Ⅱ. 70c+30v | 100% | 30 | 130 | 30% |
| Ⅲ. 60c+40v | 100% | 40 | 140 | 40% |
| Ⅳ. 85c+15v | 100% | 15 | 115 | 15% |
| Ⅴ. 95c+5v | 100% | 5 | 105 | 5% |

这里我们有五个不同的生产部门，劳动的榨取程度相等，利润率则因资本的有机构成不等，而极有差别。

这五个部门投下的资本总额，等于500，由这五个资本生产的剩余价值总额，等于110；由这五个资本生产的商品价值总额，等于610镑。我们且把这500，看作是一个资本，把资本Ⅰ到资本Ⅴ，当作是这一个资本的诸部分（好比，一个纺棉工厂，其相异诸部，例如梳刷室、豫纺室、纺绩室所投下的资本，是以不同的比例，分为不变资本和可变资本的，全工厂的平均比例，就是依照这些来计算）。如是，这个资本500的平均构成，应为390c+110v，以百分比率计算，应为78c+22v。如认资本每100为总资本的五分之一，则其平均构成应为78c+22v；每100将提供平均剩余价值22。所以，平均利润率为22%。从而，由资本500生产的总生产物的五分之一的价格，将为122。所以，垫支资本五分之一的生产物，也须依照122的价格售卖。

但为要避免完全错误的结论，必须假定，不是一切的成本价格，皆等于100。

在资本的有机构成为80c+20v，剩余价值率为100%，不变资本全部移入年生产物时，资本Ⅰ100所生产的商品的总价值=80c+20v+20m=120。这个结果，在一定生产部门，在一定情形下，是可以发生的。但其比例不尽是c：v=4：1。因为，在此较相异诸资本每100所生产的商品价值时，我们必须记着，其价值，须视 c 的构成（固定资本部分与流动资本部分）之相异而异，且须记着，诸相异资本的固定部分的磨损，有缓速不等，从而，在同时间内移入生产物去的价值量也不等。不过，如所论为利润率，这二点却是没有关系的。无论 80c 是以 80 的，50 的，或 5 的价值移入生产物中去，又无论年生产物是 = 80c+20v+20m = 120 或 = 50c+20v+20m = 90，或 = 5c+20c+20m = 45，生产物价值超过其成本价格的剩余，总是等于 20；在这各场合计算利润率，皆须以这 20，依资本 100 来计算。所以，资本 I 的利润率，在每一场合，皆为 20%。为求更明白起见，我们且在下表，用相等的五个资本，假设其不变资本，以不等的部分，移入生产物的价值中。

| 资本 | 剩余价值率 | 剩余价值 | 利润率 | 消费掉的 c | 商品价值 | 成本价格 |
|---|---|---|---|---|---|---|
| I. 80c+20v | 100% | 20 | 20% | 50 | 90 | 70 |
| II. 70c+30v | 100% | 30 | 30% | 51 | 111 | 81 |
| III. 60c+40v | 100% | 40 | 40% | 51 | 131 | 91 |
| IV. 85c+15v | 100% | 15 | 15% | 40 | 70 | 55 |
| V. 95c+5v | 100% | 5 | 5% | 10 | 20 | 15 |
| 合计 390c+110v | — | 110 | — | — | — | — |
| 平均 78c+22v | — | 22 | 22% | — | — | — |

再把资本 I 到资本 V，当作一个总资本，我们将看见，在这场合，这五个资本总和 500 的构成 = 390c+110v，从而，其平均构成 = 78c+22v。依然和以前一样。平均的剩余价值也为总资本的 22%。如我们以这个剩余价值，平均分配于这五个资本之间，我们便为商品价格，得到了下表：

| 资本 | 剩余价值 | 商品价值 | 成本价格 | 商品价格 | 利润率 | 价格与价值之差 |
|---|---|---|---|---|---|---|
| Ⅰ. 80c+20v | 20 | 90 | 70 | 92 | 22% | +2 |
| Ⅱ. 70c+30v | 30 | 111 | 81 | 103 | 22% | −8 |
| Ⅲ. 60c+40v | 40 | 131 | 91 | 113 | 22% | −18 |
| Ⅳ. 85c+15v | 15 | 70 | 55 | 77 | 22% | +7 |
| Ⅴ. 95c+5v | 5 | 20 | 15 | 37 | 22% | +17 |

总括起来说，商品的售卖，有 2+7+17=26 在价值以上，有 8+18=26 在价值以下，所以，价格与价值之差，依剩余价值之均等的分配，换言之，因有垫支资本每 100 的平均利润加入第 I 至第 V 各商品成本价格内，故得以相互均衡。商品一部分在价值以上售卖，别一部分则依同比例在价值以下售卖。也就因这种商品是依照这样的价格售卖，所以，I 至 V 的利润率得一致为 22%，而无论资本 I 至 V 的有机构成如何不同。把各不同生产部门的不同的利润率加以平均，而以此平均数加在各不同生产部门的成本价格内所得之价格，这就是生产价格。生产价格（Produktionspreise）成立的前提，为一般利润率之存在；而一般利润率所以存在，又因各特殊生产部门本身的利润率，已经还原为这样多的平均利润率（Durchschnittsraten）。特殊的利润率，在每一生产部门，皆 $=\dfrac{m}{C}$，且如本卷第一篇所说，是由商品的价值说明的。没有这种说明，一般利润率（从而商品生产价格），便依然是一种无意义无内容的概念。总之，商品生产价格，等于商品成本价格加平均利润率所应有而以百分比率计算的利润，换言之，等于成本价格加平均利润。

因诸不同生产部门投下的资本，有不同的有机构成；又因可变资本在一定量总资本中所占的百分率不等，等量资本所推动的劳动量极不相等，所以，它所占取的剩余劳动量，它所生产的剩余价值量，也是极不相等的。在诸不同生产部门内支配的利润率，原来是极不等的。但此等不同的利润率，将由竞争，均等化为一般利润率。这所谓一般利润率（Allgemeinen Profitrate），即是指这各种不同的利润率的平均。照这个一般利润率计算应归于一定量资本（不问其有机构成如何）的利润，称为平均利润。一个商品的价格，如等于它的成本价格，加它生产上所使用的（不仅指它生产上所消费的）资本的年平均利润中，比例于它的周转条件所应分归于它的部分，那便是它的生产价格。举个例。假设有一个资本 500，其中有 100 为固定资本，400 为流动资本，流动资本每周转一次，固定资本即磨损 10%，此周转期间的平均利润为 10%。这样，这个周转期间内造成的生产物的成本价格，将为 10c（磨损）+400（c+v）（流动资本）= 410，其生产价格为 410（成本价格）+50（500 的 10%的利润）= 460。

所以，各不同生产部门内的资本家，将由商品的售卖，得回他在商品生产上所消费的资本价值，但不能稳得他在本生产部门依商品生产所生产的剩余价值和利润。他们能够确得的，只是社会总资本在一切生产部门在一定时间内生产的总剩余价值或总利润，依平均分配法，应分于总资本每一个可除部分的剩余价值或利润。在每一年或任何期间内，总资本的每 100 的部分，应该得怎样多的利润，它在这个期间内（不问其构成如何），就会得到这样多的利润。所以，如所论为利润，各个资本家等于是一个股份公司的股东。在这个股份公司内，资本每 100 为一股，利润平均分配于各股之间，所以，就不同的资本家而言，利润多寡不等，仅因各人在社会总企业上投下了多寡不等的资本。换言之，因各人在总企业上有多寡不等的比例股份或股数。商品价格中应被用来代置那在商品生产上消费掉的资本价值的部分，从而，应被用来购回这样消费掉的资本价值的部分——即成本价格——虽全视各生产部门内的支出额来决定，但商品价格的别一部分，即成本价格以上的利润，却不受决定于这一定额资本在一定生产部门在一定时间所生产的利润额。那要看，所用的资本，当作总生产上所使用的社会总资本的可除部分，在一定时间内，平均应有多少的利润而定①。

所以，如果一个资本家是依生产价格售卖商品，他就会得回一些货币，与商品生产上所消费的资本的价值量成比例，并取得一个利润，与其垫支资本在社会总资本内所占的可除部分成比例。成本价格是特殊的。加在成本价格上面的利润。却和特殊的生产部门没有关系，不过是垫支资本每100所应有的单纯的平均利润。

且假定，上例所举的五个不同的资本 I 至 V，是属于一个人。已知 I—V 诸所用资本每100在商品生产上消费几许可变资本，几许不变资本。I 至 V 诸商品的价值的这几部分，将成为此等商品的价格的一部分；因为，至少，必须有这个价格，才足以代置所消费的资本部分。成本价格，是 I 至 V 诸商品彼此不同的。所有者会把这种种不同，分别记下来。但这个资本家会把资本 I 至 V 所生产的不同的剩余价值量或利润量，认为是他垫支的总资本的利润，所以，每100皆可获得一定的可除部分。I 至 V 诸投资所生的商品的成本价格，虽各不相同，但资本每100的利润所加到售卖价格（Verkaufspreise）内去的部分，却是这各种商品相等的。I 至 V 诸商品的总价格，将等于其总价值，那就是，等于 I 至 V 的成本价格总额，加 I 至 V 所生产剩余价值总额或利润总额。实在说，那也就是 I 至 V 诸商品所包含的劳动（过去的劳动

① 舍尔彪利埃《富与贫》巴黎日内瓦1840年第116页以下。

和新加的劳动）量的货币表现。社会本身，当作一切生产部门的总和，也是这样，把所生产的商品的生产价格总和，等于其价值总和。

以上所说，似乎是和这个事实矛盾的；那就是，在资本主义的生产上，生产资本的各个要素，在原则上，都是在市场上买得的，其价格已经包含利润，从而，每个生产部门的生产价格（其内包含利润），都会移转作别一个生产部门的成本价格。但是，假若我们把全国商品的成本价格的总和放在一面，把其利润或剩余价值的总和放在别一面，那很明白，我们的计算必定是正确的。例如，设有商品 A，其成本价格可以包含 B、C、D 等的利润，或 A 的利润，也可以包含在 B、C、D 等的成本价格中。但我们计算时，A 的利润总不会加在 A 自己的成本价格中；B、C、D 等的利润，也是不会加在它们自己的成本价格中的。没有谁会把自己的利润，加在自己的成本价格内。假设有 n 生产部门，每一个部门赚得的利润，皆等于 p，如是，此一切生产部门的总成本价格 $= k - np$。就全部的计算来说，若有某生产部门的利润，会移入别个生产部门的成本价格中，则就最终生产物的总价格说，这个利润就已经被计算在内了，所以，不能再出现在利润的方面。如果它竟出现在这方面，那一定因为，这个商品本身就是最终生产物，其生产价格不再加入别种商品的成本价格之内。

如果有一个总和 p（代表生产手段的生产者的总利润）加入别一个商品的成本价格中，而在这个成本价格中，又有一个利润 pi 加入，则总利润 $P = p + p_1$。商品的总成本价格，减去一切由利润构成的价格部分，在这场合，就等于它自身的成本价格减 P 了。称这个成本价格为 k，那很明白，$k + P = k + p + p_1$。第一卷第七章第二节已经讲过，每一个资本的生产物可以视为有一部分仅代置资本，别一部分则表现为剩余价值。把这种计算方法应用到

148

社会的总生产物来，是要加以修正的。因为，就社会全体考察，已在亚麻价格中包含的利润，不能同时当作麻布价格的部分，又当作亚麻生产家的利润，这是二重的计算。

当 A 的剩余价值移转为 B 的不变资本时，剩余价值和利润之间，是没有分别的。对商品的价值而言，商品内含的劳动是有给的，还是无给的，原是一件没有关系的事。那不过指示，A 的剩余价值，由 B 支付。在总计算上，A 的剩余价值，是不能二重计算的。

区别在于下一点。不待说，资本 B 的生产物的价格，得因 B 所实现的剩余价值，比附加在生产物价格中的利润更大或更小，而与其价值相违，但形成资本 B 的不变部分的商品和当作劳动者生活资料间接形成可变部分的商品，也有这样的情形。先就不变资本而论，那也是等于成本价格加剩余价值，所以在这里，是等于成本价格加利润。这利润，比它所代位的剩余价值，又是可以更大或更小的。次就可变资本而论，则平均的日工资，固常与劳动者为生产自身生活资料所必要的劳动时间的价值生产物相等，但必要劳动时间之数，又因必要生活资料的生产价格与其价值不一致之故，不得不有改变。但归根结底，这里所说的话，都不过表示某种商品所入的剩余价值过多，某种商品所入的剩余价值过少，从而，生产价格与其价值之差，得互相抵消。总之，在资本主义生产的全体下，一般的法则，往往依一种极错综而近似的方法，在不绝的变动中，当作一个不能确定的平均，或当作一个支配的倾向，来贯彻。

因为一般利润率是由垫支资本每 100 在一定期间内（比方说一年内）的各种利润率的平均成立的，所以，资本周转期间不同所引起的区别，也在一般利润率上，消失了。但这种不同，对于各种不同生产部门的不同的利润率（一般利润率，即是由这各种利润率的平均成立的），却有决定的作用。

以上的例解，说明一般利润率如何形成。在这个例解内，我们假设，在每个生产部门内，每个资本皆等于100。我们所以如此假定，乃因要指明利润率的以百分率计算的差异，并进而指明等量资本所生产的商品价值的差异。不待说，各特殊生产部门所造出的现实的剩余价值量，定于所用资本之量；因为，在每一个这样的生产部门之内，资本的构成都是已定的。但所用资本为100，为 m×100 抑为 xm×100，那是无影响于一个生产部门的特殊的利润率的。无论总利润为 10：100 抑为 1000：10000，利润率总归是 10%。

但因各不同生产部门有不同的利润率（这是因为，各生产部门所生产的剩余价值量或利润量，将视可变资本对总资本的比例，而极有差异），所以，很明白，社会资本每100的平均利润，即平均利润率或一般利润率，也视各生产部门所投的资本量如何，而大有差异。假设有四个资本 A、B、C、D。四个资本的剩余价值率皆等于100%。又假设总资本每100中，在 A 有可变资本25，在 B 有可变资本40，在 C 有可变资本15，在 D 有可变资本10。这样，总资本每100所生产的剩余价值或利润，在 A 为25，在 B 为40，在 C 为15，在 D 为10。合计为90。如果这四个资本的数额是相等的，平均利润率便是 $\frac{90}{4}$% 或 $22\frac{1}{2}$%。

但若总资本量如下：A＝200，B＝300，C＝1000，D＝4000。在这场合，生产的利润为 50、120、150、400。资本合计为5500，利润合计为720，平均利润率即为 $13\frac{1}{11}$%。

所生产的总价值量，视 A、B、C、D 各自垫支的总资本量不等而不等。所以，要求得一般利润率，单是把各生产部门的不等的利润率，求得一个平均，还是不够的；那还要顾到，各种利润率在平均数的形成上，参加有怎样的相对的重量。但这个相对的重量，又视各特殊部门所用的资本的比例量而定。换言之，视各特殊生产部门所用的资本，在社会总资本中，占有怎样大的可除部分而定。总资本中是大部分提供高的利润率抑是大部分提供低的利润率，当然是一件极有关系的事，这是会引起极大的差别的。又，这个相对的重量，还取决这个事实：即，有多少资本投在可变资本（与总资本相对而言）较大的部门，有多少资本投在可变资本（与总资本相对而言）较小的部门。这当中的情形，和平均利息率的情形，是完全一样的。有某富翁，依各种利息率如四厘、五厘、六厘、七厘等，将各式各样的资本放出。他们的平均利息率，完全看他依各种利息率放出的资本，各系多少而定。

所以，一般利润率是由两个因素决定的。

（1）是不同诸生产部门的资本的有机构成，从而，是个个生产部门的不同的利润率。

（2）是社会总资本在各生产部门之间的分配，从而是在各特殊生产部门依特殊利润率投下的资本之相对量。那就是，各特殊生产部门所吸收的社会总资本的比例部分。

我们在第一卷第二卷只讨论商品的价值。现在，我们一面插进了商品的成本价格，那是价值的一部分。一面又提出了商品的生产价格，那是价值的一种转成形态。

社会的平均资本的构成，假设为 $80c+20v$，年剩余价值率 $m'$ 假设为 100%。这样，资本 100 每年的平均利润为 20，一般的年利润率为 20%。不问资本 100 在一年内生产的商品的成本价格 $k$ 如何，其生产价格当为 $k+20$。在资本构成为 $(80-x)c+(20+x)v$ 的生产部门，实际生出的剩余价值或年利润为 $20+x$，那就是比 20 更大；所生产的商品价值为 $k+20+x$，也较 $k+20$ 为大，那就是，较它们的生产价格为大。反之，在资本构成为 $(80+x)c+(20-x)v$

的生产部门，则每年生出的剩余价值或利润=20-x，那就是比20更小，从而，商品价值为k+20-x，与生产价格k+20比较，是更小的。设把周转期间的区别存而不论，则商品生产价格仅在资本构成为80c+20v的部门内：与其价值相等。

劳动的社会生产力，视一定量劳动，从而，一定数劳动者在一定数劳动日内推动的生产手段量是怎样大，从而，视一定量生产手段所必要的劳动量是怎样小而有发展上的种种差别。所以，与社会平均资本比较，不变资本百分率较大，可变资本百分率较小的资本，我们称其为"高位构成"资本。反之，与社会平均资本比较，不变资本百分率较小，可变资本百分率较大的资本，我们称其为"低位构成"资本，最后，恰好与社会平均资本有同样构成的资本，我们称其为"平均构成"资本。假设社会平均资本是依80c+20v的百分率构成的，则由90c+10v构成的资本，是社会平均以上的；由70c+30v构成的资本，是社会平均以下的。一般说，如果社会平均资本的构成=mc+nv，m与n为不变量，而m+n=100，则由(m+x)c+(n-x)v代表的单个资本或资本群，皆为高位构成资本，而由(m-x)c+(n+x)v代表的，皆为低位构成资本。这各种资本将如何发挥它们的机能，可由下表一览而知。在此表内，I指示平均构成，平均利润率为百分之二十。

I．80c+20v+20m　　　　　利润率=20%

生产物价格=120　　　　　价　值=120

II．90c+10v+10m　　　　　利润率=20%

生产物价格=120　　　　　价　值=110

III．70c+30v+30m　　　　　利润率=20%

生产物价格=120　　　　　价　值=130

即资本II所生产的商品，是价值比生产价格更小，资本III所生产的商品，是生产价格比价值更小的。只有资本I，在资本构成恰好与社会平均构成相等的生产部门，是价值与生产价格相等的。须注意者，我们在应用这个表式于一定场合时，务须考虑到，在什么程度内，c与v的比例和一般的平均比例之差，不是由于技术构成上的差别，而仅由于不变资本诸要素的价值的变动。

以上的说明，对于商品成本价格的决定，是一种修正，那是确实的。我们原来假定，一个商品的成本价格，等于它生产上所消费的商品的价值。但商品的生产价格，对于它的购买者，正是成本价格，并且会当作成本价格，参加到别种商品的价格形成上去。因为生产价格可以和商品价值相差，所以，包含其他商品生产价格的商品的成本价格，与总价值的这一部分——这一部分是由它生产上所消费的生产手段的价值构成的——比较，可以在其上，也可以在其下。我们必须记着成本价格的这个变化的意义，所以，如假设某特殊生产部门的商品的成本价格，等于它生产上所消费的生产手段的价值，那常有引起误谬的可能。但我们现在的研究，是无须在这一点上而去进一步考察的。商品成本价格，常较其价格为小的命题，依然是正确的。因为，无论商品成本价格怎样与它所消费的生产手段的价值相差，这个前行的误谬，都是和资本家没有关系的。商品的成本价格，是一个已定的前提，是一个与资本家生产相独立的前提，而资本家生产的结果，则为一个包含剩余价值（即成本价格以上的价值超过分）的商品。现在，商品成本价格较商品价值为小的命题，已在实际上变为商品成本价格较商品生产价格为小的命题了。在所论为社会的总资本时，生产价格是与价值相等的，而在此际，成本价格较生产价格为小的新命题，也就与成本价格较价值为小的命题，归于一。虽然二者在特殊生产部门的意义可以不相一致，但如下的事实，依然是有根据的：即，从社会的总资本考察，所产生的商品的成本价格，总比其价值或生产价格（在这场合，所生产的商品总额的生产价格，是与其价值相一致的）为小。商品的成本价格，仅指商品内包含的有给的劳动量，价值却指其内包含的劳动总量，有给的和无给的。生产价格则指有给劳动加一定量无给劳动的总和。这一定量无给劳动的决定，是与特殊生产部门无关系的。

商品的生产价格＝k＋p（成本价格加利润）的公式，现在更是严密地规定了。p＝kp′（p′代表一般利润率），所以，生产价格＝k＋kp′。假设 k＝300，p′＝15％，则生产价格 k＋kp′＝300＋$300 \times \frac{15}{100} = 345$。

商品的生产价格，在各特殊生产部门，在如下诸情形下，得发生量的变化；

第一种情形是商品的价值不变（它在生产上所消费的死劳动和活劳动之量也不变），但一般利润率发生一种与特殊生产部门无关的变化。

第二种情形是一般利润率不变，但价值在这特殊生产部门因技术变化，或因构成该部门不变资本的商品的价值变化，而发生变化。

第三种情形是上述两种情形共同发生作用。

特殊生产部门内的事实上的利润率，虽不断会发生大的变动，但一般利润率的现实的变动，除因有经济上异常的事变外，通例是一种极徐缓的结果。能引起这种结果的，是一系列横亘极长时期的摇动，这种摇动必须经过极长的时间，才能相互结合，相互平均，并引起一般利润率的变化。是故，短期间内（把市场价格的变动存而不论）生产价格的变化，总分明是因商品价值发生了现实的变动，换言之，因生产商品所必要的劳动时间的总和，发生了变动。当然，价值相等但其货币表现变动的情形，是我们这里不要讨究的①。

反之，很明白，如从社会总资本考察，则此总资本所生产的商品的价值总额（以货币表示，即为价格）＝不变资本的价值＋可变资本的价值＋剩余价值。假设劳动榨取率不变，则在剩余价值量不变化的限度内，除非不变资本的价值变化了，或可变资本的价值变化了，或二者皆变化了，从而，C变化了，以致 $\dfrac{m}{C}$ 带（一般利润率）也变化；不然，利润率是不会变化的。在上述每一种情形下，一般利润率的变动，都以商品（构成不变资本的或构成可变资本的，或同时构成二者的商品）价值的变动为前提。

又，如商品价值不变，就只要劳动榨取率变化，一般利润率就可以发生变化的。

还有，劳动榨取率不变，但只要所用劳动的总额，与不变资本比较，因劳动过程的技术变化之故，发生变化了，一般利润率也会变化的。但这种技术变化，必表现在商品价值的变化上，并陪伴着发生商品价值的变化。因为，在这情形下，商品生产所必需的劳动，必比以前增加或减少。

我们已在第一篇讲过，如果从量的方面考察，剩余价值和利润是一致的。但利润率原来就和剩余价值率有别。一看，好像利润率只是剩余价值率的别一种计算方法。这种计算方法，只足以蒙混剩余价值的现实的起源，使其神秘化罢了。因为，剩余价值率不变时，利润率可以涨落，反之，利润率不变时，剩余价值率可以涨落，并且因为资本家实际关心的，只是利润率。不过，有量的差别的，总只是剩余价值率和利润率，不是剩余价值和利润。利润率，是以总资本为基础的剩余价值，总资本是利润率的计算标准；即因此故，所以，剩余价值就像是从总资本生出的，

---

① 歌尔伯《个人致富之原因与方法的研究》伦敦 1841 年第 33 页以下及第 174 页。

并均等地，从总资本各部分生出了。这样，不变资本和可变资本的有机的差别，就在利润概念上消失了；而在事实上，剩余价值也就在它的变形（利润）上湮灭了它的起源，湮灭了它的性质，而成为不能认识的了。不过，在此以前，我们提到利润和剩余价值的差别，我们总是指一种质的变化，一种形态变化；在变化的第一阶段上，利润率和剩余价值率虽已有量的差别，但这种量的差别，在利润和剩余价值之间，还是不存在的。

现在不同了。自一般利润率成立，从而，平均利润——与各生产部门所用资本之量相比例的平均利润——成立以来，情形就不同了。

自此以后，各特殊生产部门实际生出的剩余价值，即，实际生出的利润，便只偶然与商品售卖价格中包含的利润一致了。现在通例在利润和剩余价值之间，是有了量的差别了；就其比率说，也一样。假设劳动的榨取率不变，则特殊生产部门生出的剩余价值量，与其说直接对该生产部门的资本家重要，毋宁说它的重要，是表现在社会资本的总平均利润上，从而，对资本阶级全体是重要的。对于特殊生产部门内的资本家，这个剩余价值量，仅平均利润的决定上，有共同决定的作用①。但这个过程，是在他背后进行的，他看不见，也不了解，并且也不关心。利润和剩余价值间——不仅是利润率和剩余价值率间——的现实的量差，遂在各特殊生产部门，完全把利润的性质和起源隐蔽了。不仅在此存心要隐蔽的资本家，看不见它的性质和起源；即劳动者也是如此。在价值化为生产价格时，价值本身的决定基础是被掩蔽了。最后：在剩余价值化为利润时，形成利润的那一部分商品价值，与形成商品成本价格的那一部分价值，是被分开了，无怪价

---

① 很明白，在这里，我们且不说到由工资克扣，独占价格等可以暂时取得额外
利润这一点。——F. E.

156

值概念会在这里使资本家失措。他放在自己面前的，不是商品生产上所费的总劳动，而只是总劳动的一部分，这一部分，是他在生产手段——活的或者死的——形态上支付了的，所以，在他看，利润好像是商品内在价值以外的东西。当人们从特殊生产部门考察，说加在成本价格内的利润的决定非由于该部门内部的价值形成的限界而由于外部的事情时，这种意见便被承认了，证明了，确定了。

内部的关联，在此还是第一次被说明，如本卷以下及第四卷所说，一向来的经济学，不是固守价值规定，视为基础，而强蛮把剩余价值和利润间，剩余价值率和利润率间的差别抽象，便是固守现象上明白的区别，而把价值规定和一切科学方法的基础放弃。理论家的混乱，再明白没有地证明了，只注意竞争而不能看透任何现象的实际资本家，决不能穿过外表，以认识这个过程之内部的本质和内部的形式。

第一篇所展开的关于利润率涨落的各种法则，实际是有下述二重意义的。

（1）就一方面说，这些法则，也便是一般利润率的法则。人们看见有许多原因使利润率涨落，一定会相信，一般利润率也必定是每日变化的。实则，一个生产部门的变动，可以抵消别一个生产部门的变动，以致各种影响互相交错而失去作用。这当中的变动，最后是倾向哪一方面，固然是我们以后要研究的事情，但这是极缓慢的。一个生产部门的变动，虽然是突然的频繁的，时间长短不一的，但其趋势，是依照时间的序列，相互抵消，从而，在涨价之后会跌价，在跌价之后会涨价，以使此等变动，限制在局部的特殊的生产部门内。最后，这各种局部的变动，也是相互中和的。各特殊生产部门内发生的变动，及其与一般利润率的差别，一方面，会在一定时间内归于相互的均衡，不致影响到一般利润率，他方面，这种变动，又因为会与其他各部门同时发生的局部的变动相抵消，故不致影响到一般利润率。一般利润率不是单由一个部门的平均利润率决定的，并且要由总资本在各特殊部门的分配来决定。这种分配是不绝变动的，这是一般利润率发生变动的别一个不断的原因。但这个原因，因为是不间断的多方面的，故大体说是会互相抵消的。

（2）就另一方面说，在各生产部门内，总会有一个或长或短的时期，使利润率的变动，在其腾落变动尚未坚定，足以影响一般利润率，并取得局部以上的意义以前，有一个活动的范围。在这个空间的和时间的限界之内，本卷第一篇所展开的利润率法则，也是合用的。

在剩余价值最初转化为利润之际，资本各部分同样生出利润的理论的见解①，表现了一个实际的事实。不问产业资本是如何构成。不问是四分之一为死劳动，四分之三为活劳动，还是四分之三为死劳动，四分之一为活劳动。当然，假设劳动榨取率相等，并把个个的区别存而不论（这种种区别将会消失的，因我们在这二个场合，都只注意全生产部门的平均的构成），四分之一为死劳动，四分之三为活劳动的产业资本所吸取的剩余劳动或所生产的剩余价值，将三倍于四分之三为活劳动，四分之一为死劳动的产业资本。但无论如何，这二场合所造出的利润，总是相等的。眼光狭小的个个资本家，乃至各特殊生产部门内的资本家全体，很有理由地，认他的利润，不是由他所雇用或该生产部门所雇用的劳动决定。就他的平均利润说，这是完全正确的一种看法。他的利润，究在何程度内，依照总资本（即资本家全体）的劳动榨取而成立，这个关联，一直就是秘密。因为资产阶级的理

---

① 马尔萨斯《经济学原理》第二版伦敦 1836 年第 268 页。

论家，政治经济学者，没有把这种关联暴露，所以是更加如此。劳动——不仅指生产一定生产物所必要的劳动，且指所雇劳动者数——的节省和死劳动（即不变资本）使用的增加，从经济方面看，似乎是一种完全正当的操作，且也好像完全对于一般利润和平均利润，没有影响。活劳动怎样能说是利润的唯一的源泉呢？你看，生产上必要劳动量的减少，不仅不会侵犯利润，在一定情形下，且好像是增加利润的直接的源泉，至少就个个资本家说是如此似的。

　　如果在某生产部门，成本价格中代表不变资本价值的部分增加或减少了。这一部分，会从流通中出来，自始即以增量或减量，加入商品的生产过程内。从另一方面说，如果在同时间内雇用同数劳动者所供给的生产物已经增加或减少，从而，在劳动者数不变时，生产一定量商品所必要的劳动量发生变化，则总生产物的成本价格中那代表可变资本价值的部分不变，它所加于总生产物的成本价格的数量也不变。但个个商品（其总和即为总生产物）所包含的劳动（有给劳动与无给劳动）量，却会增加或减少，从而，在为这个劳动而起的支出（即工资）中，它所须分担的部分，也会增加或减少的。资本家所支付的总工资虽不变，但就各个商品计算，他所支付的工资，却已有变动了。在此也可说商品成本价格的这一部分，变化了。不过，无论个个商品的成本价格（因个个商品自身或其构成要素发生了这样的价值变化），或一定量资本所生产的商品总和的成本价格，是增大抑是减小，平均利润比方说是 10%，那总归就是 10% 的；虽然就个个商品考察，同一 10%，因个个商品成本价格由这种种价值变动发生了量的变动，可以代表极不等的数量①。

---

① 歌尔伯前书第 20 页。

在所论为可变资本——这是最重要的，因为它是剩余价值的源泉，并且因为各种隐蔽可变资本和资本家致富方法的关系的事情，都足使资本主义的体系神秘化，——时，情形是更粗杂的，或在资本家看来是如此。假设 100 镑的可变资本，代表一百名劳动者一星期的工资。在劳动日为已知数时，如果这 100 镑每星期生产二百件商品 = 200W，这样，1W——暂不问成本价格中由不变资本加入的部分——就费 10 先令了，因为 100 镑 = 200W，所以 $1W = \frac{100}{200}$ 镑，即 10 先令。现在假设劳动的生产力变动了，比方说，已经加倍了。这样，同数劳动者在同时间内生产的，当为 200W 的二倍，比以前倍加了。在这场合（以成本价格单由工资构成的情形为限）100 镑 = 400W，所以，$1W = \frac{100}{400}$ 镑 = 5 先令了。

反之，假设生产力减低了一半。这样，等量劳动就能生产 $\frac{200}{2}$ W，因为 100 镑 = $\frac{200}{2}$ W，所以 1W = $\frac{200}{200}$ 镑 = 1 镑。商品生产所必要的劳动时间发生变化，以致商品价值发生变化时，就成本价格或生产价格说，好像是分担等额工资的商品量，已经增加或已经减少，那就是在同等劳动时间同等劳动工资所生产的商品量已经增加时增加，在它已经减少时减少。资本家及经济学家也看到了，有给劳动应归于个个商品的部分，须随劳动生产力变化而变化，从而，每个商品的价值，须随劳动生产力变化而变化。但他们没有看到，个个商品中包含的无给劳动，也是这样的。又，因为平均利润只偶然由该生产部门所吸收的无给劳动来决定，所以，他们更加不能看到这点。商品价值定于其中所含的劳动这事实，直到现在，还是表现在这样模糊暧昧的形式上的。

# 第十章 竞争及一般利润率的均衡化·市场价格及市场价值·剩余利润

一部分生产部门所使用的资本，由中位的或平均的构成，那就是，恰好有或近似有社会平均资本的构成。

这些生产部门所生产的商品的生产价格，与其价值的货币表现，恰好是一致的，或近于一致的。我们若没有别的方法可以求到数学的限界，那就只有这个了。竞争会这样把社会资本，分配在各不相同生产部门间，使各部门的生产价格，得以中位构成的诸生产部门的生产价格——即 $= k + kp'$（成本价格加平均利润率乘成本价格之积）——为准型。这种平均利润率，不外是中位构成的诸生产部门的依百分率计算的利润；在这诸生产部门，利润是和剩余价值一致的。因此，利润率得在各生产部门相等，即互相均衡，化为中位生产部门（即资本平均构成支配着的部门）的利润率。诸不同生产部门全体的利润总额，必须是与剩余价值总额相等的；社会总生产物的生产价格的总额，也必须与其价值的总额相等。但很明白，有各式各样的构成的生产部门的均衡化，其趋势，是使它们与中位构成（无论是恰好与社会的平均相一致，抑是近似与社会的平均相一致）的诸部门，归于均等。而在有几分类似的诸部门间，更有一种均衡化的向理想中位（即实际上不存在的中位）的趋势，那就是以理想中位为准绳的趋势。

这个趋势，必然会这样支配着，从而，使生产价格成为价值的单纯的转形，使利润成为剩余价值的单纯的部分。不过，剩余价值的这一部分的划分，并非比例于各生产部门所生产的剩余价值，却是比例于各生产部门使用的资本量，所以只要资本之量相等，那就无论构成如何，它总会在社会总资本所生产的剩余价值全量中，分别同样大的一份（可除部分）。

拿有中位构成或近似中位构成的资本来说，生产价格是恰好与或近似与价值相一致的，利润是恰好与或近似与所生产的剩余价值相一致的。别的资本，不问构成怎样，皆会在竞争的压迫下，有一种趋向，要与中位资本均衡化。但因中位构成的资本，与社会平均资本相等或近于相等，故一切资本，不问所生产的剩余价值怎样，皆有一种趋势，要在其商品价格中，实现平均利润，而不实现它所生产的剩余价值。那就是实现生产价格。

反过来，我们也可说，在平均利润成立，从而一般利润率成立——不问成立的方法怎样——之处，这个平均利润，总不外是社会平均资本的利润，其总和当与剩余价值的总和相等，从而，以平均利润加于成本价格而成立的价格，也不外是生产价格化的价值。虽说有某一些生产部门的资本，因某种理由，不能发生均衡化的过程，那也是没有关系的。在这场合，平均利润，依然照均衡化过程所支配的那一部分社会资本来计算。很明白，平均利润，不外是剩余价值总额，比例于各生产部门资本额的大小，分配于各生产部门之间的。它不外是所实现的无给劳动的总计。这个总量，和有给劳动（死的和活的劳动）一样，表现为商品和货币的总额，那是属于资本家的。

在这里，真正的困难在：利润如何均衡化为一般利润率，因为这个均衡化，分明只是结果，不能是起点。

很明白，商品价值的计算（例如以货币计算），只能是商品交换的结果；所以，如果我们以这样一种计算为前提，我们必定把这种计算，看作是商品价值与商品价值发生现实交换的结果。但依商品实在价值而行的商品交换，是如何成立的呢？

假设各不同生产部门的商品，都依照实在的价值售卖。结果将会如何呢？依照我们以前展开的结果，不同的生产部门，有极不同的利润率。商品是否依照价值售卖（换言之，是否比例于各个所含的价值，而以其价值价格 Wertpreisen 互相交换）的问题，和商品是否依照这样的价格（在这种价格下，商品的售卖，得比例于各自在生产上垫支的资本量取得等量的利润）售卖的问题，分明是两件截然不同的事。

推动不等量活劳动的资本，会依比例生产不等量剩余价值这件事，在一定程度内，至少是以这个假设为前提：即假定劳动榨取率或剩余价值率是相等的，或假定当中的差别，已由现实的乃至想象的（传习的）抵消理由所抵消。这又以劳动者间的竞争和劳动者不绝由一部门移到他部门的均衡作用为前提。这样的一般的剩余价值率——它和一切经济法则一样，是一种趋势——是我们为求理论的单纯而假定的；在现实上虽然有实际的阻碍（例如居住法对于英国的农业日佣劳动者）从中引起相当重要的地方差别，但那依然是资本主义生产方法的事实上的前提。在理论上，我们假定资本主义生产方法的法则，是纯粹发展的。固然在现实上只有近似性，但资本主义生产方法越是发展，旧经济状态的残渣的混杂越是澄清，这当中的近似性也越是大。

这当中的困难，完全是这样发生的：即，商品不以单纯的商品的资格交换，却当作资本的生产物交换。这诸种资本要求在剩余价值总量中，得到与它自身的量相比例的一份，如为等量，则要求得到相等的一份。一定资本在一定时间内生产的商品的总价格，应该是把这种要求满足的。这个总价格，又不外是个个商品——资本的生产物——的价格的总和。

当我们假设劳动者各有各的生产手段，而互相交换他们的商品，而这样把握问题时，问题的要点是最明白的：在这场合，商品不是资本的生产物。不同劳动部门所使用的劳动手段和劳动材料，将视此等劳动部门的劳动的技术性质，而有差别；即不问所用生产手段有不等的价值，也须知道，一定量劳动所必需的生产手段之量，将因此商品一定量能在一点钟内造成，在一日造成等，而有不等。再假设在考虑各种均衡的作用，如劳动的强度等之后，各劳动者平均是劳动相等的时间。似此，二劳动者各自劳动一日，首须在他们所生产的商品中，取得一个等价，来补偿他们的支出，补偿所消费的生产手段的成本价格。这个代价的多寡，视劳动部门的技术性质如何，而有不等。次之，他们各都会创造等量的新价值，那是一日劳动加在生产手段上面的。这个新价值，包含他们的工资加剩余价值。这个剩余价值，代表各种必需欲望以上的剩余劳动，但那是属于他们自己的。用资本家的话说，二者皆将受相等的工资加相等的利润，将受相等的价值，那是由一劳动日十小时的生产物表示的。但第一，他们的商品的价值，会有差等。比方说，商品 I 的价值可比商品 II 的价值，有一个较大的部分由所使用的生产手段构成。把各种可能的差别计入，我们还可以假设，商品 I 可以比商品 II 吸收较多的活劳动，从而在生产上，须有较长的劳动时间。这样，商品 I 的价值和商品 II 的价值，就相差极远了。代表劳动者 I 和劳动者 II 在一定时间内的劳动的生产物之商品价值总和，也是这样。又，I 与 II 的利润率（在这里，我们是指剩余价值与所投生产手段的总价值之比）也可相差极远。I 与 II 在生产期间每日消费的生活资料（那代替工资），在此，将代表垫支的生产手段的一部分，这在别的场合，我们把它叫做可变资本。但因劳动时间相等，故对于 I 和

Ⅱ，剩余价值是相等的。更正确一点说，因为Ⅰ与Ⅱ皆须受一劳动日的生产物的价值，所以，在扣除垫支的不变要素的价值之后，他们会领受相等的价值，其中一部分代置生产上所消费的生活资料，别一部分则当作剩余价值。假设Ⅰ的支出较大，他就可以在商品价值中收回一个较大的部分，来代置这个不变部分。因此，他也不得不在生产物的总价值中，取一较大的部分，再转化为不变资本部分的物质要素；同时，Ⅱ由此收回的部分较少，但其中必须再转化为不变资本物质要素的部分也较小。在这情形下，利润率的差异，是一个无足轻重的事情。这好比，代表剩余价值量（那是从工资劳动者夺取的）的利润率，毫无关系于工资劳动者；又好比，在国际贸易上，各国利润率间的差别，完全不会影响商品的交换一样。

所以，商品是依照价值的交换，或是近于依照价值的交换，是代表更低得多的阶段。商品依照生产价格的交换，却必须在资本主义已经发展到一定高度以后，才能够发生。

无论各种商品的价格，最初是依何种方法来互相确定，互相规束，价值法则总会支配着它们的变动。在其他各种情形不变的限度内，只要生产所必要的劳动时间减少了，价格就会跌落；反之，只要增加了，价格就会提高。

且不说价格与价格变动须受支配于价值法则。在此，我们还可说，商品价值不仅从理论方面说，即从历史方面说，也是先于生产价格的。这种考察，对于劳动者有其生产手段的情形，是适用的。不分古今，自耕农和手工匠都有这种情形。此所言，和我们以前发表的见解——由生产物到商品的发展，是起因于共同体与共同体间的交换，非起因于同一共同体各份子间的交换①——也很吻合。并且，这个情形还不仅适合于原始的状况，并且在各生产部门的生产手段，非经困难即不能转用到别的生产部门，以致在一定程度内，各生产部门相互间俨然像对立的国家或共产体相互间一样时，也适合于以奴隶制度农奴制度为基础的以后的各种状态，以及基尔特的手工业组织。

因要使商品交换的价格，得近似的与商品的价值相符合，只须具备如下各条件：（1）各种商品的交换，应不复纯然是偶然的，间断的。（2）在所论为直接的商品交换时，两方面的商品，皆须依适当的比例量来生产，以能满足相互间的需要为定。这一件事，很容易由销路上相互的经验来决定，所以是连续交换的自然结果。（3）在所论为售卖时，契约当事人双方皆不应有自然的或人为的独占（Monopol），以致当事人可以在价值以上售卖，或强使他人必须在价值以下售卖。我们说，偶然的独占，是指买或卖者方面由供求的偶然状态得到的独占。

各生产部门的商品皆依照价值售卖的假定，当然不过包含这样的意思：即，这个价值，成为一个重心，商品的价格是在这个重心的周围摆动，它不绝倾向于均衡化而上下涨落。如是，我们又有了一个市场价值（Marktwert）——这是我们以下要详细论到的——那是必须与各个生产者所生产的个个商品的个别价值分别的。商品的个别价值，有些在市场价值之下（那就是，其生产所必要的劳动时间，比市场价值所表示的劳动时间更小），有些则在市场价值之上。市场价值，一方面，须视为该生产部门所生产的商品的平均价值，他方面，须视为该生产部门在平均条件下生

---

① 1865年，这还不过是马克思的"见解"。现在，因有摩勒尔（Maurer）到莫尔根（Morgan）等人对于原始共同体加以广泛的研究，这里所说的，已经成了公认的事实，几乎没有一个人反对了。——F. E.

产的商品（那是该部门生产物的大半）的个别的价值。要以在最不利条件下或最有利条件下生产的商品支配市场价值，成为市场价格摆动的中心（每一类商品，都只有一个这样的中心），那除非各种情形发生一种异常的结合。倘习常的需要，可由平均价值的商品的供给，换言之，由二极间中位价值的商品的供给满足，则个别价值在市场价值之下的商品，便可实现一个额外的剩余价值，即剩余利润（Surplusprofit）。反之，个别价值在市场价值之上的商品，则其中所含剩余价值就有一部分不能实现。

有人说，最不利条件下生产的商品也能售卖的事实，足以证明，这样的商品，也为充实需要所必需①。但这样说，是没有益处的。如果假定场合的价格，比中位市场价值为高，需要是会减小的②。每一种商品，依照一定的价格皆可在市场上占取一定的范围。价格变化了，如果这种范围要保持不变，那除非价格腾贵时伴以商品量的减少，或价格低落时，伴以商品量的增加。反之，如果需要这样强，虽其价格受最不利情形下生产的商品的价值支配，但其需要仍不收缩，则决定市场价值的，将为最不利情形下生产的商品。但这情形，只在需要超过习常的需要，供给少于习常的供给时，方才有可能。最后，如果所生产的商品量，竟比依中位市场价值所可售出的商品量更大，则决定市场价值的，当为最有利条件下生产的商品。他们将能恰好或大约依照他们的个别价值，售卖他们的商品。在这场合，最不利条件下生产的商品，甚至不能实现它们的成本价格；同时，在中位平均条件下生产的商品，也只能实现其所含剩余价值的一部分。以上所论，皆关于市场价值。但只要以生产价格代替市场价值，以上所说的话，就可应用到生产价格上来了。生产价格在每一生产部门，都

---

① 译者注：第一版"需要"误为"供给"，据马恩研究院版改正。
② 译者注：第一版"减小"误为"加大"，据马恩研究院版改正。

有支配作用，都可以在特殊情形下支配。它也是一个中心。日常的市场价格，即在这个中心的周围摆动，且有在一定期间内，互相均衡而归着于这个中心的趋势。参看里嘉图的著作，他曾主张，生产价格是由最不利条件下生产的人决定的。（里嘉图《原理》麦克洛克版伦敦1852年第37、38页）

无论价格是如何支配，结果总归是这样的：

（1）价值法则支配价格的变动；因为生产所必要的劳动时间的减少或增加，可以使生产价格昂腾或低落。也就在这个意义上，里嘉图（他当然认识了，商品的生产价格和商品的价值是有差异的）说，他愿读者注意地研究所关涉的，是商品相对价值上的变化的影响，不是商品绝对价值上的变化的影响。

（2）决定生产价格的平均利润，必常与一定资本（当作社会总资本的一个可除部分）所应得的剩余价值量，大略相等。假设一般利润率从而平均利润所依以表现的货币额，比依货币价值计算的现实的平均剩余价值更高。在所论仅为资本家的限度内，他们相互间是依照10%，抑是依照15%来榨取利润，是一件毫无关系的事。后一个百分率，并不比前一个百分率，在现实商品价值中占较大的部分；因为，货币表现的多取，本是相互的。但若把劳动者加进来考察（假设他们仍领受正常的工资，所以平均利润的提高，不表现为工资之现实的减低，换言之，不表现为资本家的正常的剩余价值），则因平均利润提高而起的商品价格的提高，必伴着使可变资本的货币表现，相应地提高起来。利润率与平均利润，在名义上，一般地是提高到由现实剩余价值对垫支总资本的比例而定的程度以上了，但在事实上，这种提高，倘非提高工资，并提高构成不变资本的诸种商品的价格，乃是不可能的。相反的情形，可以同样考察。现在我们可以说了。既然商品的总价值规制总剩余价值，总剩余价值规制平均利润和一般利润率的高度——这是一般法则，是支配各种变动的法则——所以，价值法则支配生产价格。

竞争在一个生产部门内，先由商品的各种不同的个别价值，成立一个相等的市场价值，和市场价格。次之，各不同生产部门的资本的竞争，又引起生产价格，使各不同部门的利润率趋于均等。后一个过程比前一个过程，还需有更高的资本主义生产方法的发展。

因要使生产部门相同，种类相同，质量大约相同的商品，能依照它们的价值售卖，如下两个条件是必须具备的。

第一：不同的个别价值，必须均衡化为一个社会价值（Gesellschaftlicben Wert），即上述的市场价值。要这样，必须在同种商品生产者间有竞争，并且必须有一个共通的市场，作为他们供给商品的场所。因要使同种但在不同条件下生产的商品的市场价格，得与市场价值相符合，而不分歧，不提高在其上，也不跌落在其下，不同的售卖者必须相互压迫，使他们所供于市场的商品量，恰好为社会所需要，换言之，其市场价值恰好为社会所能支付。如果生产物量超过这种需要，商品必在其市场价值之下售卖；反之，如果生产物量不足供应这个需要，换言之，如果售卖者间竞争的压迫，尚不能使这样多的商品到市场上来，商品就必定会在其市场价值之上售卖。但若市场价值本身发生变化，则总商品量能够卖售的条件也会变化。那就是，如果市场价值跌落，平均的社会需要（那常指有效需要）就会增加，甚至在一定程度内，吸收较大量的商品。如果市场价值提高，社会对商品的需要就会收缩，从而，能被吸收的商品量也减小。所以，如果供给与需要会调节市场价格，或者说，调节市场价格与市场价值之差，则市场价值也会调节需要与供给的比例，或调节这个中心。需要供给的变化，就是使市场价格在这个中心的周围摆动的。

进一步考察一下，我们发觉，决定个个商品价值的条件，在这里，又是决定一种商品全部的值价的条件。因为，资本主义生产自始就是大量生产。别的更不发展的生产方法（至少就大宗商品说），也是把许多小量造出的物品（那是许多小生产者工作的结果），当作共同生产物（一生产部门全体的共同生产物，或其中一部分人的共同生产物），大量累积在并蓄积在市场上比较少数的商人手中售卖。

在此，我们可以附带讲一声，社会需要或规制需要原则的东西，本质上，是由各阶级相互的关系及各自的经济地位来决定的。那第一是总剩余价值对工资的比例，第二是剩余价值分为各种部分（利润、利息、地租、赋税等）的比例。这又说明了，倘不明白供求比例作用的基础，无论怎样明白供求的比例，也绝对不能说明什么事。

虽然商品和货币二者，皆为使用价值和交换价值的合一，但我们已在第一卷第一章第三节讲过，在买和卖上，这两个定素是分在两个极端上的，商品（卖者）代表使用价值，货币（买者）代表交换价值。商品售卖的一个前提是，商品必须有使用价值，必须能满足某种社会需要。别一个前提是，商品内含的劳动量，代表社会必要的劳动，商品个别价值（在现在的假定下，那便是售卖价格）与其社会价值一致①。

我们就把这个结论，应用到市场上的构成一全部门生产物的商品总量上来。

为求易于说明起见，且先把这全量商品（那是由一个生产部门出来的），认做一个商品，把这许多同样的商品的价格总和，认做一个价格。此际关于一个商品所说的话，可逐字用到市场上

① 马克思《经济学批判》柏林 1859 年第 8 页。

某生产部门的商品全量上来。商品个别价值与其社会价值相符合这句话，就是在这样的形态上实现的、规定的。即，商品总量包含其生产所必要的社会劳动，这总量的价值等于其市场价值。

假设此等商品大部分，是大约在相同的标准的社会条件下生产的，其价值与构成此大部分的个别商品的个别价值相一致。在这个条件之下生产的部分，和在这个条件之上生产的部分，既然只占比较小的部分，所以一部分的个别价值，虽较大部分的中位价值更大，别一部分的个别价值，虽较大部分的中位价值更小，但这二极端会互相均衡，所以，二极端的商品的平均价值，仍与中位的大部分的商品的价值相等。在这情形下，市场价值，是由依中位条件生产的商品的价值决定的①。总商品量的价值，和个个商品价值全体合计的总和，是相等的，不必问它是依中位条件生产，还是在中位条件之上或在其下生产。在这场合，商品总量的市场价值或社会价值——即其中所含的必要的劳动时间——是由中位的大部分商品的价值决定的。

反之，假设向市场供给的商品总量不变，但依较不利条件生产的商品的价值，不能由依较有利条件生产的商品的价值相均衡，并假设依较不利条件生产的部分，比中位的部分和别一极端的部分，在商品量中，占相当大的一部分。这样，规制市场价值或社会价值的，就是依最不利条件生产的那一部分商品了。

最后，又假设依较有利条件（比中位条件较有利）下生产的商品量，远较依较不利条件生产的商品量为大，以致在商品量中占最大部分的，不是在中位条件以下生产的部分，而是依较有利条件生产的部分。这样，调节市场价值的，便是依最有利条件生产的部分了。在这里，当市场价值由那依最有利条件生产的部分

---

① 前书

规制时，我们且不问市场过剩的问题；又，在这里，我们所论的，不是和市场价值不同的市场价格，只是市场价值的各式各样的决定①。

在事实上，当然只能有近似的第一种情形，那当中有无数种的变化。但若我们假设它是严格的，则由中位价值规制的商品总量的市场价值，等于其个别价值的总和，虽说这个市场价值，对于两极端生产的商品，依然表现为平均价值。这样，依最不利条件生产的人，就须在他们的个别价值之下，售卖他们的商品，而依最有利条件生产的人，就可以在他们的个别价值之上，售卖他们的商品了。

在第二种情形，二极端生产的二商品量，不能互相均衡，而由那依较不利条件生产的商品，决定一切。严格说来，各个商品（或总量的各可除部分）的平均价格或市场价值，要由商品总量的总价值（等于依各种条件生产的商品的价值相加起来）和这个总价值应归于各个商品的可除部分，来决定。这样确定的市场价值，不仅会高过那依有利条件生产的商品的个别价值，并且会高过那依中位条件生产的商品的个别价值，但它仍可低在那依最

----

① 斯托齐和里嘉图关于地租问题所发生的论争（这个论争，不过是就事而论的，实际他们并没有相互知道）是：市场价值（即是他们所谓市场价格或生产价格）是由最不利条件下生产的商品规制呢（见里嘉图前书第38页以下）还是由最有利条件下生产的商品规制？（见斯托齐《经济学教程》第二卷第78页以下）这个论争，可以这样解决：即，他们都有是处，都有不是处，但他们两个人都完全把中位的情形忘记了。歌尔白（见前书第42页以下）关于价格由最有利条件下生产的商品规制这一层，曾有所论述，可以参考。——"他（里嘉图）并不是说，相异二商品的两个定量，例如一顶帽和一双鞋，如果是由等量劳动生产，便会互相交换。在'商品'这个名词下面，我们所指的，是'商品'类型，不是一顶帽，或是一双鞋等。为这个目的，我们必须把英吉利制造全部帽子所费去的劳动，综合起来，再用帽的全数去分。在我看，这个见解，似未曾先在这种学说的概述中，表白过。"（匿名者著《关于经济学上若干辞名的论争》伦敦1821年第53、54页）

不利条件生产的商品的个别价值之下。其市场价值，究如何与这个个别价值相近或一致，那完全要看，依最不利条件生产的商品量，在该商品部门内，占怎样大的部分。只要需要稍稍超过供给，支配市场价格的，就是依较不利条件生产的商品的个别价值了。

最后，假设依最有利条件生产的商品量，不仅比那依最不利条件生产的商品量，占更大的地位，甚至比那依中位条件生产的商品量，也占更大的地位。这就是以上所述的第三种情形。这样，市场价值是会落在中位价值之下的。由二极端与中位价值合计求得的平均价值，在这场合，将在中位价值之下；究如何接近或如何远离这个中位价值，则视最有利极端所占的部位如何而定。如果需要与供给相比显得微弱，则占有利位置的商品部分无论怎样大，它也会把自己的价格收缩到与它的个别价值相等的程度，俾能勉强取得存在的余地。但市场价值，是决不能与那依最有利条件生产的商品的个别价值相一致的，除非供给远超过需要。

市场价值成立的方法，已抽象地表述如上。假如需要很强，竟足依照这样成立的价值，将商品全部吸收去，则因购买者互相竞争之故，这个方法就会在现实市场上，确立起来。在这里，我们就转到别一点上面了。

第二，说商品有使用价值，不外说它能满足某种社会的欲望。当我们只讨究个个商品时，我们即不进一步研究这个待满足的欲望之量，也可以假定，对于这某种商品——其量已经在价格中暗示了——的需要，是存在的。但若我们所论，一方面是一生产部门全部的生产物，他方面，是社会的欲望，则欲望之量如何，便是一个不能不问的问题。在此，我们必须考察社会欲望的程度，即，其分量。

在以上关于市场价值的说明中，我们假设所生产的商品量是不变的，是已定的。我们仅假设在这总量中，依各种条件生产的诸部分的比例发生变化，以致同量商品的市场价值，在决定上发生差异。假设此种商品量与普通的供给量相等。当然，所生产的商品，可以有一部分，暂时从市场退出。但我们且不说此。这样，如果对此总量的需要，是像通常一样不生变化，此商品便会依照市场价值售卖，而无论市场价值，在上述三法中，是依何法规定。此量商品不仅满足欲望，且尽其社会范围，满足这种欲望。反之，多如其量较需要为小或大，市场价格就会与市场价值不一致了。这当中第一种的不一致是：当其量过小时，依最不利条件生产的商品，将支配市场价值，当其量过大时，则依最有利条件生产的商品，将支配市场价值。换言之，将由极端之一，规定市场价值；虽然依不同条件生产的商品量的比例，应当推出与此相异的结果来。如果需要与生产量间的差异很大，则市场价格与市场价值不一致（或在其上或在其下）的程度，也必很大。但所生产的商品量，与能依市场价值售卖的商品量之间，可由两种原因，引起差别。第一，是所生产的商品量本身发生变化，过小，或过大，以致再生产的规模，和调节原市场价值的商品的生产规模相异。如果是这样，那就是在需要不变时，供给发生变化，以致引起相对的生产过剩或生产不足的现象。第二，是再生产（即供给）不变，但需要由种种原因增加或减少。如果是这样，供给的绝对量继续不变，其相对量（与需要比较而言的相对量）则变化。结果是和前一种情形相同，不过方向相反罢了。最后，如果两方面都生变化，但方向相反，或方向相同，但程度不同，换言之，如果两方面都生变化，以致两方的比例发生变化，则最后结果，总必在上述二种情形中，居其一。

在需要与供给的一般的概念规定上，真正的困难是在这一点：即，它们好像是同义异名。先考察供给，那是市场上已有的生产物，或能供给于市场的生产物。为避免全然无用的细目起见，我们是只考虑一定产业部门年再生产的数量，不问不同诸种商品从市场撤去，为来年消费而堆存的能力，有大小的不等。年再生产，先是表现为一定量，如商品量为连续计量的，便以量计，如商品量为个别分离计算的，便以数计。它们不仅是满足人类欲望的使用价值；这种使用价值，还以一定的数量，存在市场内。其次，这个商品量还有一定的市场价值，那是由个别商品的市场价值的倍数来表示，或是由充作单位的商品量的倍数来表示。市场上的商品的量的范围与其市场价值之间，没有必然的关联；因为，有许多商品有特别高的价值，有许多商品有特别低的价值，所以，一定额的价值，可以代表这种商品的极大的量，又可以代表那种商品的极小的量。市场上的商品的量，与这种商品的市场价值之间，只有这一种关联：即，在劳动生产力的一定的基础上，各特殊生产部门的一定量商品的生产，需有一定量的社会劳动时间；虽然这个比例，是各生产部门完全不同的，且与这种商品的用途或其使用价值的特殊性质，没有任何内在的关系。假设其他一切的条件相等，如某种商品 a 量须费 b 劳动时间，该商品 na 量，即费 nb 劳动时间。再者，在社会要满足其欲望且必须为这个目的，生产一个商品时，它必须是为这个目的，支付的。在商品生产以分工为前提时，社会购买这种商品，是因为它曾用它所能利用的劳动时间的一部分，来生产这种商品。它就是用它所能利用的劳动时间的一定量，来购买这种商品的。因分工之故，社会的一部分，把他们的劳动，用在这一定的商品的生产上。这一部分人，必须由社会劳动——表现在那能满足社会欲望的商品上的——取得一个等价。但用在一种社会商品上的社会劳动的总量（那就是，社会用在这商品生产上的总劳动力的可除部分，也即是这种商品生产在总生产上所占的范围），和社会依该种商品满足欲望的要求的范围，并没有必然的关联，而只有偶然的关联。当然，每一商品或一定量某种商品，也许只包含它生产所必要的社会劳动，从而，从这方面考察，该种商品全量的市场价值，只代表必要劳动，但若该种商品的产量，竟超过社会对于该种商品的需要，社会劳动时间的一部分，就被浪费；在这场合，该商品量在市场上代表的社会劳动量，就比它实际包含的社会劳动量，更小得多。（在生产受社会之现实的预定的统制的地方，社会才会在用来生产某种商品的社会劳动时间的范围，和由这种商品来满足的社会欲望的范围之间，创立一种关联。）所以，该商品必须在其市场价值以下出售，甚至其中一部分，全然不能卖出。——反之，如被用来生产某种商品的社会劳动量过小，以致由这种商品满足的社会欲望的范围相形过大，结果就恰好相反。——若被用来生产某种商品的社会劳动的范围，恰好与待满足的社会欲望的范围相符合，则该商品的产量，与需要不变时再生产的通常标准相一致，该商品即将依其市场价值出售。商品依照价值交换或售卖，才是合理的方法，是诸商品互相均衡的自然的法则。我们必须由这个法则，说明当中的差违，不能由这种差违，说明这个法则。

我们再看别一方面：需要。

商品是当作生产手段或生活资料而被购买的；当然，有许多种商品，可以供充这两个目的，但这不致引起何种变化。商品不是加入生产的消费，便是加入个人的消费。所以，生产者（在这里，是资本家，因为我们假定生产手段已经资本化了）和消费者，都有对于商品的需要。最先一看，好像这二者在需要方面，都有一定量的社会欲望，与各生产部门的一定量的社会生产相应。如果棉工业要依一定规模，反复实行年再生产，棉的生产便也须维持向来的规模；假设其他情形不变，则为常年再生产的扩大（因资本蓄积之故）计，尚须有追加量的棉花生产。就生活资料而言，也是这样的。劳动者阶级至少要有同量的必要生活资料（也许在种类上有多少的变更），方才能依照向来的平均方式，继续生活。且为常年人口的增殖计，尚须有若干追加量的生活资料才行。这里所说，加以相当的修正，也是可以适用到别的阶级上来的。

所以，在需要方面，好像一定的社会欲望，是以一定的量存在的。其满足，又须在市场上，有一定量的某种物品。但这种欲望的量的规定，有充分伸缩性，变化性。它不过在外表上看是固定的。如果生活资料更便宜了，或货币工资提高了，劳动者就会购买更多的生活资料，从而，对于这种商品，将有更大的"社会欲望"。在这里，且不说待救恤的贫民（Paupars）；因为他们的"需要"，甚至可以降到生理欲望的最低限以下。就别一方面说如果棉花更便宜了，资本家对棉花的需要就会增加，并会有更多的追加资本，投到棉工业上来。其他可以类推。在这里，我们不要忘记，在我们的前提下，生产的消费之需要，乃是资本家的需要，其真正目的，乃在剩余价值的生产。他就是为这个目的，来生产一定种类的商品的。不过，在他在市场上当作棉花购买者的限度内，他仍不妨代表对于棉花的欲望。并且，棉花购买者究竟是把棉花转化为衬衫，转化为火药棉，抑是转化为塞自己耳朵或塞世人耳朵的填棉，对于棉花售卖者，是一点关系没有的。但这个情形，对于资本家的购买，却有大的影响。他对于棉花的欲望，根本就要受这个事情的影响：即，在现实上，这种欲望，不过把赚取利润的欲望假装。——需要（那在市场上代表对于商品的欲望），会在量的方面，与现实的社会的欲望相差异的；那就是，被需要的商品量，和商品货币价格异此时或购买者金融状况或生活状况异此时将被需要的商品量，将有差异。不过，差异的限界，是各种商品极不相同的。

需要与供给的不能均等，及市场价格与市场价值由此所发生的不能一致，是再容易说明没有了。但真正的困难之处，是在决定需要与供给互相均衡这一句话，作什么解释。

如果需要与供给保持这样的比例，以致该生产部门的商品量，得依照它们的市场价值售卖，不在市场价值之上，也不在市场价值之下，则需要与供给归于均衡。这是我们听到的第一点。

第二我们听到如果商品能依照它们的市场价值售卖，则需要与供给互相均衡。

如果需要与供给互相均衡，它们就会没有作用，也就因此，所以商品会依照它们的市场价值售卖。比方有两种力，从相反的方向发生均等的作用，它们就会互相扬弃，不会对外界发生任何影响，而在这条件下进行的现象，自不应由这两种力的干涉来解释，却须由别的原因来说明。如果需要与供给相互均衡，它们就不再能说明任何事物，它们将不影响市场价值，使我们更无从了解，为什么，市场价值恰好表示为这个货币额，而不表示为别的数额。很明白，资本主义生产之现实的内在的法则，不能由需要与供给之相互作用来说明（且把这两种社会动力之更深的不必在这里论到的分析，存而不论）；因为必须需要与供给停止发生作用，即互相均衡，然后此等法则才能纯粹实现出来。就事实而言，需要与供给是从来不会均衡的；即使均衡了，那也只是偶然，只是科学上的零，可认为是没有的。但政治经济学假定它们是相互均衡的。为什么呢？仅因为要合法则地，在与概念相一致的姿态上，考察现象；那就是说，仅因为要撇开诸种由供求运动所引起的外观来考察。从别方面说，是因为要见出供求运动的现实倾向，并且把它确定。因为需要与供给的诸种不等性，有互相对立的性质，并因为这诸种不等性，会不断地互相地接着发生，所以它们会由它们的相反的方向，由它们的相互的矛盾，而互相抵消。如果在一定场合，需要与供给在任一瞬间皆不能均衡，它们的不等，就会这样接着发生——一方向的差异，结果会引起方向相反的差异——以致就一个或长或短的时期全期来考察，供给与需要会不断均衡。这种均衡，只是过去种种运动的平均，只是它们的矛盾之不断的运动。也即由此，诸种与市场价值相差违的市场价格，平均计算，得互相均衡，而还原为市场价值；因为各种与市场价值的相差的数额，会当作正数和负数，而互相抵消。这个平均数，不仅有理论上的重要性，并且对于资本有实际上的重要性；因为在投资时，我们的计算，是必须依据一定期间内多次的变动和均衡来计算的。

需要与供给的比例，一方面只说明市场价格与市场价值的差违，他方面只说明这种差违互相抵消（那就是把供求比例的作用停止）的趋势（有价格而无价值的例外商品，是我们这里不考察的）。由供求不等而引起的作用，可以在极相异的形态上，由需要与供给而停止。例如，如果需要降落，从而市场价格降落，资本就会被撤去，因而使供给减少。但这种情形也是可能的；即，市场价值得由缩短必要劳动时间的发明，而减落，而与市场价格相均衡。反之，如果需要增进，市场价格超在市场价值之上，那就会有过多的资本，流入该生产部门，生产因以激增，因而，市场价格甚至会落到市场价值以下。从他方面说，那就是引起价格腾贵，从而使需要缩减。这个情形，还会在某一些生产部门，在一个或长或短的期间内，把市场价值提高；因为，在这个期间内被欲望的生产物，有一部分，必须在此较不利的条件下生产。

需要与供给决定市场价格；从别方面说，市场价格，并在进一步的分析上，市场价值也决定需要与供给。就需要而言，这是极明白的；因为需要与价格为相反的变动，价格跌则需要提，价格涨则需要落。但就供给而言，也是这样的。在所供给的商品内包含的生产手段的价格，决定对于这种生产手段的需要，并决定商品（其供给已暗示对该种生产手段的需要）的供给。例如，棉花价格对于棉制品的供给，便有决定作用的。

价格由需要与供给决定，需要与供给又由价格决定。这是一种错杂。但在这种错杂之外，尚有别的错杂：即，需要决定供给，供给又决定需要；生产决定市场，市场又决定生产①。

就连普通的经济学者（见注①）也看到了，虽然需要或供给，未曾由外部的事情引起变化；但供给和需要的比例，仍可因商品市场价值的变动而变动。他也须承认，无论市场价值如何，需要与供给必须互相均衡，方才能把市场价值引起。那就是，需

---

① 以下所述的"论锋"，纯然是无意义的："在生产一种物品所必要的工资额：资本额，土地额，与先前不同的地方，亚当·斯密所说的物的自然价格，也会变化，从而，原来是物的自然价格的价格，会因有这种变化，而变化为物的市场价格。虽说供给与要求量都没有变化，"——在这场合，二者都会发生变化，因为市场价值，或斯密所说的生产价格将因价值变化而发生变化——"但因供给，和愿依生产成本来支付价格并能支付这种价格的人的需要，不恰好一致，或是更大，或是更小，所以，供给与有效需要（指新生产成本下的有效需要）的比例，也会和以前不同。所以，假设中间没有什么阻碍，则供给会发生变化，以致商品定在一个新的自然价格上。所以，许多人看来。正可说——因商品会由供给变化而归到自然价格——自然价格是由一种供求比例成立，像市场价格由别一种供求比例成立一样。所以，自然价格是和市场价格一样依存供求相互间的比例。"（亚当·斯密所说的自然价格的决定，和市场价格的决定，都须定立供给需要的大原则。——马尔萨斯）（匿名者著《关于经济学上若干名辞的论争》伦敦 1821 年第 60、61 页）但这位聪明的先生，不曾了解，在这场合，正是生产成本的变化，正是价值的变化，引起需要上的变化，从而，引起需要与供给的比例的变化，而需要上的这种变化，又会引起供给上的变化。此所说，正好证明了这位思想家所要证明的事情的反面。那就是，生产成本的变化，非受调节于供求比例，反之，它其实会调节供求比例。

要与供给的比例，不能说明市场价值，不过市场价值可以说明需要与供给的变动。"若干名辞的论争"的著者，曾在注中所引用那一段话之后，接着说："这个比例（需要与供给之间的比例）——如果'需要'和'自然价格'二辞的意义，还是和我们论述亚当·斯密时的意义一样——必须常常是一个均衡的比例；因为，在供给与有效需要（那就是付价不比自然价格更多也不比它更少的人的需要）相等的时候，自然价格才会在事实上付进来。所以，同一的商品，会在不同的时候，有两个极不相同的自然价格，但在该二场合，供给与需要的比例可以是一样的；那就是，仍然是均衡的比例。"换句话说，同一商品虽在不同时候有两个不同的自然价格，但需要与供给常能互相均衡，且必须互相均衡，如果在这二场合，商品要依照它的自然价格售卖。在这二场合，既然需要与供给的比例无差别，而只有自然价格的量的差别，故很明白，自然价格的决定，是与需要和供给无关。它是不能由需要和供给来决定的。

因要使一个商品能依照它的市场价值售卖，那就是，比例于它所包含的社会必要劳动来售卖，用在这种商品总量上的社会劳动的总量，必须与这种商品的社会欲望的量相应，那就是必须与有支付力的社会欲望的量相应。竞争，与供求比例变动相应的市场价格变动，不断要把用在这种商品上的劳动总量，归到这个标准。

在需要与供给的比例上，第一，是复演了使用价值与交换价值的关系，商品与货币的关系，买者与卖者的关系；第二，是复演了生产者与消费者的关系（虽然二者皆可由第三者即商人代表）。在考察买者与卖者时，我们要说明他们的关系，只要个别地，把他们对立起来就可以。商品的全部转形，从而，买与卖的全部，只要有三个人存在就可以。A 把他的商品转化为 B 的货

币，那就是把他的商品卖给 B；他再把货币转化为商品，即向 C
购买。全部过程就在这三个人之间进行的。又，在考察货币时，
我们曾假设，商品是依照价值售卖，因为在那种考察上，毫无考
察与价值不一致的价格的理由。我们在那里，只要考察，商品转
化为货币时，货币再转化为商品时，曾经过怎样的形态变化。只
要商品卖出了，并用出卖所得的货币再购买一个新商品，这全部
转型就呈现在我们面前了；当我们这样考察时，我们实毋庸问商
品价格是在其价值之上，抑在其下。商品价值，当作基础，依然
是重要的，因为货币必须从这个基础，才能在概念上论明，而就
一般的概念说，价格原不过是货币形态上的价值。当然，把货币
当作流通媒介而考察时，我们是假定，该商品不只通过一种转
形。我们考察的，宁可说是这种形态变化之社会的错综。必须如
此，我们方才能论到货币的通流与货币的流通媒介机能的发展。
不过，这个关联，对于当作流通媒介的货币的转移，对于由此发
生的货币的转化姿态，虽至为重要，但对于个别购买者和个别售
卖者间的交易，却是不关紧要的。

　　但在所论为需要与供给时，供给是等于某种商品的售卖者或
生产者的总和，需要是等于该种商品的购买者或消费者（生产的
消费者或个别的消费者）的总和。在这上面，是这两个总和，当
作单位，当作集合力，而互相影响。在这场合，个人不过当作社
会力的部分，当作集合体的原子。竞争也就在这个形态上，使生
产和消费之社会的性质，成为现实的。

　　在竞争上面，为暂时势弱的方面的个人，往往要与其竞争者
团体相独立，甚至直接与其相反对；但也正因此，所以他们将发
生互相依存的感觉。同时，势强的方面，却不断当作密集合的单
一体，以与对方相对待。如果某种商品的需要比它的供给更大，
则在一定限界之内，会有某个购买者，愿比别个购买者出更高的

价钱，以致该商品出卖的价格，对一切购买者说，都会比市场价值①更高；同时，从别方面说，售卖者则共同以较高的市场价格售卖。反之，如果供给超过需要，那就会有人愿以低价求售，别人又一定会跟着来；同时，购买者却会共同努力，冀尽可能，把市场价格压到市场价值之下。共同努力所得的利益，比反对共同努力所得的利益更多时，人们才会关心共同的努力。在势弱的方面，各人都想尽可能，以自力摆脱共同的行动，所以共同的行动会停止。再者，如有某生产者能以更便宜的方法生产商品，并能售卖更多的商品，从而，在市场上有更大的活动余地（因为他可以在现行市场价格或市场价值之下售卖），他就会这样做的。这样，别的人，也渐渐被迫去采用更便宜的生产方法，以致社会的必要劳动，减到一个新的较低的水平。如果一方占优势，凡属占优势方面的人，都蒙受它的利益，好像他们曾实现一种共同的独占一样。如果该方势弱，则属于该方的人，都会设法以自力更生而为强者（例如各人都打算以较小的生产成本工作），至少，要尽力从该方脱离；在这情形下，他的行为，虽不仅与他自己有关，且与他的同侪全体有关，但他是绝不会顾念到他的同侪的②。

需要与供给暗示价值之市场价值化；当需要与供给在资本主义的基础上进行，商品为资本的生产物时，它们还假定资本主义的生产过程，其基础，不是商品之单纯的买卖，而是完全异样的更复杂的事情。在资本主义的生产过程上，问题不是商品价值到价格之形式的转化，不是单纯的形态变化，乃是市场价格与市场

---

① 译者注：原版为"市场价格"，据马恩研究院版改正。
② "如果一个阶级中每一个人都只能在全体的利益和所有物中，获得一定的部分，他就会和别人联合起来，企图把这个利益提高（在供求比例许可时，他就会这样做的）：这就是独占。但若每一个人都觉得，他可由减少利益全额的方法，来增加他个人自己的部分，他也会照这个方法做的，这就是竞争。"
（《供求原理的研究》伦敦 1821 年 150 页）

价值之量的差违，更进一步说，是市场价格与生产价格之量的差违。在单纯的买卖上，只要考察单纯的商品生产者怎样互相对待就够了。但在较进一步的分析上，需要与供给，还假定各阶级和各阶层（Klassenabteilung）的存在；社会的总所得，就是在这各阶级和阶层之间分配的；他们会把它当作所得消费掉，并构成那由所得而成的需要。而在别方面，我们要了解生产者相互间的需要与供给，也必须理解资本主义生产过程的总形成。

在资本主义的生产下，成为问题的，不仅是在商品形态上，把一个价值额掷在流通中，从而在别的形态（或是货币的形态，或是别种商品的形态）上把一个等价值额取出，并且是以资本垫支在生产上，从而由这个生产部门，和别的同样大的资本一样，或比例于它的量，取出同样大的剩余价值或利润。所以，在资本主义的生产下，至少，要依照能供给平均利润的价格，即生产价格，售卖商品。在这个形态上，资本遂当作一种社会的权力，出现在意识中了；每个资本家，都比例于他在社会总资本中所占有的部分，享有这个社会权力的一部分。

第一，资本主义的生产，就其自体说，是不关心它所生产的商品的使用价值或特殊性的。在任一生产部门，都只要生产剩余价值，都只要在劳动生产物中，占取一定量的无给劳动。又，隶属在资本下面的工资劳动，也不关心它的劳动的特殊性质，却会依照资本家的欲望来转形，并由一生产部门移到别的生产部门。

第二，在事实上，一个生产部门是和别的生产部门一样好，一样坏的。任一个生产部门，都会提供相等的利润；任一个生产部门，如果它所生产的商品，不能满足某种社会欲望，便是无目的的。

但若商品是依照价值售卖，那就和我们所说明的那样，必致在各生产部门，引起极不相等的利润率，因为投在各生产部门的资本额，将有不同的有机构成。但资本会从利润率低的部门撤去，转投到别的利润率更高的部门。这种不断的移出和移入，总之，资本在诸不同部门间视利润率涨落而行的配分，将使供给与需要保持这样的比例，从而，使不同诸生产部门的平均利润相等，使价值转化为生产价格。因资本主义在一民族社会内的发展程度有高有低，换言之，因各国状态对于资本主义生产方法的适合程度有深有浅，所以，资本所能实行的这种均衡的程度，也有大有小。资本主义的生产越是进步，它也越是发展它的条件，使生产过程所依以进行一切社会条件，都从属在资本主义的特殊性质和它的内在法则之下。

不断的不等性之不断的均衡，在下述二条件下，会进行得更迅速：（1）资本更有能动性，那就是，资本更容易由一个部门一个地点，移到别个部门别个地点。（2）劳动力能更迅速地，由一个部门，移到别个部门，由一个生产地点，移到别个生产地点。第一个条件，假定社会内部的完全的商业自由，假定除自然的独占（即由资本主义生产方法本身引起的独占）外，一切的独占皆被排除。它还假定信用制度的发展，那会把可用的社会资本之非有机的数量累积起来，不让它仍留在个个资本家手中；还假定不同诸生产部门是隶属在资本家之下。这最后一个假定，已经包括在这个假定里面了：即，就一切归资本家经营的生产部门考察，价值会自行转化为生产价格。但这种均衡，也会逢着大的阻碍，如果有许多非由资本家经营的生产部门（例如由小农经营的农业），介在资本主义的经营之间，和它错综复杂，不能分开。又，大的人口密度，也是必要条件。——第二个条件，假定一切禁止劳动者由一生产部门移到别生产部门，由一生产地点移到别一生产地点的法律，皆废止；假定劳动者可以无须关心他的劳动的内容；各生产部门的劳动得尽量还原为单纯劳动；劳动者间的职业偏见，得完全抛除；最后，劳动者皆隶属在资本主义生产方法之下。其详，是要在论竞争的专门著作上讨论的。

由以上所说，可知个个资本家和各特殊生产部门的资本家全体，都关心于总资本对总劳动阶级的榨取及其榨取程度。这不仅出于一般的阶级同情心，并且出于直接的经济利害关系——因为，一切其他情形（垫支不变资本全部的价值，即为其一）被假定为不变时，平均利润率是取决于总资本对总劳动的榨取程度的。

资本每 100 所生产的平均利润，与资本每 100 所生产的平均剩余价值，是一致的；就剩余价值说，以上所说，自始就是自明的。就平均利润说，垫支资本的价值，才当作利润率的一个决定要素。实在说，一个资本家或特定生产部门的资本，所以会特别关心他直接使用的劳动者的榨取，仅因为要由例外的过度劳动或由工资削至平均以下，或由所用的劳动的例外的生产力，获得一种特别的利益，即平均利润以上的额外利润。不说此，则在生产部门内完全不使用可变资本，不雇用劳动者的资本家（这是一个夸张的假定），会和只使用可变资本而以全部资本投为工资的资本家（这是别一个夸张的假定），同样关心资本对于劳动阶级的榨取，且同样由无给的剩余劳动取得利润。劳动的榨取程度，在劳动日为已知数时，定于劳动的平均强度，在劳动的强度为已知数时，定于劳动日的长度。劳动的榨取程度为剩余价值率的程度所依存；从而，在可变资本的总额不变时，尚为剩余价值之量，为利润之量所依存。与总资本相别而言，一个部门的资本，才会特别关心它所特别使用的劳动者的榨取；与一个部门的资本家相别而言，个别资本家，才会特别关心他个人直接使用的劳动者的榨取。

从别方面说，资本的每个特殊部门，和每一个资本家，对于总资本所使用的社会劳动的生产力，却有相同的利害关系。因为，有两件事，是取决于这种生产力的，第一是平均利润所依以表示的使用价值量；这有二重的重要性，因为它不仅是新资本的蓄积基金，且也是享乐的所得基金。第二是垫支总资本（不变资本和可变资本）的价值程度。在全资本阶级的剩余价值量或利润量为已定数时，利润率或一定量资本的利润，就是由垫支总资本的价值程度决定的。至若劳动在特殊生产部门或特殊营业之特殊的生产力，却只为直接当事的资本家所关心：因为，这种特殊的生产力，不过使这个部门（与总资本相对待），或这个资本家（与他所属的部门相对待），能够取得额外利润。

所以，在这里，我们有了一个有数学正确性的证据，证明资本家在相互竞争上，虽彼此以假弟兄相待，但对于劳动阶级全体，却仍形成一个真的秘密共济团体。

生产价格包含平均利润。我们称它为生产价格；它实际即是亚当·斯密所说的自然价格（natural price），即是里嘉图所说的生产价格（price of production），生产成本（cost of production），即是重农主义派所说的必要价格（prix nécessaire）——但他们之中，没有一个人曾说明生产价格和价值的区别——因为归根结底，它是供给的条件，是各特殊生产部门商品再生产的条件①。这样，我们还可以了解，为什么，那些否认商品价值由劳动时间，由其中所含劳动量决定的经济学者，也常常说起生产价格，把它当作是市场价格所依以摆动的中心。他们能够这样做，因为生产价格已经是商品价值的一个外表的无意义的形态。那不过在竞争上表现，而在庸俗资本家意识内，从而在庸俗经济学者意识内存在的。

---

① 马尔萨斯。

由以上说明，我们知道市场价值（关于市场价值我们所说的一切的话，加上必要的限制后，都是适用于生产价格的）包含这样的意义：即，各特殊生产部门依最优条件生产的人，会得到一种剩余利润（Surplusprofit）。把恐慌及生产过剩一般的情形除外，这个话也可以适用于一切市场价格，虽说市场价格，可以和市场价值或市场生产价格（Markt produktion spreisen）相差很远。因为，市场价格也包含这样的意义：即，同种诸商品会被付以相同的价格，虽说同种诸商品可以是在极不相同的个别条件下生产，可以有极不相等的成本价格。（由通常所谓独占——人为的独占或自然的独占——引起的剩余利润，是我们这里不讲的。）

设有某生产部门，其所处地位，使其无需以商品价值化为生产价格，从而，无需以利润还原为平均利润，那也是会有剩余利润发生的。在论地租的那一篇，我们会考察剩余利润这两种形态的更进一步的形成。

第十一章

工资的一般变动所及于生产价格的影响

假设社会资本的平均构成为 $80c+20v$，利润为 $20\%$。在这场合，剩余价值率为 $100\%$。在其他一切情形不变时，劳动工资的一般提高，即是剩余价值率的减低。就平均资本说，利润与剩余价值会归为一。假设工资提高 $25\%$。以前仅费 20 即可推动的劳动量，现在要费 25。一周转价值（Umschlagswert）以前是 $80c+20v+25p$，现在是 $80c+25v+15p$。由可变资本推动的劳动，是和先前一样，生产 40 的价值额。若 v 由 20 增为 25，则剩余 m 或 p，仅为 15。这样，资本 105，利润 15，是等于 $14\frac{2}{7}\%$，这就是新的平均利润率。由平均资本生产的商品的生产价格，既与它的价值一致，所以这种商品的生产价格是不会改变的。所以，工资的提高，虽然会引起利润的减低，但不会引起商品的价值变化和价格变化。

以前，在平均利润为 $20\%$ 时，一个周转期间所生产的商品的生产价格，等于它的成本价格加 $20\%$（依成本价格计算）的利润，所以，等于 $k+kp'=k+\dfrac{20k}{100}$。在这个公式内，k 是一个可变量，应随生产手段（加入商品内的生产手段）的价值，随磨损

程度（在生产上使用的固定资本，会把磨损额移到生产物中去）

而异。但现在，生产价格是等于 $k + \dfrac{14\frac{2}{7}k}{100}$。

且先取一个资本，其构成较社会平均资本原来的构成为低。平均资本构成原为 $80c + 20v$，现在变为 $76\frac{2}{21}c + 23\frac{17}{21}v$。比方说，取一个构成为 $50c + 50v$ 的资本来说。在这场合，为简明起见，假设全部固定资本，都当作磨损额，加入年生产物内，而周转时间则与前第 I 场合相等，则在工资提高之前，年生产物的生产价格，应为 $50c + 50v + 20p = 120$。当工资提高 25% 时，推动同量可变资本所需要的可变资本，也会由 50 提高到 $62\frac{1}{2}$。如果年生产物依然照以前的生产价格 120 售卖，则我们得 $50c + 62\frac{1}{2}v + 7\frac{1}{2}p$，利润率为 $6\frac{2}{3}$%。但新的平均利润率为 $14\frac{2}{7}$%，我们既假设一切其他的情形不变，所以，$50c + 62\frac{1}{2}v$ 的资本，也必须有这个利润。一个 $112\frac{1}{2}$ 的资本，依照 $14\frac{2}{7}$ 的利润率，是必须有利润 $16\frac{1}{14}$ 的。所以，由这个资本生产的商品的生产价格，现在是等于 $50c + 62\frac{1}{2}v + 16\frac{1}{14}p = 128\frac{8}{14}$。工资提高 25% 的结果，使同量该种商品的生产价格，由 120 增加至 $128\frac{8}{14}$，提高 7% 以上。

反之，设我们所取的生产部门，其构成较平均资本的构成为高，例如 $92c + 8v$。原来的平均利润率，在这场合，依然为 20；如果我们仍假定，全部固定资本移入年生产物内，周转时间也和第 I 场合、第 II 场合的周转时间相等，则在这场合，商品的生产价格也为 120。

因工资腾贵 25％ 之故，推动等量劳动的可变资本由 8 增为 10，商品的成本价格由 100 增为 102，平均利润率则由 20％ 降为 $14\frac{2}{7}$％。$100 : 14\frac{2}{7} = 102 : 14\frac{4}{7}$①。

现在归于 102 的利润，是 $14\frac{4}{7}$。所以，总生产物将依照 $k+kp' = 102 + 14\frac{4}{7} : 116\frac{4}{7}$ 的价格售卖。生产价格由 120 降为 $116\frac{4}{7}$ 或降落约 3％②。

所以，如果工资提高 25％，则：

（1）就有社会平均构成的资本说，商品的生产价格会保持不变；

（2）就有低位构成的资本说，商品的生产价格将会提高，但其提高，不与利润的跌落，保持相同的比例。

（3）就有高位构成的资本说，商品的生产价格将会跌落，但其跌落，也不与利润的跌落，保持相同的比例。

因平均资本的商品的生产价格保持不变，而与生产物的价值相等，故全部资本的生产物的生产价格也保持不变，而与总资本所生产的价值总和相等。一方面的提高，将为别一方面的降落所抵消，从而，就总资本说，会保持社会平均资本的水准。

因为商品的生产价格在第 II 例是提高，在第 III 例是降落，所以，由剩余价值率下落或工资一般腾贵引起的这些互相反对的作用，将明白昭示如下的事实：即，工资的提高，不能由价格来补

① 译者注：原版有"近似"二字，但原稿无，据马恩研究院版改正。
② 译者注：原版为"在 3％ 以上"，据马恩研究院版改正。

偿；因为第Ⅲ例生产价格的跌落，不能为资本家赔偿利润的下落，而第Ⅱ例价格的提高，也不能防止利润的下落。我们宁可说，在这二场合（价格提高的场合和价格跌落的场合），利润都会和平均资本（它的商品的价格是保持不变的）的利润一样。

Ⅱ与Ⅲ的平均利润是相同的。这种平均利润，现在已落下 $5\frac{5}{7}$，即落下大约在 25％ 以上了。由此可知，如第Ⅱ例的价格不提高，第Ⅲ例的价格不跌落，则第Ⅱ例的售卖，将不能获得新的已经落下的平均利润，第Ⅲ例的售卖，将不止获得新的已经落下的平均利润。很明白，工资的腾贵，对于仅以资本十分之一投为工资的资本家，对于以资本四分之一投为工资的资本家，对于以资本二分之一投为工资的资本家，必然会发生极不相同的影响；因为第一种资本家，在资本每 100 中，仅以 10 投在劳动上面，第二种资本家，在资本每 100 中，是以 25 投在劳动上面；第三种资本家，在资本每 100 中，是以 50 投在劳动上面。一方面生产价格会提高，他方面生产价格会跌落（视资本的构成是在社会平均构成之下或在其上而定），其所以如此，仅因为利润将相互平均，归着到新的已经下落的平均利润。

然则，劳动工资的一般下落及与此相应的利润率的一般提高，从而，平均利润的一般提高，将怎样影响诸种商品——那是资本的生产物，这各种资本，是以互相的反对的方向，与社会平均构成相差违的——的生产价格呢？对于这个问题，只要把以上所说的话倒过来，就可以得到结果的。（这个问题，里嘉图未曾研究过。）

Ⅰ. 平均资本＝80c＋20v＝100，剩余价值率＝100％，生产价格等于商品价值＝80c＋20v＋20p＝120；利润率＝20％。假设工资降落四分之一，同额不变资本即将由 15v，不由 20v 来推动了。

这样，我们将得商品价值 $80c+15v+25p=120$。$v$ 所生产的劳动量依然不变，不过由此创造的新价值，将依不同的方法，分配在资本家和劳动者之间。剩余价值由 20 增至 25，剩余价值率由 $\frac{20}{20}$ 增至 $\frac{25}{15}$，换言之，由 100% 增至 $166\frac{2}{3}$%。现在，资本 95 的利润为 25，以百分率计算的利润率为 $26\frac{6}{19}$。以百分率计算，新的资本构成为 $84\frac{4}{19}c+15\frac{15}{19}v=100$。

Ⅱ．低位构成。原来为 $50c+50v$。工资下落四分之一，$v$ 将减为 $37\frac{1}{2}$，以致垫支总资本减为 $50c+37\frac{1}{2}v=87\frac{1}{2}$。设以新利润率 $26\frac{6}{19}$%应用到这个资本上面，我们将得 $100:26\frac{9}{19}=87\frac{1}{2}:23\frac{1}{38}$。同一商品量以前值 120，现在费 $87\frac{1}{2}+23\frac{1}{38}=110\frac{10}{19}$，价格下落大约 8%[①]。

Ⅲ．高位构成。原为 $92c+8v=100$。工资下落四分之一，$8v$ 将减为 $6v$，总资本将减为 98，所以 $100:26\frac{6}{19}=98:25\frac{15}{19}$。商品的生产价格，以前为 $100+20=120$，现今在工资下落之后，为 $98+25\frac{15}{19}=123\frac{15}{19}$；价格提高在 3% 以上。[②]

以上的说明，只要加以必要的修正，就可以应用到相反的方向来。那就是，当工资一般下落时，剩余价值会跟着一般提高，剩余价值率也会跟着一般提高，而在其他条件不变的情形下，利

---

① 译者注：原版为 10%，据马恩研究院版改正。
② 译者注：原版为"大约 4%"，据马恩研究院版改正。

润率也会一般提高，甚至表示为不同的比例。结果是，低位构成资本的商品生产物的生产价格下落，高位构成资本的商品生产物的生产价格提高。工资一般提高的结果，是刚好相反的①。在这二场合——工资提高的场合和工资下落的场合——我们都假定，劳动日不变，一切必要生活资料的价格也不变。在这情形下，工资下落只在下述二场合有可能性：即，工资原来在劳动的标准价格之上，或被迫降在这个标准价格之下。若工资腾落，起因于劳动者习常消费品的价值或生产价格的变化，这个问题将须如何修正，有一部分，是要在论地租的那一篇进一步讨论的。在这里，我们只要申明下述数点：

如果工资腾落是由于必要生活资料的价值变动，则以上所说，必须加一点修正；因为，其价格变动足以提高或减低可变资本的商品，还会当作构成要素，加入不变资本去，以致其价格变动不单影响工资。但若价格变动只会影响工资，以上的说明，就已经包含我们所要说明的一切了。

在这全章，我们都假设，一般利润率的成立，平均利润的成立，从而，价值到生产价格的转化，为已定的事实。我们不过要问，工资的一般提高或降落，对于我们假设为已定的商品生产价格，会发生怎样的影响。这个问题，与本篇所考虑的其余各要点比较，是比较次要的。但里嘉图在本篇所关的许多问题中，却只是讨究了这一个问题。我们还会知道，他对于这个问题的讨究，也是片面的，不完全的。

---

① 很特别的，里嘉图（他既然不了解价值会均衡化为生产价格，所以，他的进行方法，和这里所述的，是完全不同）竟没想到这一层，他不过想到了第一种情形，即工资提高及其所及于商生产价格的影响。他的模仿者一大群，却连这个非常明白的重述的教训，也不曾想应用。

## I　生产价格发生变动的诸种原因

一个商品的生产价格，只能由两个原因发生变化。

第一，是一般利润率发生变化。这只在平均剩余价值率发生变化或平均剩余价值率不变但所占剩余价值额对垫支社会总资本额的比例发生变化的限度内，才能发生。

如果剩余价值率的变动，不是因为工资被压下到标准工资之下，或被提到标准工资之上，——这种变动，只能看作是摆动——则一般利润率的变化，只能由下述二原因之一引起：（1）是劳动力的价值下落或提高。设非生产生活资料的劳动的生产力发生变化，换言之，设非劳动者消费品的价值发生变化，劳动力的价值是不能下落，也不能提高的。

（2）是所占剩余价值额和垫支社会总资本的比例，发生变化。在这场合，变化既非基因于剩余价值率，它必基因于总资本，或者说，基因于总资本的不变部分。从技术方面说，这个不变部分的量，会比例于可变资本所购买的劳动力的量，而增加或减少；其价值量，则随其本身的量增加而增加，随其本身的量减少而减少。所以，这个价值量，会比例于可变资本的价值量而增加或减少。假设同量劳动已能推动更多的不变资本，劳动就成为更生产的了。反之，劳动就成为更不生产的了。那就是劳动的生产力发生了变化；因而，在一定商品的价值上，必定会发生变化。

在这二场合，都适用这个法则；即，如果有一种商品的生产价格，因一般利润率变化而变化，该商品自身的价值依然可以不变，但一定有别的商品发生价值变化。

第二，一般利润率依然不变。在这场合，商品的生产价格是不会变化的，除非它自身的价值发生变化，除非生产它所必要的劳动，因劳动（在最终形态上生产该种商品，或生产该种商品生产上所需用的商品）生产力已经变化之故，已经增加了或减少了。拿棉纱来说，棉纱的生产价格，可因棉花的生产已较便宜而下落，也可因纺绩劳动的生产力已经增进（机械改良的结果）而下落。

我们以前讲过，生产价格 = k+p，即等于成本价格和利润。但这又等于 k+kp。在这个公式内，代表成本价格的 k，是一个未定量，那是不同诸生产部门互相不同的，但无论如何，皆等于商品生产上所使用的不变资本和可变资本的价值；p′ 则代表依百分率计算的平均利润率。假设 k = 200，p′ = 20%，则生产价格 $k+kp' = 200+200\times\frac{2}{100} = 200+40 = 240$。很明白，商品价值变化时，该商品的生产价格可依然不变。

商品生产价格的一切变化，结局皆可还原为价值变化。但并不是商品价值的一切变化，都须表现为生产价格的变化。因为，商品的生产价格，不是完全由该商品的价值决定，却是由一切商品的总价值决定。商品 A 的变化，得由商品 B 的相反的变化，来抵消；因此，一般比例可以保持不变。

## Ⅱ　中位构成的商品的生产价格

我们以上讲过，生产价格和价值的不一致，是由下述诸原因引起的。

（1）在商品的成本价格内，不以商品内含的剩余价值，但以平均利润加入。

（2）已与价值不一致的商品的生产价格，会当作别一个商品的成本价格的要素；以致把平均利润和剩余价值不一致所引起的不一致除开不说，该商品的成本价格，也会和该商品生产所消费的生产手段的价值不一致。

所以，一种商品，即使是由有中位构成的资本生产，它的成本价格，也可以和诸要素的价值总和（生产价格的这个成分，就是由这诸种要素的价值总和构成的）不一致。假设中位构成为 $80c+20v$。以下的情形，是可能的，即在有这种构成的现实资本中，$80c$ 可以比 $c$（不变资本）的价值更大或更小；因为，这个 $c$ 所依以构成的商品的生产价格，可以和它们的价值不一致。同样，$20v$ 也可以和它的价值不一致，如果劳动者的消费品的生产价格，和它们的价值不一致。因此，与必要生活资料生产价格与其价值相一致的场合比较，在这场合，劳动者必须工作较多的或较少的劳动时间，或担任较多的或较少的必要劳动，方才能把这种商品购回或代置。

但关于中位构成的商品我们所已立下的原则，是不会因有这种可能性，便发生变化的。这个原则是：归于这种商品的利润量，等于这种商品内含的剩余价值量。例如，就上述那个资本（即 $80c+20v$ 的资本）说，那在剩余价值决定上最为重要的地方，不是这种数字是否为现实价值的表示，却是这种数字是否代表它们的相互的比例；那就是，v 是否等于总资本的五分之一，c 是否等于总资本的五分之四。假如真是这样，则如我们以上所假设，v 所生产的剩余价值，将与平均利润相等。从别方面说，就因为 v 所生产的剩余价值，与平均利润相等，所以生产价格（等于成本价格加利润 = k + p = k + m）实际与商品的价值相等。在这场合，工资的腾落，不会变更商品的价值，也不会变更 k + p。它不过会使利润率相应地，发生相反的变动。工资涨，则利润率降；工资落，则利润率增。假设因工资涨落之故，商品的价格竟然变动了，则中位构成的这诸部门的利润率，将涨在其他诸部门的利润水准之上，或落在其下。必须价格保持不变，然后中位构成的诸部门，才与其他诸部门，保持相同的利润水准。就这诸部门说，实际等于依照现实的价值来售卖生产物。如果商品是依照现实的价值售卖，那很明白，在其他一切情形相等的条件下，工资的腾贵，将会相应地，引起利润的下落，工资的下落，将会相应地，引起利润的腾贵，但不会引起商品的价值变化，从而，在一切情形下，工资的腾贵或跌落，都不会影响商品的价值，却常常只能影响剩余价值的量。

## Ⅲ　资本家的补价理由

我们讲过，竞争会使不同诸生产部门的利润率，均衡为平均利润率，并由此，使不同诸生产部门的生产物的价值，转化为生产价格。这是因为，资本会不断由一个部门，移到利润暂时超过平均利润的别的部门。当然，我们还须考虑旺年与瘦年的交代，那就是，在一定期间内，一定产业部门，会在旺年之后，继以瘦年，瘦年之后，继以旺年，利润也会随着发生变动。资本在不同诸生产部门间的不断的移出和移入，引起利润率之向上的运动和向下的运动，这两种运动，在一定程度内会相互均衡，并引起一种趋势，使利润率随处归向一个共通的一般的水准。

资本的这种运动，最先是由市场价格的状态引起的，市场价格的状态，会在这里，使利润率提高到一般的平均水准之上，在那里，把利润压低到一般的平均水准之下。暂时我们且不说商人资本。在这里，它是和我们没有关系的。我们知道，由某种中意物品的投机之突发的动作，商人资本能以异常大的速率，从一个职业部门，把大量资本提出，并同样突然地，把它投到别的职业部门。但在真正的生产——工业、农业、矿业等——的每一个部门，资本由一个部门到别一个部门的移动，都有很大的困难，尤其因为各生产部门已有固定资本。加之，经验还指示了，有若干的产业部门（例如棉工业），在这个时候有异常高的利润，在别个时候却只有极少的利润，甚至要忍受损失。所以，在若干年的循环中，这个部门的平均利润，会和别的部门的平均利润，归于差不多相同的水准。资本不久也就知道把这个经验，加在计算内的。

竞争所不能说明的，是支配生产运动的价值规定，是站在生产价格后面，且最后决定生产价格的价值。但竞争可以说明如下诸事：（1）是平均利润，那是和各生产部门资本的有机构成相独立的，从而，和一定额资本在一定榨取部门所占有的活劳动量相独立的。（2）是工资水准变化所引起的生产价格的腾落（这个现象，初看起来，好像是和商品的价值关系相矛盾的）。（3）是市场价格的变动，那会使一定期间内的商品的平均市场价格，不归着到市场价值，但归着到与市场价值不一致且极有差别的市场生产价格（Markt produktion spreis）。这一切现象，都表现得好像和价值由劳动时间决定的原则，和剩余价值由无给劳动构成的原则相矛盾。在竞争上面，一切都表现得倒乱着。经济关系之完成的姿态，如其表面所示，无论在其现实的存在上，或在这种关系的担当者及其代理人用以理解这种关系的概念上，都不仅和这种关系之内在的本质的但隐蔽着的核心形态，及与其相应的概念，极有差别，且在事实上恰好相反。

再者，资本主义的生产一经达到相当的发展程度，各部门诸不同利润率间的均衡（即化为一般利润率的均衡），就不再仅由于吸引和反拨的作用了。市场价格就是由这种作用，而吸引资本或排出资本的。当平均价格及与其相应的市场价格，暂时臻于固定时，在个个资本家的意识中，便会觉得，在这种均衡过程中，一定的差异可以互相补偿，因而，他们会把这种差异，多包含在他们的相互的计算中。这种差异，将存在资本家观念中，当作补偿理由（Kompensationsgründe），加入他们的计算内。

在这里，基本概念是平均利润。这个概念是，同量的资本必须在同时间内获得同量的利润。这个概念，又以别一个概念为基础：即，每个生产部门的资本，会比例于它的量，而在社会总资本从劳动者那里榨得的总剩余价值中，分取一部分；或者说，每个特殊的资本，都只能当作总资本的部分，每个资本家都在事实上当作这个总企业的股东，他们会比例于各自所有的资本股份，在总利润中分取一部分。

资本家的计算，就是用这几个概念作根据的；例如，假设有一个资本，因为它的商品必须有较长的时间，滞留在生产过程内，或因为它的商品必须在远隔市场上出售，以致周转比较迟缓，利润虽会有一部分因此丧失，但他会打算把价格提高，冀由此补偿他所受的损失。又如，须冒大险的投资，例如航海业，也会由价格提高，来受到补偿。自资本主义的生产及保险业发达以来，危险已在实际上，在一切生产部门均等化了（参看歌尔伯的著作），但投在危险性更大的营业上的资本，仍须支付较高的保险费，这种更高的保险费也须由商品价格弥补的。在实际上，以上所说的一切，不外表示，每一种足使一种投资更少利益而使别一种投资更多利益的事情，——在一定限度内，我们假设这各种事情一样是必要的——都是计算上的妥当的补偿理由，不必重新有竞争的活动，来证明这个动机或计算因素是正当的。资本家不过忘记了——或不如说是没有看到，因为竞争未曾把这点指出——在不同诸生产部门商品价格的交互计算上，资本家相互提出的补偿理由，不过指示了，资本家得比例于各自所有的资本的量，在共同赃物（即总剩余价值）中，要求相等的一份。因为他们所收纳的利润，和他们所榨取的剩余价值不相等，所以，在他们看来，好像这诸种补偿理由的作用，不是均衡总剩余价值的分配，却会创造利润本身，因为利润的发生被认为是商品成本价格故意提高的结果。

在第七章，我们曾论述了资本家对剩余价值源泉所抱的见解。就其余各点说，我们在那里说过的话，都适用于平均利润。不过，在那里，他们的见解表现得两样：那就是，假设商品的市场价格不变，劳动的榨取程度不变，则成本价格的节省，依存于个人的熟练、注意力等。

第三篇

利润率下落
倾向的法则

# 第十三章

# 其法则

在工资与劳动日为已定时，一个 100 镑（比方这样说）的可变资本，代表一定数的被推动的劳动者。可变资本为此劳动者数的指数。比方说，假设 100 镑为一百名劳动者一个星期的工资。假设此一百名劳动者所实行的必要劳动和剩余劳动是一样多，那就是，他们每日以这样多的时间为他们自己，再生产他们自己的工资，而以同样多的时间为资本家生产剩余价值，那么，他们的总价值生产物就等于 200 镑，他们所生产的剩余价值就等于 100 镑。剩余价值率 $\frac{m}{v}$，为 100%。但我们讲过，这个剩余价值率表现为极不相等的利润率，因不变资本 c 的大小与总资本 $\frac{m}{C}$ 的大小，将彼此不相等而利润率则为号。假设剩余价值率为 100%，若

$$c = 50 \text{，} v = 100 \text{ 则 } p' = \frac{100}{150} = 66\frac{2}{3}\%$$

$$c = 100 \text{，} v = 100 \text{ 则 } p' = \frac{100}{200} = 50\%$$

$$c = 200 \text{，} v = 100 \text{ 则 } p' = \frac{100}{300} = 33\frac{1}{3}\%$$

$$c = 300, \quad v = 100 \quad 则 \quad p' = \frac{100}{400} = 25\%$$

$$c = 400, \quad v = 100 \quad 则 \quad p' = \frac{100}{500} = 20\%$$

所以，在劳动榨取程度不变时，同一的剩余价值率，将在这个情形下，表现为一个向下跌落的利润率；因为，在不变资本，从而总资本的物质范围增大时，不变资本从而总资本的价值范围也会增大，不过不以同一的比例增大罢了。

我们再假设，资本构成的这种渐渐的变化，不仅发生在若干个别的生产部门，且多少发生在一切的生产部门，或发生在有决定性的生产部门，以致该社会所有的总资本，在有机的平均构成上，发生变化。在这个假设下，与可变资本相对而言，不变资本会渐渐增加，而不变资本渐渐增加的结果，必然是：在剩余价值率不变，资本对劳动的榨取程度不变时，一般利润率会渐渐下落。我们已经指明了，资本主义生产的一个法则是：在资本主义生产发展时，与不变资本相对而言，从而，与被推动的总资本相对而言，可变资本将会相对的减少。这等于说，当生产方法在资本主义生产内发展时，一定价值量的可变资本所运转的同数劳动者或同量劳动力，将会在同时间内，推动益益增加量的劳动手段，机械与各种固定资本，原料，与补助材料，把益益增加量的这些东西拿来加工，拿来充生产的消费，从而，不变资本的价值范围也将益益增大。可变资本，与不变资本相对而言，从而与总资本相对而言，逐渐地相对地趋于减少的现象，与社会平均资本的有机构成逐渐提高的现象，正相一致。那不过是劳动社会生产力渐次发展的别一个表现；当劳动社会生产力增进时，因机械与固定资本一般的应用增加之故，同数劳动者会在同时间内，把更多的原料和补助材料，转化为生产物，那就是，用更少的劳动，已可将同量的原料和补助材料，转化为生产物。不变资本价值范围的这种增加，——虽然这种增加，只是模糊地，表示不变资本在物质方面所依以构成的使用价值的现实量已经增加——与生产物益益趋于低廉的现象，相照应。与较低的生产阶段——在这种阶段上，投在劳动上面的资本，与投在生产手段上面的资本相对而言，占有远较为大的比例——比较，在这个阶段内，每个生产物所包含的劳动量，个别地考察，是更小。所以，本章开头所揭的假定的算式，正好表示资本主义生产的现实的倾向。这种生产方法，使可变资本，与不变资本相对而言，渐渐地相对地减少，同时又把总资本的有机构成益益提高，其直接结果是，在劳动榨取程度不变时，甚至在劳动榨取程度增进时，剩余价值率会表现为一个不断向下落的一般利润率。（我们以后又会知道，为什么这种下落不以绝对的形态出现，却表现为一种渐渐向下跌落的倾向。）所以，一般利润率渐渐向下跌落的倾向，不过是劳动社会生产力渐渐发展这一个事实在资本主义生产方法下特有的表现。当然，我们并非说，利润率不会暂时由别的理由，致于下落。但由此我们论证了，从资本主义生产的本质考察，以下所述，乃是一个自明的必然性；即，在资本主义生产进步时，一般的平均的剩余价值率，必须表现为一个向下落的一般利润率。与所推动的对象化的劳动量相对而言，换言之，与生产地消费的生产手段相对而言，被使用的活的劳动量是不断减少的，但就因此，所以我们可以断言，活劳动中那无给的对象化为剩余价值的部分，与所使用的总资本的价值范围比例而言，将不断趋于减少。剩余价值量与所用总资本价值的比例即是利润率。所以，利润率必定会不断趋于减少的。

照以上的说明看来，这个法则是极单纯的，但一切既往的经济学，竟如我们以后某一篇所述，不能把这个法则发现。他们见到了这种现象，并苦心孤诣，依各种互相矛盾的企图，想要解释这种现象。因为这个法则对于资本主义的生产是这样重要，所以我们未尝不可说，自亚当·斯密以来，全部政治经济学，都以这个秘密的解决，为目标；并且，自亚当·斯密以来，也就因为各学派对于这个问题的解决的尝试有种种差别，所以有各学派间的差别。但若我们在别方面想到，从来的经济学，不过在暗中摸索不变资本和可变资本的差别，从来没有人能予以明确的理解；想到，从来的经济学，没有把剩余价值和利润分开，也没有在纯粹形态上，表现利润一般，使其与工业利润、商业利润、利息、地租——那是利润的各种不同的互相独立的成分——相区别；想到，从来的经济学，没有彻底分析资本有机构成上的差异，也没有分析一般利润率的形成——那我们看到这个秘密的不能解决，是一点不会觉得怪异的。

我们在说明利润如何分割成为互相独立的诸成分以前，是有意要先把这个法则说明的这个说明，与利润分成诸不同部分（这诸部分，是归属于不同诸部类的人的）的分割，相独立的，这个事实，已经可以说明，这个法则，就其一般性说，是与这种分割相独立的，并与各利润部类的相互关系相独立的。我们这里所说的利润，不过是剩余价值的一个别名；不过，我们在这里，是就它与总资本的关系来说明，不就它与可变资本（它就是由可变资本发生的）的关系来说明。所以，利润率的下落，是表示剩余价值对垫支总资本的比例的下落；它与剩余价值在各部类间的任意的分割，是没有关系的。

我们已经讲过，在资本构成为 $c:v=50:100$ 的资本主义发展阶段上，100%的剩余价值率，表现为 $66\frac{2}{3}$%的利润率；而在资本构成为 $c:v=400:100$ 的更高阶段上，则100%的剩余价值率，表现为20%的利润率。在所论为一个国家时，诸不同的继起的发展阶段，有这种情形；在所论为不同诸国家时，诸不同的同时并存的发展阶段，也有这种情形。在以前一种资本构成为平均构成的未发展国家，一般利润率 $= 60\frac{2}{3}\%$；在第二个更发展的国家，则一般利润率 $= 20\%$。

二国民利润率间的差别，得由下述的事实而消灭，甚至颠倒过来。即，在此较更不发展的国家，劳动是更不生产的，以致有较大量的劳动，表现在较小量的同种商品内，有较大的交换价值，表现在较小的使用价值中，以致劳动者必须以其时间的较大部分，用来再生产他自己的生活资料或其价值，只有较小的时间可用来生产剩余价值，那就是供给较小的剩余劳动，以致剩余价值率也较低。例如，如果在较不发展的国家，劳动者以其劳动日的三分之二，为自己劳动，三分之一为资本家劳动，则在上例的前提下，同一劳动力将被付以 $133\frac{1}{3}$，但仅供给 $60\frac{2}{3}$ 的剩余。

与可变资本 $133\frac{1}{3}$ 相应的不变资本，为 50。剩余价值率是等于 $60\frac{2}{3} : 133\frac{1}{3} = 50\%$，利润率则为 $66\frac{2}{3} : 183\frac{1}{3}$ 约为 $36\frac{1}{2}\%$。

因为我们在以上不曾分析利润所分成的诸要素，而在这限度内那诸要素对于我们也不存在，所以，我们仅为要避免误解，乃附注一笔如下：在此较发展阶段不同的诸国时，尤其是在此较资本主义生产已甚发展的国家，和劳动者已实际受资本榨取但劳动尚未完全在资本隶属下的国家〔例如印度，在那里，有一种名叫"莱奥特"（Riot）的农民，他们以独立农民的资格，经营他们的农田，他们的生产尚未隶属在资本之下，不过有一种高利贷业者，在利息形态下，不仅把他们全部的剩余劳动取去，并且用资本家的话来说，还会把他们的工资的一部分扣除〕时，若用国民利息率的水准来测度国民利润率的水准，那其实是错误的。因为，在这种利息内包括着全部利润，甚至包括利润以上的东西，而在资本主义生产已甚发展的国家，则利息仅代表剩余价值（即利润）的一个可除部分。从另一方面说，在此等国家，利息率的决定，从主要点说，乃是由这种事情（高利贷业者垫支资财于大地主，地租所有者）决定的。这种事情，与利润毫无关系，却不过指示，高利贷业者以何种比例，把地租占有。

设有两国，其资本主义生产的发展阶段不同，从而，其资本的有机构成不同。则就这两国说，标准劳动日较短的国家，会比标准劳动日较长的国家有更高的剩余价值率（这是利润率决定的一个因素）。第一，如果英吉利的十小时的劳动日，因有更大的强度，而与澳大利亚的十四小时的劳动日相等，则在劳动日为相等的分割时，英吉利五小时的剩余劳动比澳大利亚七小时的剩余劳动，在世界市场上，可以代表更大的价值。第二，与澳大利亚比较，英吉利的劳动日可以有一个较大的部分，成为剩余价值。

剩余价值率不变甚至增加但利润率会向下落的法则，告诉了我们：某一定量的社会平均资本，比方说，一个 100 的资本，将以其中益益加大的部分，表现为劳动手段；益益减小的部分，表现为活的劳动。因为推动生产手段的活劳动总量，与这种生产手段的价值比例而言减少，所以，与垫支总资本的价值比例而言，无给劳动及它所依以表现的价值部分，也会减少。换言之，所投总资本，将以益益减小的可除部分，转化为活的劳动，所以，总资本所吸收的剩余劳动，与其本身的量比例而言，将益益减少，虽然无给劳动部分与有给劳动部分相对而言的比例，在同时候增大。可变资本之相对的减少，与不变资本之相对的增加，即在二者的绝对量均行增加时，如上所说，也不过表示劳动生产力的增大。

假设有一个 100 的资本，是由 80c+20v 构成，又假设后者 = 20 名劳动者。假设剩余价值率为 100%；那就是，劳动者半日为自己劳动，半日为资本家劳动。再取一个比较更不发展的国家，在那里，资本 = 20c+80v，后者 = 80 名劳动者。又假设在那里，这些劳动者每日须以劳动日的三分之二为自己劳动，仅以三分之一为资本家劳动。假设一切的事情相等，第一场合的劳动者，将生产一个 40 的价值，第二场合的劳动者，将生产一个 120 的价值。前一个资本，生产 80c+20v+20m＝120；利润率＝20%；后一个资本，生产 20c+80 v+40m＝140；利润率＝40%。那就是，后一场合的利润率，倍于前一场合的；但剩余价值率在前一场合 ＝100%，而在后一场合 ＝50%，前者，是倍于后者，但一个等额的资本，在前一场合，仅占有 20 名劳动者的剩余劳动，在后一场合，则占有 80 名劳动者的剩余劳动。

利润率向下落的法则，或所占剩余劳动（与活劳动所推动的对象化劳动的量比较而言）相对减少的法则，并不排斥如下的事实；即，社会资本所推动所榨取的劳动的绝对量，从而，社会所占有的剩余劳动的绝对量，可以在同时候增大。也不排斥如下的事实；即，个别资本家所支配的资本，可以在他所支配的劳动者数不增加时，支配增量的劳动，并支配增量的剩余劳动。

假设有一个劳动人口二百万；更假设，平均劳动日的长度与强度，工资，必要劳动与剩余劳动的比例，皆为已定的。这样，二百万人的总劳动，以及表现为剩余价值的剩余劳动，会常常生产同样大的价值。但当这个劳动所推动的不变资本（固定的与流动的）的量增加时，这个价值量对资本价值——它会和它的量一同增大，虽然不以同一的比例增大——的比例，即会下落。所以，哪怕所支配的活劳动的量，和以前一样，哪怕资本所吸收的剩余劳动量，也和以前一样，但这个比例，以及利润率，将会下落。这个比例发生变化，不是因为活劳动的量减少，乃因活劳动所推动的对象化劳动的量增加。这种减少是相对的，不是绝对的，从而在事实上，与所推动的劳动和剩余劳动之绝对量，没有关系。利润率的下落，不是由于总资本可变部分的绝对的减少，乃由于其相对的减少。这所谓相对的减少，是与不变部分比较而言的。

就一定的劳动量与剩余劳动量而言，是这样；然即使劳动者数增加，从而，在一定条件下，即使所支配的劳动一般的量增加，或其无给部分（即剩余劳动）的量增加，情形也是这样的。如其劳动人口由二百万增至三百万，又如其付作劳动工资的可变资本，同样由二百万增至三百万，但不变资本则由四百万增至一千五百万，那么，在一定的前提下（即劳动日不变，剩余价值率不变），剩余劳动量，剩余价值量，将由二百万的半数（即50%），增为三百万的半数。但剩余劳动的绝对量和剩余价值的绝对量虽然增加了百分之五十，但可变资本对不变资本的比例，则由2：4减为3：15；从而，剩余价值对总资本的比例，以百万计，便如下述。

I. $4c+2v+2m$; $C=6$, $p'=33\frac{1}{3}\%$

II. $15c+3v+3m$; $C=18$, $p'=16\frac{2}{3}\%$

剩余价值量增加了百分之五十，利润率却比以前跌落了百分之五十。但利润不过是依社会资本计算的剩余价值，所以，就社会方面考察，利润量（即其绝对量）是等于剩余价值的绝对量。所以，此利润量对垫支总资本的比率虽大减落，一般利润率虽大下落，但利润的绝对量，其总额，仍增加了百分之五十。所以利润率虽累进的下落，但资本所使用的劳动者数，资本所推动的劳动的绝对量，从而，资本所吸收的剩余劳动的绝对量，从而，资本所生产的剩余价值量，从而，资本所生产的利润的绝对量，仍可增加，并且可以累进的增加。但还不只可以如此。在资本主义生产的基础上，如果把暂时的变动除开，那还是必然如此的。

　　资本主义的生产过程，在本质上，便是蓄积过程。我们曾经说明，在资本主义生产进步时，那只要再生产和保存的价值量，会在所用劳动力保持不变的时候，随劳动生产力的增进而增进。但在劳动社会生产力发展时，所生产的使用价值之量（生产手段构成其中的一部分），会更显著地增大起来。这种追加的富所以能够转化为资本，就赖有追加劳动的占有；这种追加劳动，是不依存于这种生产手段的价值，只依存于这种生产手段的量（在这种生产手段当中，包括着生活资料）；因为，劳动过程中的劳动者，无关于生产手段的价值，而只与生产手段的使用价值有关。蓄积本身及相伴而起的资本累积，固然是生产力增进的一个物质手段，但生产手段的这种增加，又包含劳动人口的增加，包含与剩余资本（surpluskapital）相应的劳动人口的创造，甚至在大体上，常常引起一种超过剩余资本需要的劳动人口，从而，引起劳动者的人口过剩。如剩余资本暂时超过它所支配的劳动人口，那就会发生二重的作用。一方面，这种暂时的超过，将使工资提高，从而，那种种使劳动者子女九存一亡的各种破坏影响得以缓和，结婚将更容易，从而劳动人口将渐次增加。在别一方面，它又会使人采用那创造相对剩余价值的方法（机械的采用和改良），因而更迅速地创造一种人为的相对的人口过剩；而这种人口过剩，又会成为现实人口激增的一个暖房，因为在资本主义生产下，贫困乃是人口之母。资本主义蓄积过程——那不过是资本主义生产过程的一个因素——的性质，不待说，会引出如下的结果；即，决定当作资本用的生产手段的量增加时，可以随手发现一种相应增加或过于增加的待榨取的劳动人口。所以，在生产过程和蓄积过程进步时，必伴以可占有的被占有的剩余劳动量的增加，并伴以社会资本所占有的利润的绝对量的增加。不过，同一的生产法则，同一的蓄积法则，固会增加那转化为活劳动的可变资本部分，还会更迅速地累进增加不变资本量与价值。所以，这种法则，会为社会资本，生产一个增大的绝对利润量，并生产一个向下落的利润率。

不待说，在资本主义生产进步，相应地，社会劳动生产力也发展，生产部门与生产物也倍加时，同一价值量，将代表一个渐渐增加的使用价值量与享受量。但在这里，我们是把这一点存而不论的。

资本主义生产与蓄积的发展，使劳动过程必须有更大的规模和更大的范围，并相应地，使各个营业必须有更大的资本垫支。所以，资本累积的增进（在此际，资本家的人数也会增加，但以更小的程度增加），是资本主义生产与蓄积的一个物质条件，也是资本主义生产与蓄积所生产的一个结果。而当资本的累积增进时，同时还会由一种交互作用，使直接生产者所受的剥夺也增进。所以，就个别资本家说，很明白，他们将会支配益益增大的劳动队（哪怕与不变资本相对而言，可变资本非常下落）；又很明白，他们所占有的剩余价值之量，从而，所占有的利润之量，将在利润率下落时，不管利润率下落，而增加起来。使个别资本家所支配的劳动队人数增加的原因，又会使他们所使用的固定资本之量，使他们所使用的原料与补助材料之量，与所使用的活劳动之量相对而言，以更大的比例增加起来。

在这里，我们只要说明一声，在劳动人口为一定时，如剩余价值率因劳动日延长或加强，或因劳动生产力发展工资价值下落而增进，则剩余价值量与绝对利润量也必定会增加；即使与不变资本比例而言可变资本已经相对减少，那也一定会增加的。

社会劳动的生产力的发展，包含这诸法则：即，可变资本对于总资本为相对的下落，蓄积相应的被促进，但在他方面，蓄积又反应过来，成为生产力进一步发展，可变资本进一步相对减少的起点。不过，把暂时的变动除开不说，这种发展也表现为所用总劳动力的累进的增加，表现为剩余价值的绝对量从而利润的绝对量之累进的增加。

这个二律背反的法则，以相同的诸原因，使利润率减少，同时又使绝对的利润额增加。这个法则，是以这个事实为基础的：即，在一定的条件下，所占有的剩余劳动量，从而，所占有的剩余价值量，将增加，而就总资本考察，或把个个资本当作总资本的部分来考察。利润和剩余价值是同样大的。请问，这个法则，必须在什么形态上表现呢？

任取资本的一个可除资本，常作我们计算利润率的基础，例如 100。这 100 代表总资本的平均构成，比方说 $80c + 20v$。我们已在本卷第二篇讲过，各不同生产部门的平均利润率，不是由任何特殊的资本构成决定，乃是由资本的社会平均构成决定的。如可变部分对不变部分为相对的下落，从而对总资本 100 为相对的下落，则利润率，即在劳动榨取程度不变甚至增加时，也会降落下来。剩余价值的相对量，那就是，剩余价值与垫支总资本价值 100 的比例，会跌落下来。但不仅这个相对量会下落。总资本 100 所吸收的剩余价值量或利润量，也会绝对地落下来。在剩余价值率为 100% 时，$60c + 40v$ 的一个资本，将生产 40 的剩余价值量和利润量；$70c + 30v$ 的一个资本，将生产 30 的利润量；而在资本为 $80c + 20v$ 时，利润将减为 20。这种下落，是就剩余价值量，从而就利润量来说的。其原因则为此事实；即，100 的总资本，将只运转较少的活劳动一般，而在榨取程度不变时，所运转的剩余劳动也更少，从而所生产的剩余价值也更少。任取社会资本的一个可除部分，那就是，在有社会平均构成的资本中，任取一个可除部分，当作我们量计剩余价值的一个标准——在计算利润时，我们总是这样做的——则一般说，剩余价值的相对的下落，是和它的绝对的下落相一致。在以上所述的例中，利润率由40%减为30%，减为20%，是因为在事实上，同一资本所生产的剩余价值量，与利润量，已经绝对地，由40减为30，减为20。剩余价值所依以计量的资本价值量，既被认为是一定的，是100，所以，当剩余价值对这个已定量的比例减小时，这种减小，不过表示剩余价值的绝对量与利润的绝对量的减小。在事实上，这不过是一个同义异语。但我们以上已经说明，这种减小，是由资本主义生产过程的发展的性质，唤起的。

但就别方面说，使一定资本的剩余价值和利润，和依百分率计算的利润率，发生绝对减少的诸种原因，又会引起社会资本（即资本家全体）所占有的剩余价值和利润的绝对量的增加。这个现象，怎样才能说明呢，只有怎样才能说明呢，这种外表上的矛盾，又包含着怎样的条件呢？

当社会资本的每一个可除部分（=100），从而每一个有社会平均构成的资本100，为一定量时，利润率的下落，会包含利润绝对量的下落；这正因为，在这里，用作计算标准的资本，是不变量。不过，社会总资本量以及个别资本家手中所有的资本量，乃是可变量；依照我们所假设的条件，它必须与它的可变部分的减少，为反比例的变化。

在以上的例，百分比的构成为60c+40v，剩余价值或利润为40，所以，利润率为40%。假设在构成的这个阶段上，总资本为一百万。是以，总剩余价值为400000，总利润也为400000。现在，假设后来的构成变为80c+20v，以致剩余价值或利润，在劳动榨取程度不变时，每100应为20。但因为我们已经证明了，依照绝对量计算，剩余价值或利润，会不管利润率的下落，不管资本每100所生产的剩余价值的减少，而增加起来，比方说，由400000增至440000，所以要产生这个结果，只有依照下法才是可能的：即，已有新构成的总资本，增加到2200000。所运转的总资本的量，必须在利润率下落50%时，增加220%。如果总资本仅加一倍，则资本2000000利润率20%所生产的剩余价值量和利润量，是和资本1000000利润率40%所生产的，恰好相等。如果增加不到一倍，则所生产的剩余价值或利润，会比以前1000000资本所生产的更小。在以前的资本构成上，一个总资本只要由1000000增至1100000，便会把它的剩余价值，由400000增至440000。

我们以上所以说明的一个法则——在可变资本相对减少时，换言之，在劳动的社会生产力发展时，推动同量劳动力和吸收同量剩余劳动所必要的总资本量，必须益益增大——又在这里指示出来了。资本主义的生产越是发展，则劳动人口相对过剩的可能性也越是发展，这不是因为社会劳动的生产力减小，而是因为社会劳动的生产力增加。那就是，不是因为劳动与生活资料（或这种生活资料的生产手段）之间有绝对的不均衡，乃是因为有这种不均衡；这种不均衡，是由资本主义的劳动榨取发生，因为在资本累进的增加时，对增加人口的需要会相对的减少。

利润率下落50%，那就是下落一半。如果，利润量要保持不变，资本是必须倍加的。因要使利润量在利润率减少时保持不变，则指示总资本增加的乘数，必须与指示利润率下落的除数相等。如果利润率由40减为20，则总资本必须依20：40的比例增加，方才能使结果保持不变。如果利润率由40减为8，资本便须依8：40的比例增加，那就是必须增加五倍。资本1000000利润率40%，会生产利润400000；资本5000000利润率8%，同样会生产利润400000。必须如此，结果方能保持不变。但若要使结果增加，则资本增加的比例，必须比利润率下落的比例更大。换言之，因要使总资本的可变部分不仅绝对地说保持不变，并且绝对地增加（虽然当作总资本的部分，它的百分比率是下落了），则总资本增加的比例，应比可变资本百分比率下落的比例更大。总资本必须如此增加；以致在新的构成上，它不仅需有旧的可变资本，且需有更多的可变资本，来购买劳动力。如果资本100的可变部分由40减为20，总资本就须增加到200以上，方才能使用40以上的可变资本。

即使被榨取的劳动人口数保持不变，只有劳动日的长度和强度增加，所使用的资本量也必须增加，因为，要在资本构成发生变化，劳动榨取关系却保持原状的情形下使用同量劳动，所使用的资本量是不能不增加的。

要之，劳动的社会生产力的发展，在资本主义生产方法的进步中，一方面，表现为利润率渐渐下落的趋势，他方面，表现为所占剩余价值或利润的绝对量的不断增加；所以，大体说来，可变资本和利润的相对的减少，会与此二者的绝对的增加相照应。像我们讲过的那样，这种二重的作用，只能表现在这个事实上；那就是，总资本增加的程度，比利润率下落的程度更大。因要使绝对增加的可变资本，可以在较高的构成（即不变资本比较更增加）上被运用，总资本不仅须比例于更高的构成而增加，且须增加得更迅速。所以，资本主义的生产方法越是发展，则使用同量劳动力所必要的资本量，必须益益增大；如要使用更多的劳动力，那就更加不消说了。因此，劳动生产力的增进，必然会在资本主义的基础上，生出一个永久的显而易见的劳动人口过剩。如果可变资本在以前占总资本的二分之一，现在仅占总资本的六分之一，则使用同量劳动力所必要的总资本，必须三倍。如要使用倍加的劳动力，则总资本必须六倍。

从来的经济学，都不能说明利润率下落的法则，所以，它每以利润量的增大，以利润的绝对量的增加（或就个别资本家说，或就社会资本说），为一种安慰的理由。但这种安慰的理由，仍然不过是用陈腐的话与可能性，作立脚点罢了。

说利润量由两个要素决定，一个是利润率，一个是依照这个利润率使用的资本量，不过是同义异语。说利润率下落时利润量有增加的可能，那不过是这个同义异语的一个表现，决不能使我们更进一步；因为，在资本增加时，利润量可以不增加，甚至在资本增加时，利润量可以下落。例如，资本 100，利润率 25%，会生出利润 25；资本 400，利润率 5%，仅生出利润 20①。但若使利润率下落的原因，会促进蓄积，促进追加资本的形成，若该追加资本会运转追加的劳动，会生产追加的剩余价值，同时利润率的下落，又包含不变资本增大，从而旧总资本增大的事实，这

---

① "我们可以预料到，虽说资本的利润率，会因一国资本的蓄积和工资的提高而减小，但利润的总额仍会增加的。假设，在十万镑的反复的蓄积中，利润率会由百分之二十减为百分之十九，再减为百分之十八，再减为百分之十七，那就是不断向下落；但我们可希望逐次资本所有者所得的利润总额，会不断增大；那就是，资本二十万镑时的利润总额，较大于资本十万镑时的利润总额，而资本三十万镑时的利润总额还会更大。换言之，利润率虽减小，但利润总额会随资本增加。不过，这种增进，在一定时间之内，才是可能的。固然，二十万镑的百分之十九，是比十万镑的百分之十八，更大；三十万镑的百分之十八，又比二十万镑的百分之十九，更大。但资本蓄积成为巨额，利润已经下落之后，进一步的蓄积，就会把利润的总额减小。所以，假设蓄积为一百万镑，利润百分之七，则利润总额为七万镑；假设在一百万镑资本之外，再加以十万镑，更会把利润减至百分之六，则利润总额为六万六千镑，虽然资本总量已由一百万镑增至一百一十万镑。"（里嘉图《经济学原理》第七章全集麦克洛克编 1852 年第 68、69 页）在事实上，我们在这里是假设，资本由一百万镑增至一百一十万镑，即增加十分之一，利润率则由百分之七减至百分之六，即减少 $14\frac{2}{7}$%。这个减就是这样来的。

全部过程的神秘性就都消灭了。我们以后还会知道，某一些人曾用怎样的有意的错误计算，来消灭利润率减小而利润量则增加的可能性。

我们曾经说明，使一般利润率趋于下落的诸原因，会引起一种加速的资本蓄积，从而，引起所占剩余劳动（剩余价值，利润）的绝对量或总量的增加。但每一种事情，都会在竞争中，从而，在竞争当事人的意识中，倒转来表现的。上述的法则——我是指这两个外表自相矛盾现象之内在的必然的关联——也是这样。很明白在以上所说明的比例内，拥有大资本的资本家，比别一个在表面上享有较高利润的小资本家可以造出更大的利润量来。对于竞争之皮毛的考察，又指示了，在一定的情形下，如果大资本家要在市场上占有广大的活动范围，而把小资本家驱逐，例如在恐慌时期，他就会在实际上利用这个方法，那就是故意把他的利润率压下，冀图把小资本家逐出。尤其是商人资本；依照我们以后的详述，那会显示出诸种现象来；使我们把利润的下落，视为是营业扩大的结果，是资本扩大的结果。对于这种错误的见解，我们将在此后，提供真纯的科学的说明。又，各种特殊营业所获的利润率，会因它是在自由竞争下抑是在独占下，而有差异的；如果我们从这一点比较各种特殊营业所获的利润率差异，我们也会得到相差不多的皮毛的考察。这种在竞争当事人脑里存在的观念全部，在我们的罗雪尔先生那里，都是可以发现的。这个观念是：利润率的下落，"是更聪明，更人道的"①。在这场合，利润率的下落，好像是资本增加的结果，好像是资本家打算——利润率较低时他所赚得的利润量会较大的打算——的结果。这全部见解（以后要说到的亚当·斯密的见解除外），是立

---

① 译者注：见《国民经济学原理》第二版 1857 年 190 页。

足在一种毫无概念的观察（那就是不知一般利润率为何物的观察）和一种粗杂的观念（它以为，价格是由任意的利润量加入商品现实价值内决定的）上的。这种观念是粗杂的，然而是必然会发生的，因为资本主义生产的内在的法则，会在这种颠倒的方法和样式下表现出来。

由生产力发展而起的利润率下落，会伴以利润量的增加这一个法则，又表现在如下的事实上；即，资本所生产的商品的价格下落时，其中所包含的并由售卖而实现的利润量会相对的增加。

因为生产力的发展及与其相应的高位的资本构成，会以益益小量的劳动，推动益益大量的生产手段，所以，总生产物的每一个可除部分，每一个商品，或生产物总量中任一个确定的商品量，会吸收益益小的活劳动，并包含益益小的对象化劳动（就所使用的固定资本的磨损说，是这样，就所消费的原料和补助材料说，也是这样）。所以，每一个商品所包含的对象化在生产手段中的劳动和在生产中新加入的劳动的总和，会益益小。所以，个个商品价格就下落了。个个商品的所包含的利润量，会在绝对剩余价值或相对剩余价值的比率增加时，降落下来。所以，个个商品将包含更少的新加劳动，但其无给部分，与其有给部分相比，则会增加。不过，这个情形，只能在一定限度内发生。在生产发展的进行中，个个商品内新加入的活劳动，会益益发生绝对减少的现象，同时，就其中包含的无给劳动的数量说，虽与有给部分相比会相对增大，但也会绝对减少的。所以，就令剩余价值率增加，个个商品的利润量仍会随劳动生产力的发展，而大大减少。这种减少，和利润率的下落一样，只因不变资本要素趋于低廉，以及第一篇所述各种其他的情形（这种种事情，会在剩余价值率不变甚至下落时，使利润率提高），得以减缓下来。

个个商品的总和，构成资本的总生产物。我们说个个商品的价格下落，即是说一定量劳动实现在较大的商品量内，以致个个商品比以前包含较小的劳动。即在不变资本一部分（例如原料）的价格提高时，情形也是这样的。把少数情形（例如劳动生产力，均等地，使不变资本和可变资本的一切要素，趋于低廉）除外，利润率是会不管剩余价值率的增加，而下落的。第一，因为较小新加劳动总量中的较大的无给部分，与从前较大量总劳动中的较小的无给部分比较，依然会比较更小。第二，就个别商品说，资本的高位构成，将表现在这个事实上面；即，个个商品内代表新加劳动的价值部分，与其中代表原料补助材料和固定资本磨损的价值部分相对而言，会趋于下落。当个个商品的诸价格成分在此例上发生这样的变化，以致代表新加活劳动的价格部分减少，代表旧的对象化劳动的价格部分增加时。这种变化，正是可变资本（与不变资本相对而言）减少这一个事实在个个商品价格中所依以表现的形态。这种减少，就一定额的资本（例如100）而言，是绝对的，就个个商品（当作再生产出来的资本的可除部分）而言，也是绝对的。不过，只以个个商品诸价格要素为计算基础的利润率，会表现得和现实的利润率不同。这当中的理由如下：

〔利润率是依照所使用的总资本来计算的，但仅适用于一定的时间上，在事实上，是适用于一年。利润率，是一年间生出和实现的剩余价值或利润对总资本的以百分比率计算的比例。所以，这样计算的利润率，和那不以一年为基础而以该资本周转期间为基础而计算的利润率不必就是相等的。必须资本恰好在一年间周转一度，此二者方才会互相一致。

从他方面说，一年间生出的利润不过是该年间所生产所售卖的商品之利润总和。现在如果我们以商品成本价格为基础而计算利润，我们就得到一个利润率 $= \dfrac{p}{k}$；此式内，p 等于一年间实现的利润，k 等于同时期所生产所售卖的商品的成本价格总和。很明白，这个利润率$\frac{p}{k}$，与现实的利润率$\frac{p}{c}$（即利润量被除于总资本）不能一致，除非 k＝C，那就是资本恰好在一年间周转一次。

我们且设想一个产业资本的三种不同的状态。

（Ⅰ）一个 8000 镑的资本，每年生产并售卖 5000 个商品，每个值 30 先令，故每年有 7500 镑的周转。假设每个商品赚 10 先令的利润，全部每年可赚利润＝2500 镑。所以，每个商品包含 10 先令的资本垫支，和 10 先令的利润。每个商品的利润率，等于$\frac{10}{20}$＝50%。在 7500 镑的周转额中，有 5000 镑的资本垫支和 2500 镑的利润。一个周转的利润率＝$\frac{p}{k}$也等于 50%。反之，以总资本计算的利润率＝$\frac{p}{C}$＝$\frac{2500}{8000}$＝$31\frac{1}{4}$%。

（Ⅱ）假设资本增至 10000 镑。因劳动生产力增大之故，假设每年可以生产 10000 个商品；每个商品的成本价格为 20 先令。而每个商品出售时的利润为 4 先令，那就是每个商品的售价为 24 先令。年生产物的价格为 12000 镑，其中 10000 镑为资本垫支；2000 镑为利润。利润率$\frac{p}{k}$每件是＝$\frac{4}{20}$，就年周转而言，＝$\frac{2000}{10000}$，二者皆为 20%。因总资本等于成本价格的总和，即 10000，所以在这场合，现实的利润率$\frac{p}{C}$也等于 20%。

（Ⅲ）假设因劳动生产力不断增加之故，资本更提高到 15000 镑，每年生产 3000 个商品，每个商品的成本价格为 13 先令，利润为 2 先令，那就是每个商品以 15 先令出售。年周转＝30000×15（先令）＝22500（镑），其中 19500 为资本垫支，3000

为利润。所以，$\dfrac{p}{k} = \dfrac{2}{13} = \dfrac{3000}{19500} = 15\dfrac{5}{13}\%$。反之，$\dfrac{p}{C} = \dfrac{3000}{15000} = 20\%$。

我们看到，只有在第 I 场合（在这场合，周转的资本价值，等于总资本），每个商品的利润率，或其周转总额的利润率，方才和依总资本计算的利润率相等。在第 II 场合（在这场合，周转总额较资本为小），依商品成本价格计算的利润率，比现实的依总资本计算的利润率更高；在第 III 场合（总资本比周转总额为小），则依商品成本价格计算的利润率，比现实的依总资本计算的利润率更小。

在商人的实务上，周转通常是计算得正确的。只要所实现的商品价格的总额，与所使用的总资本的总额相等，我们就假设，资本周转了一次。但必须所实现的商品的成本价格总额，与总资本的总额相等，资本才算完成了一个完全的流通。——F. E.］

在这里，我们再看到了，在资本主义的生产下，个个商品或一定期间的商品生产物，是不能就其自身，当作单纯的商品来考察的，那必须当作是垫支资本的生产物，就其与总资本（生产这个商品的总资本）的关系来考察。

在利润率计算时，我们虽不仅须以所消费的资本部分，即在商品内再现的资本部分，测度所生产所实现的剩余价值之量，却须以这一部分，加不消费仅被使用而在生产上继续发生作用的资本部分，来测度。但虽如此，利润量仍不过与商品内包含的由商品售卖而实现的利润量或剩余价值量相等。

如果产业的生产力增进，个个商品的价格就会下落。个个商品内包含的劳动——有给劳动与无给劳动是更少了。假设同量劳动已能生产三倍的生产物；这样，个个生产物所包含的劳动将更少三分之二。利润既只能在个个商品所包含的劳动量中，形成一部分，所以个个商品的利润量是必须减少的。在一定限度内，那怕剩余价值率提高，情形也会如此。但无论如何，总生产物的利润量，在资本所使用的劳动者数依旧不变，榨取程度也依旧不变的时候，总不会落在原利润量之下的。（如果榨取程度提高，则所使用的劳动者数虽减少，这个情形也可以发生。）因为，个个生产物所分的利润量越是减少，生产物的数量，必依同比例越是增多。利润量将保持不变，不过以不同的方法，分配在商品的总量间；新加劳动所创造的价值量在劳动者与资本家间的分配，也不会因此变更的。从另一方面说，在所使用的劳动量保持不变时，只有无给的剩余劳动增加，利润量才会增加；而在劳动榨取程度保持不变时，也只有劳动者数增加，利润量才会增加。不然，就须劳动榨取程度增加，劳动者数也增加方才会生出这个结果来，但在这一切场合，——依照我们的假设，那是以不变资本（与可变资本相对而言）的增大，以所用总资本的增大为前提——个个商品总将包含较小的利润量，并且，以个个商品为计算基础的利润率，也会下落；一定量的追加劳动，将表现为较大量的商品；个个商品的价格，将会下落。惟在抽象的考察下，即使个个商品的价格因劳动生产力增进而下落，即使这种已经更便宜的商品的数量在同时候增加，利润率仍可保持不变；例如当生产力的增加，以同程度，在同时候，影响于商品的一切成分，以致商品的总价格，依照劳动生产力增加的比例往下落，而商品诸价格成分的相互比例则保持不变时，情形就是这样的。如果在剩余价值率提高时，不变资本诸要素（尤其是固定资本诸要素）的价值竟也显著减少，利润率还会提高的。但像我们已经讲过的，利润率结局仍会在实际上往下落。总之，个个商品的价格下落，决不能在利润率上，给我们以任何的结论。一切皆取决于参加商品生产的资本的总和。比方说，如果一码织物的价格由 3 先令减至 $1\frac{2}{3}$ 先令；我们虽知道，在这种价格跌落之前，有 $1\frac{2}{3}$ 先令是不变资本（棉纱等），$\frac{2}{3}$先令是工资，$\frac{2}{3}$先令是利润，但我们不能知道，利润率是不是保持不变。利润率是不是保持不变，要看垫支总资本是否增加，会增加多少，还要看它在一定时间生产的码数增加了多少。

在劳动生产力增进时，个个商品或一定量商品的价格会下落，商品数会增加，个个商品的利润量及商品总和的利润率会下落，但商品总量的利润量则会增加。这个现象，是由资本主义生产方法的性质引起的，但在外表上仅表现为个个商品的利润量下落，其价格下落，社会总资本或个别资本家所生产的已经增加的商品总量之利润量增加。以是，有人想象，资本家是由自由意志，以较少的利润，加在个个商品上，但由商品生产量的增大，得到赔偿。这种看法，是以让渡利润（Profit upon alienation）的观念为基础。这种观念，又是由商人资本的考察，抽象而来的。

我们已在第一卷第四篇及第六篇讲过，与劳动生产力同增加的商品量及个个商品的低廉化（如果该种商品在劳动力价格的决定上，没有作用），即在价格下落时，也不会影响个个商品内的有给劳动和无给劳动的比例。

因为在竞争当中，每一件事情都会表现在虚伪的形态上，那就是表现在倒转的形态上，所以个个资本家会这样想象：（1）他是由减价的方法，来削减他个个商品的利润，但因他出售的商品量将增大，所以仍然会赚得较大的利润；（2）他会确定个个商品的价格，而以乘法决定总生产物的价格，但原来的办法则是用除法（参看第一卷第十章），并且必须以这个除法为前提，乘法才有第二义的正确性。庸俗经济学者，在事实上，不过把拘囚在竞争中的资本家的珍奇观念，译成在外表上更学说化更概念化的语言，并论证此等观念是正确的。

在事实上，商品价格的下落与商品（更便宜的商品）总量（已经增加的总量）的利润量的增加，不过是利润率下落利润量同时增加这一个法则的换一个方式的表现。

至若下落的利润率，能在如何程度内，与提高的价格相一致，其分析是不属于本章范围以内的。第一卷第十章关于相对剩余价值我们曾经讨论的诸点，也不属于本章的范围。使用改良的但尚未普及的生产方法的资本家，可以在市场价格之下，但在其个人生产价格之上售卖。所以，在竞争把利润率均衡化以前，他的利润率就这样增进了。在这个均衡时期，第二个要件——所投资本增加——出现了，与这个增加的程度相比例，资本家将能在新条件下，使用他从前使用的劳动者的一部分或其全部，甚或使用更多的劳动者，从而，也能生产同样的或更大的利润量。

第十四章

# 抵消的原因

如果我们以近三十年来，比于以前的一切时期，考虑到社会劳动的生产力的巨大的发展；如果我们考虑到，除真正的机械外，尚有异常大量的固定资本，参加到社会生产过程的总体中，则使从来经济学者感到烦恼的困难（即利润率下落的说明），将翻成一种相反的困难；即，为什么这种下落不会更大，不会更速？那一定有某种相反的影响在发生作用，足以使这个一般法则的作用相交错，并将其扬弃，使其只有倾向的性质。也就因此，所以我们把一般利润率的下落，视为是一种倾向的下落。以下所述，便是最普通的抵消原因。

## I　劳动榨取程度的增进

劳动的榨取程度，剩余劳动和剩余价值的占有，是由劳动日的延长和劳动的加强，而增进的。这二点，皆已在第一卷，论绝对剩余价值和相对剩余价值时，详细说明过了。那里说出了许多增加劳动强度的方法。那包含不变资本（与可变资本相对而言）的增加，从而包含利润率的下落；一个劳动者照应多数机械的方法，就是这样的一个例。在这场合，以及在大多数生产相对剩余价值的手续上，那种种唤引剩余价值率增加的原因，都包含剩余价值量的下落，如我们就所用总资本的一定量来考察。但还有别一些使劳动加强的方法，例如增加机械的速率。这个方法，虽会在同时间消费更多的原料，而就固定资本说，机械的磨损也会加速，但机械价值对它所推动的劳动的价格之比例，绝不受影响。特别是劳动日的延长——这是近代产业的发明——它会增加所占的剩余劳动量，但不致在本质上变更所用劳动力对所用不变资本的比例，且会在事实上，使不变资本相对减少。其次，我们又论证了，——这正是利润率趋于下落的真正的秘密——生产相对剩余价值的各种手续，大体说，是归着到这一点：即，一方面，在一定量劳动中，以尽可能最大的部分，转化为剩余价值；他方面，与垫支资本比例而言，尽可能应用最少的劳动，所以，使劳动榨取程度增进的诸种原因，将使同量的总资本，不能榨取和以前相等的劳动。此二种倾向是互相克制的，一方面它要提高剩余价值率，同时在他方面，又要使一定资本所生产的剩余价值量和利润率，趋于减少。在这里，值得附带说说的，是妇人劳动和儿童劳动的大量的使用。在这场合，即使全家所获的工资的总额已经增大（这并不是普遍的情形），他们对资本所供给的剩余劳动量，仍会比以前更大。——总之，无论何事，只要它单是由方法的改良（例如在农业上），以促进相对剩余价值的生产，而所用资本的量不变更时，它都有阻止利润率下落倾向的作用。在这场合，所使用的不变资本，与可变资本（我们以此为所用劳动力的指数）比例而言，不会增加，但它会使生产物的量，与所用劳动力比例而言，增加起来。又，如劳动（无论它的生产物是归劳动者消费，还是当作不变资本的要素）生产力可从交通上的障碍，从各种任意的限制或在时间进行中会变成妨碍的限制，从各种各类的束缚，解放出来，结果又不直接影响可变资本对不变资本的比例，情形也会这样的。

我们可以提出这样的问题：即，在阻止利润率下落但结局往往会使其下落加速的诸种原因中，是否包含剩余价值率暂时提高到一般水准以上这一个事实。这种提高，是暂时的，但会不断重现，时而重现在这个生产部门，时而重现在那个生产部门（因为，在发明等未经普遍采用之前，采用新发明的资本家，就会暂时得到一般水准以上的剩余价值）。对于这个问题，我们必须肯定的答复。

一定量资本所生产的剩余价值量，是两个因素的乘积，即剩余价值率与劳动者数（依一定剩余价值率被使用的劳动者数）的乘积。所以，在剩余价值率为已定时，它是定于劳动者数；而在劳动者数为已定时，它是定于剩余价值率。换言之，它是定于可变资本绝对量和剩余价值率的复比例。我们曾经说过，平均说，使相对剩余价值率提高的原因，将会减少所使用的劳动力的量。但很明白，在这里，视诸对立运动的比例如何，会发生一种多少之别；尤其是，利润率下落的倾向，会因绝对剩余价值（即由劳动日延长而生的剩余价值）率提高，受到阻碍。

就利润率而论，我们概括地发现了，在利润率下落时，因所使用的总资本量会增加，故常伴有利润量的增大。就社会的总可变资本来考察，所生产的剩余价值，与所生产的利润相等。不仅剩余价值的绝对量会增加，剩余价值率也会增进。前者增加，是因为社会所使用的劳动力的量增加；后者增进，是因为这个劳动的榨取程度增进。但就一定量的资本而论，例如，就100的资本而论，剩余价值率尽可以在剩余价值量平均减落时，增进起来。因为，剩余价值率是由可变资本部分价值增殖的比例决定的，剩余价值量则是由可变资本在总资本内所占的比例部分决定的。

剩余价值率的提高，是剩余价值量所依以决定的一个因素，从而也是利润率所依以决定的一个因素；因为，如以上所述，剩余价值率特别会在不变资本（与可变资本相对而言），全不增加或不依比例增加时，提高的。这个因素，不能把一般法则抵消。但它会使一般法则，更加有倾向的性质，那就是，使这个法则的绝对的贯彻，由作用相反的事情，而阻碍，而延缓，而减弱。但因为提高剩余价值率的诸种原因（就连劳动时间的延长，也是大工业的一个结果），有一种趋势，要使一定量资本所使用的劳动力减少，所以也有一种趋势，要引起利润率的下落，并引起这种下落的缓慢的运动。如果照理应由两个劳动者担任的劳动，竟强迫一个劳动者去担任，而在当时的情形下已能用一个劳动者代替三个劳动者，则在此际，这一个劳动者所供给的剩余劳动，和以前两个劳动者所供给的剩余劳动会一样多，从而，在这限度内使剩余价值率提高。但一个劳动者所供给的剩余劳动，总会比以前三个劳动者所供给的剩余劳动更少，从而在这限度内使剩余价值量下落。不过，剩余价值量的下落，仍可由剩余价值率的提高来补偿或限制的。如全人口都依更高的剩余价值率被雇用，则人口保持不变时，剩余价值量会增加。若人口又在同时增加了，剩余价值量还更会增加；这个情形，虽然会和被使用劳动者数的相对的（与总资本量相对而言）减少结在一起，但这种减少，尽可由剩余价值率的提高，而缓和或中和的。

在我们从这点离开之前，我们不妨再郑重声明，就资本的一定量而言，剩余价值率可以在其量下落时提高起来，也可以在其量增加时减落下来。剩余价值量等于剩余价值率乘劳动者数；但此率不以总资本为计算的基础，却仅以可变资本为计算的基础，在事实上，也只适用于一劳动日。反之，就一定量的资本价值说，倘非剩余价值的量也增进或下落，利润率决不会增进或下落的。

## II 工资被压在劳动力价值之下

在这里，我们不过要经验的，述及这一点。因为，像别的许多事情一样，那虽可以在这里胪叙出来，但实与资本的一般分析无何等关系。那是属于竞争的说明，这种说明，是本书所不考虑的。不过，无论如何，它总归是一个最显著的遏阻利润率下落趋势的原因。

## III 不变资本要素的低廉化

在本卷第一篇，我们关于剩余价值率不变时利润率提高（即与剩余价值率无关的利润率的提高）的诸种原因，曾经说过许多的话。这一切的话，都是属于这一点的。如果就总资本考察，不变资本的价值，不与其物质范围依相同的比例增加，就更加是如此。举一个例。一个欧洲纺绩工人在一个新式工厂所加工的棉花量与一个欧洲纺绩者从前用一个纺车所加工的棉花量比较，不知道曾以怎样大的比例增大。但被加工的棉花的价值，不会与其量为同比例的增加。就机械和别的固定资本说，也是这样的。总之，使不变资本量（与可变资本量比例而言）相对增加的发展，将会使不变资本要素的价值下落（因为劳动的生产力将会增加），并阻止不变资本价值（会不断增进的）与其物质范围为同比例的增加（此所谓不变资本的物质范围，是指同量劳动力所推动的生产手段的物质范围）。在若干情形下，不变资本要素的量，甚至会在其价值不变或下落时，增加起来。

由产业发展而起的既有资本（即其物质要素）的价值减少现象，也是这样的。这个现象，虽会减少提供利润的资本量，从而会减少利润量，但会发生一种不断的作用，使利润率的下落得以阻止。这又说明了，使利润率有下落趋势的诸种原因，会缓和这种倾向的实现。

## Ⅳ　相对的过剩人口

相对的过剩人口的产生，是与劳动生产力的发展（那表现为利润率的下落）分离不开，并且相伴而起的。一个国家越是表现相对人口过剩的现象，如其该国的资本主义生产方法越是发展。一方面，我们可以说，就因为有这个相对的过剩人口，所以在许多生产部门，劳动对于资本的隶属性，会继续陷在不完全的地步，并且继续到这样久，以致在最初一看之下，好像与一般的发展状态不能兼容。这是因为可资利用的或游离的工资劳动者是这样便宜，这样众多，并因为许多生产部门，依其性质，对于由手工劳动到机械劳动的转化，就有更大的反抗力。在他方面，又会有新的生产部门开放出来，尤其是，有奢侈品的生产部门开放出来，可以利用其他生产部门由不变资本增加而游离的人口作基础。这诸种生产部门，最初是以活的劳动占主要要素，到后来，才渐渐和别的生产部门，踏上同一的道路。在以上二场合，可变资本都会在总资本中占取显著的比例，工资则会在平均之下，所以剩余价值率与剩余价值量，在这诸生产部门，都会异常的高。一般利润率既然是由各特殊生产部门的利润率的均衡得到的，所以，使利润率有下落倾向的原因，又会唤起这种倾向的对抗力，并多少把它的作用缓和下来。

## Ⅴ　国外贸易

在国外贸易一方面使不变资本要素低廉化，一方面使必要生活资本（可变资本所依以转化的东西）低廉化的限度内，它会有提高利润率的作用，因为它会提高剩余价值率，并减低不变资本的价值。它通例会在这个意义上发生作用，因为它使生产规模有扩大的可能。但由此，它一方面会把蓄积促进，他方面会使可变资本（与不变资本相对而言）减少，并由此使利润率下落。同样，外国贸易的扩大，在资本主义生产方法的幼稚期，虽是资本主义生产方法的基础，但在这种生产方法的进步中，会由这种生产方法的内在的必然性，由这种生产方法对于不断扩大的市场的需要，而变为这种生产方法的结果。在这里，我们再看见了作用的二重性。（里嘉图对于国外贸易的这一方面，是完全忽略了。）

还有一个问题——就其特殊性而言，那是在我们研究的限界之外的——是：投在国外贸易，尤其是投在殖民地贸易上的资本，既可赚得更高的利润率，一般利润率会不会由这种更高的利润率而提高呢？

投在国外贸易上的资本，会提供更高的利润率；在这里，第一是因为，和它们竞争的商品，是在其他国家用较小的生产便利生产的，所以，较进步的国家，虽比竞争国以更便宜的价格售卖商品，它们的售卖仍然会是价值以上的售卖。如进步国的劳动，在这里，是当作比重较高的劳动来利用，则在这限度内，利润率将会提高；因为，未当作高级劳动被支付的劳动，会当作高级劳动来售卖。这种情形，对商品所从以输入和所向以输出的国家而言，也可以发生。这种国家，会在现物形态上，给予更多的对象化的劳动，而收受更少的对象化的劳动，虽然它所收受的商品，比较它本国生产的商品，也许会更便宜。好比一个工厂主，如果他在某种发明尚未普及之前就采用它，他虽然比他的竞争者，以更便宜的价格售卖，但仍能在他的个别价值之上，售卖他的商品；那就是，他所使用的劳动既有特别更高的生产力，他会把这种更高的生产力，当作剩余劳动来利用。由此，他就实现了一个剩余利润了。第二，投在殖民地等处的资本所以能提供较高的利润率，还因为在那里，发展程度较低，从而利润率较高，并因为在使用奴隶和苦力时，劳动的榨取程度会增高。我们不知有任何理由，可以说明，投在某部门的资本所实现的并送回到本国来的较高利润率，在无独占从中妨碍的限度内，为什么，不会参加一般利润率的均衡过程，为什么不会相应的，把一般利润率提高①。该投资部门既受自由竞争法则的支配，我们自不知有何种理由，可以说明这一点。但里嘉图所垂念的，却主要是：在外国所获的高的价格，将被用来在外国购买商品，并当作回头货，送回到本国来售卖；所以照他说，对于这种有利的生产部门，那至多不过是一种暂时的特别利益。这个外观，只要把货币形态存而不论，就会消灭的。因为，处在有利位置的国家，将收回较多的劳动，而仅换去较少的劳动（不过这种差额，这种余额，会被一定的阶级所吮吸，凡劳动与资本间的交易，都是这样的）。如利润率较高的理由是殖民地利润率一般会更高，则较高的利润率，尽可以在有利的自然条件下，在该地，和较低的商品价格并存。均衡过程是会发生的，但不是和里嘉图所想的那样，均衡化为旧时的水准。

但这个国外贸易会在国内发展资本主义生产方法，并由此使可变资本（与不变资本相对而言）减少，因而从别一方面说，招致外国市场上的生产过剩；所以，在改进的进程中，它也会有相反的作用。

---

① 就这点说，亚当·斯密是对的，里嘉图是不对的。里嘉图说："他们主张，利润的均等，将由利润一般提高而实现；我的意见是，被爱顾的贸易的利润，将迅即下落至一般水准"。（《里嘉图全集》麦克洛克编第73页）

总之，概括地说，我们可以说，引起一般利润率下落的诸种原因，会唤起相反的作用，以阻碍其下落，缓和其下落，并局部地，将其下落倾向麻痹。不过，这种种相反的作用，不会把这法则抵消，只不过使它的作用减弱。不然，不能理解的事情，将不是一般利润率的下落，却是这种下落的进行何故会相对的迟缓。这个法则只有倾向的作用；其作用，须在一定的情形下，经过长期间后，才会明白显示出来的。

　　在我们更向前进一步之前，为避免误会起见，有两个命题，曾经多次说明的，必须再述一遍如下。

　　第一，在资本主义生产方法发展进行中唤起商品低廉化的过程，将使商品生产上所使用的社会资本的有机构成发生变化，并由此引起利润率的下落。所以我们必不可把个个商品的相对成本（包括机械的磨损，那也是成本的一部分）的减少，和不变资本价值（与可变资本价值比较而言）的增加，视为同一；虽然反过来，不变资本的相对成本的减少，在其物质要素的范围不变或增加时，会有一种作用，要把利润率提高，并相应地，使不变资本的价值，和比例趋于缩小的可变资本相比较，趋于减少。

　　第二，个个生产物的总和，构成资本的生产物。这种个个生产物所含的追加的活劳动，与其中所含的劳动材料和其所消费的劳动手段相对而言，会保持一种下落的比例。又，在各个商品中对象化的追加的活劳动量，也会不断地减少，因为它们生产上所必需的劳动，会随社会生产力的发展而减少。但商品内包含的活劳动分成有给劳动和无给劳动的比例，并不受这种事情的影响。反之，虽然各个商品内包含的追加的活劳动总量减少，但因有给部分绝对减少或比例减少之故，与有给部分比例而言，无给部分将会增加。因为，这个生产方法，使个个商品内包含的追加的活劳动总量减小，也会伴着使绝对剩余价值和相对剩余价值增加。

利润率之倾向的下落，会伴以剩余价值率之倾向的提高，并伴以劳动榨取程度之倾向的提高。所以，由工资率提高而说明利润率下落的企图，真是再不合理没有，虽然在例外的场合，情形也有时候果然是这样。并且，又只有先了解利润率所依以形成的各种关系，然后可以把统计应用在各时代各国家的工资率之现实的分析上。利润率的下落，非由于劳动变为更不生产的，乃由于劳动变为更生产的。二者——剩余价值率的提高和利润率的下落——不过是劳动生产力的增进在资本主义下所依以表现的特殊形态。

## Ⅵ　股份资本的增加

除上述五点外，我们还可附加一点；但关于这一点，我们还是不能深入的。在资本主义生产的进步及其加速的蓄积中，资本的一部分，会只当作生息资本（Zinstragen des Kapital）来计算并使用的。这里说的，不是产业资本家收取企业利得，贷放资本家仅得其利息的资本。这种资本，与一般利润率的水准毫无关系，因为就一般利润率而言，利润是等于利息，加各种利润，加地租；利润如何分归这各特殊范畴的问题，在这里，是完全没有关系的。我们在这里说的资本，乃是指这种资本；它虽投在大的生产企业上，但只提供这样的利息，即所谓股息（Dividenden），那是大是小，要在各种费用扣除之后计算的；例如在铁路上。这种股息，不参加一般利润率的均衡过程；因为它是比平均利润率更小的一种利润率。如果它竟参加进来，平均利润率就会遥为下。只不过，理论地说，这种资本也能计算进去的；这样，结果所得的利润率，会此外表上存在的且在实际上决定资本家行动的利润率更小；因为，与可变资本比例而言，正好在这种企业上有最大的不变资本。

第
十
五
章

矛盾的展开
这个法则的内部

## I  概说

我们曾在本卷第一篇讲过，利润率往往会把剩余价值率表现得更低。现在我们又知道，就连一个向上增进的剩余价值率，也会有一种趋势，要自行表现为向下落的利润率。必须 $c = 0$，即资本全部投在工资上面时，利润率才会与剩余价值率相等。下落的利润率，在如下条件，才会代表下落的剩余价值率；即，不变资本价值对它所推动的劳动力的量在此例上保持不变，或所推动的劳动力的量与不变资本价值相对而增加。

里嘉图所分析的，虽自称为利润率，其实只是剩余价值率。他在分析时，还从这个前提出发；即劳动日在外延和内包两方面，都为不变量。

利润率的下落与加速的蓄积，在二者均仅代表生产力发展的限度内，不过是同一个过程的不同的表现。蓄积，在包含劳动大规模的累积和资本的高位构成时，会促进利润率的下落。从别方面说，利润率的下落，又会由小资本家被剥夺，直接生产者（尚有任何财产可以剥夺的残余的直接生产者）被剥夺，而加速资本的累积和资本的集中。所以，在利润率下落时，蓄积率固然会跟着下落，但若就量而言，蓄积却会由此加速的。

从另一方面说，总资本的价值增殖率，利润率，既为资本主义生产的刺激（资本的价值增殖，则为资本主义生产的唯一的目的），所以利润率的下落，会阻碍新独立资本的形成，好像对于资本主义生产过程的发展，是一种威胁。那还会在过剩人口之外，促起过剩生产、投机、恐慌、过剩资本等事情。像里嘉图那样认资本主义生产方法为绝对的经济学者，在这点，也觉得这种生产方法造成了它自身的限制，他们不把这种限制归因于生产，却把它归因于自然（在地租学说上，就是这样的）。但在他们对于利润率下落所抱的焦虑中，主要的是这一种感觉：资本主义生产方法在生产力的发展中，会遇到一个限制。这个限制，和财富本身的生产，是毫无关系的。这个特殊的限制，证实了资本主义生产方法的有限性；那就是，证明了资本主义生产方法只有历史的过渡的性质；证明了它不是财富生产的绝对的方法，却会在一定的阶段上，与财富生产的发展相冲突。

里嘉图和他的学派，当然，只考察了产业利润，而在产业利润中，包括利息。但地租率（Rate der Grundrente）也有下落倾向，虽然它的绝对量会增加，并与产业利润相对而为比例的增大。（参看威斯特著《资本在土地上的应用论》伦敦 1815 年，他在里嘉图之前，把地租法则说明。）但若我们考察社会的总资本 C，以 $p_1$ 指示产业利润扣去利息和地租后的余额，以 z 指示利息，r 指示地租，则 $\dfrac{m}{C} = \dfrac{p}{C} = \dfrac{p_1 + z + r}{C} = \dfrac{p_1}{C} + \dfrac{z}{C} + \dfrac{r}{C}$。我们曾讲过，在资本主义生产的发展中，剩余价值的总额 m，会不断增加，但 $\dfrac{m}{C}$ 却会不断减少，因 C 会比 m 增加得更快。所以，就令当 $\dfrac{m}{C} = \dfrac{p}{C}$ 而

$\dfrac{p_1}{C}$、$\dfrac{z}{C}$、$\dfrac{r}{C}$ 自不断减少时，$p_1$ 和 z 和 r 可以各自不断增加，或 $p_1$ 对 z 为相对的增加，或 r 对 $p_1$ 或对 $p_1$ 加 z 为相对的增加，当中都不包含矛盾。在总剩余价值或利润（m＝p）增加而利润率（$\dfrac{m}{C}$＝$\dfrac{p}{C}$）则在同时下落时，$p_1$、z 与 r 诸部分（m＝p 就是分成这诸部分的）的量的比例，仍可在 m 总量所划定的限界之内，任意变更，而不致由此影响 m 或 $\dfrac{m}{C}$ 的量。

$p_1$、z 和 r 间的相互的变化，不过是 m 在各部项间的分配的变化。所以 $\dfrac{p_1}{C}$（产业利润率）、$\dfrac{z}{C}$（利息率）和 $\dfrac{r}{C}$（地租对总资本的比例），可以在 $\dfrac{m}{C}$（一般利润率）下落时，有某项得与他项比较而增加起来。唯一的条件是，这三者的总和应等于 $\dfrac{m}{C}$，如果利润率因资本构成在剩余价值率＝100%时，由 50c＋50v 变为 75c＋25v，而至于下落，则在前一场合，一个 1000 的资本，将提供一个 500 的利润，在后一场合，则须有 4000 的资本才能提供 1000 的利润。这样，m 或 p 是倍加了，但 p′ 却是减半了。如果以前 50%，是以 20 分为利润，10 分为利息，20 分为地租，则 $\dfrac{p_1}{C}$ 等于 20%，$\dfrac{z}{C}$ 等于%，$\dfrac{r}{C}$ 等于 20%。在变为 25% 后，如果各种关系是保持不变，则 $\dfrac{p_1}{C}$ 等于 10%，$\dfrac{z}{C}$ 等于 5%，$\dfrac{r}{C}$ 等于 10%。但若 $\dfrac{p_1}{C}$ 减为 8%，$\dfrac{z}{C}$ 减为 4%，则 $\dfrac{r}{C}$ 增为 13%。与 $p_1$ 和 z 相对而言，r 的比例量是增进了，但 P′ 仍保持不变。在这两个前提下，$p_1$、z 和

r 的总和会增加，因为生产它的资本，已经四倍了。再者，里嘉图的前提——产业利润（加利息）原包含全部剩余价值——在历史方面和概念方面，都是虚伪的。我们宁可说，（1）使全部利润先归在产业资本家和商业资本家手中，然后再行分配；（2）使地租还原为利润以上的剩余的，都只是资本主义生产的进步。在这个资本主义基础上，地租（它是利润的一部分，即是总资本所生产的剩余价值的一部分）会更增进；但资本家在生产物内所卷去的特殊部分，却不会。

假设有必要的生产手段，那就是，假设有充足的资本蓄积，则在剩余价值率即劳动榨取程度为已定时，剩余价值的创造只会遇到劳动人口数这一个限界，在劳动人口数为已定时，剩余价值的创造只会遇到劳动榨取程度这一个限界。资本主义的生产过程，在本质上就是剩余价值的生产。剩余价值表现在剩余生产物或所产商品的可除部分内，这个可除部分即是无给劳动所依以对象化的。我们必不可忘记，这个剩余价值的生产——剩余价值一部分复化为资本的过程，即蓄积的过程，乃是这个剩余价值生产的不可少的部分——便是资本主义生产的直接的目的和决定的动机。所以，我们不要把这种生产表现为别样的生产；那就是，我们不要认这种生产是以享受为直接目的，也不要认这种生产，是为资本家生产享受品。不然的话，我们必定会把资本主义生产的特殊性质——在它的全部的内在的核心形态上表现出来的——看落。

这个剩余价值的获得，形成直接的生产过程，我们讲过，这个生产过程，除以上所述的诸种限制外，是没有任何别的限制的。可以吸收的剩余劳动量一经对象化在商品内，剩余价值就被生产了。但剩余价值的这种生产，只是资本主义生产过程的第一种行为，它只是直接的生产过程之终了。资本吸收了这样多的无给劳动。在那表现为利润率下落的过程向前发展时，所生产的剩余价值之量，也会以惊人的量，增大起来。现在是这种过程的第二种行为来了。总商品量，总生产物——那包含代置不变资本和可变资本的部分，也包含代表剩余价值的部分——是必须售卖的。如果没有实行售卖或仅实行一部分，或售卖的价格在生产价格之下，劳动者固然是一样受榨取，但对于资本家，这种榨取却会不能全部实现。所榨取的剩余价值，将完全不能实现或仅实现一部分，甚至使资本蒙受一部分或全部的丧失。直接榨取的条件和实现的条件，并不是相同的。它们不仅在时间和空间上分开，并且在概念上互相分开。前者仅受限制于社会的生产力，后者则受限制于不同诸生产部门的均衡性与社会的消费力（Konsumtionskraft）。但后者非由绝对的生产力也非由绝对的消费力决定，却是由以对立分配关系（Distributionsverhältnisse）为基础的消费力决定的。这种对立的分配关系，会使社会大多数人的消费，缩减到一个只能在狭隘限界内变动的最小限。加之，消费力，还会由蓄积动机——那就是使资本增大，并使剩余价值的生产依累进扩大的规模来进行的动机——受到限制。这是资本主义生产的法则；这个法则，是由生产方法的不断的革命，由现有资本的不断的价值减少，由一般的竞争战，由改良生产和扩大生产规模（为保存自身和畏惧灭亡而行的）的必要性，引起的。所以，市场必须不断的扩大，以致它的关联及其规制条件，益益采取自然法则的形态，益益采取与生产当事人相独立而不能由人统制的形态。这个内部的矛盾，由生产之外部范围的扩大，得到均衡。但生产力越是发展。越是与消费关系（Konsumtionsverhältnisse）所依以建立的狭隘基础相冲突。在这个充满矛盾的基础上，过剩的资本会与益益过剩的人口相结合，是一点矛盾也没有的。因为，这二者的结合，固然会增加所生产的剩余价值之量，但同时也会把剩余价值生产的条件和剩余价值实现的条件之间的矛盾加强。

如利润率为已知数，则利润量常取决于垫支资本的大小。但蓄积是取决于此量的一部分，即再转化为资本的部分。这个部分，既等于利润减资本家所消费的所得，故不仅取决于此量的价值，且取决于资本家能用此购买的诸种商品的便宜程度，这诸种商品一部分参加他的消费，成为他的所得，一部分则变为他的不变资本。（在这里，我们假设工资为已定量。）

由劳动者推动，其价值由劳动者的劳动保存，并再现在生产物中的资本之量，和劳动者所加入的价值，是全然有别的。如其资本量 = 1000，多加入的劳动 = 100，则再生产出来的资本 = 1100。如果资本量 = 100，加入的劳动 = 20，则再生产出来的资本 = 120。在前一场合，利润率等于 10%，在后一场合，等于 20%。但虽如此，100 之中所可得而蓄积的东西，比 20 之中所可得而蓄积的东西，依然更大。所以，资本的潮（不说资本由生产力增进而起的价值减少了）或其蓄积，会滚滚前进，其前进并非与利润率的水准成比例，却是和它所已有的刺激成比例。在劳动日很长时，哪怕劳动是不生产的，也可以在较高剩余价值率的基础上，发生高的利润率；结果可以是这样，因为劳动者的劳动虽是不生产的，但他的欲望甚小，劳动者的平均工资也极低。工资的低微，与劳动者能力的微小相照应。也就因此，所以，利润率虽高，但资本的蓄积却缓。人口的增殖迟滞，生产物所费的劳动时间很长，虽然所付于劳动者的工资是很少的。

利润率的下落，不是因为劳动者被榨取的程度更小，却是因为与所使用的资本一般相比较而言，所使用的劳动是更少。

如果像以上讲的那样，利润率的下落是与利润量的增进相结合，则在劳动的年生产物中，将有更大的一部分，在资本的范畴下（当作所消费的资本的代置品），为资本家所占有，将有比较更小的一部分，在利润范畴下，为资本家所占有。牧师查尔麦兹的幻想——年生产物中越是以较小的量，由资本家当作资本支出，他所赚取的利润就越是大——就是这样发生的。也就因此，所以国教会竟帮助他们，使他们能够消费剩余生产物的大部分，即不以剩余生产物的大部分资本化。这位牧师把原因和结果混同了。加之，在利润率下落时，利润量会与所投资本的量，一同增加。不过，这种增加，必致于促起资本的累积，因为在这时候，诸生产条件，会促起大量资本的使用。这种增加，又必致于促起资本的集中，那就是小资本家为大资本家所吞并，小资本家化为非资本家。但这不过是劳动条件与生产者互相分离这个事实的二乘数，因为，就小资本家说，自己劳动尚占有重要地位；所以这种小资本家，还是属于生产者这一个范畴的。一般说，资本家的劳动，是和他的资本的量，换言之，和他的资本家的资格，成反比例的。劳动条件和生产者的分离，形成资本这个概念，它是和原始蓄积（第一卷第二十四章）一同开始，其次是表现为资本蓄积和累积的不断的过程，最后是表现为已有资本在少数人手中的集中，表现为多数人资本家资格的丧失（一种变形的剥夺）。这个过程，设使没有相反的倾向，不断在求心力的旁边，引起离心的作用，那不久就会使资本主义生产陷于覆灭的。

## II 生产扩大与价值增殖间的冲突

劳动社会生产力的发展，是以二重的形态表示的：第一，是表现在既成生产力的大小上，是表现在新生产所依以进行的诸生产条件的价值范围和数量范围上，并表现在已蓄积的生产资本的绝对量上；第二，是表现在这个事实上；即，与总资本相比较，投在工资上面的资本部分相对的减小，那就是，一定量资本再生产和价值增殖所必要的活劳动，大量生产（Massen Produktion）所必要的活劳动，相对的减小。同时，那还是以资本的累积为前提的。

就所使用的劳动力而言，生产力的发展也是以二重的形态表示的：第一，是表现为剩余劳动的增加，那就是，表现为再生产劳动力所必要的必要劳动时间的缩短。第二，是表现为推动一定量资本所须使用的劳动力的量（即劳动者数）的减少。

这两个运动，不仅是相携而进的，并且是交互为条件的现象。它们不过是同一个法则的不同的表现。不过，它们影响利润率的方向，是正相反的。利润的总额，是等于剩余价值的总额，利润率是 $= \dfrac{m}{C} = \dfrac{剩余价值}{垫支总资本}$。但剩余价值的总额，第一是取决于剩余价值率，第二是取决于依照这个剩余价值率同时被使用的劳动量，换言之，取决于可变资本的量。就一方面说，将有一个因素（剩余价值率）会增进，就他一方面，将会有别一个因素（劳动者人数），相对地，或绝对地下落。生产力的发展，就它会把所使用的劳动的有给部分减少这一层说，会提高剩余价值率，从而使剩余价值增进，但就它会把一定资本所使用的劳动总额减少那一层说，它又会使一个因素减少，以剩余价值率和这个因素相乘，即得剩余价值量的。两个劳动者每日劳动十二小时所生产的剩余价值量，无论如何，不及二十四个劳动者每日劳动二小时所生产的剩余价值量；就令劳动者可以凭空气生活，不必为自己做任何劳动，结果也是这样的。就这个关系说，劳动者人数的减少，虽可由劳动榨取程度的增进，而受得补偿，但这种补偿，终有一不可逾越的限界。所以，它能阻碍利润率的下落，但不能终止它。

随着资本主义生产方法的发展，利润率会下落，利润量则因所使用的资本量增加而增加。若已知利润率，则资本增加的绝对量，取决于既有资本之量。反之，若已知既有资本之量，则其增加的比例，其增加率，取决于利润率。生产力的增进（我们讲过，生产力的增进，与既有资本的价值减少，是并行的），只能在如下的限度内，直接增加资本的价值量，那就是由利润率提高，而增加年生产物中那再转化为资本的价值部分。在所论为劳动生产力的限度内，我们不能做到这样，除非把相对剩余价值提高，或把不变资本的价值减少（因为这个生产力，对于既有资本的价值，是毫无影响的），那就是，使再生产劳动力的商品或变为不变资本要素的商品，趋于低廉。二者皆包含既有资本的价值减少，二者皆会与可变资本（与不变资本相对而言）的减少相并而进。二者皆包含利润率的下落，但又皆包含这种下落的延缓。再者，当增进的利润率，引起增进的劳动需要时，它又会引起劳动人口的增加，并引起可榨取的材料的增加。资本之成为资本，就赖有这种可榨取的材料。

但劳动生产力的发展，会间接促成既有资本价值的增加，因为它会增加使用价值——同一交换价值所依以表现的东西，它们是资本的物质基础，是资本的物质要素，这种物质对象为直接构成不变资本的东西，可变资本至少也是间接由这种物质对象构成的——的数量和种类。用同一的资本和同一的劳动，将有更多的可以转化为资本的物品（其交换价值且暂存而不论）创造出来。这诸种物品，可以用来吸收追加的劳动，用来吸收追加的剩余劳动，从而形成追加的资本。资本所能支配的劳动量，不是取决于它的价值，乃取决于它的原料、补助材料、机械、固定资本要素和生活资料（这种种，即为资本所依构成的东西）的量，而无论其价值如何。当所使用的劳动和剩余劳动之量由此增加时，再被生产的资本的价值以及新加入资本内的剩余价值，也会增加。

这两个在蓄积过程内包含的要素，是不能像里嘉图那样，单从静止的并存状态来考察的。当中包含一个矛盾，就会表现为互相矛盾的诸种倾向和现象。此等互相矛盾的动因，会在同时发生对抗的作用。

当劳动人口，因社会总生产物中当作资本的部分增加，而有实际增加的刺激时，同时还会有别的只引起相对过剩人口的动因，发生作用。

当利润率下落时，资本量同时会增加，并伴着使既有的资本价值减少，那会妨碍利润率的下落，并使资本价值的蓄积，受到一种促进的刺激。

当生产力发展时，资本的高位构成同时也会发展，那就是，与不变资本部分相对而言，可变资本部分将越是相对的减少。

这种种不同的影响，或在空间上发生相并的作用，或在时间上发生继起的作用。这种种互相矛盾的动因，会定期地，以恐慌（Krisen）为出口。恐慌常常只是既有矛盾之暂时的强烈的解决，只是已破坏的均衡暂时赖以恢复的强烈的喷火口。

一般说来，矛盾是由这一点成立的：即，资本主义生产方法，包含一种使生产力绝对发展的倾向而不问价值如何，不问其中所包含的剩余价值如何，也不问资本主义生产的社会关系如何。但在他方面，资本主义生产方法，又以保存既有资本价值及其最高度价值增殖（那就是以不断加速的速度，把它的价值增加）为目标。资本主义生产方法的特殊性质，是以既有的资本价值为手段，而使其价值为尽可能最大的增殖。它实行这个目的的方法，包含着如下数点：即利润率的下落，既有资本的价值减少，劳动生产力以既成生产力为牺牲的发展。

既有资本之周期的价值减少——这是资本主义生产方法一个内在的手段，赖有此，利润率的下落，得以阻碍，资本价值由新资本形成而起的蓄积，得以促进——会扰乱资本流通过程和再生产过程所依以遂行的既存的关系，所以，在此际，每每会发生生产过程突然停滞和恐慌的现象。

在生产力发展时，与不变资本相对而言，可变资本将会相对的减少。这种相对的减少，会继续造成一个人为的过剩人口，但又会提供劳动人口增加的刺激。资本之价值的蓄积，将由利润率的下落，而延缓下来，冀其使用价值的蓄积更为加速。不过，这种使用价值的蓄积，反过来，又会加速资本之价值的蓄积。

资本主义的生产，不断要克服这种种内在的限制，但它用来克服的手段，只是使这种限制，用一种新的更强的程度，来和它对抗。

资本主义生产之真正的限制，是资本自身，换言之，是这个事实；即，资本及其价值增殖，表现为这种生产的始点和终点，表现为这种生产的动机和目的；生产只是为资本的生产，而从相反的方面说，生产手段并不是为了生产者社会而使生活过程形态不断扩大的手段。以大多数生产者被剥夺而陷于贫困这一个事实为基础的资本价值的保存和增殖，是只能在限制之内运动的。这种限制，会不断与生产的方法——资本为其自身目的，须使用这种种方法，那会使生产无限制的增加，使生产以生产为自身目的，并使劳动社会生产力无条件的发展——相矛盾。这当中的手段（社会生产力的无条件的发展），会不断与有限的目的（既有资本的价值增殖）相冲突。所以，资本主义生产方法，一方面，是发展物质生产力并创造世界市场（与物质生产力相适应的世界市场）的历史的手段，他方面，又是一个不断的矛盾，这个矛盾，是在它这个历史的使命和适应于它的社会生产关系之间，存在的。

## Ⅲ 资本的过剩与人口的过剩

跟着利润率下落，个别资本家生产地使用劳动所必要的资本最低限，是会增加的。（这所谓必要，意思是说，必须有这样多的资本，方才能榨取劳动，并且必须有这样多的资本，才能使生产商品所使用的劳动时间，不超过生产该种商品社会必要的劳动时间的平均）。同时，资本的累积也会增进，因为超过一定的限界，利润率较小的大资本就会比利润率较大的小资本，以较大的速率蓄积。但这种增大的累积又会在一定程度内，唤起利润率的新的下落。因此，这样分散的小资本，将大批遣往冒险的路上，例如投机，信用诈欺（Kreditschwindel）、股票诈欺（Aktien-schwindel）恐慌等。所谓资本过充（Plethora des Kapitals），在本质上，往往是指这一类资本的过充；这一类资本，不能在利润率下落时，由量的增大，得到补偿（这往往是指新生的资本芽）。或是指这一类资本的过充，这一类资本，不能独立自己行动，以致必须在信用形态上，委托给大产业部门的指导者支配。这种资本过充，和相对的过剩人口，是由相同的诸种事情引起的。所以，这种资本过充，不过是后一种现象的补充的现象，不过二者是立在对立的二极上；一方面是不被使用的资本，一方面是不被使用的劳动人口。

资本的过剩生产，虽不断包含商品的过剩生产。但我们必须把二者区别。这样，资本的过剩生产，不外是资本的过剩蓄积。要明了这种过剩蓄积是什么（详细的研究，且放在后面），我们只须假定这种过剩蓄积是绝对的。资本的过剩生产在什么时候，是绝对的呢？在什么时候，资本的过剩生产，才不只影响二三重要的生产部门，却会在它的影响范围上，成为绝对的，那就是影响一切的生产部门呢？

如果为资本主义生产的目的，已不需有任何追加的资本，资本的绝对的过剩生产，就会存在的。但资本主义生产的目的，是资本的价值增殖，是剩余劳动的占有，是剩余价值（即利润）的生产。所以，如果与劳动人口相对而言，资本的增加，竟使这个人口所能提供的绝对的劳动时间不能扩大，它所能提供的相对的剩余劳动时间也不能扩大（在劳动需要甚强以致工资有上涨趋势时，后一种扩大原来是不成问题的），换言之，如果增加了的资本，竟和未增加以前的资本，生产同量的剩余价值，或更少的剩余价值；这就是说，增加了的资本 C+△C，竟不能比未增加△C 以前的资本 C，生产更多的利润，或只生产更小的利润，那就会发生资本的绝对的生产过剩。在这二场合，一般利润率都会发生强烈的突然的下落，但这种下落，是由于资本构成的变化。这种变化不是由生产力的发展引起的，却是由可变资本的货币价值的提高（因工资提高之故），和剩余劳动对必要劳动的比例的减小，引起的。

在现实上，这个事情是会这样表现的：即资本的一部分是全然虚放着或局部的虚放着（因为它必须先把已在机能中的资本，从原来的位置驱逐出去，它自己方才能够把价值增殖），别一部分，则在全不被使用或仅局部使用的资本之压迫下，以较小的利润率，增殖它自己的价值。追加资本一部分将代替旧资本，旧资本则编入追加资本内的情形，在这里是一点关系没有的。我们会常常在一方面有旧资本，在他方面有追加资本。这样，利润率的下落，就会伴以利润量的绝对的减少了；因为，在我们的前提下，所使用的劳动力的量不曾增加，剩余价值率不曾提高，剩余价值量也是不能增加的。并且，已经减少的利润量，须依照已经增大的总资本来计算。——但就假定，所使用的资本继续依照原来的利润率，来增殖它的价值，而利润量依旧不变，我们也须知道，这种利润量已经要依照更大的总资本计算，这也包括利润率的下落。假设有一个总资本 1000，原来是提供利润 100，而在增加为 1500 之后，仍只提供利润 100，则在后一场合 1000 只不过提供利润 $66\frac{2}{3}$。旧资本的价值增殖，已经绝对减少了。新情形下的资本 1000，比以前的资本 $666\frac{2}{3}$，不会提供更多的利润。

但很明白，旧资本的事实上的价值减少，不经斗争，是不会发生的；追加的资本 $\Delta C$，不经斗争，也是不能当作资本用的。利润率不是因资本过剩生产所引起的竞争，而下落。反之，这种竞争战的发生，乃是因为利润率的下落和资本的过剩生产，是由相同的诸种事情引起。原来从事生产的资本家手中的 $\Delta C$ 的部分，会多少被放在休止状态中，俾使原资本价值的减少，得以停止，使它在生产领域内所占的地位，不致于缩小，他甚至会忍受暂时的损失来使用它，俾能把虚置追加资本的必要，转嫁到新侵入者和一般竞争者的肩膀上。

而在新资本家手中的 $\Delta C$ 的部分，却想以旧资本为牺牲，把旧资本一部分放在休止状态中，冀由此夺得自己的位置。它会迫使旧资本把它的旧位置让出来，退到那只局部被使用或全不被使用的追加资本的位置上去。

在一切情形下，旧资本都有一部分，必须放在休止状态中，放弃它的资本性质；虽然它原也要当作资本用，要增殖它的价值。放在这种休止状态中的，究竟是旧资本的哪一部分，那要由竞争战来决定。在一切都圆滑进行的限度内，我们曾在说明一般利润率的均衡过程时，说明竞争的作用，将像是资本家阶级的实际的友爱行为。因有这种竞争，他们会依照各自的投资股份，共同分配共同的赃物。但在所论已经不是利润的分配，而是损失的分配时，他们每一个人却都会尽可能，减少自己所受的损失，而以损失尽量转嫁给别人负担。不过，就这个阶级说，损失总是不能避免的。各个资本家须在这个损失中分担多大的部分，他须在何程度内分担这种损失，那完全是能力和狡智的问题。竞争遂转化为反脸的兄弟间的斗争了。个别资本家的利害关系和资本家阶级全体的利害关系之一致，在以前，是由竞争而得以实际贯彻，但在现在，二者的对立，也是由竞争而得以实现。

这种冲突，将如何归于均衡，与资本主义生产的"健全"运动，相照应的诸种关系，将如何再恢复呢？我们在这里是要说明这种冲突的均衡，但这种冲突的单纯的表示，已经包含了它的均衡方法。这种均衡，包含一个与追加资本 $\Delta C$ 价值额全部或一部分相等的部分的休止状态，甚至局部的破坏。而在说明这种冲突时，我们又已经表示，这种损失，决不能均等地，分归各特殊资本负担，而须由竞争战来决定。在这种竞争战中，损失的分配，将视特殊利益或既得位置，而极不相等，并依极不相同的形态分配，以致这一个资本被放在休止状态中，那一个资本被破坏，第三个资本则仅受相对的损失，或仅暂时发生价值减少的结果等。

在一切情形下，均衡的恢复，是因有多少资本被放在休止状态中，甚至于被破坏。在某程度内，资本之物质的实体，也会受影响。那就是，生产手段（固定资本或流动资本）的一部分，将完全不发生机能，完全不当作资本用；已经开始的生产经营，将有一部分会停止。固然，除了土地，一切的生产手段都会受时间的侵蚀而弄坏，但在这里，因有这种机能停止，所以生产手段还会蒙受更强的实际的破坏，但就这方面说，主要的影响，还在于这一点；即，生产手段不当作生产手段用；它充作生产手段的机能，会在短时期或长时期内被破坏。

主要的最急性的破坏，是就有价值性质的资本而起的，换言之，是就资本价值而起的。资本价值，原有一部分，是在未来分配剩余价值（即利润）的权利证的形态上。那在实际上，是由各种对于生产的债权证书构成的。这一部分资本价值，当它所凭以计算的收入减少时，就会发生价值减少的现象。现金银的一部分，会停在休止状态中，不当作资本用。市场上已有的商品一部分，必须惊人地把价格缩小，从而把它所代表的资本的价值减小，方才能完成它的流通过程和再生产过程。同样，固定资本要素也不免发生价值减少的现象。加之，再生产过程是以一定的当作前提的价格关系为条件的，所以，当价格一般下落时，再生产过程势不免会陷于停滞和混乱中。这种停滞和混乱会影响货币之支付手段的机能，因为货币的这种机能，是那种当作前提的价格关系为基础，而与资本的发展同时发生的。必须依一定期限偿付的支付义务的连锁，也会在许多点上，被打断。而与资本同时发展的信用制度之崩坏，更使扰乱和停滞，呈锐化状态。这样，激烈的急性的恐慌发生了。突然的强烈的价值减少现象发生了。再生产过程之现实的扰乱和停滞发生了，再生产是现实地减少了。

但同时还会有别一些动因，发生作用。生产的停滞，会使劳动者阶级的一部分歇闲，从而，使被使用的那一部分，陷在这情况中，以致工资必须下落，甚至下落到平均之下。这个作用，和工资保持平均水准，但相对剩余价值或绝对剩余价值提高的情形，对于资本会有相同的影响。繁荣时期是会奖励劳动者结婚而减小子女的死亡率的。这种可以包含现实人口增加的情形，虽不包含现实劳动人口的增加，但和现实劳动者人数增加，会同样影响劳动者对于资本的关系。从他方面说，价格下落与竞争战，也会给每个资本家以刺激，使他由新式机械，由新改良劳动方法，由新劳动结合，而把他的总生产物的个别价值，提高到一般价值之上；那就是，增进一定量劳动的生产力，减下可变资本对不变资本的比例，从而，把劳动者游离出来，创成一种人为的过剩人口。再者，不变资本要素的价值减小，本身就是包含利润率提高的一个要素。与所使用的可变资本相对而言，所使用的不变资本量虽增加了，但此量的价值，却可以下落。现有的生产停滞，不过是一种准备，俾使生产在资本主义限界之内，得在后来扩大。

循环就是这样重新通过的。因机能停滞而价值减少的资本的一部分，将恢复它的旧价值。就其余各点说，则同一的有缺陷的循环，将在扩大的生产条件下，在扩大的市场内，在提高的生产力下，再行通过。

但就连在最极端的前提下，资本之绝对的过剩生产，也不会成为绝对的过剩生产一般，不会成为生产手段之绝对的过剩生产。在生产手段当作资本用，并——比例于与其量一同增加的价值——包含价值的增殖，生出追加价值的限度内，资本的生产过剩，才会成为生产手段的生产过剩。

这是过剩生产，因为资本将不能依照资本主义生产方法"健全正常"发展所必要的榨取程度，来榨取劳动。资本主义生产方法健全正常发展所必要的榨取程度，至少须能比例于所用资本的量的增加，来增加利润的量；必须有这个榨取程度，利润率才不致于因资本增加，而以同比例下落，甚至比资本增加，以较大的速度往下落。

资本的过剩生产，不外是指那种种能够当作资本用即能够依照一定榨取程度来榨取劳动的生产手段（即劳动手段与生活资料）的过剩生产；因为，榨取程度如落到一定点以下，便会唤起资本主义生产过程的扰乱和停滞，唤起恐慌，唤起资本的破坏。资本的过剩生产，会伴以一个相当大的相对的过剩人口，当中并无何等矛盾。增进劳动生产力，增加商品生产物量，扩大市场，加速资本蓄积（就量与价值而言），并减低利润率的种种事情，会造出一个相对的过剩人口来，并不断造出过剩资本所不能使用的过剩的劳动人口来，这是因为劳动的榨取程度过低，至少是因为榨取程度不变，但利润率过低。

如果资本被送往外国，它的送出，决不是因它在本国绝对不能被使用。它被送出，是因为它在外国能依照更高的利润率被使用。但这种资本，对于被使用的劳动人口而言，对于该国一般而言，却是绝对的过剩资本。它与相对的过剩人口并存着；这是一个例解，可以说明白此二者是怎样相并存在的，怎样互为条件的。

从另一方面说，与蓄积相结合的利润率的下落，必然会唤起一种竞争战。利润率的下落，固可由利润量的增进而得到一种补偿，但这种说法，就社会总资本和大的已经成功的资本家说，才是适用的。新的独立运用的追加资本，是找不到这种补偿条件的。它必须战胜，然后能把这种补偿取得。所以，是利润率的下落，唤起资本家间的竞争战，不是资本家间的竞争战，唤起利润率的下落。不过，这种竞争战，会伴以工资的暂时的提高，并暂时使利润率更往下落。在商品生产过剩和市场壅塞时，也是会发生这个情形的。因为资本的目的，不是欲望的满足，而是利润的生产，因为它达到这个目的所用的方法，是依照生产规模来配置生产量，不是依照生产量来配置生产规模，所以在有限的以资本主义为基础的消费范围和不断要把诸内在限制突破的生产之间，会不断发生冲突。再者，资本是由商品构成的，所以，资本的过剩生产，即包含商品的过剩生产。因此，我们遇到了这种特殊的现象：即，否认商品生产过剩的经济学家，却承认资本的生产过剩。如果说，没有一般的生产过剩，不过在不同诸生产部门间有不均衡现象，那就不过说，在资本主义生产之内，诸个别生产部门间的均衡，表现为一种不断的由不均衡而成立的过程。因为，在这里，总生产的脉络，乃当作盲目的法则，迫到生产当事人头上来，不是当作共同理性所把握所支配的法则，因而把生产过程，放在他们的共同的统制下。并且，这等于要求，资本主义生产方法不发展的国家，会以一个适合于资本主义生产的国家的程度来生产和消费。如果说过剩生产只是相对的，那完全正确；但全部资本主义生产方法，原只是一个相对的生产方法，其限制不是绝对的，但就资本主义生产方法说，在资本主义生产方法的基础上，它的限制便是绝对的。不然的话，人民大众还深深感到不足的商品，怎样能感到没有需要呢，怎样必须到外国，必须到远方市场去寻求需要，然后国内劳动者方才能依照平均程度，被付以必要生活资料呢？这是因为，在这种特别的资本主义的关联内，这种过剩生产物必须先行转化为它的所有者的资本，方才能供人消费。最后，如果说资本家只在他们自己中间，相互把商品交换和消费，那我们就把资本主义生产的全部性质忘记了，并且忘记了，资本主义生产的目的，是资本的价值增殖，不是消费。总之，生产过剩是一种明白的现象。这种明白的现象，会不管有各种反对的议论，仍旧进行着。而各种反对的议论，结局不外说，资本主义生产之限制，不是生产一般之限制，所以也不是这种特殊的资本主义的生产方法之限制。但这个资本主义生产方法的矛盾，正好是由生产力绝对发展之资本主义的趋势成立的；这种发展，会不断与其特殊生产条件相冲突；资本是在这种条件下运动，且只能在这种条件下运动的。

不是所生产的生活资料，与现有人口比例而言太多。刚好相反。它是生产得太少了，以致人口大多数不能有适当的合于人道的享受。

为要使用那能劳动的人口部分，是必须有生产手段的。也不是所生产的生产手段已经过多。正好相反。第一，其实是在所生产的人口中，有一个过大的部分，是实际不能劳动的，其处境，使他们不能不赖榨取他人劳动这一件事来生活，即使劳动，那也只能在一个悲惨的生产方法之内称作劳动。第二，其实是所生产的生产手段，尚不足在最好生产的情形下，使全部能劳动的人口从事劳动，并使他们的绝对的劳动时间，因劳动时间内所使用的不变资本有异常大的量和效力，而缩短。

但把劳动手段和生活资料，当作对劳动者的榨取手段，则能依照一定利润率来运用的劳动手段和生活资料，可以周期地，发生生产过多的结果。资本主义生产是有一定的分配条件和消费关系的，在这种条件和关系下所生产的商品，也许会过多，以致其中所包含的价值和剩余价值不能实现，不能再转化为新的资本，那就是，以致这种实现和再转化的过程的实行，会不可避免地，引起不断反复的爆炸。

不是所生产的财富已经过多。但有过多的财富，在资本主义的自相矛盾的形态上，周期地，生产出来。

资本主义生产方法的限制，是这样表示出来的：

（1）劳动生产力的发展，会在利润率的下落中，造出这样一个法则来，那会在一定点和它自身的发展相对抗，从而，必须不断由恐慌来克服。

（2）决定生产的扩大或收缩的，是无给劳动的占有，是无给劳动对对象化劳动一般的比例，用资本主义的话来说，是利润和这个利润对所用资本的比例，从而，是利润率的一定的水准，却不是生产对社会需要（社会地发展的人类之需要）的比例。所以，生产一经扩大到相当的程度，便会遇到限制，虽然这种扩大程度，在别的前提下，还会十分感到不足。它的停止点，不是欲望的满足点，却是由利润的生产和实现限定的。

如果利润率下落，则一方面资本会紧张起来，使个别资本家得由更良好的方法等，把他的个个商品的个别价值，压在其社会平均价值之下，从而在一定的市场价格下，赚得额外的利润。他方面，为要确保额外的利润（那是和一般的平均无关，并超在一般的平均之上的），那又会由种种狂热的企图（企图新的生产方法，新的投资，新的冒险），引起诈欺和各种促进诈欺的事情。

　　利润率，即资本之比例的增加，对于一切新的自行组合的资本嫩芽，是尤其重要的。当资本形成过程，专门在少数完成的能由利润量增加来补救利润率下落的大资本手中发生时，生产之澎湃的火焰，一般是会熄灭的。生产将陷入麻木的状态中。利润率是资本主义生产之冲动力；资本主义生产只会生产那能够提供利润的东西，且只能在有利润提供的限度内进行。英国的经济学者对于利润率的减少所以会如此担忧，就是为这个缘故。这种可能性已经使里嘉图如此不安，可见里嘉图对于资本主义生产的条件，具有怎样深刻的理解。曾有人非难他说，他在考察资本主义生产时，只把生产力的发展放在眼里，全不顾到"人类"，不顾到人类和资本价值由此所受到的牺牲。但这个被非难的点，在他，正是一个值得注意的点。社会劳动的生产力的发展，是资本之历史的任务和特权。它就是这样，无意识地，造成了一个高级生产形态之物质的条件。使里嘉图觉得不安的一件事，是：利润率——资本主义生产的刺激，蓄积的条件和动力——将由生产本身的发展，受到危险。在这里，量的关系已是一切。当然，那在事实上还有更深的基础。对于这种基础，他只是有一点预感罢了。他不过从纯经济学的方法，那就是，由资产阶级的观点，在资本主义的理性的限界内，从资本主义生产本身的观点，指出资本主义生产的限制，指出它的相对性，那就是，指出它不是绝对的生产方法，只是一个历史的生产方法；这个生产方法，是和物质生产条件一个确定的有限的发展时期，相照应的。

# Ⅳ 补论

因为劳动生产力的发展是不同诸产业部门极不相等的（不仅程度不相等，且往往方向相反），所以，平均利润（剩余价值）的量，必定会远在水准之下，如果这个水准，是依照最进步诸产业部门的生产力的发展推测的。生产力在不同诸产业部门的发展，不仅在比例上极不相等，并且往往在方向上相反的事实，不仅由于竞争的无政府和资产阶级生产方法的特性。劳动的生产力，还脱不开自然的条件，当生产力——在它依存于社会条件的限度内——增进时，各种自然条件往往会依同比例，把它们的生产性减少。因此，在不同诸部门，发生了相反的运动，这里进步，那里则退步。在这一点，请考察考察季节的影响（大部分原料的数量，是取决于此的），和森林、炭坑、铁矿等的枯竭吧。

不变资本的流动部分（原料等），就数量而言，虽与劳动生产力比例而言，会不断增加，但固定资本（建筑物、机械、电灯设备、暖房设备等）却不是这样的。绝对的说，机械的价格虽会与其机体一同增大，但相对的说，它是会益益变得便宜的。如果五名劳动者所生产的商品，已经比以前十倍了，固定资本的支出决不会因此便也比以前十倍。不变资本这一部分的价值，虽然会和生产力的发展一同增加，但绝非以同比例增加。不变资本对可变资本的比例，在利润率降落上表示的差别，和这个比例在劳动生产力发展时，在个个商品及其价格上表示出来的差别，我们已经屡次指出来了。

〔商品的价值，是由加入其内的总劳动时间——过去的劳动和活的劳动——决定的。劳动生产力的增进，正是由下述一点构成：活劳动的部分减少，过去劳动的部分增加，以致商品内包含的劳动的总额减少，以致活劳动的减少程度较过去劳动的增加程度为大。在商品价值中体化的过去劳动——不变资本部分——部分是由固定资本的磨损，一部分是由全部加入商品内的流动不变资本（原料和补助材料）构成的。由原料及补助材料而成的价值部分，必随劳动生产力的增进而减少，因为就这一类材料说劳动生产力的增进，正好表示在它们的价值的降落上。但从另一方面说，不变资本的固定部分会发生强烈的增加，从而，由磨损而移转入商品的价值部分也强烈的增加，那正是劳动生产力增进时所有的特征。因要使新的生产方法成为生产力现实的增进，则价值由固定资本磨损移转入个个商品内而起的追加，须较小于由活劳动节省而起的减除。总之，商品的价值必须因有这种新的生产方法而减少。固然，有时候，除固定资本的追加磨损外，也许还会因构成商品价值的原料或补助材料已经增加或已经腾贵之故，致有追加的价值部分。那虽如此，新的生产方法，仍须有上述的结果才行。由活劳动减少而起的价值减少，必须把一切的价值增加抵消，并且有余。

加入商品内的总劳动量的减少，像以上所述，乃是劳动生产力增进之主要的标记，而与商品生产的社会条件无关的。当然，在生产者依预定计划支配生产的社会，甚至在单纯商品生产的社会，劳动的生产力，也无条件地，要依照这个标准来测度。但资本主义生产的情形，是怎样呢？

假设一定的资本主义的生产部门，是依照如下条件，来生产它的平均的单位商品：每单位商品，由固定资本磨损而得的价值部分为 $\frac{1}{2}$ 先令或马克；由原料和补助材料的，是 $17\frac{1}{2}$ 先令，工资 2 先令，剩余价值率为 100%，故剩余价值为 2 先令。总价值 =22 先令或马克。为简单起见，我们且假设，这个生产部门的资本，有社会资本的平均构成，以致商品的生产价格与其价值相一致，资本家的利润也与所生产的剩余价值相一致。这样，商品的成本价格 $=\frac{1}{2}+17\frac{1}{2}+2=20$ 先令，平均利润率为 $\frac{2}{20}=10\%$，每单位商品的生产价格，与其价值相等，即等于 22 先令或马克。

假设有一个机械发明，那使每个商品所必要的活的劳动减少一半，但同时却使那由固定资本磨损而成的价值部分，以三的倍数增加。这样，情形是会如下的：磨损为 $1\frac{1}{2}$ 先令，原料和补助材料和以前一样是 $17\frac{1}{2}$ 先令，工资 1 先令，剩余价值 1 先令，合计 21 先令，或马克。商品在价值上减落 1 先令，新机械已断然把劳动的生产力增进了。但从资本家的观点而言，情形却是这样的：他的成本价格现在是：$1\frac{1}{2}$ 先令的磨损，$17\frac{1}{2}$ 先令的原料和补助材料，1 先令的工资，总共 20 先令，和以前一样。利润率既不会即时由新机械而变更，所以，他必须在成本价格之上，多得 10%，即赚得 2 先令；生产价格也不变，仍为 22 先令，超过其价值 1 先令。在一个在资本主义条件下从事生产的社会看来，这个新机械不曾使商品便宜化，也不是改良。所以对于这个新机械的采用，资本家是不感到一点兴趣的。并且因为新机械的采用，仅会使向来的尚未磨灭的机械，变成无价值，仅使其转化为旧铁，使其成为积极的损失，所以他会小心翼翼，图避免陷入这种空想的愚举。

所以，对于资本，劳动生产力增进的法则，并不是无条件适用的。对资本而言，这种生产力，是在这时候增进的；即，活劳动的有给部分（不是活劳动一般）的节省，比过去劳动的增加为大。这一层，我们已经在第一卷第十三章第二节约略讲过了。

在这里，资本主义生产方法，陷入了一个新的矛盾中了。它的历史的任务，是毫无顾虑的，以几何级数的速度，发展人类劳动的生产力。而在这里，它却从事于生产力发展的妨碍；这样，它对于它的这个任务，是不忠实了。那不过再度证明，它是越过越衰老，越过越变成无用的了。]①

\* \* \*

在竞争之下，一个独立的产业的营业如要经营成功，所必须使用的资本的最低限度，将在下述的形态上，与生产力的增进，一同增进：即，当新式的多费的经营设备为一般所采用时，小资本会在将来，从这种经营被排除出来。这种小资本，只能在机械发明的初期，在各生产部门发生独立的机能。从另一方面说，像铁路之类的极大的企业，既有异常高的不变资本的比例，自不会提供平均利润率，却只能提供其一部分，即利息。不然的话，一般利润率还会更下落。不过，这种极大的企业，会在股票的形态上，为大的资本集团（Kapitalansammlung），提供一个直接的使用范围。

资本的增加，从而，资本的蓄积，只在如下的限度内，包含利润率的减少；即，当资本增加时，资本的有机构成部分的比例，也发生以上所述的变化。不过虽说生产方法会不断的日日发生变革，但总资本中，仍时有或大或小的一部分，会在一定时间内，依照诸成分的旧来的平均比例，继续蓄积，以致资本的增加，不引起任何有机的变化，也不成为利润率下落的原因。当新方法已在一旁被人采用时，资本依然会在安然进行的旧生产方法

① 这几段话，被括在括号内；因为，这些话虽然是从原稿的一个注解录出，但有若干点，已超出原稿所有资料之外了。——F. E.

的基础上，不断增大，生产也依然会在这个基础上扩大的事实，乃是利润率的减少不与社会总资本的增大保持相同的程度的又一个原因。

投在工资上面的可变资本相对减少，但劳动者的绝对人数仍会增加的事实，不会在一切的生产部门发生，且不会在各生产部门，以相等的程度发生。在农业上面，活劳动要素的减少，便可以是绝对的。

但工资劳动者数相对减少，但绝对增加的事实，正是资本主义生产方法的需要，在这个生产方法上，只要无需每日使用劳动力十二小时至十五小时，劳动力就已经过剩了。生产力的发展，会减少劳动者的绝对的人数，会使全国人民得在较小时间内遂行他们的生产全部，它会引起革命，因为它会把多数的人口，放逐到雇用范围之外。在这里，资本主义生产所特有的限制，再行表示了，这可以证明，它决不是生产力发展和财富生产的绝对的形态，却宁可说会在一定点上，与生产力的发展和财富的生产相冲突。这种冲突，局部地，表现为周期的恐慌，这是因劳动人口某部分在其旧使用方法上发生过剩现象所致的。资本主义生产的限制，便是劳动者的过剩时间。社会所获得的绝对的过剩时间，是和资本主义生产没有关系的。生产力的发展，对于资本主义的生产所以甚为重要，乃因这种发展，会增加劳动阶级的剩余劳动时间，不是因为这种发展，会减少物质生产一般的劳动时间；资本主义的生产，就是在这种对立之中运动的。

我们讲过，资本蓄积的增进，包含其累积的增进。资本的权力，社会生产条件和现实生产者相独立而人格化为资本家的过程也增进。资本益益成为社会的权力，这种权力以资本家为机能者，而不再与个人劳动所创造的物品，保持任何可能的关系。那就是，成为一种奇异的独立的权力，这种权力，会当作一种物，当作资本家由此物所得的权力，而与社会相对立。资本所依以形成的一般的社会权力，和个个资本家对这种种社会生产条件的私人权力之间的矛盾，会益益加强，并包含这种关系的解决；因为它同时会把生产条件加工成为一般的共同的社会的生产条件。这种加工，是由生产力在资本主义生产下的发展和这种发展所依以实行的方法，成就的。

＊　　　＊　　　＊

一种新的生产方法，虽说有更大得多的生产力，足以如此增进剩余价值的率，但若它会把利润率减低，却就随便哪一个资本家也不愿使用它了。但每一个这样的新生产方法，都会使商品变得更便宜。所以，资本家最初会以其生产价格以上的价格，甚至以价值以上的价格，售卖他的商品。其生产成本与其余各个以较高生产成本（Produktionskosten）生产的商品的市场价格之差额，则由他收去。他所以能够这样做，是因为这种商品生产所社会必要的劳动时间的平均，和用新生产方法所必要的劳动时间比较，是更大。他的生产方法，是在社会生产方法的平均以上。但竞争会使他的生产方法普遍化，并使它受一般法则支配。然后，利润率下落——也许是先在这个生产部门下落，并渐渐与别的生产部门相均衡——那是完全和资本家的意志相独立的。

在这点，我们还须注意，有一些生产部门，不以生产物直接或间接供劳动者消费，也不直接或间接以生产物当作劳动者生活资料的生产条件，从而，其商品的低廉化，也不能增加相对的剩余价值，不能使劳动力变得更便宜。（不变资本在这一切部门的低廉化，却会在劳动榨取程度不变时，把利润率提高）。在这一些生产部门，以上所说明的法则，也是适用的。当新生产方法开始扩展，并在事实上证明，这一些商品能由更低廉的方法生产时，依照旧生产条件来从事的资本家，必须在其充分生产价格之下，售卖他们的生产物；因为这种商品的价值会下落，他们生产上所必要的劳动时间，会在社会必要的劳动时间之上。一句话，——那好像是竞争的结果——这种资本家将不得不采用新的生产方法；在这种生产方法内，可变资本对不变资本的比例是会减小的。

一切的事情，使机械的使用，足以减低所产商品的价格的，都会不断减少个个商品所吸收的劳动量；次之，它又会减少那以价值移入个个商品内的机械的磨损部分。在机械磨损减缓时，这种磨损会分配在更大量的商品间，并在它的再生产期限未到之前，代置更大量的活劳动。在这两种情形下，与可变资本相对而言，固定不变资本的量和价值，是会增加的。

"在其他一切事情相等的限度内，国民蓄积其利润的力量，是与利润率同变化的，利润率高也高，利润率低也低。但若利润率下落，其他一切事情就不会相等了。……低的利润率，常常会伴以急速的蓄积率（是与人口数相对而言的），例如在英格兰。……高的利润率，常常会伴以较缓的蓄积率（也是与人口数相对而言的），例如在波兰、俄罗斯、印度等地。"（琼斯著《经济学导论》伦敦 1833 年第 50 页以下）琼斯很得当的说：不管利润率下落，蓄积的诱因和能力仍会增加。第一，因为相对的过剩人口将会增加。第二，因为在劳动生产力增加时，代表同交换价值的使用价值量，从而，资本的物质要素的量，将会一同增加。第三，因为生产的部门将变为更复杂。第四，因为信用制度，股份公司等将会发展，从而，即不变为产业资本家，也很容易把货币转化为资本。第五，因为欲望和致富欲增加。第六，因为固定资本的大量投资增加。以及其他等。

*　　*　　*

资本主义生产的三个主要点是：

（1）生产手段累积在少数人手中，不复成为直接劳动者的所有财产，却把它自身变成生产之社会的能力。当然，它最初是当作资本家的私有财产。这种资本家，是资产阶级社会的受托人，但由这种委托所生的果实，是全部由这种资本家卷去的。

（2）因有合作，分工，和劳动与自然科学相结合，故劳动已组织成为社会的劳动。

在这两方面，资本主义生产方法，都会在对立诸形态上扬弃私有财产和私人劳动。

（3）世界市场的创造。

在资本主义生产方法之内，与人口相对而言，而自行发展的惊人的生产力，和资本价值（不仅指其物质基础）的增加（虽不以同比例增加，但总比人口的增加更速得多），会和这个惊人的生产力所依以发生作用的不断变得狭小（与增加的财富相对而言）的基础，会和这个膨胀的资本的价值增殖关系，相矛盾的。也就因此，所以，恐慌就发生了。

第四篇

商品资本和货币

资本转化为商品

经营资本和货币

经营资本

（商人资本）

第十六章

# 商品经营资本

商人资本（Kaufmännishe Kapitial）或商业资本（Handelska-pital），分成两个形态或亚种，即商品经营资本（warenhandlung-skapital）与货币经营资本（Geldhandlungskapital）。我们对于这两种形态，且加以明晰的定义；这种明晰的定义，在资本核心构成的分析上，乃是不可少的。因为近世经济学，就连它的最上流的代表，也直接把商业资本和产业资本混同，并完全把商业资本的特征忽视，所以这种定义更加是不可少的。

*　　*　　*

商品资本的运动，已在第二卷第三章分析过了。就社会的总资本来考察，那是不断有一部分当作商品存在市场内，要转化为货币（虽然这一部分是由不绝变化的诸要素相合而成，甚至其量也不断变化），别一部分则当作货币存在市场内，要转化为商品。此等资本部分，是不断在这种推转的运动中，在这种形态变化中。只要流通中的资本的这种机能，竟独立化为一个特殊资本的特殊机能，并由分工，固定为特种资本家所赋有的机能，商品资本就变成为商品经营资本或商业资本（Hommerziallen Kapital) 了。

在第二卷第六章论流通费用时，我们曾经说明，在什么程度之内运输业以及商品在可分配形态上的保存和分配，可视为是在流通过程之内继起的生产过程。商品资本流通上的这种事项，一部分，会与商人资本或商品经营资本的真正的机能，相混同；一部分，会在实地上，与这种资本的真正的机能相结合，不过随着社会分工的发展，商人资本的机能，将加工成为纯粹的，而与商品资本在流通上的机能相分离相独立。我们现在的目的，即在限定这诸种特殊资本形态的差别，所以，我们必须把其他各种的机能舍象，如果在流通过程中发生机能的资本，特别是商品经营资本，竟有一部分，与上述各种机能相结合，它就不是在纯粹形态上出现的。必须把这一部的机能剥除，我们才得到它的纯粹的形态。

我们讲过，资本在商品资本形态上的存在，及其在流通范围内在市场上在商品资本形态上通过的变形，——这种变形，分解为买与卖，即由商品资本转化为货币资本，由货币资本转化为商品资本——乃是产业资本的再生产过程的一阶段，是其总生产过程的一阶段；同时在流通资本机能上的资本，也会和在生产资本机能上的资本相区别。此二者，乃同一个资本的不同的存在形态。社会的总资本一部分，将继续在流通资本的这个形态上，存在市场内，并通过这种变形过程。但就个个资本说，它的商品资本的存在和变形，不过是一个不断消灭不断更新的通过点，是生产过程持续中的一个通过阶段。并且，存在市场上的商品资本的要素，会不断变化，因为它会不断从商品市场被取出，并当作生产过程的新生产物，不断归还商品市场去。

商品经营资本，不外是不断在市场上，不断在变形过程中，不断在流通范围内的流通资本一部分的转化形态。我们说流通资本一部分，是因为商品买卖的一部分，会不断在产业资本家自己的中间，直接进行。在这种研究上，我们完全把这一部分舍象，对于商人资本的概念规定，对于商人资本的特性的理解，这一部分是丝毫没有贡献。加之，为我们的目的，我们还曾在第二卷，详细说明了流通资本的这一部分。

商品经营业者（Warenhändler），以资本家一般的资格，最先，是当作一定货币额的代表，出现在市场上的；这一定货币额，是由他以资本家般的资格垫支的。他要使这个一定的货币额，由 x（总额原来的价值），转化为 x+Δx（这个总额加利润）。但很明白，对他（不仅当作资本家一般，且特别当作商品经营者）而言，他的资本，必须原来在货币资本的形态上，出现在市场内，因为他不生产任何商品，却只经营商品，在商品的运动上充媒介，但他要经营商品，他必须先是货币资本的所有者，先把商品购进来。

假设某一个商品经营业者有货币 3000 镑，当作商业资本，来增殖他的价值。他用这 3000 镑，比方说，向麻布工厂主，购买 30000 码麻布，每码值 2 先令。他把这 30000 码卖出。如年平均利润率为 10%，而在一切附带费用扣除之后，得年利润 10%，这样，他就在一年之终，把这 3000 镑，转化为 3300 镑了。他是怎样赚得这个利润，那是一个留待以后研究的问题。在这里，我们只要考察他的资本的运动形态。他会不断用 3000 镑购买麻布，不断把这个麻布卖出；不断反复这种为卖而买的活动，即 G—W—G'。这是资本的单纯形态。这种资本，是完全范围在流通过程之内，没有生产过程介在中间的；这种生产过程，是横在它自身的运动和机能之外的。

这种商品经营资本对商品资本（那只是产业资本的一个存在形态）的关系，究是怎样呢？就麻布工厂主而言，他是已经用商人的货币，实现了他的麻布的价值，并由此完成了他的商品资本的变形的第一阶段，使其化为货币了；在其他各情形保持不变时，他现在能把这个货币再转化为纱、煤炭、工资等，或转化为生活资料等，当作所得来消费，从而，把所得支出（Revenueau gabe）除外，尚能使再生产过程继续。

不过，对麻布生产者自己而言，麻布转化为货币的变形，换言之，麻布的售卖，固然应当算是已经完成了，但就麻布本身而言，这种变形却还是没有发生。它依然当作商品资本，存在市场内，等待它的第一转形的完成，等待出售的机会。就麻布而言，所已发生的，不过是所有者的人身的变迁。依照它本身的决定，依照它在过程上的地位，它依然是商品资本，是待售商品；不过，它现在是在商人手中，以前却是在生产者手中。售卖麻布的机能——那是麻布第一种变形的媒介——是由生产者移到商人手里来了，成为商人的特殊的职业了。在以前，这种机能，却必须在麻布生产之后，由生产者自己在担任麻布生产的机能之后，担任的。

假设麻布生产者在一定期间内，才能生产别一个价值 3000 镑的麻布 30000 码，投到市场上去，但在这期间内，商人竟不能把这 30000 码麻布销售出去。商人将不能重新购买，因为他堆栈里依然有 30000 码未能售出，未曾再转化为货币资本。这样，就发生停滞，发生再生产的中断了。当然，麻布生产者会有追加的货币资本可供支配，以致这 30000 码麻布虽不售出，他仍可把这个追加的货币资本，拿来转化为生产资本，俾使其生产过程得以继续。但这个假定，不会在问题上引起任何的变化。在所论为垫支在 30000 码麻布上的资本时，它的再生产过程是中断了，仍旧是中断了。在这里，我们在事实上说明了，商人的操作，不外是促进商品资本在流通过程和再生产过程内的机能；一般说来，为要使生产者的商品资本转化为货币，这种操作乃是不可缺少的。如果专门从事这种贩卖购买的，不是独立的商人，而是生产者所招聘的事务员，这个关联；就不会有片刻隐蔽了。

所以，商品经营资本不外就是生产者的商品资本，它必须通过货币化的过程，完尽它在市场上的商品资本的机能；不过，这个机能，已经不是生产者的临时的操作，而是一个特种资本家（商品经营业者）的专属的工作，并独立化为一种特别投资的营业。

这一点，在商品经营资本的特殊的流通形态上，也表示了。商人购买商品，然后把它卖掉：G—W—G′。在单纯的商品流通上，甚至在表现为产业资本流通过程的商品流通 W′—G—W 上，流通是由每一枚货币换两回手这一个事实作媒介的。麻布生产者售卖他的商品麻布，把它转化为货币；买者的货币，会走到他手上。他就用这个货币，购买纱、煤炭、劳动等，把这个货币再支出，使麻布的价值，再转化为种种形成麻布生产要素的商品。他所购买的商品，和他所售卖的商品，不是同一的，也不是同类的。他所卖的，是生产物；他所买的，是生产手段。但就商人资本的运动说，情形却不是这样的。麻布经营业者用 3000 镑，购买麻布 30000 码；他把这 30000 码麻布卖掉，使货币资本（3000镑加利润）从流通中取回。在这里，换两次位的，不是同一枚货币，乃是同一个商品。麻布会由售卖者手里走到购买者手里，并由现今变成售卖者的购买者手里移到别一个购买者手里。麻布被卖了两次，设有别的商人介在其间，那还可被卖许多次数。并且，就因有这种反复的售卖，就因有同一商品的两次换位，那为购买商品而垫支的货币，才会由第一个购买者收回，这个货币回到他手里的归流，才会被促成。在 W′—G—W 的场合，同一枚货币的两次的换位，使商品在一个姿态上被让渡，在别一个姿态上被占有。在 G—W—G′ 的场合，同一个商品的两次的换位，使垫支的货币，得从流通中被取回。这个情形说明了，一个商品由生产者的手，移到商人手上时，它并未成为最后的售卖，商人不过赓续售卖的工作，或进一步促进商品资本的机能。但同时这个情形又指示了，同一个机能，在生产资本家看来，仅为 W—G 的操作，仅为其资本在暂时商品资本形态上的机能，但在商人看来，却是 G—W—G′，是他所垫支的货币资本的一种特别的价值增殖。商品形态变化的一个阶段，在这里，就商人的关系来说，是表现为 G—W—G′，表现为一种特别的资本的演进。

商人会以商品（在这场合是麻布）断然售于消费者，不过这种消费者可以是生产的消费者（漂白业者），也可以是个别的以麻布供私人使用的消费者。他由此取回了他垫支的资本（加利润），并能重新开始这种操作。如果在麻布购买上，货币是仅当作支付手段用，商人要在交货六个月后，才支付代价，但能在这个时期以前把麻布卖出，那他虽不垫支任何货币资本，也能付清给麻布生产者。但若到时仍不能卖出，他也只须在到期日垫支3000镑，而无须在交货日垫支。并且，如果市场价格下落，以致他不得不在购买价格之下售卖，他还须由他自己的资本，补替所损失的部分。

商品经营资本，在自行售卖的生产者手中，显明只是他的资本逗留在流通范围内在再生产过程一个特殊阶段上所采取的特殊的形态。然则，使商品经营资本，成为一种独立机能资本的，究是什么呢？

第一是，商品资本在一个和生产者有别的当事人手里，完成它的货币化过程，完成它的第一形态变化，完成它在市场上的商品资本的机能；商品资本的这种机能，是由商人的操作，由商人的买卖而促进，以致这种操作，自成为一种独立的职业，而与产业资本的其他各种机能相分离。它成了社会分工的一种特殊形态，所以原来要在资本再生产过程特殊阶段上（在流通上）实行的机能的一部分，现今是成了一种专属的机能，而专门由那与生产者有别的流通当事人担任。但单有这一点，还不足使这种特殊的职业，表现为一种特殊的资本——和再生产过程中的产业资本相异，并且独立化的资本——的机能。在商品经营业由产业资本家的商业事务员或别种直接代理人经营时，它不是这样表现的。所以，还须有第二个要素，才能使它取得这种特别的资格。

第二是由这个事实：即，独立的流通当事人即商人，会立在这个地位上，垫支他自己所有的或借来的货币资本。这个过程，就那仍然留在再生产过程内的产业资本说，不过是 W—G，不过是商品资本到货币资本的转化，只是售卖，但就商人说，却表现为 G—W—G′，表现为同一商品的买和卖，从而，表现为货币资本的归流。这种货币资本，是因购买而离开他，因售卖而流回到他的。

在商人垫支资本向生产者购买商品时，在该商人看来是 G—W—G 的行为，常常是 W—G（商品资本到货币资本的转化）。这种行为，常常是商品资本的第一变形，虽然就生产者或再生产过程中的产业资本说，那可以表现为 G—W（货币到商品——生产手段——的转化），即变形的第二阶段，就麻布生产者而言，第一变形是 W—G，即商品资本到货币资本的转化。但就商人而言，这种行为却表现为 G—W，为货币资本到商品资本的转化。现在，假设他把这个麻布卖给漂白业者；在漂白业者看来，这是 G—W（货币资本到生产资本的转化），即商品资本的第二变形，但在商人看来，这个行为却表现为 W—G，即所购入的麻布的售卖。麻布工厂主所制造的商品资本，到现在，才算断然卖出了；商人的 G—W—G，不过是二生产者间的 W—G 的媒介过程。再假设，麻布工厂主用他所卖麻布的价值的一部分，向一个买卖麻纱的商人，买纱。这对于麻布工厂主是 G—W。在售卖麻纱的商人看来，这是 W—G，是麻纱的再售卖；但若说的是当作商品资本的麻纱本身，这却只是它的断然的卖出，它不过由此从流通范围内取出，移入消费范围内罢了；这是 W—G，是它的第一变形的终结。所以，无论商人是向产业资本家购买，还是卖给产业资本家，他的 G—W—G（商人资本的循环），总表现为这个事情，那就商品资本的本身来说，不过是自行再生产的产业资本的经过形态，不过是 W—G，是它的第一变形的完成。商人资本的 G—W，对于产业资本家，固然同时是 W—G，但就他所生产的商品资本而言，不是这样的；那不过是商品资本由产业当事人移转到流通当事人。商人资本的 W—G，方才是机能的商品资本之确然的 W—G。G—W—G 不过是同一商品资本的两个 W—G，两个继起的售卖，不过促成它的最后的确然的售卖。

所以，商品资本会因商人垫支货币资本，而在商品经营资本的形态上，取得一种自成一类的形态。这种货币资本，会当作资本而增殖其价值，会当作资本而发生机能，仅因为它专被用作媒介，来促成商品资本的变形，促成商品资本之商品资本的机能，那就是，促成它的货币化过程；这是由商品之不断的买卖实行的。这就是它的专属的操作；这种促成产业资本流通过程的行为，就是商人所赖以操作的货币资本之专属的机能。他就由这种机能，把他的货币，转化为货币资本，把他的 G 表现为 G—W—G′，并且，他也就由这个过程，把商品资本转化为商品经营资本。

商品经营资本，在仍在商品资本形态上存在的限度内，从社会总资本的再生产过程来考察，但明白，不外是仍在市场上，尚在变形过程中，现今当作商品资本存在并发生机能的产业资本一部分。它不过是商人所垫支的货币资本，决定专门用来做买卖的，所以，无论如何，不会采取商品资本和货币资本以外的形态，不会采取生产资本的形态，但却不断存在资本的流通范围之内。——而我们现今就资本总再生产过程的关系加以考察的，也不外就是这种货币资本。

当生产者（麻布工厂主）以其 30000 码麻布售于商人，而得到 3000 镑时，他会用由此得到的货币，购买必要的生产手段，他的资本会再加入生产过程内；因此，他的生产过程得以继续而不致中断。对他而言，商品的货币化过程是成功了。但我们讲过，就麻布本身而言，这种转化过程却还是没有完成。它尚未曾确然再化为货币，也未曾确然化为使用价值而归入生产的或个人的消费。原来由麻布生产者代表的商品资本，现在是在市场上，由麻布商人代表了。就麻布生产者说，变形的过程是被缩短了，但那只是因为它将在商人手中继续而被缩短罢了。

如果麻布生产者必须等待到他的麻布已经实际失去商品资格那时候，必须等待到他的商品已经实际售卖给最后购买者，而归到生产消费者或个别消费者手里那时候，他的再生产过程就会受到中断的。不然的话，他就只能用他的麻布的较小的部分，转化为麻纱煤炭劳动等，总之，转化为生产资本的诸种要素，而把当中的较大的部分，保留作货币准备，以致在资本一部分当作商品而出现于市场时，会有别一部分得在生产过程内保持，以致前者当作商品而出现于市场内时，后者会在货币形态上流回。他必须如此限制他的操作，他的再生产过程才不致于中断。当然，资本的这种分割，不会因有商人介在中间而被废除，但若没有商人介在中间，则流通资本的必须在货币准备形态上存在的部分，和它的在生产资本形态上被使用的部分相比较，必定会不断地增大，从而，再生产的规模也须相应地受限制。现在情形不是这样的。

现在，生产者已能以其资本的较大部分，不断使用在真正的生产过程之内，而以其较小部分当作货币准备。

但就因此，社会资本现在已有别一个部分，在商人资本的形态上，不断保留在流通范围内。这一部分社会资本的使用，专门是为商品的买与卖。所以，除保有资本的人已经变换之外，好像并没有别的变化。

假设商人不用 3000 镑为再售卖而购买麻布，却亲自把这 3000 镑用在生产上，社会的生产资本就会增大的。这样，麻布生产者必须以其资本的一大部分，保留做货币准备；现今转化为产业资本家的商人，也同样必须如此。但从别方面说，在商人仍为商人时，商人以其全部时间用在商品的售卖上，生产者却可以节省售卖的时间，而把这种节省的时间，用在生产过程的监督上。

如果商人资本不超过必要的比例，我们就可假定如下：

（1）分工的结果，专门用来做卖买的资本（在被用来购买商品的货币外，尚包括那种种投在经营商业所必要的劳动上的，投在商人的不变资本上的，投在仓库建筑物运输手段等上面的货币），是更小了；若产业资本家必须亲自经营他的商业事务全部，这种资本必定会更大的。

（2）商人专门从事这种职业的结果，不仅使生产者可以提早，把他的商品转化为货币，并且使他的商品资本，得以较大的速度通过它的变形；若这种转化必须在生产者自己手中进行，那一定会更缓慢的。

（3）试以全部商人资本，就其对产业资本的比例来考察，商人资本的一个周转，不仅可以代表一个生产范围内多数资本的周转，且可代表诸不同生产范围内多数资本的周转。举例来说。如果麻布经营业者在他用 3000 镑，向一个麻布生产者购买生产物之后，就把它再卖出去了，以致该麻布生产者不能源源把同量商品投到市场上来，以致该麻布经营业者不得不向别个麻布生产者或多数麻布生产者购买生产物，而把它们再卖出，情形就会和第一层所说那样，那就是促进同一生产范围诸不同资本的周转。如果商人在卖出麻布之后，接着把丝买进，情形就会和第二层所说那样，那就是促进别一个生产范围的资本的周转。

总之，我们要注意：产业资本的周转，不仅受限制于流通时间，且受限制于生产时间。商人资本在仅经营一种商品的限度内，它的周转，不是受限制于一个产业资本的周转，且受限制于同生产范围内一切产业资本的周转。商人买一个生产者的麻布，把它卖掉之后，他可以在这个生产者尚无商品投到市场以前买卖别一个生产者的麻布，所以同一个商人资本，可依次促进投在同生产部门内的诸资本的周转。所以，商人资本的周转，不必就与一个产业资本的周转相一致，也不必就代置这一个产业资本家所必须保有的货币准备。商人资本的周转，在一个生产范围内，自然是由这个生产范围的总生产限制的。但它不是由同范围的个个资本的生产限界或周转期间（在这个周转期间由生产时间而定的限度内）限制。假设 A 供给一种商品，其生产必须用三个月的时间。商人购进和卖出的商品，却只须经过一个月。他把这种商品卖出之后，他可以向别一个生产者购进同种生产物来卖。比方说，他卖掉这个农民的谷物之后，可以用这个货币，购进第二个农民的谷物来卖等。他的资本的周转，受限制于他在一定时间内（比方说一年内）能依次买卖的谷物量；而农民资本的周转（除流通时间不说），则受制于生产时间，那是经过一年的。

但同一商人资本的周转，还能促成不同诸生产部门的诸资本的周转。

同一的商人资本，在不同诸周转内，依次使不同诸商品资本转化为货币，并照次序，把它们买卖，在这限度内，它以货币资本资格对商品资本所尽的机能，和货币一般由其通流次数在一定期间内对商品所尽的机能，是相同的。

商人资本的周转，与一个同样大的产业资本的周转或一次再生产，不是相同的。商人资本的周转，毋宁说与若干这种资本（或是同一生产范围内的，或是不同生产范围内的）的周转的总和相等。商人资本周转越是迅速，则总货币资本中当作商人资本用的部分越是小。商人资本周转越是缓慢，则总货币资本中当作商人资本用的部分越是大。生产越是不发展，则与投在流通中的商品的总额比例而言，商人资本的总额必定会越是大，但绝对的说，或与更发展的情况相比较来说，却会越是小的。在相反的情形下，结果也相反。所以，在这种未发展的情况下，真正的货币资本，必有最大的部分，在商人手中。与别种人的财产相对而言，这种商人的财产，便构成货币财产（Geldvermögen）。

商人垫支的货币资本的流通速度，取决于以下二事：（1）生产过程更新，不同诸生产过程相互连接的速度；（2）消费的速度。

商人资本不一定要像以上所述那样，通过它的周转，即以其价值全额先购进商品，然后把它卖掉。商人可以同时双方并进。他的资本，会分成两个部分。其一由商品资本构成，其一由货币资本构成。他在这里购买，把他的货币转化为商品。他又在那里售卖，把他的商品资本的别一部分，转化为货币。一方面，他的资本当作货币资本流回，同时他方面，他的资本又当作商品资本流回。采取这个形态的部分越是大，则采取那个形态的部分越是小。此二者相互交代，相互均衡。如果货币不只当作流通媒介用，且还当作支付手段用，并与由此发生的信用制度相结合，则商人资本的货币资本部分，与商人资本所实行的交易量比例而言，将更减少。假设我买价值 1000 镑的葡萄酒，以三个月为支付期限，但在三个月到期之前，我就把葡萄酒，凭现金卖出了，这样对于这种交易，我是无需垫支一文钱的。在这场合，非常明白，在这里当作商人资本用的货币资本，不外是在货币资本形态上存在，并在货币形态上流回的产业资本（以三个月为支付期限而售卖价值 1000 镑的商品的资本家，会把汇票即债权证拿去向银行贴现，但这个事实，丝毫不会影响我们的问题，也与商品经营业者的资本无何等关系）。如果商品的市场价格在中途下落十分之一，则商人不仅无利润可得，甚至只能得回 2700 镑，不能得回 3000 镑。他必须从钱袋里掏出 300 镑来支付。这 300 镑不过是只付价格差额的准备。这个情形，对于生产者，也是适用的。如果他是依照下落的价格售卖，他也同样会损失 300 镑；没有准备资本，他在这个情形下，决不能以相同的规模再把生产开始。

麻布商人用 3000 镑向制造家购买麻布；制造家在这 3000 镑中用 2000 镑购买麻纱，他是向麻纱商人购买麻纱的。制造家付给麻钞商人的货币，已经不是麻布商人所有的货币；因为麻布商人已由此受得等价值额的商品了。那是制造家自己所有的资本的货币形态。在麻纱商人手中，这 2000 镑现在是表现为流回的货币资本；但它在什么程度内，是流回的货币资本，是与那 2000镑（当作麻布的已经剥夺的货币形态和麻纱的已经取得的货币形态）有区别的流回的货币资本呢？如果麻纱商人是以信用购买，而在期限未到以前凭现金售卖，则此 2000 镑中，不包含商人资本（它和产业资本在循环过程中采取的货币形态，是有区别的）的一文。所以，商品经营资本，在不为产业资本的一个形态，却在商品资本或货币资本的姿态上存在商人手中时，不外是商人自己所有的在商品买卖上回转的货币资本的一部分。这个部分，原在那垫支在生产上的资本——那是当作货币准备，购买手段，必须不断在产业家手中，不断当作产业资本家的货币资本来流通的——内，代表一个益益减小的部分。现在这个部分是以减小的规模，存在商业资本家手中，并以这个资格，不断在流通过程中发生机能了。它是总资本的一部分；把所得支出除开不说，这一部分，为要维持再生产过程的继续，是必须当作购买手段，而不断在市场上流通的。但再生产过程的进行越是迅速，货币的当作支付手段的机能越是发展，换言之，信用制度越是发展，这一部分在总资本中所占的比例，将越是减小。①

商人资本不外是在流通范围内发生机能的资本。流通过程是总再生产过程的一个阶段。但没有任何价值，也没有任何剩余价值是在流通过程中生产的。在流通过程中，不过会使同价值额发生形态的变化。在事实上，在流通过程内，不过会发生商品的形

---

① 因要商人资本归在生产资本一类之内，阑塞曾把它和运输业混同起来，并称商业为"商品由一处到别处的运输"（《财富分配论》第 19 页）。维利在《经济学的考察》第四节（米郎诺 1804 年第 32 页），和萨伊在《经济论》（第一卷第 14、15 页），有同样的混乱。牛曼在《经济学要论》中说："在社会之现行的经济组织内，生产者和消费者间存在的商人，会以资本垫支给生产者，并受得生产物，当作代价，又把这种生产物交给消费者，并由此取回资本，当作代价。这种行为，既便利社会的经济过程，又会增加它所处理的生产物的价值。"（第 147 页）生产者与消费者都可因商人的居间，而节省时间与金钱。这种劳务，必需有资本和劳动的垫支，且必须有报酬，"因为它会增加生产物；同一生产物在消费者手中，比在生产者手中，会有更多的使用价值。"所以，他和萨伊先生一样，认商业"完全是一种生产行为"（第 175 页）。牛曼的这种见解，是根本错误了一个商品的使用价值，在消费者手中，会比在生产者手中更大，因为在这里，商品的使用价值，是到消费者手里才实现的。必须商品加入消费范围之后，它的使用价值才会实现，才会发生作用。当它仍在生产者手中时，它的使用价值，还是在可能的形态上。但任谁都不会为一个商品支付两次；先为它的交换价值，并额外地，再为它的使用价值。所以，只要我支付它的交换价值，我便取得了它的使用价值。所以，它虽由生产者或居间人移转到消费者，它的交换价值是不会由此增加丝毫的。

态变化，那是和价值创造或价值变化，毫无关系的。如果在售卖所产商品时，会实现一个剩余价值，那是因为已有剩余价值，存在所产商品之内。在第二行为中，换言之，在货币资本复化为商品（生产要素）的行为中，买者也不实现任何的剩余价值；在这里，他不过以货币交换生产手段和劳动力，而引出剩余价值的生产。反过来说，在此等形态变化须费流通时间——在这时间内，资本不生产什么，也不生产剩余价值——的限度内，这种形态变化，反而是价值创造的限制。而剩余价值由利润率表现时，也正好与流通时间的久暂，成反比例。所以，商人资本是不创造任何价值和剩余价值的，那就是，不直接创造任何价值和剩余价值。但在它帮助着把流通时间缩短的限度内，它能间接地，帮助着使产业资本家所生产的剩余价值增加。而在它帮助着把市场推广，促成资本家的分工，使资本能以更大的规模从事的限度内，它的机能又足以促进产业资本的生产力及其蓄积。在它把流通时间缩短的限度内，它会把剩余价值对垫支资本的比例（即利润率）提高。在它使资本仅须以较小的部分当作货币资本，而被拘留在流通范围的限度内，它又会增加那直接被使用在生产上的资本部分。

# 第十七章

# 商业利润

　　我们已经在第二卷讲过，资本在流通范围内的纯粹的机能——产业资本家为实现商品价值，和复转化这个价值为商品生产要素所必须担任的操作，促进商品资本变形 w′—G—W 的操作，买和卖的行为——不生产价值也不生产剩余价值。反之，我们还曾说明，为此所需的时间，客观地就商品来说，主观地就资本家来说，都是价值和剩余价值在生产上遇到的限界。固然，商品资本会有一部分，采商品经营资本的姿态，而促进商品资本变形的种种操作，也会成为一特类资本家的特殊职业或成为一部分货币资本专属的机能，但我们以上关于商品资本变形所说过的话，当然不会因此发生变化。如果商品的买卖——商品资本的变形 W′—G—W，就是还原作这种买卖的——不是产业资本家自己创造任何价值或剩余价值的操作，那么，当这种操作由产业资本家转嫁到别个人身上时，这种操作也不能成为创造价值和剩余价值的操作。再者，社会总资本中，必须有一部分不断当作货币资本，俾使再生产过程，不为流通过程所中断，而得以继续不断。如果这个货币资本竟不创造价值和剩余价值，那么，就令不断把它投在流通中，而克尽这种机能的，不是产业资本家自己，而是别一类资本家，它也不能由此取得创造价值和剩余价值的能力。

至若商人资本究能在什么程度内，间接地，成为生产的，我们已经在上面指示了；在后面，我们对于这一点，还要进一步加以说明的。

所以，商品经营资本——把一切异种的机能，如堆存、发送、运输、配分、配送等剥除开来，这一切异种的机能，会伴着发生，但我们所指的，是为卖而买的真正的机能——不创造任何价值或剩余价值，不过促成价值和剩余价值的实现，同时并促成商品的现实的交换，促成它由一个人到别一个人的让渡，促进社会的物质代谢。不过，因为产业资本的流通阶段，和生产一样，只是再生产过程的一个阶段，所以独立在流通过程内发生机能的资本，须和在不同诸生产部门发生机能的资本一样，提供年平均利润。如果商人资本竟比产业资本提供较高的百分比的平均利润，那就会有一部分产业资本转为商人资本。如果它提供较低的平均利润，那就会发生相反的过程。那就是，商人资本将有一部分转化为产业资本。没有哪一类资本，还比商人资本，更容易改变它的用途，更容易改变它的机能了。

因为商人资本不生产任何的剩余价值，所以，很明白，在平均利润形态上归于商人资本的剩余价值，乃是总生产资本所生产的剩余价值的一部分。但现在的问题是：商人资本怎样在生产资本所生产的剩余价值或利润中，获得那归属于它的部分呢？

说商业利润（Merkantile Profit，Kommerzielle Profit）是商品价格的追加，是商品价格在名义上超过其价值的部分，不过是一种外观。

很明白，商人只能从他所售商品的价格，获取他的利润，还更明白，他售卖商品时所赚得的利润，必须等于商品购买价格和其售卖价格之差，必须等于后者超过前者的余额。

这是可能的，在商品购买之后售卖之前，会有诸种追加的费用（即流通费用），加在商品之内。但不加入其内的情形，也是可能的。如果这种费用会加在商品之内，那很明白，售卖价格超过购买价格的余额，不单代表利润。为使研究更为单纯起见，我们且先假定，没有任何这种费用加在商品之内。

就产业资本家而言，其商品售卖价格与购买价格之差，等于其生产价格与成本价格之差，如所论为社会总资本，则等于商品价值与商品成本价格（对资本家而言的成本价格）之差，这个差额，又可分解为对象化在商品内的劳动总量与对象化在商品内的有给劳动量之差。产业资本家所购的商品，在再当作可售商品而投回到市场上来以前，必须通过生产过程；它们价格中后来当作利润实现的成分，要在生产过程内，才生产出来的。但商品经营业者的情形，不是这样。商品仍出现在流通过程内时，才出现在他手里。他不过继续那已经在生产资本家手中开始的售卖，不过使商品价格的实现过程继续不断，所以，在他手中，这种商品，并没有通过那能够吸收新剩余价值的中介过程。产业资本家不过在流通中实现那已经生产出来的剩余价值或利润，但商人却不仅须在流通中，由流通实现他的利润，并且必须在流通中，由流通，造出他的利润。这个情形，似乎只能由下述的方法引起：即，他从产业资本家那里，依照商品生产价格或（如就总商品资本考察）依照商品价值购进商品，再超过其生产价格来售卖，那就是，在名义上提高商品的价格，就总商品资本考察，就是在它的价值以上售卖，从而把商品名义价值超过其真实价值的余额取为己有；一句话，是把商品卖得更贵。

这种加价的形态，似乎是极单纯，容易理解的。比方说，一码麻布的成本为二先令。设我要由这个麻布的再卖，取得 10% 的利润，我就须加价 10%，那就是，依照每码 2 先令 $2\frac{2}{5}$ 便士的价格售卖。其现实生产价格与其售卖价格之差 $= 2\frac{2}{5}$ 便士，这就是 2 先令依 10% 计算的利润。这样，我卖给买者每码的价格，实际等于我买麻布 $1\frac{1}{10}$ 的价格。那等于是，当买者以 2 先令付我时，我只给予 $\frac{10}{11}$ 码，而以 $\frac{1}{11}$ 码为我自己保留下来。我能拿 $2\frac{2}{5}$ 便士购回一码的 $\frac{1}{11}$，如果每码的价格是依 2 先令 $2\frac{2}{5}$ 便士计算。所以，这不过是迂回曲折的，由商品价格之名义的提高，来分取剩余价值和剩余生产物的部分。

最初从表面一看，好像这就是由商品加价而实现商业利润的方法。而考其实际，则利润的发生由于商品名义价格的提高或商品在价值以上的售卖这个观念全部，也就是由商业资本的观察发生的。

但在严密的考察下，我们会立即知道，这不过是一种外观。我们会立即知道，在资本主义生产方法为支配的生产方法的前提下，商业利润并不是依照这个方法实现的。（在这里我们的问题常常是平均数，不是个别场合）。为什么我们假设，商业经营业者所以能凭他的商品实现 10% 的利润，仅因为他是依照生产价格 10% 以上的价格，售卖商品呢？因为我们曾经假设，这种商品的生产者，产业资本家（他是当作产业资本的人格化，而以"生产者"的资格，出现在外部世界上的），是依照商品的生产价格，把商品卖给商人。如果商品经营业者所支付的商品的购买价格，与其生产价格相等，从而，究局的说，与其价值相等，则商品的生产价格（究局的说，是价值），在商人看来，便代表成本价格，当然他售卖商品时，必须使其售卖价格超过购买价格。只有这当中的差额，是他的利润的源泉。而售卖价格超过购买价格的剩余，必须是他的商业价格（Merkantilen Preise）超过他的生产价格的剩余。从而，究局的说，商人会在价值以上售卖一切的商品了。但为什么我们要假设产业资本家会依照生产价格售商品于商人呢？这个假设是以什么为前提呢？这个前提是，商业资本（在这里，我们是指那种只当作商品经营资本的商业资本），不参加一般利润率的形成。在说明一般利润率时我们必须从这个前提出发，第一是因为，这种商业资本，在此际，对于我们还是不存在的；第二是因为，平均利润与一般利润率，必须首先当作不同诸生产部门的产业资本实际生产的利润或剩余价值之均衡化，方才能够说明。但在所论为商人资本时，我们所考察的资本，便不参加商品的生产，而只参加利润的分配。所以，现在我们必须把以前的说明补足。

假设一年间垫支的产业总资本 = 720c + 180v = 900（比方说以百万镑为单位），m′ = 100%。所以，生产物 = 720c + 180v + 180m。我们且称此生产物或所生产的商品资本为 W，其价值或生产价格（因为就全体说，这二者是一致的）= 1080，而就总资本 900 说，利润率是等于 20%。依照我们以前的说明，这 20% 就是平均利润率，因为在这场合，我们计算剩余价值时，不是就这个或那个有特殊构成的资本来算，乃就有平均构成的总产业资本来算。总之，W = 1080，利润率 = 20%。现在，我们再假设在 900 镑产业资本之外，尚有 100 镑商人资本，那会和产业资本一样，比例于量的大小，而分得利润的一部分。依照假设，总资本 1000 中，有 $\frac{1}{10}$ 是商人资本。它会在总剩余价值 180 镑中，分得 $\frac{1}{10}$；那就是依照 18% 的比率，取得一个利润。所以，在事实上，总资本的其余的 $\frac{9}{10}$，将只有利润 162，供它们分配。资本 900 平均分配这 162 镑，利润率也为 18%，所以，产业资本 900 的所有者，以 W

售于商品经营业者时，是卖得 $720c+180v+162m=1062$。商人再在他的资本 100 上，加上平均利润 18%，他出卖商品，就须卖得 $1062+18=1080$ 了。这就是商品的生产价格，而就总商品资本考察，这就是商品的价值。他这种利润，是在流通中，由流通取得的，那不过是由于商品的售卖价格超过其购买价格。但他并不曾在商品价值或其生产价格之上，售卖商品，这是因为他向产业资本家购买商品时，是在商品价值或其生产价格之下购买。

所以，在一般利润率的形成上，商人资本必比例于它在总资本内所占的部分，有决定的作用。如果就上例来说，说平均利润率 $=18\%$，那么，假设不是总资本中有 $\frac{1}{10}$ 是商人资本，由此把一般利润率压下 $\frac{1}{10}$，一般利润率就会等于 20% 的。因此，我们对于生产价格，必须给以更严密的规定。所谓生产价格，始终是指商品的价格，那等于它的成本（包含在它里面的不变资本的价值和可变资本的价值）加平均利润。但现在，这个平均利润，是由不同的方法决定了。它是由总生产资本所生产的总利润来决定，但不是依照总生产资本来计算（如果照这样计算，则在总生产资本如上所述 $=900$，利润 $=180$ 时，平均利润率 $=\frac{180}{900}=20\%$），却依照总生产资本加商业资本来计算，所以，在生产资本为 900，商业资本为 100 时，平均利润率 $=\frac{180}{1000}=18\%$。所以，生产价格是 $=k$（成本价格）$+18$，不是 $=k+20$。在平均利润率中，总利润中那归于商业资本的部分，也加入计算了。所以总商品资本的现实价值或生产价格 $=k+p+h$（在这里，代表商业利润）。所以，产业资本家售卖商品的生产价格或价格，是比商品的现实的生产价格为小；如我们就商品总体考察，那就是产业资本家阶级售卖商品总体的价格，较其价值为小。所以，在上例，900（成本）加 900 的 18%，即 900+162 = 1062。所以，商人把那只费他 100 的商品照 118 的价格出售，他固然是加价了 18%；但因他用 100 购买的商品，本来是值 118，所以他并没有在商品价值以上售卖。以后，我们说到生产价格，必须遵守以上严密说明的意义。这样，很明白，产业资本家的利润，是等于商品生产价格超过其成本价格的剩余，而与这种产业利润（Industriellen Profit）有区别的商业利润，则等于商品售卖价格超过其生产价格的剩余；对于商人，商品的生产价格，即是它的购买价格；但商品的现实价格，是等于商品的生产价格加商业利润。产业资本所以能实现利润，仅因为这种利润，已经当作剩余价值，包含在商品的价值中；商业资本所以能实现利润，只因为剩余价值或利润，尚未在产业资本所实现的商品价格中，全部实现①。所以，商人的售卖价格所以会在其购买价格之上，不是因为他的售卖价格，在其总价值之上，却是因为他的购买价格，在其总价值之下。

商人资本虽不参加剩余价值的生产，但会参加剩余价值到平均利润的均衡化的过程。所以，一般利润率，已经包含剩余价值中那扣留下来归属商人资本的部分，已经包含产业资本利润一部分的扣除。

由以上所说，我们可得结论如下：

（1）与产业资本相比例而言，商人资本越大，产业资本的利润率就越是小。反之，产业资本的利润率就越是大。

（2）我们已经在第一篇说明，利润率常表现为比现实剩余价值率更小的比率，那就是，把劳动的榨取程度表现得过小。在上例，$720c+180v+180m$，其剩余价值率为 100%，然其利润率仅

--------------------------------------------

① 约翰，白拉斯。

为 20%。若把商人资本所应得的部分加入计算，则剩余价值率与利润率的差别更大。在这场合，利润率将为 18%，不为 20%。所以，直接从事榨取的资本家的平均利润率，会把利润率表现得比它实际代表的利润率更小。

假设一切其他的事情保持不变，商人资本的相对量（把小商人——他是一个间种——的资本当作例外），就会与其周转速度成反比例，从而，与再生产过程一般的能力成反比例。在科学的分析之进程中，一般利润率的形成，好像是由产业资本及其竞争出发，到后来，才由商人资本的介入，而订正，而补充，而变异。在历史的发展之进程中，情形正好是相反的。最先使商品价格多少依其价值决定的，是商业资本，而最先有一般利润率形成的，也是促成再生产过程的流通的范围。原来是商业利润决定产业利润。到资本主义生产方法已行支配，生产者自己变成商人那时候，商业利润才还原成为商业资本，——社会再生产过程所使用的总资本的一个可除部分——在总剩余价值中所应得的可除部分。

商人资本的介入，会补足利润的均衡化过程。这种补充的均衡化过程，说明了，在商品价值中没有包含任何与商人垫支货币资本相当的追加要素；说明了商人所依以获取利润的价格追加部分，只是与商品的这个价值部分相等，这个价值部分不曾被生产资本计入商品的生产价格内，却被忽脱在计算之外了。这个货币资本，和产业资本家的不被消耗其价值也不成为商品价值要素的固定资本部分，有近似的情形。那就是，他会在他的商品资本的购买价格中，在货币形态上，代置商品资本的生产价格 G。他的售卖价格，则如上所说明，是等于 G+ΔG。这个 ΔG 是代表商品价格由一般利润率而定的追加部分。如果他把这种商品售出，则除 ΔG 之外，他垫支在商品购买上的原货币资本，也会流回到他手里来。在这里我们又再看见了，他的货币资本，不过是转化为货币资本的产业资本家所有的商品资本。这个情形，和商品资本不售于商人而迳售于最后消费者的情形，一样不能影响这种商品资本的价值量。它只是在事实上把最后消费者的支付提前罢了。但须注意，这个结论，在我们一向来假设的条件下，才是正确的：即，商人不担负任何费用，他除垫支货币资本，向生产者购买商品外，不曾在商品的形态变化过程中，在买卖的过程中，垫支任何别的资本，流动的或固定的。事实并不是这样的；我们在考察流通费用时（第二卷第六章），已经讲过了这一层。这种流通费用所代表的诸种费用，一部分可由商人向别的流通当事人取回，一部分是直接由他的特殊的职业引起的。

无论流通费用是属于那一种类；——它或是由纯粹商人的职业发生，为商人所特有的流通费用，或是由事后的在流通过程内发生的生产过程（如发寄、输送、堆存等）引起——它总会在商人方面假定，除垫支在商品购买上的货币资本外，会不断有一个追加的资本，垫支在这种流通媒介的购买和支付上。在这个成本要素（Kostenelement）是由流动资本构成的限度内，它会全都成为商品售卖价格的追加要素；在这个成本要素是由固定资本构成的限度内，它会依照固定资本磨损的程度，成为商品售卖价格的追加要素。这个要素，即使像纯粹的商业的流通费用一样，不能构成商品的现实的价值增加，但也会构成一个名义上的价值。但无论它是流动的还是固定的，这全部追加资本，总会参加一般利润率的形成。

纯粹的商业的流通费用（那当然把发寄、输送、堆存等费用除外），分解为商品价值实现——或由商品转化为货币，或由货币转化为商品——所必要的货用，即促成商品交换的费用。有些生产过程，会在流通行为内继续进行，不过在这里，我们是把这种生产过程存而不论的。这种生产过程，可以和商人的职业完全分开。例如，在事实上，运输业和捷运业这各种产业部门，便可以和商业完全分开，并且是完全分开的。又，待买和待卖的商品，可以堆在船坞或别的公用场所内，这种堆存费用，在由商人垫支的限度内，也可以是由第三者，向商人课取的。这一切，在真正的大商业内，都可发现。在大商业内，商人资本会在最纯粹最不混有其他机能的形态上出现。运送业者，铁道经营业者，船主，都不是"商人"。我们这里考察的费用，只是购买的费用和售卖的费用。我们以前曾经说过，这种费用，包含计算的费用、簿记的费用、市场交易的费用、通信的费用等。由此所需的不变资本，是由事务费，纸张，邮费等构成。别一些费用，则分解为可变资本，那是为使用商业工资劳动者而垫支的（在这里，发送和运输的费用、赋税的垫支等，在一定程度内，可以这样考察：即，它们是商人为购买商品而垫支的，从而会加到他的购买价格中去）。

这一切费用，都不是在商品使用价值的生产上发生的，只是在商品价值的实现上发生的；所以它们是纯粹的流通费用。它们不加入直接的生产过程，仅加入流通过程，从而加入总再生产过程。

在这种种费用中，只有一部分，是我们这里关心的，那就是投在可变资本上面的部分。（此外，我们还要研究，（1）只有必要的劳动会加入商品价值内这个法则，怎样适用于流通过程；（2）在商人资本的场合，蓄积是怎样表现的；（3）在社会的现实的总再生产过程内，商人资本是怎样发生机能）。

这种种费用，是由生产物商品化的经济形态唤起的。

如果产业资本家互相直接售卖商品所损失的劳动时间——客观的说，是商品的流通时间，——不会以任何价值加到这种商品之内，那很明白，当这种事务不由产业资本家自己担任，而由商人担任时，这种劳动时间也不会由此取得任何别的性质。商品（生产物）到货币，和货币到商品（生产手段）的转化，是产业资本的必要的机能，从而，也是资本家——他在事实上只是人格化的有其意识与意志的资本——的必要的操作。但这种机能不会增加价值，也不会创造剩余价值。担任这种操作，并在生产资本家停止操作之后，再促成资本在流通范围内的机能的商人；不过代替产业资本家之位置。这种种操作所费的劳动时间，是用在资本再生产过程所必要的操作上，但不会加入任何的价值。如果商人不担任这种种操作（从而也不使用这种种操作所必要的劳动时间），他就不是当作产业资本家的流通代理人，来使用他的资本了，他就不会继续产业资本家的已经中断的机能，从而，也不能以资本家的资格，比例于他的垫支资本，在产业资本家阶级所生产的利润量中，分取一份了。商业资本家为要在剩余价值量中分取一份，要使他的资本垫支能够把价值增殖，是不必使用任何工资劳动者的。如果他的业务和资本都很小，他自己也许就是他所使用的唯一的劳动者。他由此受到的，是利润的一部分；对于他，这一部分是由商品购买价格和现实生产价格之差，生出的。

从别方面说，如果商人所垫支的资本量甚小，他所实现的利润，和一个待遇比较好的熟练劳动者所得的工资比较，也许并不更大，甚至会更小。实际，在商人之旁，尚有产业资本家的直接商业代理人，如买办、跑街之类，他们会在工资形态上，或在分红（即分取交易所赚到的利润）的形态（如手续费、佣钱、Tantiéme之类）上，得到同样大的或更大的收入。在前一场合，商人会以独立资本家的资格，把商业利润卷去；在后一场合，产业资本家的工资劳动者、事务员，将会在工资形态上或在分红（即在他所代理的产业资本家的利润中，分取一个比例的部分）

形态上，分得利润的一部分，他的主人，则在这场合，不仅收取产业利润，且收取商业利润。但在这一切场合，流通当事人自己的收入，虽好像只是工资，只是他的劳动的给付，也不比待遇良好的劳动者的工资更高，但总归是由商业利润发生的。所以会如此，是因为他的劳动，不是创造价值的劳动。

从产业资本家的观点看，流通行为的延长，表示了这二点；（1）就个人说，那是时间的损失；因为，他充任生产过程经营者的机能，将因此受妨碍；（2）那是生产物留滞时间的延长；因为，生产物因此更须留滞在货币形态或商品形态上，更须留滞在流通过程内，在这个过程内，它的价值不会增殖，直接的生产过程将被中断。如果直接的生产过程要不致被中断，那不是把生产限制，就须垫支追加的货币资本，使生产过程得依相同的规模继续。这就是，不是原来的资本将仅赚取较少的利润，便须垫支追加的货币资本，俾能赚取原来那样多的利润。商人代替产业资本家的结果，也不致把这一切改变。这种代替的结果，不过使商人代产业资本家使用许多时间在流通过程内；不过使商人代产业资本家为流通而垫支追加的资本；不过使产业资本家的大部分，无须不断的在流通过程内浮浪，转而使商人的资本，完全拘束在流通过程内；不过使产业资本家所造出的利润不致于减少，但使他的利润，以一部分让渡给商人。在商人资本不超过必要限界的限度内，其差别不过在这一点：即，资本机能的这种分割，不过使专门用在流通过程上的时间，比较起来，可以减少，因此必须垫支的追加资本，比较起来，可以减少，从而，在商业利润姿态上出现的总利润的损失，比较起来，可以减少。拿以上的例来说。假设在 720c+180v+180m 之旁，有一个商人资本 100。那会使产业资本家只有利润 162 或 18%，那就是把利润减小 18。但若没有这种独立的商人资本，必要的追加资本，也许是 200；这样，产业资本家的总垫支，不是 900 而是 1100，所以，以剩余价值 180 计算，利润率将仅为 $16\frac{4}{11}$%。

假设自为商人的产业资本家，除要用追加资本，在生产物（在流通中的生产物）转化为货币之前，购买新商品外，还须垫支资本（事务费和商业劳动者的工资）来实现他的商品资本的价值，须垫支资本在流通过程内，这种资本将成为追加的资本，但不生产任何的剩余价值。那是必须由商品的价值来补还的；商品价值必须以一部分再转化为流通费用；但不会由此生出任何追加的剩余价值来。就社会的总资本说，那在事实上是：总资本的一部分，为次一步的不参加价值增殖过程的各种操作所必要；并且，社会资本的这一部分，还须不断为这个目的，再生产。就个个资本家和全产业资本家阶级来说，利润率是由此减小了。这个结果，在推动同量可变资本已需有追加的资本那时候起，就会发生了。

如果这种种与流通业务相结合的追加费用，由产业资本家移到商业资本家身上来，利润率虽也会减小，但减小的程度会更小，减小的方法也会不同。这样，问题将会表现成这个样子：即，和没有这样费用的时候比较，商人所必须垫支的资本将会增多；这种追加资本的利润，也会增进商业利润的总额，以致在平均利润率的均衡化过程上，商人资本将会以更大的范围，和产业资本一同发生作用，从而，使平均利润下落。拿我们以上的例来说。假设在商人资本 100 之外，他还必须垫支 50 追加的资本，来充当这种种费用，则总剩余价值 180，现在要分配在生产资本 900 加商人资本 150 之间，那就是要分配在 1050 之间。平均利润率将下落为 $17\frac{1}{7}$%。产业资本家依照 $900+154\frac{2}{7}=1054\frac{2}{7}$ 的价格，售商品于商人，商人再依照 1130 的价格（即 1080+50 的费用，那是他必须收回的），把商品售卖。此外，我们必须假定，商人资本和产业资本的分割，一定会伴以商业费用的集中和减少。

现在的问题是：商业资本家——在这场合是商品经营业者——所雇用的商业工资劳动者，是怎样呢？

从一方面说，这种商业劳动者和别种劳动者，一样是工资劳动者。因为，第一，这种劳动，是由商人的可变资本，不是由当作所得而支出的货币，购买的；从而，这种劳动，不是为私人服役，乃是为求垫支资本价值增殖而购买的。第二，他的劳动力的价值，从而，他的工资，和别种工资劳动者的工资一样，是由他这种劳动力的生产费和再生产费，不是由他的劳动的生产物，决定的。

我们在产业资本和商业资本之间，在产业资本家和商人之间发现的差别，也会在商业劳动者和产业资本直接使用的劳动者之间发现。因为商人，当作单纯的流通当事人，即不生产价值，也不生产剩余价值（他由各种费用加在商品内的追加价值，会还原为已经存在的价值的增加，这里的问题是，他怎样保存他的不变资本的这个价值），所以，他所使用的担任这种机能的商业劳动者，也不能为他创造直接的剩余价值。在这里，我们假定，工资是由劳动力的价值决定。在讨论生产劳动者时，我们也是这样假定的。所以，商人致富的方法不是克扣工资。他不会把他仅支付一部分的对于劳动的垫支，加入他的成本计算中。那就是，他致富不是因为他欺诈了他的业务员等。

就商业工资劳动者说，所难说明的，不是这个问题：即，他既不生产直接的剩余价值（利润不过是它的转化形态），怎样又能直接为他的雇主生产利润呢？这个问题，已经在商业利润的一般分析上，解决了。产业资本造出利润的方法，是把那包含并实现在商品内不曾由他支付任何代价的劳动，拿去出卖。完全一样的，商人资本所以能造出利润，也是因为他对于包含在商品（如果投在这种商品生产上的资本，是总产业资本的一个可除部分）内的无给劳动，未曾充分给付于产业资本，但在商品出卖时，这种仍在商品内包含但他并不曾支付任何代价的部分，却被支付了代价。商人资本对剩余价值的关系，和产业资本对剩余价值的关系不同，产业资本生产剩余价值的方法，是直接把别人的无给劳动占有。商人资本占有这个剩余价值的一部分，却是因为其中一部分，会由产业资本移转到商人资本上来。

商业资本仅因为有实现价值的机能，所以能在再生产过程内当作资本用，并能当作机能的资本，在总资本所生产的剩余价值中，取得一部分。就个个商人而言，他的利润量是定于他在这个过程内所能使用的资本量；他在这个过程内即在买卖上所能使用的资本越是多，他的业务员的无给劳动将越是大。他的货币所赖以化为资本的机能，也大部分由商业资本家交给他的劳动者去担任。这种业务员的无给劳动，虽不创造任何剩余价值，但会为他把剩余价值实行占有；就资本而言，占有的结果和创造的结果，是完全一样的；所以，就资本而言，那也是利润的源泉。否则，商业是决不能依大规模经营，决不能用资本主义方法经营的。

生产资本所使用的劳动者的无给劳动，会创造直接的剩余价值，同样，商业资本所使用的商业工资劳动者的无给劳动，也会为商业资本，而在这个剩余价值内，创造出一份来。

困难是在这一点：既然商人自己的劳动时间和劳动，不是创造价值的劳动，仅会比例于在已经创造的剩余价值之内，为自己创造出一份来，他投下来购买商业劳动力的可变资本，又怎样呢？这个可变资本，必须当作成本支出，算在垫支的商人资本中么？如果不，那就好像与利润率均衡化法则相矛盾了；因为，哪个资本家愿意垫支150，而在其中，仅有100能够算作垫支资本呢？如果会，那就好像和商业资本的本质相矛盾了；因为，这一类资本所以有资本的机能，并不像产业资本那样从事于推动他的劳动。它有它的操作，那就是，担任买卖的机能；且也就因此，也就由此，所以产业资本所生产的剩余价值，会有一部分转移到它手上来。

（所以，下述诸点是必须研究的：商人的可变资本；流通上的必要劳动的法则；商人劳动是怎样保持他的不变资本的价值；商人资本在总再生产过程上的任务；最后，一方面是商品资本和货币资本的二重化，他方面是商品经营资本和货币经营资本的二重化。）

如果每一个商人所有的资本正好够由他个人自己的劳动来周转，商人资本就会发生一种无穷的分裂。这样，当资本主义生产方法进步而生产资本以大规模生产大规模操作时，这种分裂必定会依同程度增加的。这二类资本的不均衡，将会增加的。资本在生产范围内越是集中，它在流通范围内将会依同比例越是分散。产业资本家的纯商业事务和纯商业支出，将无限增大，因为他不只要和一百个商人来往，并且要和一千个商人来往。这样，商业资本独立化所引起的利益，将会有一大部分丧失掉。不仅纯商业支出会增加，别的流通费用，如拣选费、捷运费等，也会增加。这是就产业资本而言。现在，我们再考察商人资本。第一，我们先考察纯粹的商业劳动。计算大额收付，并不比计算小额收付，多费时间。但做十次购买每次一百镑所费的时间，会十倍于做一次购买每次一千镑所费的时间。和十个小商人通一次信所费的纸张邮票，会十倍于和一个大商人通一次信所费的纸张邮票。商店内的有限制的分工，一司簿记，一司库，一司文书，一管买，一管卖，一专跑街等，却可以异常省劳动时间，也就因此，所以大商号所使用的商业劳动者数，不与营业的比较量，保持任何的比例。所以会这样，是因为在商业上，同一种机能，无论其规模大小，往往只费同样多的劳动时间。比较起来，在产业上，是没有这种情形发生的。也就因此，所以从历史方面说，资本累积是先在商业上发生，后在产业上发生。再就用在不变资本上面的各种支出说，一百个小事务所的所费，要比一个大事务所的所费更多得多，一百个小堆栈的所费，要比一个大堆栈的所费更多得多。其余种。可以类推。而在商业上用作垫支费用的运输费用，也会在分裂加甚时，一同增进的。

这样，产业资本家必须把更多的劳动和流通费用，用在他的业务的商业方面。同一商人资本，如果被分裂在多数小商人手里，也会因分裂的原故，必须有更多得多的劳动者，来实行它的机能；此外，周转同一商品资本所必要的商人资本，也须增大。

我们且以 B 代表直接投在商品买卖上的全部商人资本。以 b 代表相应的为支付商业助理劳动者而投下的可变资本。所以，和每个商人都没有助手，不把任何部分投在 b 上面那时候所必须有的总商人资本 B 比较，B+b 是会更小。不过，单是这样说，困难是依然存在的。

商品的售卖价格，必须够（1）支付 B+b 的平均利润。这一点，是已经由此说明了；因为 B+b 一般会代表 B 原额的缩小；没有 b 那时候所必须有的商人资本，反而会比 B+b 更大的。但这个售卖价格，不仅须够（2）补还 b 的追加利润，且须够补还所支的工资，够补还商人的可变资本，即 b 本身。困难就在这里。b 是价格新的构成部分呢，还仅是 B+b 所造出的利润——那就商业工资劳动者说是工资，而就商人自己说不过是他的可变资本的代置物——的一部分呢？假如是后一种情形，商人由其垫支资本 B+b 所造出的利润，就等于 B 依照一般利润率所应得的利润加 b

了。这个 b 是他在工资形态上支付的，但它本身不会造出任何的利润。

实际的问题，在发现 b 的限界（数学的限界）。我们且先正确规定当中的困难。试以 B 代表那直接投在商品卖买上的资本，以 K 代表在机能中消耗掉的不变资本（即实质的经营费用），以 b 代表商人所投下的可变资本。

B 的代置，不会生出任何的困难来。对于商人，那不过代表实现了的错误价格，或制造的生产价格。商人支付这个价格，而在再卖时，把 B 当作是他的售卖价格的一部分，得回来。除了这个 B，像我们上面所讲的，他还会得到 B 的利润。例如，商品费 100 镑，其利润假设是 10%。那就是，商品会卖 110 镑。这个商品原费 100 镑；商人资本 100 镑不过只把 10 磅增加进去罢了。

再拿 K 来看。这个 K，至多只能和生产者在买卖上所消费的那一部分不变资本（这是他在生产上直接使用的不变资本的追加部分）相等，并且在事实上是会更小的。不过，这个部分必须不断由商品的价格代置，那就是，必须有相应的商品部分，不断在这个形态上支出，而从社会总资本考察，也须不断在这个形态上再生产。垫支的不变资本的这一部分，和直接投在生产上的全部不变资本一样，会发出使利润率缩小的影响。只要产业资本家把他的业务的商业方面，移交给商人，他就不必垫支这部分资本了。商人会代他作这种垫支。在这限度内，商人的资本垫支，也不过是名义上的：商人不会生产，也不会再生产他所消费的不变资本（实质的经营费用）。这种不变资本的生产，是某产业资本家的专业，至少是他的业务的一部分；这种产业资本家以不变资本供给他们，其作用，是和别一些资本家，以不变资本供给生活资料的生产者一样。商人第一，要收回这种不变资本；第二，是要取得它的利润。这两件，都会把产业资本家的利润减少。不过，分工的结果，是累积了更经济了，所以，和资本家亲自垫支这种资本的时候比较，利润的减少程度，得以减低。利润率的减少程度减低，是因为这样垫支的资本更小了。

以上，我们认定售卖价格是 B+K+（B+K 的利润）。售卖价格的这诸部分，依照以上所说，是没有任何困难的。但现在我们要把 b——商人所垫支的可变资本——加入计算。

这样，售卖价格是等于 B+K+b+（B+K 的利润）+（b 的利润）。

B 只代置购买价格，不会在 B 的利润之外，再以任何部分加到这个价格中去。K 不仅以 K 的利润，并且以 K 自身，加到这个价格中去；不过，K 加 K 的利润（那就是在不变资本形态上垫支的那一部分流通费用，加相当的平均利润），在产业资本家手里，会比在商业资本家手里更大。平均利润的减少，会出现在这个形态上：好像是先从垫支产业资本把 B+K 扣除，而计算充分的平均利润，然后在这个平均利润中，为 B+K，扣除下一部分来付于商人，使这个扣除部分，表现为一种资本的利润，即商人资本的利润。

但就 b 和 b 的利润说，（在一定的场合，我们假设利润率为 10%），就 $b+\frac{1}{10}b$ 说，情形不是这样的。而现实的困难，也就横在这里了。

商人用 b 购买的东西，按照我们的假定，只是商业劳动，只是促成资本流通（W—G 和 G—W）的机能所必要的劳动。商业劳动，不过是使资本当作商人资本用，促成商品货币化和货币商品化所必要的劳动。这种劳动是实现价值而不创造价值的。在资本担任这种机能，资本家用他的资本从事这种操作这种劳动的限度内，这种资本方才有商人资本的机能，方才会在一般利润率的规制上发生作用，那就是，从总利润中取得它的一份。在 b 加 b 的利润上，第一表示了被支付的劳动的代价（无论产业资本家支付给商人的，是为商人自己的劳动，还是为商人所支付的业务员，情形都是相同的），第二还表示商人自己所须担任的劳动的代价之利润。商人资本第一会受得 b 的回付（Rückzablung），第二会受得 b 的利润。这是由这个事实发生的：即，第一，它所依以成为商人资本的劳动，须有给付；第二，它须有利润，因为它是当作资本用，那就是因为它所实行的劳动，要在机能资本的利润的形态上，受到给付。这也就是我们要解决的问题。

假设 B = 100，b = 10，利润率 = 10%。更假设 K = 0，从而，使购买价格中那这里无关并已经说明过的要素，无须画蛇添足地，加在计算中。这样，售卖价格 = B + p + b + P（= B + Bp′ + b + bp′，p′代表利润率）= 100 + 10 + 10 + 1 = 121。

现在，假设 b 不由商人投在工资上面——因为 b 只是为商业劳动而支付的，这种劳动所以必需，乃因为产业资本投在市场上的商品资本的价值，是依赖这种劳动来实现——情形就会像这样：因为要买或卖与 B（100）相当的物品，商人将使用他自己的时间；我们且假定，这个时间就是他所能支配的唯一的时间。b 或 10 所代表的，不在工资形态上，却在利润形态上受给付的商业劳动，假定别一个商业资本 = 100，因为它的百分之十，是 = b = 10。这第二个 B（= 100），不会加入商品的价格内，成为追加的部分，但这百分之十，却会。那就是用两个 100 等于 200，为 200 + 20 = 220，而购买商品了。

因为商人资本不外是流通过程内发生机能的产业资本一部分的独立化形态，所以一切与商人资本有关的问题，都要这样解决；那就是，先把这个问题表现在这个形态上，在这个形态上，商人资本所特有的现象，尚不表现为独立的，却仍然与产业资本有直接的关联，是产业资本的一个部门。不在工作场所而在商业事务所内的商业资本，会继续在流通过程内发生机能。在这里，成为问题的 b，仍被视为在产业资本家自己的商业事务所内。

这种商业事务所，与产业的工作场所相比较，自来就多属是非常小的。不过，很明白，生产规模扩大时，商业的操作会依相同的比例增加。为要把现在商品资本姿态上的生产物卖掉，把已经得到的货币再转化为生产手段，并实行全般的计算，就必须有这种种操作，来不断实行产业资本的流通。价格的计算、簿记、出纳、通信都属于这一类。生产规模越是发展，产业资本的商业工作，从而，实现价值和剩余价值所必要的劳动及其他各种流通费用，会越是增加，即令不是依相同的比例增加。因此，商业工资劳动者的雇用，就成了必要的了；而真正的事务人员，也就由此形成。为这种商业工资劳动者而起的支出，虽然也是在工资形态上发生，但和那用来购买生产劳动的可变资本有别。那会增加产业资本家的支出，增加投下的资本量，但不会直接增加剩余价值。因为，这种支出，是付给这种劳动的；这种劳动，是被用来实现那已经创造出来的价值的。这种支出，像同类的别种支出一样，会把利润率减小；因为垫支资本会增加，但剩余价值不会增加。如果剩余价值 m 保持不变，垫支资本 C 增为 C+△C；这样，利润率 $\dfrac{m}{C}$ 会变为更小的利润率 $\dfrac{m}{C+\Delta C}$。所以，产业资本家对于这种流通费用，必力求其减至最小限，像要把不变资本的支出，范围在最小限度内一样。所以，产业资本对生产的工资劳动者，是用一种看待法，而对商业的工资劳动者，是用别一种看待法。在其他一切情形不变的条件下，所使用的生产的工资劳动者数越是多，生产的规模便越是大，剩余价值或利润也越是大。反之，亦然。生产的规模越是大，待实现的价值和剩余价值越是大，所生产的商品资本越是大，事务费便越是绝对的（即令不是相对的）增加，并会引起某种的分工。当然，利润是这种支出的前提，但在什么程度内是这种支出的前提，那会由许多事情显示出来；其中的一点是，在商业薪金增加时，这种薪金的一部分，往往由分红的方法（Prozentanteil am profit）支付。依照事物的本性，仅有媒介性质的操作———一部分是价值的计算工作，一部分是实现价值的工作，一部分是视所生产的待实现的价值之量，把已经实现的货币，再转化为生产手段，———并不像直接的生产劳动那样是这诸种价值量的原因，宁说是这诸种价值量的结果。别种流通费用的情形，也差不多是这样的。要使那待量计，待秤衡，待包装，待运输的东西增多，必须已有更多的东西在那里；是包装劳动和运输劳动等的量，定于商品（活动的对象）的量，不是商品的量，定于包装劳动和运输劳动等的量。

商业劳动者不直接生产剩余价值。但他的劳动的价格，是由他的劳动力的价值决定的，是由他的劳动力的生产费决定的，而这个劳动力的应用，它的发挥，它的消耗，却和任何别一种工资劳动者的情形一样，不为他的劳动力的价值所限制。所以，他虽帮助资本家实现利润，但他的工资，和他帮助实现的利润量，没有任何必然的关系。他所费于资本家的，和他所益于资本家的，是两种不同的量。他有所益于资本家，不是因为他创造了直接的剩余价值，不过因为他帮助了资本家，使他实现剩余价值的费用可以减少。这是因为，他所实行的劳动，有一部分是无给的。真正的商业劳动者，乃属于给付较优的那一类工资劳动者，是属于熟练劳动者那一类，是在平均劳动之上的。不过在资本主义生产方法进步时，这种劳动的工资会有下落的倾向；甚至与平均劳动相比较，有下落的倾向。一部分是由于事务所内的分工；这就是，使劳动能力生出片面的发展；这种生产的费用，有一部分，是毫无所费于资本家的；劳动者的熟练，将由运用而自行发展；并且，分工越是精密，其发展也会越是迅速。其次是因为跟着科学和民众教育的发达，各种必要的准备，例如商业知识语言知识等，将更便速，更容易，更普遍，更不花钱地，就可以取得；因为资本主义生产方法会在实际上调整教学的方法等。又，国民教育的普及，还使这种劳动者，可由从前不能受到任何教育而习惯较低生活方式的阶级那里，得到补充。因此，国民教育的普及，增加了这种劳动者的供给，并增进他们中间的竞争。除少数例外，这种人的劳动力，会在资本主义生产的进步中，变为更不值钱。他们的劳动能力增进了，但他们的工资却下落。不错的，在待实现的价值和利润增加时，资本家会多使用这种劳动者。但这种劳动的增加，常常是剩余价值增加的结果，决不是它的原因。①

要之，这里有一个二重化过程。一方面，产业资本，依其一般的形态决定性，就会当作商品资本和货币资本来发生机能（从而，更进一步当作商业资本来发生机能），他方面，又有特殊的资本，从而，特殊一列的资本家，专门从事这种机能；这种机能也就这样成为资本价值增殖的特殊部门。

商业的机能和流通费用，就商业资本说，才是独立化的。产业资本的流通方面，不仅存在于它的商品资本和货币资本的存在形态上，并且会存在于工作场所以外的商业事务所内。但就商业资本而言，这一方面却是独立化的。就商业资本而言，商业事务

---

① 关于商业无产者的命运的这种诊断，是 1865 年写出来的。这种诊断是否确实，可由德国无数商业事务员的情形来证明。这种事务员，训练好了各种商业上的操作，并通晓三四国的语言，但虽以每星期二十五先令的工资（与一个上级机械制造工人的工资比较，是更低得多）求在伦敦市内找到工作，仍属徒然。在原稿内，有两页的空白，那表示在这点，原要有所增补。关于其余各点，我请读者去参考第二卷第四章（论流通费用）。在那里，凡与这个问题有关的各种事情，都讨论过了。——F. E.

所便是他的唯一的工作场所。在流通费用形态上使用的资本部分，在大商人的场合，好像要比在产业资本家的场合，更大得多；因为，除了那些和产业工作场所结成一气的自设商业事务所外，产业资本家全阶级必须为这个目的而使用的资本部分，会累积在若干商人之手。这种商人，专心于流通机能的继续，并专心于由此发生的流通费用的继续。

就产业资本说，流通费用好像是并且实际是一种支费（Un-kosten）。但对商人说，这种流通费用却像是他的利润的源泉。假设一般利润率为已定的，他的利润就好像是和这种流通费用相比例的了。所以，投在这种流通费用上的支出，对于商业资本，乃是一种生产的投资。也就因此，所以它所购买的商业劳动，对这个资本而言，也是直接生产的了。

第十八章　价格

商人资本的周转：

产业资本的周转，是它的生产时间和流通时间的合一，从而包括全生产过程。但商人资本的周转，因为在事实上不过是商品资本的独立化的运动，所以只把商品形态变化的第一阶段（W—G），表现为一个特殊资本的自行流回的运动；并在商业的意义上，把 G—W，W—G 表现为商人资本的周转。商人是购买（那就是把他的货币转化为商品），然后售卖（那就是再把这个商品转化为货币），并不断地，反复下去。在流通内，产业资本的形态变化，往往表现为 $W_1$—G—$W_2$；$W_1$（所生产的商品）售卖所得的货币，会被利用来购买 $W_2$（新的生产手段）；这等于实际以 $W_1$ 和 $W_2$ 相交换，同一的货币换两次手。货币的运动，促成了两种不同的商品 $W_1$ 和 $W_2$ 的交换。但就商人而言，则在 G—W-G′中，换两次手的，是同一的商品；它不过促成货币流回到他手里的运动罢了。

举个例来说。如果商人资本是 100 镑，商人用这 100 镑购买商品，然后依照 110 镑把这个商品出卖，他的资本 100，就算完成了一个周转了；一年间的周转次数，则以一年间 G—W—G′运动反复实行了多少次数而定。

在这里，可以由购买价格和售卖价格之差来弥补的各种费用，我们且完全丢开不说。因为这种种费用，并不会影响我们这里所考察的形态。

某一定商人资本的周转次数，在这里，与货币（当作流通媒介）通流的反复，有一个全然类似的点。通流十次的一个台娄尔，会在商品形态上，购买十倍于它的价值；同样，周转十次的一个商人的货币资本也会在商品形态上，购买十倍于它的价值或实现一个价值十倍的总商品资本。例如，商人的货币资本100，会实现一个价值1000的总商品资本。但这当中是有区别的：在货币当作流通媒介的通流上，是同一的货币，经过不同人的手，而反复实行同一的机能，并由通流速度，补足通流货币量。但在商人的场合，却是同一的货币资本，（无论它是由哪一枚货币合成），是同一的货币价值，反复买卖与其价值额相当的商品资本，并在 $G+\Delta G$ 形态上，反复归到原人手里，而在价值加剩余价值形态上，流回到出发点。这一点，使它的周转有资本周转的特征。它从流通取出的货币，会不断比它投入流通的货币更多。这是自明的，商人资本的周转加速时，（就商人资本说，在信用制度发展的地方，货币的支付手段的机能，也是主要的机能），同量货币的通流也会加速。

商品经营资本的反复的周转，不外是购买与售卖的反复；而产业资本的反复的周转，却表示总再生产过程（在其中包括消费过程）的周期性和更新。对于商人资本而言，这好像只是外部的条件。产业资本必须不断把商品投在市场上，而再从市场把商品取去；要这样，商人资本的迅速的周转，方才是可能的。如其再生产过程一般是迟缓的，商人资本的周转也是迟缓的，当然，商人资本会促进生产资本的周转；但所以能如此，仅因为它会把流通时间缩短。它对于生产时间，无任何直接的影响；而生产时间也是产业资本周转时间的一个限制。这是商人资本周转上的第一个限界。第二，我们把生产的消费所形成的限界不说，商人资本的周转，结局还须受限制于个人消费一般的速度和范围；因为，加入消费基金的商品资本部分，全都依存于此。

在商人世界之内，一个商人往往会把同一商品卖给别一个商人，这种流通，在投机时期，是会表现得极繁荣的。把商人世界之内的周转存而不论，我们也知道，第一，商人资本会缩短生产资本的 W—G 阶段。第二，在现代信用制度下，商人资本会支配社会总货币资本的一大部分，所以，它能在所购物品断然卖出之前，再行购买。在这场合，究竟是由商人直接售卖给最后消费者，还是在二者之间有十二个别的商人，是一点关系没有的。再生产过程既然有一种惊人的伸缩性，能不断把各种所遇到的限制突破，它在生产上就会不觉得有任何的限制，或只觉得有伸缩自如的一种限制。所以，除由商品的性质，发生 W—G 和 G—W 的分离外，在这里，会有一种拟制的需要发生出来。从内部说，商人资本的运动，不外是产业资本在流通范围内的运动。但从外部说，商人资本是独立化了，所以在一定限界内，它会和再生产过程的限制相独立而运动，从而使再生产过程超过它本身的限制而进行。内的依存性和外的独立性，使商人资本推进到这一点；在这一点，内部的关联，是会强烈地由一次恐慌来恢复的。

所以，恐慌的现象，不是首先表露也不是首先爆发在零售业上。零售业是处理直接的消费的。这种现象，乃首先发生在大商业和银行业的范围。以社会的货币资本委归巨大商人利用的就是银行业。

工厂主可以实际售卖给输出商人，输出商人再售卖给他的外国顾客；输入商人也可以把它的原料售于工厂主，工厂主以其生产物售于批发商人等；但在某一个不能看到的点，商品可以放着卖不出去；而在别一个场合，一切生产家和居间商人的库存品，还可以渐渐过充。此际，消费通例会在绝顶的繁荣期；一部分因为，一个产业资本家会把一系列的别的产业资本家推动；一部分因为，他所使用的劳动者，已有充分的职业，比平常有更多的钱可以支出。又，当资本家的收入增加时，他们的支出也会同样增加的。此外，和我们以前所讲的那样（第二卷第三篇），我们还会在不变资本和不变资本之间发现一种不断的流通，（且不说蓄积的加速了）。这种流通，因不加入个人的消费，固然会与个人的消费相独立，但结局却要受限制于个人的消费，因不变资本的生产，不是为自身的目的，却不过因为生产物供个人消费的各个生产范围，需用更多的不变资本。在未来需要的刺激下，情形未尝不能一时安稳进行的，所以，在此等部门，商人和产业家的营业，都会很旺畅。但只要会以货物抛售或曾在内地堆积存货的商人所应得的代价，发生缓慢流回和贫弱的现象，以致银行家督促还款，或购货汇票在货物再售出之前就已到期，恐慌就会发生的。于是，有强制售卖（为还款而行的售卖）发生。于是，有破绽发生，从而使外表的繁荣归于消灭。

商人资本的周转，是表面的，无内容的。因同一商人资本能在同时或依次促成极不同诸生产资本的周转，这种表面性和无内容性会更加大。

但商人资本的周转，不仅能促成不同诸产业资本的周转，且能促成商品资本变形的相反阶段。例如，商人向制造家购买麻布，然后把它卖给漂白业者。在这场合，同一商人资本周转——在实际上是一个 W—G，即麻布的实现——就代表两个不同的产业资本的两个相反的阶段。在商人为生产的消费而售卖时，他的 W—G，往往是一个产业资本的 G—W，他的 G—W 往往是别一个产业资本的 W—G。

在这一章，我们是把 K（流通费用）略而不论的。商人在购买商品时，会投下一定额的资本来。但在这个总额之外，他还须投下一部分资本，作流通费用。把资本的这一部分略而不论，这个追加资本的追加利润△K，也当然须存而不论。必须这样，我们考察商人资本的利润和周转将如何影响价格时，才算是用了在论理上数学上正确的观察方法。

当一磅砂糖的生产价格为一镑时，商人能用 100 镑购买 100 磅砂糖。如果他是在一年间买卖这个数量，而年平均利润率为 15%，就可以从 100 镑，赚得 15 镑，从一磅的生产价格 1 镑，赚得 3 先令。这就是，他卖砂糖一磅，会得价 1 镑 3 先令。但若一磅砂糖的生产价格，减为 1 先令，商人用 100 镑就能购买得 2000 磅砂糖，每磅砂糖，售 1 先令 1 $\frac{4}{5}$ 便士。投在砂糖营业上的资本 100 的年利润，依旧 = 15 镑。不过在前一场合，他须售卖 100 磅，在后一场合，他须售卖 2000 磅。生产价格的高低，毫无影响于利润率。但每磅砂糖售卖价格中究有怎样大的一个可除部分，分解为商业利润，那却是很有关系的。换言之，商人在一定量商品（生产物）上所加的价格部分，是很有关系的。如果一个商品的生产价格很小，则商人垫支在它的购买价格上的数额（那就是购买该商品一定量所垫支的数额）也小，而在一定利润率上，他由此一定量低廉商品所赚得的利润额也小。那就是，他能用一定的资本，例如 100 镑，购买这种低廉商品的较大的量；他由 100 镑赚得的总利润 15，也将以较小分数，分配在这个商品量的每个部分上。在相反的情形下，结果也相反。这完全取决于产业资本的生产力的大小；商人所经营的，就是产业资本所生产的商品。当然，有一种商人是独占家，并同时把生产独占着；荷兰东印度公司就会有一个时期是这样。但若我们把这种情形除外，我们便须说，没有什么，还比下面这种流行的观念更荒唐了：依照这个流行的观念，究竟是薄利多卖还是高利少卖，那完全取决于商人自己的意思。实则，他的售卖价格，有两重限界：一方面是商品的生产价格，他对于商品的生产价格，是无力支配的；他方面是平均利润率，他对于平均利润率，也是无力支配的。由他决定的，只有一件事：那就是，他情愿经营较贵的或较便宜的商品；但在这件事上面，他所能支配的资本之量以及其他种种事情，是同样有说话的权利。所以，他究竟如何办理，那是完全定于资本主义生产方法的发展程度，不是定于商人的好恶。只有像昔时荷兰东印度公司那样享有生产独占权的商业公司，会梦想一个至多不过与初期资本主义生产相适应的方法，得继续在完全变化了的关系下面施行①。

除其他各种事情外，还有如下各种事情，足以维持这种通俗的偏见。这种偏见，和其他各种关于利润等的谬见一样，是由纯粹商业的见解及商人的偏见引起的。

第一是竞争的现象。但这个现象，仅有关于商业利润在个个商人（总商人资本的股份所有者）间的分配。例如，一个商人会卖得更便宜，冀图把他的竞争者逐出。

第二，罗雪尔之流的经济学者，依然可以在莱比锡梦想，售卖价格的变化，是由于"思虑和人道上"的理由，不是生产方式发生变革的结果。

第三，如生产价格因劳动生产力增进而下落，从而售卖价格

① "从一般原则来说，无论价格如何，利润总是一样的，它会像波涛中的寄碇物一样，保持着它的位置。要之，在价格提高时，商人会把价格提高，在价格下落时，商人会把价格放下。"（歌尔伯《个人之富之原因》伦敦 1845 年第 15 页）——在这里和本书其余各处。我们说的，都只是普通商业，不是投机。投机及一切与商业资本分割有关的事项，都不在本书研究范围之内。"商业利润是一个附加在资本上面的价值，这个价值，是与价格相独立的；第二项（投机）却以资本价值的变动或价格的变动为基础。"（前书第 12 页）

也下落，以致需要的增加，比供给的增加更迅速，跟着市场价格提高起来，则售卖价格所提供的利润，就会多于平均利润。

第四，一个商人可以把售卖价格压下来（这无异减少他加在价格内的普通利润），俾能有更大的资本，依较大的速度，在他的营业内周转。这一切事，都只有关于商人自己中间的竞争。

我们已经在第一卷讲过，商品价格的高低，不决定一定资本所生产的剩余价值量，也不决定剩余价值率；虽然个个商品的价格，从而这个价格中的剩余价值部分，会视一定量劳动所生产的相对商品量，而有大有小。每一定量商品的价格，在价格与价值相符合的限度内，是由在商品内对象化的劳动总量决定的。如果是少量劳动实现在许多商品内，则个个商品的价格低，其中包含的剩余价值也少。在一个商品内体化的劳动，是怎样分为有给劳动和无给劳动，其价格有怎样大的部分代表剩余价值，那是和这个劳动总量，从而，和这个商品价格毫无关系的。但剩余价值率非定于个个商品价格内所包含的剩余价值的绝对量，却是定于剩余价值的相对量，那就是，定于它和该商品所含工资的比例。所以，就令个个商品的剩余价值的绝对量微小，剩余价值率依然可以很大。个个商品内的剩余价值的绝对量，第一层，是定于劳动的生产力，第二层，是定于有给劳动和无给劳动的分割。

就商业的售卖价格说，生产价格乃是一个外部所需的前提。

在昔时，商业的商品价格所以会很高，第一，是因为生产价格高昂，即劳动的生产力小；第二是因为没有一般利润率。而一般利润率所以会没有，却因为资本没有一般的可动性，以致商人资本可以在剩余价值中，吸取更大得多的部分。就这两方面说，这种状态的消灭，都是资本主义生产方法发展的结果。

商人资本的周转，在各商业部门是有长有短的，商人资本在一年间的周转次数，在各商业部门是有多有少的。在同一商业部门内，周转也会因经济循环的阶段不同，而有缓有速。但依照经验，总可发现周转的平均次数。

我们曾经讲过，商人资本的周转和产业资本的周转不同。这是由于事物的性质：产业资本周转的一个阶段，会表现为一个商人资本或其一部分之完全的周转。它在利润的决定和价格的决定上，也是立在不同的关系上。

就产业资本说，资本的周转，一方面，表示再生产的周期性；而在一定时间内得投于市场的商品量，也就取决于这种周转。他方面，又一个不甚确定的限界是流通时间，它对于价值和剩余价值的形成，是一种限制，因为它会影响生产过程的范围。所以，就产业资本说，资本周转对于年生产的剩余价值量，从而，对于一般利润率的形成，虽有决定的作用，但它的作用，不是积极的，乃是限制的。但就商人资本说，平均利润率，乃是一个已知量。商人资本，对于利润或剩余价值的创造，没有直接的影响；它在一般利润率的形成上虽也有决定的作用，但这只因为它会比例于它在总资本中所占的部分，而从产业资本所生产的利润量中，取去它应得的部分。

一个产业资本在第二卷第二篇所说明的条件下周转的次数越是大，它所形成的利润量也越是大。由于一般利润率的形成，总利润会怎样在不同诸资本间分配，不是看它们各自曾怎样直接参加这个总利润的生产，却看它们各自在总资本中占怎样大的可除部分，那就是比例于它的量。但这无影响于问题的本质。总产业资本的周转次数越是大，利润量或年生产的剩余价值量也越是大，从而，在其他条件不变的场合，利润率也越是大。但商人资本不是这样。就商人资本而言，利润率是一个已定量，它的决定，一方面是由产业资本所生产的利润量，他方面是由总商业资本的相对量，那就是，取决于总商业资本对垫支在生产过程流通过程上的资本总额的分量比例。它的周转次数，对于它和总资本的比例，对于流通所必要的商人资本的相对量，确实是有决定的影响，因为很明白，必要商人资本的绝对量及其周转速度，是成反比例的；但在其他一切情形不变的前提下，它的相对量，那就是，它在总资本内所占的部分，就是由它的绝对量决定的。假设总资本为10000，如果商人资本等于总资本的十分之一，它便等于1000；假设总资本为1000，其十分之一便等于100。在这限度内，商人资本的绝对量变化了（虽然它的相对量保持不变），依照总资本的量而变化了。但在这里我们是假定，它的相对量（比方说总资本的十分之一），是已定的。实则，这个相对量，也是由周转决定的。在周转迅速时，它在第一场合的绝对量，比方说是＝1000，在第二场合＝100，那就是它的相对量等于十分之一。但在周转更迟缓时，其绝对量在第一场合比方说是2000，在第二场合是200。这样，它的相对量就由总资本的十分之一，增为总资本的五分之一了。缩短商人资本的平均周转的种种事情，例如，运输机关的发展，将依比例减少商人资本的绝对量，从而，把一般利润率提高。在相反的情形下，结果也相反。和以前的情形比较，发展的资本主义生产方法，对于商人资本，会发生二重的影响：同量商品，会由较小量的实际发生机能的资本来周转；因为，商人资本的较速的周转及再生产过程的较大的速度，将减少商人资本对产业资本的比例。从另一方面说，资本主义生产方法的发展，会使一切生产变成商品生产，从而使一切生产物落在流通当事人手里；加之，在以前的生产方法下，即在小规模生产的生产方法下，生产者的极大的部分，会直接把他的商品售给消费者，甚至为个人定造而造，且不顾及在现物形态上由生产者自己消费的生产物及在现物形态上供给的给付了。所以，在以前的生产方法下，商业资本，和它所周转的商品资本比例而

言，虽然更大，但

（1）绝对的说却是更小。因为，在当作商品而生产的总生产物中，只有一个不相称的小部分，必须当作商品资本而加入流通中，而落在商人手中。它会更小，因为商品资本更小。但比例的说它是更大；这不仅因为它的周转更迟缓，也不仅就它对它所周转的商品量的比例而言，它更大，是因为这个商品量的价格，从而垫支在它上面的商人资本（因劳动生产力较小），和资本主义生产的场合比较而言，会更大；要之，同量价值会表现为较小量的商品。

（2）在资本主义生产方法的基础上，不仅所生产的商品量（把这个商品量的价值的减少，计算在内），会更大；并且，同量生产物（例如谷物）还会形成较大的商品量，那就是，会有益益更多的生产物，成为商业的对象。其结果，不仅商人资本的量会增加；一切投在流通上面的资本，例如投在海运铁道电报等上面的资本，都会增加。

（3）这里有一个见地，它的论究，是属于"资本竞争"的范围的。这个见地是：不发生机能或仅半发生机能的商人资本，会随着资本主义生产方法的进步，零售商业投资的容易，投机，游离资本的过剩那几种事情，增大起来。

但假设与总资本成比例的商人资本的相对量为已定的，则不同诸商业部门的周转上的差别，不会影响商人资本所得的总利润的量，也不会影响一般利润率。商人的利润，不是由他所周转的商品资本量决定，乃由他垫支（为促成这种周转而垫支）的货币资本量决定。如果一般的年利润率为15%，商人垫支100镑，每年周转一次，他就会依照115的价格来售卖商品。如果他的资本每年周转五次，那他依照购买价格100购买（每年购买五次）进来的商品资本，将依照103的价格来售卖，以全年计，便是依照 515 的价格，来售卖 500 的商品资本。他的垫支资本 100，依旧造出年利润 15%。如果不是这样，则与周转次数相比例而言，商人资本会比产业资本提供更高得多的利润，这是和一般利润率的法则相矛盾的。

所以，不同诸商业部门商人资本的周转次数，会直接影响商业的商品价格。价格在商人手上增加的增加程度（那指示一定资本的商业利润），会以怎样大一个可除部分，落在个个商品的生产价格上，那是与不同诸营业部门的商业资本的周转次数或周转速度成反比例的。假设有一个商人资本在一年间周转五次，则由这个资本附加到等价值商品资本上的利润量，和别一个在一年间周转一次的商人资本所附加于等价值商品资本上的利润量相比较，仅为其五分之一。

售卖价格，会由不同诸商业部门的资本的平均周转时间，受影响：其影响可还原为这一点：即，比例于周转的速度，同一利润量，（在商人资本为一定量时，此量系由一般年利润率而定，故其决定，与这个资本的商业活动的特殊性质，没有关系），会依不同的方法，分配在等价值的商品量间；比方就一年周转五次的资本说，商品价格增加 $\frac{15}{5}$ 即 3%，则就一年周转一次的资本说，商品价格会增加 15%。

即使在不同诸商业部门，商业利润以相等的百分比率表示；这个相等的百分比率，也会比例于它们的周转时间，而依照完全不同的就商品价值计算的百分比率，来提高各该商品的售卖价格。

但就产业资本而言，则周转时间不会影响所产个个商品的价值量，虽然它会影响一定资本在一定时间所生产的价值和剩余价值之量（因为它会影响被榨取的劳动的量）。在我们仅把生产价格放在眼里时，这个情形固然会掩蔽着，并表现为别个样子，但这不过因为，依照以前所说明的法则，诸商品的生产价格会与其价值相差违。但若我们就总生产过程来考察，就总产业资本所生产的商品总量来考察，我们却会发觉，这个一般的法则，是已经确定了的。

所以，只要就产业资本，正确地，考察周转时间在价值形成上的影响，我们就能归到一般法则和经济学的基础上来；这个法则是，商品价值由商品内包含的劳动时间决定。但商人资本周转对于商业价格的影响，却会指示这种现象，若不详尽分析，当中的连接，看起来就好像价格的决定，纯然是任意的；那就是，价格好像是由资本必须在一年间获得一定量利润的决意来决定的。因为有周转的影响，流通过程好像会在一定限度内，独立在生产过程之外，而自行把商品的价格决定。一切关于总再生产过程之皮毛的颠倒的见解，都是由商人资本的考察，由商人资本运动在流通当事人脑中所唤起的概念发生的。

读者已经遗憾地认识了，资本主义生产过程之现实的内部的脉络之分析了，这是一件极复杂的事，一个极冗长的工作。这是一种科学的工作，它要把可见的外表上的运动，还原为内部的现实的运动。一经认识这点，我们自然会明白，资本主义生产当事人流通当事人头脑中的关于生产法则所形成的表象，会与这个法则完全违背，而仅仅成为表面运动之意识的表现。一个商人，一个证券投机家，一个银行家的概念，必然是全然颠倒的。工厂主的概念，又会为流通行为（他们的资本是必须经过流通行为的），为一般利润率的均衡化过程所动摇①。竞争也必然会在这些人头脑中，演一个完全颠倒的节目。如果价值和剩余价值的限界已经给予了，我们便易了解，资本间的竞争怎样会把价值转化为生产价格，进一步转化为商业价格，并把剩余价值转化为平均利润。但若没有这种限界，我们便绝对不能了解，为什么竞争会使一般利润率归到这个限界而不归到那个限界，归到15%而不归到1500%。竞争至多只能使利润率归到一个水准，但其中绝对不包含什么要素，可以决定这个水平的本身。

从商人资本的观点看，周转也像是价格决定的要素。从别方面说产业资本的周转速度，因可使一定量资本所榨取的劳动量发生增减，虽对于利润量和一般利润率，会发生决定的和限制的影响，但就商业资本说，利润率乃是由外部给予的，从而，利润率与剩余价值形成的内部关联，就完全被抹杀了。假设在其他一切情形不变的条件下，尤其是在资本有机构成相等的条件下，同一个产业资本会在一年间周转四次，不是二次，它所生产的剩余价值，从而所生产的利润，也就会加倍。假设由周转加速而生的改良的生产方法，竟由这资本独占着，这当中的情形还会很明显。反之，不同诸商业部门的不同的周转时间，却会这样表现：一定量商品资本周转一次所造出的利润，与周转这个商品资本的货币资本的周转次数，成反比例。薄利多卖（small Profits and quick returns），特别在零售业主看来，是原则，是他在原则上必须遵守的原则。

此外，在各商业部门，暂把互相抵消而缓急不等的周转将互

---

① 以下的说话，是极素朴，也极正确的："确实的，同一个商品所以会在不同卖者手里有极相异的价格这一回事，往往是由于计算上的错误。"（菲勒尔奥德曼合著《商人算术大全》第七版1859年第45页）这可以说明，价格决定纯然是理论的、抽象的。

相交代这个事实搁起来不说，商人资本周转的这个法则，是只适用于投在该部门的商人资本全部的平均周转。和资本 B 投在同一部门内运用的资本 A，可以比平均周转次数，周转更多的或更少的次数。在这一场合，别个资本将会周转更少的或更多的次数。所以，投在该部门的商人资本总量的周转，不会因此受影响。但对于个个商人或零售业者，这个情形却有决定的重要性。一个产业资本家，如其生产条件比平均条件为便利，他就会取得剩余利润；同样，一个商人，如其商业资本的周转，比平均周转次数为大，他也能赚得剩余利润。如果竞争迫来，他可比旁人卖得更便宜，尚不致使利润落在平均之下。如果加速资本周转的条件，本身就是可以购买的条件，例如店址，他因此也就能支付额外的租金，那就是把剩余利润一部分，转化为地租。

# 第十九章

# 货币经营资本

在产业资本及商品经营资本，（因为它会把产业资本的流通运动的一部分，当作它自己所特有的运动，来担任）的流通过程上，货币会通过种种纯粹技术的运动。当这种种运动，独立化成为一种特殊资本的机能，这种特殊资本也把这种种运动当作它所特有的操作，且只当作它所特有的操作来担任时，这种资本就会转化成为货币经营资本（Geldhandlung kapital）产业资本的一部分，甚至商品经营资本的一部分，不仅会继续在货币形态上，当作货币资本一般，且会当作专门用在这种技术机能上的货币资本。现在，在总资本中，有一定的部分，会在货币形态上，特殊化，独立化了，它的资本主义的机能，是专门为产业资本家商业资本家阶级全体，担任这种操作。货币经营资本，和商品经营资本一样，是流通过程内的在货币资本姿态上存在的产业资本的一个分化的部分，为其余一切资本担任再生产过程上这种操作的部分。所以，这种货币资本的运动，也只是再生产过程内的产业资本的一个独立化部分的运动。

只有就新投的资本说——蓄积的场合也是这样——资本才会在货币形态上，当作运动的始点和终点。但就每一种已在过程中的资本说，始点和终点均表现为经过点。在产业资本由生产范围出来再回到生产范围，必须通过 W′—G—W 的形态变化时，像我们论述单纯商品流通时所讲过的那样，在实际上，G 不过是形态变化一阶段的终点，但立即会成为第二阶段（相反的但会把前一阶段补足的阶段）的始点。虽说产业资本的 W—G，对于商业资本，会不断表现为 G—W—G，但就那曾一度发生作用的商业资本说，其现实过程仍然是 W—G—W。但商业资本会同时通过 W—G 和 G—W 这两种行为。那就是，不仅是一个资本在 W—G 阶段，同时别一个资本在 G—W 阶段，却是同一个资本，因生产过程有继续的原故，会在同时候，不断地买，并且不断地卖。它是同时继续在这两个阶段。当其一部分转化为货币，俾能在此后再转化为商品时，其别一部分会在同时候转化为商品，俾能再转化为货币。

在这里，货币是当作流通媒介还是当作支付手段用，是取决于商品交换的形态。在这二场合，资本家都会不断把货币付给许多人，并不断从许多人手里，收取货币的给付。这种货币收付的纯技术工作，会自成一种劳动，而在货币当作支付手段用的限度内，使结算的工作，成为必要的。这种劳动是一种流通费用，不是创造价值的劳动。如果能够把这种劳动，由一特类代理人或资本家，为其余的资本家阶级全体来担任，这种劳动就可以缩减了。

资本的一定部分，必须不断地当作货币贮藏，当作可能的货币资本而存在。那是购买手段的准备，是支付手段的准备，是未使用的而在货币形态上待人使用的资本；资本的一部分，也须不断在这诸形态上流回。以此故，除须有收付，记账等工作外，甚至贮藏货币的保管，也成了一种特殊的工作。这种工作，在事实上，就是不断把贮藏货币化为流通媒介和支付手段，并把商品售卖和到期款项收得的货币，再形成货币贮藏。资本这一部分（当作货币而存在的部分）的不断的运动，会与资本机能的本身相分离的；而这种不断的运动，这种纯技术的操作，也会引起特殊的劳动和费用——流通费用。

由于分工的结果，这种种依资本机能而受制约的技术操作，会在可能范围内，由一类代理人或资本家，为全资本家阶级担任；这种种技术操作，遂成为这一类代理人或资本家的专属的机能，或累积在他们手里。在这场合，像在商人资本的场合一样，分工是有两重意义的。它成了一种特殊的营业，因为它会当作一种特殊的营业，变成全阶级的货币机构，所以它会累积起来，依照大规模来实行。但现在，在这种特殊营业之内，又因不同诸独立部门的分裂，又因办事处（大事务所，多数的记账员司库员，及进一步的劳动分割）的形成，发生了进一步的分工。货币的收付，结算流水账的登记，货币的保管等，和这种技术操作所以成为必要的行为，相分离；因此，垫支在这种机能上的资本，也就成为货币经营资本了。

因货币经营业（Geldhandel）独立化为特殊营业而发生的不同诸操作，是由货币本身的不同的用途，由资本在货币形态所必须通过的各种机能，引起的。

我曾在以前各点指出货币制度一般，原来是由不同诸共同体间的生产物交换，发展出来的。

货币经营，——即以货币商品（Geldware）为对象的经营——最先是由国际商业发生的。当一国有一国的铸币时，在外国购买货物的商人，必须用本国的铸币，交换当地的铸币；反之，亦然。不然，就须用不同的铸币，和当作世界货币的未铸的纯银或纯金相交换。就因此故，所以发生了兑换业（Wechselgeschäft），这可说是现代货币经营的原始的基础。兑换银行（wechselbanken）就是这样发展出来的。在兑换银行内，银（或金）当作世界货币——即今日所谓银行货币（Bankgeld）或商业货币（Handelsgeld）发生机能，而与通用铸币（Kurantmünze）相区别。兑换业，在仅出票据，使甲国某一个兑换业者的派出人，得在乙国别一个兑换业者那里得到兑付的限度内，早就在罗马和希腊，由单纯的兑换业，发展出来了。

把金银当作商品（制造奢侈品的原料）来经营的商业，是生金银贸易（Bulliontrade）或这种商业——它促成货币的世界货币的机能——的自然的基础。我们以前讲过（第一卷第三章第三节E），这诸种机能，是二重的：一方面，在不同诸国的流通范围间，将发生一种来去的运动，以均衡国际的支付，并使资本移动，以求利息；而在这种运动的旁边，尚有贵金属由生产地到世界市场的运动，并有贵金属供给在各国流通范围间的分配。在英格兰，在十七世纪许多年数，仍然是由金匠充银行家。国际支付的清偿，在兑换业上，曾怎样更向前发展，这不是我们这里所要讨论的；关于有价证券（Wertpapieren）业，也有许多点，是我们这里不讨论的。总之，一切信用制度的特殊形态，在这里，都与我们无关。

国家货币，当作世界货币，即会将其地方性质剥除。一国家货币，会表示在别一国家货币上，一切国家货币，都会还原成为它所包含的金纯量或银纯量；金与银，当作两种商品，而以世界货币的资格流通时，则还原成为它们相互的价值比例；这种价值比例是不断变动的。货币经营业者居在中间做媒介，并以这种媒介工作，当作他的特殊的营业。兑换和生金银商业，是货币经营业的原始形态，那是由货币的二重机能——当作国家铸币和当作世界货币——发生的。

资本主义的生产过程和商业一般（甚至在资本主义以前的生产方法下），会引起下述诸种结果：

（1）货币会在货币贮藏形态上蓄积着，那就是，必须不断在货币形态上的资本部分，会当作支付手段和购买手段的准备基金蓄积着。这是货币贮藏的第一种形态，那会在资本主义生产方法上再现出来，且会在商业资本发展时，为商业资本而形成。此二者，适用于国内流通，也适用于国际流通。这种货币贮藏是在不绝流动中的，它会不断流入流通内，并且会不断从流通内流回。货币贮藏的第二种形态是休止在货币形态上的暂时不使用的资本，其中包括新蓄积而尚未投下的货币资本。由这种货币贮藏而成为必要的种种机能，最先要数到保管、登账等。

（2）和这个结果相并而起的，有货币在购买时的支出，在售卖时的收入，有欠款的支付和收入，有各种支付结算等。当初，这各种机能，都是由货币经营业者，以单纯出纳业者（Kassierer）的资格，为商人和产业资本家担任的①。

---

① "出纳业者的制度，恐怕要算在荷兰的商业都市，最能保存它原来的独立的性质了。（关于阿谟斯特登市出纳业的起源，可参看虑萨克所著《荷兰国》第三篇。）它的业务，一部分与阿谟斯特登旧汇兑银行的业务相当。出纳业者从需要他服务的商人那里，受得一定额的货币后，就在他账簿上，把这一笔数目，记在'收方'。其次，这些商人又会把到期的期票，交到他手里，由他去收兑，那也在账簿上，在这些商人的账户内，记在'收方'别一方面，对于这些商人所出的期票，他有支付的义务，他就把这种款项，记入付方。凡记入贷方和借方的款项，他都抽取少许手续费，这种手续费，对于他在双方之间所执行的业务，是一种相当的报酬。假设有个商人，他们与同一出纳业者发生关系，在这两个人间的支付恰好相抵时，他们相互间的收付，就可以在账簿上互相抵消了。出纳业者每日把他们相互间的请求权清算。所以，出纳业者的业务，结局只是成为支付的媒介。各种产业的企业，投机，和空白信用状的发行，都会从出纳业的业务排除出来。因为，依照通则，出纳业者不能超过商人付入的数额，为商人支付。"（菲塞林前书第134页）——关于威尼斯的金融协会："在威尼斯，现金的运送是特别不方便的。那里的需要与地形，使这个都市的大商人，组织一种在妥当保护管理和经营下的金融协会。这个协会的各会员，各存一定额款项在协会内，作用开发支票（开给他们的债权人）的准备。这种数额在付出后，即从所开账目的收方除去，并均记入其付方。这便是所谓汇划银行（Girobanken）的滥觞。这种协会诚然是很古旧的。但若说它是起源于十二世纪。我们就把它和1171年设立的国债局混同了。"（胡尔曼前第550页）

当货币经营业的普通机能，与借贷和信用交易的机能相结合时，货币经营业就完全发展了。货币经营业甚至在刚刚发端的时候，就已经与这几种机能相结合了。关于这一点，我们将在下篇论生息资本那时候再为讨论。

生金银贸易本身，是把金银由一国转运至他国，那不外是商品贸易的结果，而由汇兑行市（Wechselkurs）决定的。汇兑行市将表示国际支付的状态和不同诸市场上的利息率（Zinsfuss）。生金银贸易者，不过把结果介绍出来罢了。

在考察货币如何由单纯商品流通而发展它的运动和形态决定性时，我们已经讲过（第一卷第三章），当作购买手段和支付手段而流通的货币量的运动，是由商品形态变化，由商品形态变化的范围和速度来决定的；现在，我们又知道，这种运动，不外是总再生产过程的一个要素。如果货币材料——金或银——是由其产源地得到供给，这种运动能分解为直接的商品交换，分解为当作商品的金银对别种商品的交换，所以，它和铁或别种金属的供给一样，是商品交换的一个要素。如所论为贵金属在世界市场上的运动（在这种运动表现为贷借资本的移动时，我们是把这种运动存而不论的；因为，这种移动，也可在商品资本的形态上进行），这种运动完全是由国际的商品交换决定，如所论为当作国内购买手段和国内支付手段的货币的运动，这种运动便是由国内的商品交换决定。至若那由国家铸币贬值或由复本位制引起的贵金属在各国流通范围间的流出流入，却与货币流通的本身无关，那只纠正了由国家法令随意引起的迷误。最后，就货币贮藏的形成说，无论它是国内外贸易上的购买手段或支付手段的准备基金，或只是暂时休止的资本的形态，它都不过是流通过程的必然的沉淀。

全部的货币流通，就其范围说，就其形态说，就其运动说，是商品流通（从资本主义的观点看，那不过是资本的流通过程，并包括资本对所得的交换，在所得支出是在零售商业上实现时，还包括所得对所得的交换）的结果；所以，很明白，货币经营业的目的，非但在促进商品流通结果的和现象方法的货币流通。货币流通，当作商品流通的一个因素，就是货币经营业的先决条件。货币经营业所促进的，不过是货币流通的技术工作，使其累积，使其缩短，并使其单纯化。货币经营业也不形成货币贮藏，不过供给技术的手段，使货币贮藏的形成，得在任意贮藏的限度内，换言之，得在货币贮藏不表示休止的资本也不表示再生产过程的搅乱的限度内，减小至经济的最低限度。因为，购买手段和支付手段的准备基金，如果是由一种人为资本阶级全体办理，不是资本家各自为政，所需的数量就可以减少。又，货币经营业不购买贵金属，不过会在商品经营业购买贵金属时，促进它的分配。在货币充作支付手段的限度内，货币经营业使余额的结算更容易，并由一种人为结算机关，减少这种结算所必要的货币量。但它不决定相互支付的关联，也不决定相互支付的数量。汇票和支票，在银行和票据交换所（Cleaning house）相互交换的，是代表完全与其无关的营业，是已有诸种操作的结果。它不过以技术上更良的方法，把诸种结果清算。在货币当作购买手段而流通的限度内，买卖的范围与次数，是完全与货币经营业无关的。它不过缩短卖买的技术工作，并由此，减少商品周转所必要的现金量。

　　货币经营业，在其纯粹形态（我们就是就这种形态来考察的）上，是与信用制度相分离的。这样的货币经营业，只和商品流通的某一阶段的技术有关系；那就是，和货币流通及由此发生的种种货币机能，有关系。

　　这个情形，使货币经营业在本质上与商品经营业相区别。商品经营业是促进商品的形态变化和商品交换，或使商品资本的这个过程，表现为一个和产业资本相分别的资本的过程。所以，商品经营资本有一个特殊的流通形态 G—W—G，在其内，商品换位两次，从而使货币流回（在 W—G—W 的场合，则是货币换位两次，从而促成商品的交换），但在货币经营资本的场合，却不能指证出这样的特殊形态来。

如其在技术方面促进货币流通的货币资本是由一特类资本家垫支出来，——在没有特类资本家垫支的场合，商人或产业资本家必须为这目的，垫支更多得多的追加资本——则资本的一般形态 G—G′ 又在这里发现了。由于 G 的垫支，垫支者将得到 G+ΔG 不过，G—G′ 这种行为的促进，在这场合，是与形态变化的物质要素无关，而仅与其技术要素有关的。

一望而知，货币经营业者所经营的货币资本之量，即是商人和产业家在流通中所有的货币资本，而货币经营业者所实行的种种操作，本来也是商人和产业家的操作，不过由货币经营业者在当中加以介绍罢了。

又很明白，货币经营业者的利润，只是由剩余价值扣出来的一部分，因为他们所操作的只是已经实现（不过有时仅实现在债务请求权的形态上）的价值。

像在商品经营业上一样，在货币经营上，也会发生机能的二重化。因为，与货币流通相结合的各种技术工作，有一部分必须由商品经营业者和商品生产者自己担任的。

商品经营资本与货币经营资本的特殊的货币蓄积形态，将留在次篇讨论。

曾有人说，投在商品经营资本形态上的或投在货币经营资本形态上的商人资本，和投在矿业、农业、畜牧业、制造业、运输业等（它们是因有社会分工而起的产业资本的部门和特殊的投资范围）的资本一样，不过是产业资本的一个特殊种类。根据以上所说，我们自然会知道，没有什么，还比这一种看法更不合理了。只要考察一下，各种产业资本，当它在再生产过程的流通阶段中时，会在商品资本和货币资本的形态上，担任完全相同的机能，即担任商人资本（在商品经营资本和货币经营资本形态上的）所专任的种种机能，这种粗陋的见解，就必定会成为不可能的。就商品经营资本和货币经营资本说，当作生产资本的产业资本和流通范围内的产业资本之区别，会依下述的事实而独立化：那就是，资本在这里暂时取得的一定的形态和机能，会表现为资本一个分离部分的独立的形态和机能，且专门隶属于资本的这一部分。产业资本的转化形态，和物质的，由不同诸产业部门的性质而起的，诸不同生产部门的生产资本间的差别，是相差天远的。

经济学者在形态区别的考察上，一般是粗陋的。他对于这种区别，是只关心到它的物质方面。但除这种粗陋之外，还有两点，使庸俗经济学者发生这种混乱。第一是，他们对于商业利润，没有能力说明它的真正的性质。第二，他们为辩护的目的，最主张，由资本主义生产方法的特殊形态——那以商品流通，从而以货币流通为前提——所唤起的商品资本形态和货币资本形态，以及进一步唤起的商品经营资本形态和货币经营资本形态，是生产过程本身所必致引起的姿态。

如果商品经营资本货币经营资本和谷物栽培业的差别，是和谷物栽培业和畜牧业制造业的差别一样，那很明白，生产也和资本主义生产相一致，而社会生产物在社会诸成员间（为生产的消费或为个人的消费）的分配必须由商人和银行家媒介这个事实，也和肉的享受须由畜牧业媒介，衣服的享受须由制造业媒介的事实一样了[1]。

大经济学者如斯密、里嘉图等人，因为所考察的是资本的基本形态，是当作产业资本的资本，而对于流通资本（货币资本和商品资本）只在它当作资本再生产过程的一个阶段时，才给以考察，所以对于当作一特类资本的商业资本，会觉得狼狈。由考察

---

[1] 聪明的罗雪尔（《国民经济学原理》第二版斯杜亚特及奥斯堡1875年第102页）曾经指出，因为有些人认商业是生产与消费之间的媒介，所以"我们"也可以说生产是消费的媒介（在谁与谁之间呢）。这等于说，商人资本和农业资本工业资本一样，是生产资本的部分。但因为我们能够说，人是把生产当作消费的媒介（即使他没有受莱比锡的教育，他也必须这样做的），或者说，要占有自然，必须有劳动（这也可以说是媒介），所以我们可以推论说，由特殊的社会生产形态而起的社会的媒介，——因为是媒介的缘故——有同样的绝对的必然性质，有相同的优势。这样，媒介这个名词，可以把一切都决定了。再者，商人并不是生产者与消费者间的媒介（在这里与生产者相区别的消费者，即不生产的消费者，是不在考虑之内的），只是生产者相互间的生产物交换的媒介者。他们不过是交换的居间人。但在许多情形下，交换的进行，并没有这种人居在其间。

产业资本直接获得的关于价值形成，利润等的原则，不能直接适用于商人资本。所以，这一流经济学者，在事实上，是全然把商人资本放在一边，即使提到它，也把它当作产业资本的一种。但若他们讨论到它，像里嘉图讨论外国贸易那样，他们总想证明，它不创造任何价值，从而，也不创造任何剩余价值。不过，国外贸易是这样，国内贸易也是这样的。

*　　*　　*

以上我们是从资本主义生产方法的观点，并在其限界内，考察商人资本。但不仅商业，即商业资本，也比资本主义生产方法更古；它其实是资本的历史上最古老的自由的存在方法。

我们已经讲过，货币经营业及垫支在其内的资本，在发展上，只需以大商业的存在，进一步以商品经营资本的存在，为必要条件，所以，我们在这里必须考察的，只是后者。

商品经营资本是封闭在流通范围内的，其机能既专在促进商品的交换，故其存在——除未发展的由直接物交换发生的形态不说——只需有单纯的商品流通和货币流通为条件。或许还可说，货币流通就是这种资本的存在条件。只要生产物是当作商品投到流通中去，那就无论生产物是在什么生产方法的基础上生产——是在原始共同体的基础上，或是在奴隶生产的基础上，或是在小农民小市民的生产的基础上，或是在资本主义的生产的基础上——生产物的商品性质，都不会改变；而当作商品，它们是必须通过交换过程，及由此发生的形态变化的。由商人资本介在中间的二极端，对于商人资本，对于货币，对于货币的运动，一样是已经给予的。唯一的必要条件是，这两极端须当作商品存在，而无论生产是完全是商品生产，或仅是自营生产者以其自身，直接需要由其生产满足以后的剩余，投在市场。商人资本不过把当作前提的商品，当作两极端，而促成其运动。

生产究在怎样的程度内，与商业结合，并通过商人的手，那完全取决于生产方法，而在资本主义生产完全发展的地方，发达到最高程度。在资本主义生产充分发展的地方，生产物只当作商品，不是当作直接的生活资料生产的。从另一方面说，在每一种生产方法的基础上，商业都会促进余剩生产物的生产。这种余剩生产物，是决定用来交换，用来增进生产者（在这里，只指生产物的所有者）的享受或贮藏的。商业使生产益益取得以交换价值为本位的性质。

商品的形态变化，其运动，（1）从物质方面说，是由不同诸商品相互的交换而成的；（2）从形式方面说，是由商品的货币化和货币的商品化，即卖与买，而成的。商人资本的机能，也就是分解为由买卖而起的商品交换的种种机能。所以，它只是商品交换的媒介；关于这种交换，我们自始就须认定，那不单是直接生产者间的商品交换。在奴隶关系，农奴关系，贡赋关系（Tributverhältnis）——在所论为原始共同体的限度内——之下，只有奴隶所有者，封建领主受贡国家，是生产物的所有者，生产物的售卖者。商人是为多数人而买和卖的。买卖累积在商人手中；因此，买卖遂不复与购买者（商人）的直接需要相结合了。

但生产部门——商人所媒介的，就是这各种生产部门间的商品交换——的社会组织无论是怎样，商人的财产，总常常是货币财产，他的货币总是当作资本使用。它的形态常常是 G—W—G′；以货币——交换价值之独立化的形态——为始点，而以交换价值的增殖，为独立的目的。商品交换及在当中作媒介的诸种操作——那会与生产相分离，即由非生产者担任，——成了财富增殖的手段；这所谓财富，是就其一般的社会的形态，当作交换价值，来说明。他的冲动的动机和决定的目的，是把 G 变为 G+ΔG。在 G—G′这种行为间作媒介的 G—W 和 W—G′这两种行为，仅表现为 G 到 G+ΔG 这个转化的经过阶段。G—W—G′是商人资本所特有的运动，而与 W—G—W 有区别。后者是生产者本身之间的商品交易，是以使用价值的交换为最后目的的。

生产越是发展，货币财产也越是累积在商人手中，或表现为商人财产的特别的形态。

在资本主义生产方法之内（那就是，资本把生产支配，并给予以完全改观的特别的形态），商人资本会表现成一种有特殊机能的资本。但在一切前期的生产方法下，生产越是直接为生产者自己生产生活资料，商人资本就越表现为资本的最主要的机能。

商人资本为什么会在资本支配生产以前许久，就表现为资本的历史形态，那是一件不难理解的事。商人资本的存在及其相当的发展，对于资本主义生产方法的发展，是历史的前提。（1）因为它是货币财产累积的先决条件；（2）因为资本主义生产方法的前提是为商业的生产，是大规模的不以少数顾客为对象的贩卖，是那种不为满足自身需要而购买的商人。这种商人会把许多人的购买行为，累积或为他一个人的购买行为。从别方面说，商人资本的发展，又使生产益益以交换价值为目的，使生产物益益转化为商品。但商人资本的发展，就其自身说，却如以下所说，不能促成一个生产方法到别一个生产方法的过渡，也不能把这种过渡说明。

在资本主义生产之内，商人资本会由它的前期的独立的存在被压下来，成为投资一般的特殊要素；利润均衡化过程，又会使它的利润率，还原为一般的平均。它成了产业资本①的代理机

---

① 译者注：原版为生产资本，据马恩研究院版改正。

关。在这里和商人资本发展一道形成的特殊的社会状态，已不复有决定作用了；反之，在商业资本仍然支配的地方，还可说是由落后的状态支配。此所说，即在一国之内，也是适用的；在一国之内，纯粹的商业都市，就和工业都市，代表两种完全不同的过去状态①。

说资本在商人资本形态上有独立的优势的发展，等于说生产不从属于资本，等于说资本是在一个与资本无关的且与其独立的社会生产形态基础上发展的。所以，商人资本之独立的发展，与社会之一般的经济的发展，是成反比例的。

当作资本支配形态的独立的商人财产，是流通过程从它的两极的独立化。这两极就是互相交换的生产者自己。在这情形下，这两极是和流通过程相对而独立的，流通过程也和这两极相对而言是独立的。在这情形下，生产物是由商业变成商品，是商业使生产物发展为商品，不是已生产的商品，使商品的运动成为商业。在这情形下，当作资本的资本，是首先出现在流通过程内的。在流通过程内，货币才发展成为资本。在流通内，生产物才发展为交换价值，发展为商品和货币。资本在能支配其两极端（即不同诸生产部门，流通便是介在它们中间的）以前，能在流通过程内形成，且必须在流通过程内形成。货币流通和商品流通，能够在组织极不相同而依其内部构造仍以使用价值的生产为主要目标的诸生产部门之间，充媒介。流通过程的独立化，使诸生产部门由第三者而互相结合。这种独立化，表现了一种二重

---

① "商业都市的居民，由富裕的国家，把精制的物品和多费的奢侈品输入，从而引起大地主的虚荣心，他们热心购买这种货物，并支付大量的土产物品，来交换它们。因此，在这个时期，欧洲大部分的商业，是用一国的原料，交换别一个工业发达的国家的制造品。……当这种嗜好普及并引起大量需要时，商人为节省运费计，就开始在本国创立类似的制造业了。"（亚当·斯密《国富论》第三篇第三章）。

性。一方面，它表示了，流通仍未能支配生产，却不过是生产的条件。他方面，它又表示了，生产过程也未把流通吸进来，当作生产的一个因素。但在资本主义生产下，这两点都完成了。在资本主义生产下，生产过程是完全以流通为基础，流通也成了生产的一个因素，成了生产的一个经过阶段，成了商品生产物的实现过程，成了当作商品生产的诸生产要素的代置过程。在这场合，这个直接由流通发生的资本形态——商业资本——就仅表现为资本再生产运动内的诸资本形态之一了。

商人资本的独立的发展，与资本主义生产的发展程度，成反比例。这是一个法则。这个法则，在贩运业（Carrying trade）的历史上，表现得最显著。这种贩运业，在威尼斯、良诺亚荷兰等处，皆会盛极一时。在这种贸易上，主要的利益，不是由本国生产物的输出，乃是由一种媒介作用——这种媒介工作，使那些在商业方面及经济其他各方面未曾发达的共同体，得交换他们的生产物——主要是由在生产国双方的榨取，取得的①。在这场合，商人资本是纯粹的，与其两极（那就是商人资本所媒介的诸生产部门）相分离的。对于商人资本的形成，这是一个主要的源泉。但贩运业的独占权，从而贩运业本身，会随它两方面榨取的民族的经济发展，而消灭。这种民族经济状态的落后，就是这种贸易的存在基础。这种消灭，在贩运业上，不仅表现为一个商业部门的灭亡，且表示纯商业民族的优势的覆亡，表示他们的在贩运业基础上的商业财富的覆亡。这个事实，不过在一种特殊形态上，表示商业资本在资本主义生产的发展的进步中，已隶属在产业资本之下。在商人资本直接支配生产的地方，商人资本究以怎样的方法经营，不仅可由殖民经济一般（即所谓殖民制度），得到切

---

①

实的例证，且特别可由旧荷兰东印度公司的经济状态，得到切实的例证。

因为商人资本的运动是 G—W—G′，故商人利润，第一，是由只在流通过程内进行的行为，由买与卖这两种行为，获得的；第二，是在后一种行为（即卖的行为）上，实现的。商人利润，乃是让渡利润（Veräusserungsprofit，profit upon alienation）。表面上看起来，在生产物依照价值售卖的限度内，好像纯粹的独立的商业利润，乃是不可能的。贱买贵卖，是商业的法则。商业的法则，不是等价物的交换。在商业上面，所以有价值的概念，仅因为相异诸商品皆是价值，并在这程度内，皆是货币；那就是，就质的方面说，皆是社会劳动的表现。但它们不是相等的价值量。生产物依以交换的量的比例，在最初，完全是偶然的。它们在可交换的限度内，换言之，在有相同的第三项表现的限度内，方才取得商品形态。继续的交换及规则的为交换的再生产，会益益把这种偶然性废除。但这个说话，最初是不适用于生产者和消费者，而仅适用于二者间的媒介人。这种媒介人，便是商人，他们会比较货币价格，并将其差额卷去。商品的等价性，乃是由商人的运动确立的。

最初，商业资本不过是二极端间的媒介运动；这两极端并不是由它支配的。它不过是诸前提间的媒介运动；这诸前提也不是由它创造的。

商品流通的形态 W—G—W，使货币不仅当作价值尺度和流通媒介，并且当作商品的从而财富的绝对形态，当作贮藏货币，发生出来，并使货币以单纯的保存和增加，为自己的目的。同样，商人资本的流通形态 G—W—G′，也使货币（贮藏货币），当作纯然凭让渡来保存，和增加的东西。

商业民族是像伊壁鸠鲁的神住在世界的隙间一样，或者说像犹太人住在波兰社会的空隙内一样，存在于古代。最先独立化的大规模发展的商业都市和商业民族之商业，是当作纯粹的贩运贸易，立足在诸生产民族的野蛮状态上。他们就在这诸生产民族之间，充作媒介。

在资本主义社会的前阶段，是商业支配产业。而在现代社会，情形正好相反。当然，相互通商的诸共同体，会多少受到商业的反应。商业会使生产益益从属于交换价值；因为它会使享乐品和生活品，益益依存于售卖，而不依存于生产物之直接使用。它就是这样把旧关系颠覆的。它把货币流通增进了。它不复仅仅把握生产的余额，且渐渐蚕食生产的自身，使全生产部门依存于它。不过，这种分解作用，也有一大部分，依存于生产共同体的性质。

当商业资本在未发展诸共同体间促成生产物的交换时，商业利润不仅会表现为利益夺取（Uebervorteilung）和欺骗，且有一大部分是这样发生的。且不说它会把相异诸国生产价格间的差额卷去（它就是由这个关系，所以有使商品价格引于平衡和稳定的趋势），它还会在上述各种生产方法上，引起这样的结果：即，商人资本会把剩余生产物的最大的部分占去；一部分因为他是诸共同体间的媒介者，而这诸共同体的生产，在本质上，还是以使用价值为目标，就其经济组织说，投在流通内的那一部分生产物的售卖，或生产物依价值而售的售卖，还只有从属的重要性；一部分因为在以前各种生产方法下，剩余生产物的所有者，商人的对手，是奴隶所有者，封建土地所有者和国家（例如东方的专制君主），像亚当·斯密关于封建时代所正确感到的（他的议论，已经在前面引述过了）那样，他们所代表的享乐的富，乃是商人设计获得的。商业资本，在其优越支配时期，到处都代表一种劫夺制度①，而就旧时代和新时代的商业民族言，商业资本的发展，也与强暴的劫掠，海上劫盗，奴隶劫盗（殖民地），征服，有直接的关联。加太基，罗马的情形就是这样的。后来，威尼斯人，葡萄牙人，荷兰人等，也是这样的。

商业和商业资本的发展，到处都会发展交换价值生产的趋向，扩大它的范围，增加它的种类，使它普及，并把货币发展为世界货币。所以，随便在什么地方，商业对于各种形态的以使用价值为主要目标的既有生产组织，都多少有分解的作用。对于旧生产方法，它究有多大的分解作用，最先，要看旧生产方法是怎样坚固，旧生产方法内部怎样组成。并且，这个分解过程究竟会引起什么，会引起何种新生产方法来代替旧生产方法，也非由商业而定，却是由旧生产方法自身的性质而定。在古代世界，商业的影响和商人资本的发展，结果往往是奴隶经济；或因其始点是

---

① "现今商人间流行一种怨声，因为他们通商时时有被贵族或劫盗绑去，殴打，讹诈，和劫夺的危险。如果他们竟为正义而忍受这种苦痛，这种商人就是圣民了。……但商人既会在全世界行了大的非义，犯了非基督教的劫掠罪，甚至在他们自己中间，也会经这样做，所以，上帝再使他们由非义得来的大财被盗去夺去，并使他们自己被杀害，被拘囚，又有什么可怪呢？……国君其实应当严厉处罚这种不合正义的交易，提防着，使臣民不致无辜受这种商人的凌辱。因为国君不这样办，所以上帝使用骑士和盗贼，假他们的手，来处罚那种多行非义的商人。上帝是把这种骑士和盗贼当作恶鬼来利用的。他经常会用恶鬼使埃及和全世界发生痛苦，并加害于他的敌人。他是借一个人的手，来打击别一个人，虽然骑士和商人一样是强盗。不过。强盗在一年内仅劫掠一次或两次，且仅劫掠一个人或两个人，商人却是天天劫掠全世界。"——"照爱苏的话，你们这班国君，已经和强盗同伍了。偷一个古尔登或半个古尔登的人，被你们绞杀，但你们却和那些大胆无忌劫掠全世界的人，通一气。大盗杀小盗这一句俗话，仍然是适用的。罗马元老院议员伽图说得好：'小偷坐牢枷，大盗携金银穿锦绣。但上帝最后说了什么呢？'他对埃宰居尔说过，他会把国君和商人，把一个强盗和别一个强盗，混在一起，好像把铝和铁混在一起一样。一旦都市烧毁，则既无国君，也无商人了。"（马丁·路德《论商业及高利贷业》1527 年）

这样的，所以结果不过使一个家长式（Patriarchalischen）的以生产直接生活资料为目标的奴隶制度，转化以为生产剩余价值为目标的奴隶制度。但在现代世界，它是引出资本主义的生产方法了。由此可知，这种结果，不是以商业资本的发展为条件，而是用全然不同的别种事情作条件的。

都市产业一经和农村产业相分离，则由事物的性质，都市产业的生产的生产物，自始就会是商品，其售卖必须有商业的媒介。在这限度内，商业依存于都市的发展，都市发展又以商业为条件，乃是自明之理。但产业发展在何种程度内与商业相携而进，那要取决于完全不同的诸种事情。古代罗马已经在共和时代的晚期，使商人资本的发展程度，超过古代所有的一切前例了，但在那里，在产业的发展上，并不见有何等进步。而在高林特，及欧洲及小亚细亚的其他诸希腊人都市内，商业的发展却伴有极发展的产业。从另一方面说，无定居的游牧民族，虽正好与都市发展及其条件相反对，但往往具有商业精神，也往往看见商业资本的发展。

这是没有疑问的——并且，也就因有这个事实，所以会发生完全错误的见解——在十六世纪十七世纪，与地理发现一同发生并会迅速促进商人资本发展的商业大革命，在封建生产方法到资本主义生产方法的过渡上，是一个主要的推进原因。世界市场之突然的扩大，流通商品之种类的增多，欧洲诸国支配亚洲生产物和美洲资源的竞争热，殖民制度，会在本质上，推进生产的封建束缚之破坏。但现代的生产方法，在其最初时期，即制造业时期，仅发展在那些地方，在那些地方，现代生产方法的各种条件，已经在中世纪就产生了。试以荷兰比于葡萄牙①。在十六世纪，甚至在十七世纪一部分，商业之突然的扩大和一个新世界市场的创造，对于旧生产方法的颠覆和资本主义生产方法的兴起，固然有极大的影响，但这种影响，乃是在已经创造出来的资本主义生产方法的基础上，发生的。世界市场本身就是这个生产方法的基础。但以不断扩大的规模进行生产之内在的必然性，却会促使世界市场不断扩大，所以，在这场合，不是商业使产业革命，乃是产业不断使商业革命。商业的霸权，以大产业的各种条件的优势为断。试以英吉利比于荷兰。荷兰原为商业的支配国。当作一个商业支配国，它的衰亡的历史，即是商业资本隶属于产业资本的历史。资本主义前期国民生产方法的内部的坚固和组织，对于商业之分解的影响，会成为一种障碍；这一点，可由英吉利对印度和中国的通商，得到切实的证明。在印度和中国，生产方法之广大的基础，是由小农业和家内工业的合一，而成的。在印度，还有以土地共有为基础的村落共同体的形态；在中国，原来也是有这个形态的。所以，在印度，英吉利人不得不同时以支配者和土地所有者的资格，使他们所有的直接的政治权力和经济权力，双管齐下，然后才能把这种小的经济共同体破坏②。英吉利

---

① 把其他各种事情存而不论，则荷兰的发达，实以渔业、制造业、农业为基础。这一点，已为十八世纪的著作家（例如马希）所说明了。——从前人们往往把亚细亚的，古代的，中世纪的商业的范围和意义，看得太小，现在却常惯把它看得过大。这种概念的最好的补救方法，是研究十八世纪初叶英国的输出和输入，并以之与现代的输出和输入相较比。但十八世纪的输出入，和以前任何商业民族的输出入比较，仍不知要更大多少。（参看安徒生《商业史》伦敦1764年第1卷第261页以下）

② 若有一个民族的历史，是失败的实际上不合理（并且是不名誉）的经济实验史，那就是英吉利人经营印度的历史。在孟买，他们为英吉利的大土地所有制，画了一幅漫画；在印度南部，他们为小土地财产制，画了一幅漫画；在西北部，他们又尽力把印度经济共产体（对于土地，它有共同的所有权）变为它自身的漫画。

人的商业所以能在印度，对于生产方法发生革命的影响，仅因为他们用他们的价格低廉的商品，把纺织业——那在农工业生产的合一中，是一个基本的不可缺少的成分——破坏，并进而把这种共同体分解。但这种分解工作，仍不过是缓缓进行的。在中国，因为没有直接的政治权力从中帮助，其进行还更缓慢。农业与制造业直接结合所引起的经济和时间节省，在这里，成了大工业生产物极顽强的反抗；因为，在大工业所供给的生产物的价格中，须包含种种流通过程的虚费。而与英国商业相反，俄国商业就绝不曾触犯亚细亚生产之经济的基础[①]。

封建生产方法的推移，是由两条路进行的。生产者成为商人与资本家，而与农业的自然经济和手工业（那是中世纪的与基尔特相结合的都市产业），相对立。这是现实的革命的路。但还有一条路，是商人直接支配生产。这后一条路，虽然在历史上，也会在封建生产方法的推移上发生影响，——例如在十七世纪，英吉利的毛织物商人，会使那仍然独立的毛织工人，归自己统治，其方法，是以羊毛售于毛织工人，而向毛织工人购买毛织物——但它本身并不唤起旧生产方法的革命，却不过保存它，把它当作自身的前提来维持。举例来说，甚至在十九世纪的中叶，法国丝工业和英国织袜工业和花编工业的工厂主，仍不过在名义上称为工厂主，在实际上仍不过是商人；他使织工人在旧式的分散的方法下，继续劳动，他们受商人支配，他们实际也就是为这种商人劳动的[②]。这个情形，随处会成为现实资本主义生产方法的障

---

① 因为俄国曾经热狂地，努力要发展它自身的资本主义生产，——这种生产是完全靠国内市场和邻近的亚细亚市场来支持的——所以情形是渐渐改变了。——F. E.

② 莱茵区域的丝带织者，丝编业者，丝织者，都有这种情形。在克勒菲地方，还会筑一条铁路，来沟通此等农村织者与都市"制造业者"的关系。但这种铁路，后来因为有机械织业发展，遂和手机织者一同消灭了。——F. E.

碍；当资本主义生产方法发展时，这个情形也就会消灭的。这个情形，不会变革生产方法，却不过使直接生产者的地位变坏，使他们变成工资劳动者和无产者，但其条件，比那些已经直接受资本支配的人的条件，还要坏。那就是，在旧生产方法的基础上，占有他们的剩余劳动。伦敦的用手工业经营的家具制造业，一部分，差不多就是这样的情形。这种制造业，在伦敦的塔维·汉谟勒区，以极大的规模经营。生产全部是分成许多互相独立的部门。第一个营业单是造椅子，第二个营业单是造桌子，第三个营业单是造公司桌子等。但这些营业，都多少是用手工业，由一个小老板和几个帮伙经营的。但若是直接为私人劳动，生产规模就嫌太大了。它们的购买者，是家具店的所有者。每逢星期六，老板去访他们，把生产物售卖给他；这时候，关于价格的争论，是和典当押款时的争论一样的。老板必须有这种逐周的售卖；因为他要为下一周购买原料，并支付工资。在这情形下，这种老板实际不过是商人和劳动者间的媒介人。商人才是真正的资本家，会把剩余价值的最大部分，放在自己的钱袋里①。又，以前用手工业经营或当作农村产业附属部门来经营的诸部门，是会过渡为制造业的；在这种过渡上，也有这种情形。这种小资本经营——那也许已经使用机械，但这种机械仍许有手工业的经营——越是在技术方面发展，它就越是过渡为大工业。这种机械，将不由手推动，而改用蒸汽推动。最近英吉利的织袜制造业，就是这样的。

所以，可以发现三种的转移：第一，是商人直接变为产业家；以商业为基础的各种产业，都是这样；而奢侈品工业尤其是这样；在这种工业上，原料和工人当初都是由外国，经商人的手输进来的，例如十五世纪，从君士坦丁向意大利的输入即是。第

---

① 自 1865 年以来，这个制度是以更大的规模发展了。其详情，曾在下院膏血制度特别委员会第一次报告（1888 年伦敦）内，记载着。——F. E.

二，是商人把小老板变为居间人（Middlemen），或直接向自生产者（Selbstproduzenten）购买，在名义上，仍然让这种自生产者独立，也不变更他的生产方法。第三是产业家变为商人，并直接地，为商业而实行大规模的生产。

在中世纪，商人不过像鲍甫（Poppe）所说的那样，是基尔特所生产的或农民所生产的商品之"运送者"。商人变成产业家，或让手工业经营的小产业，尤其是农村经营的小产业，变为为他经营。从别一方面说，生产者也变成商人。织物业老板不再渐次分批从商人那里受得羊毛，并率同帮伙为商人而劳动。他现在是自己购买羊毛或纱，而以出售于商人了。生产要素，是当作他自己所购买的商品，加入生产过程内的。他不复为个个商人生产，也不复为指定的顾客生产。他（织物业老板）现在是为商业世界而生产织物了。生产者自己就是商人。商业资本只在流通过程内发生机能了。原来，商业乃是基尔特产业和农村家内产业和封建农业得以转化为资本主义经营的前提条件。它使生产物发展为商品，一部分因为它为生产物创造了一个市场，一部分因为它曾给生产物以新的商品等价，给生产以新的原料和补助材料。它还由此引起若干的生产部门，那一开始，就是以商业为基础；以那种为市场和世界市场的生产为基础，并以世界市场所唤起的各种生产条件为基础。但制造业，尤其是大工业，取得相当的巩固性时，它也会造出市场，并由它的商品，把市场征服。这样一来，商业又成了产业生产的仆役，而市场的不断的扩大，也成了产业生产的生存条件。一个不断扩大的大量生产，泛滥在现有的市场内，所以，它会不断从事于现有市场的扩大，从事于其限制的突破。限制这个大量生产的，不是只表示现有需要的商业，而是机能资本之量和劳动生产力的发展。产业资本家不绝把世界市场放在心中，并比较——必须不断的比较——他的成本价格和市场价格，但不仅与国内的市场价格比较，且还与全世界的市场价格比较。在以前的时候，这种比较，完全是商人的事。也就因此，所以在那时候，商业资本会确确实实地支配着产业资本。

现代生产方法之最初的理论的考察——重商主义——必然会从流通过程（那独立化为商业资本的运动）的诸种表面现象出发，所以，它只把握了一个外观。一部分是因为，商业资本是资本一般的最早的自由的存在方法。一部分是因为，在封建生产的最初的变革期内，即在现代生产的发生时代内，它会发生压倒一切的影响。真正的现代的经济科学是在理论的考察由流通过程移到生产过程那时候，才开始的。不错的，生息资本也是资本的最古旧的形态。但我们以后会知道，为什么重商主义不由生息资本出发，却和它采取反对的态度。

第五篇

利润之分为利息与企业利益·生息资本

# 第二十一章

# 生息资本

　　我们最初考察一般利润率或平均利润率时（本卷第二篇），这个利润率还未在我们面前达到完成的姿态，因为在那里，均衡化过程，只是投在不同诸部门的诸产业资本的均衡化过程。这个过程，已在前一篇补充过了。我们在前一篇，说明了商业资本如何参加这个过程，并说明了商业利润。现在，一般利润率与平均利润，比以前，是表现在更狭隘的范围内了。在说明的进行中，我们必须记着，凡是我们说到一般利润率或平均利润时，我们是从后一种意思说的，是仅仅指平均利润率的完成姿态说的。既然这个一般利润率是产业资本和商业资本相同的，所以我们只考察平均利润时，已无须分别产业利润和商业利润了。无论资本是产业地，投在生产部门之内，还是商业地，投在流通范围之内，它都会比例于它的量，逐年提供相等的平均的利润。

　　货币——在这里，它是一个价值额的独立的表现，无论这个价值额实际是在货币形态上存在，还是在商品形态上存在，——在资本主义生产的基础上，能转化为资本；而由这种转化，它又能由定额的价值，变为一个自行增殖其价值的价值。它会生产利润；那就是，使资本家能由劳动者榨取一定量的无给劳动，剩余生产物，和剩余价值，而把它占为自己所有。就因为这样，所以，它除当作货币，有一种使用价值外，又取得了一种追加的使用价值，即当作资本的使用价值。在这里，它的使用价值，正是由它转为资本时所生产的利润，成立的。它可以当作可能的资本，当作生产利润的手段。在这个资格上，货币变成了商品，变成了一种特别的商品。换句话说，资本当作资本，变成了商品①。

　　假设年平均利润率为20%。在这场合，价值100镑的机械，在平均条件之下，凭平均程度的智力和目的活动，当作资本运用，就会提供一个20镑的利润。所以，一个有100镑的人，便在手中握有一个使100镑变为120镑的权力，或者说，握有一个生产20镑利润的权力，他就在他手里握有一个100镑的可能资本。如果这个人在一年内把这100镑让渡给别一个人，使这100镑在这别一个人手里当作资本用，他就给了他一个生产20镑利润的权力。对于后者，这个剩余价值不费一文，他无须为这个剩余价值支付什么。如果他须在年终以5镑支付给100镑的所有者，那就是，以所生产的利润的一部分，支付给100镑的所有者，他就是用这5镑，支付这100镑的使用价值。这所谓使用价值，就是指这100镑的资本机能。即生产20镑利润的机能。他所付于他的利润的部分，叫做利息（Zins）。那不外是利润一部分的特殊名称或特殊项目；机能资本不能把利润的这一部分，收在自己钱袋里，却必须把它支付给资本的所有者。

　　很明白，100镑的所有权，使这100镑的所有者，有吸收利息——由他所有的资本所生产的利润的一部分——的权力。如果他不把这100镑让给某他人，这某人就不能生产利润，且不能以

---

① 在这里，我们应抄引若干言论，说明经济学者正是这样把握这个问题。——"阁下（英格兰银行）是极大的资本商品的商人么？"这一句话，见1857年下院银行法报告，那是对该行一位董事提出的问题。

资本家的资格，来和这 100 镑发生关系①。

在这场合，如果像居尔巴特（Gilbart）一样（见注①），徒然说自然的正义，那是无谓之至的。生产当事人间的行为如有所谓正义，那种正义也是用这个事实作基础；即，这种行为乃是生产关系的自然的结果。这种种经济行为，当作当事人的意志行为，当作他们的共同意志的表现，当作国家（与个别当事人相对立的国家），可以强制执行的契约，固须有合法的形态，但这种形态，因为只是形态，所以，不能决定它的内容。它不过把内容表示出来。这个内容，与生产方法符合时，便是妥当的，与生产方法矛盾时，便是不妥当的。在资本主义生产方法的基础上，奴隶制度是不适当的，商品的品质诈欺也是不适当的。

100 镑，在产业上或商业上当作资本用，都会生产 20 镑的利润。但这个资本机能的必要的先决条件，是这个货币当作资本支出，那就是，在产业资本的场合，被用来购买生产手段，在商业资本的场合，被用来购买商品。但要被支出，它是必须先在那里的。如果 A，100 镑的所有者，用这 100 镑供他私人的消费，或把它当作贮藏货币而保留住，这 100 镑便不能由 B——机能的资本家——当作资本来支出了。他不支出他自己的资本，却支出 A 的资本；不得 A 的同意，他是不能把 A 的资本支出的。所以，最先把这 100 镑当作资本支出的，实际是 A，虽然他以资本家的资格，他的全部机能，是以 100 镑当作资本支出这一件事为限。就这 100 镑来考察，B 所以是资本家，仅因 A 把这 100 镑让给他，使能够把这 100 镑，当作资本支出。

我们且先考察生息资本（Zinstragenden Kapital）的特别的流

---

① "为图利润而借钱的人，隐以利润的一部，分给贷者，那是一个自明的自然正义的原则。"（居尔巴特《银行业的历史与原理》伦敦 1834 年第 163 页）

通。其次，我们考察生息资本当作商品的特别的售卖方法；那就是，它不是永远出让于人，却不过贷放于人。

起点是货币，那是 A 垫支于 B 的。这种垫支，可以是有担保的，也可以是没有担保的。但有担保的垫支，可以说是较古的垫支，惟以商品或债务证券（如汇票股券等）为担保的垫支除外。这几种特殊形态，是和我们这里没有关系的。在这里，我们讨论生息资本，是就它的通常的形态来考察的。

在 B 手中，货币实际转化为资本，通过 G—W—G′ 运动，并在 G′ 的形态上，在 G+ΔG（ΔG 代表利息）的形态上，回到 A 手里。为简单化起见，我们且把资本长期间留在 B 手里和利息按期支付的情形存而不论。

所以运动是：G—G—W—G′—G′

在这里出现二次的，是：（1）货币当作资本支出；（2）货币当作实现了的资本，当作 G′ 或 G+ΔG 流回。

在商业资本的运动 G—W—G′ 中，同一的商品换两次手，如果是由商人售于商人，就是同一商品换多次的手。但同一商品每一次换位，都指示一个形态变化，商品的买或卖，而在它断然归于消费以前，这个过程会反复若干次数。

从别一方面说，在 W—G—W 换两次位的，是同一的货币，但这是指示商品的完全的变形，它是先转化为货币，再由货币转化为别一个商品的。

但就生息资本说，G 的第一次换位，既不是商品变形的要素，也不是资本再生产的要素。要到第二次支出，方才如此。第二次支出，是在用这个资本经营商业或把它化作生产资本的机能资本家手中，实行的。在这里，G 的第一次换位，不过表示它由 A 移到或让交到 B 手里；这种移转，是在一定的法律形态和条件下，进行的。

货币会当作资本，实行二重支出。当初仅仅是由 A 移转于 B。与这种二重的支出相照应的，有二重的归流。当作 G′ 或 G+ΔG，货币是由运动之内，流回到机能资本家 B 手里，然后和同利润的一部分，当作实现了的资本，当作 G+ΔG（在这里，ΔG 不与利润的全部相等，仅与利润的一部分相等，那就是利息），再移转到 A 手里。它流回到 B 手里，不过当作他所投下的东西，当作机能的资本，但那是当作 A 的所有物。要完成它的归流，B 必须把它归还到 A。但除资本额外，B 还须把他用这个资本额赚得的利润的一部分，在利息这个名称下，转移到 A；这是因为，A 是把这个货币当作资本（这个价值不仅会在运动中自行保存，并且会为所有者创造剩余价值），给 B 的。它留在 B 手中，仅在它是机能资本的限度内。一旦它依照约定的期限流回了，它就不复有资本的机能。但一旦不复有资本的机能，它就会移转到 A，因为 A 始终是它的合法的所有者。

这种商品，这种资本商品所特有的贷放形态，——在其他各种商业行为上，这种形态也会代售卖的形态出现的——是由这种决定而起的：那就是，在这里，资本是当作商品出现的，或者说，货币变成当作资本的商品。

在这里，我们必须加一种区别。

我们已经讲过（第二卷第一篇第一章），流通过程内的资本，是当作商品资本和货币资本发挥机能的，在这里，我们必须想起这一点。但在两种形态上，资本都不是资本商品（Als kapital zur ware）。

生产资本一经转化为商品资本，它就须投到市场上去，当作商品售卖。在这里，它只有商品机能。在这里，资本家只表现为商品的售卖者，像买者表现为商品的购买者一样。当作商品，生产物必须在流通过程内，由售卖，而实现它的价值，并转化为货币形态。从这点说，这个商品究是由消费者购买，当作生活资料，还是由资本家购买，当作生产手段，当作资本成分，那是完全不关紧要的。在流通行为中，商品资本只当作商品，不是当作资本。它是商品资本而与单纯的商品有别，那是（1）因为它已经包含剩余价值，其价值的实现同时即是剩余价值的实现。但这个事实，绝不致影响它的单纯的商品性，它依然是有定额价格的生产物。（2）因为它的商品机能，乃是它当作资本的再生产过程的一个阶段，它的商品运动（Bewegung als ware）——因为那只是这个再生产过程的部分运动——同时即是它的资本运动（Bewegung als Kapital）。但它变为商品资本，并不是由于卖的行为本身，乃是由于这种行为和这个当作资本的定额价值的总运动的关联。同样，当作货币资本，它在实际上是只当作货币，即当作商品（生产诸要素）的购买手段。这个货币同时是货币资本，是资本的一个形态的事实，这不是由于购买的行为，也不是由于它在这里当作货币尽其实现的机能，却是由于这种行为和资本总运动的关联。虽然当作货币，它在实际上的行为，乃是资本主义生产过程的导引。

但若商品资本和货币资本实际发生机能，实际在过程中有作用，则在这限度内，商品资本仅有商品的作用，货币资本仅有货币的作用。就商品形态变化的自身来说，无论何时，资本家售卖商品，都不是把商品当作资本售于购买者，虽然对于他，它是代表资本。他也不是把货币当作资本，交付于售卖者。在这二场合，他是把商品只当作商品交付，把货币只当作货币，只当作商品的购买手段来交付。

在总过程的关联内，在始点同时即为复归点的瞬间，在 G—G′，W—W′内，流通过程中的资本，方才以资本的资格出现（但它在生产过程内以资本的资格出现，则是因为劳动者隶从于资本家和剩余价值的生产）。但在复归的瞬间，这个关联就消灭了。在这瞬间存在的，不过是 $G'$ 或 $G+\Delta G$（无论这个已经增加 $\Delta G$ 的价值额，现今是在货币形态上，还是在商品形态上，还是在生产要素的形态上），那就是一个货币额，等于原垫支的货币额，加一个余额，即所实现的剩余价值。在这个复归点上，资本是当作已经实现的资本，当作价值已经增殖的价值；资本决不是在这个形态——如果这个形态是当作想象的或现实的休止点，固定着——加入流通内，却宁可说是在这个形态上从流通中取出来，当作全部过程的结果。如果它再被支出，它也决不是当作资本交付于第三者，却是当作单纯的商品售卖于他，或当作单纯的货币，为交换商品，而交付他。它在它的流通过程内决不表现为资本，却仅表现为商品或货币。而在这里，就对他人的关系来说，商品或货币也便是它的唯一的存在形态。商品和货币在这场合为资本，不是因为商品化为货币，货币化为商品，那就是，不是因为它和买者或卖者现实的关系，乃是因为它的观念上的关系，从主观方面说，那是对资本家自己而言的，从客观方面考察，它又是当作再生产过程的阶段。在现实的运动中，则当作资本的资本，不是存在流通过程中，只存在生产过程内，只存在劳动力的榨取过程内。

但生息资本不是这样。但也就因有这点，所以它有它的特征。愿把货币当作生息资本来使价值增殖的货币所有者，把货币交付给第三者，把它掷在流通中，使它成为资本商品。那不仅对于他自己是资本，并且对于他人也是资本。不仅对于交付者是资本，即对于第三者，它也自始就是资本，就是这样的价值；这种价值是有创造剩余价值和利润的使用价值的；这种价值，会在过程中自行保存，并在发生机能之后，流回到原支出者手中，那就是货币所有者手中。它不过暂时离开它的所有者的手，暂时成为机能资本家的所有，那不是偿付，也不是售卖，而只是贷放。它被让渡，仅因具有这样的条件：（1）在一定期间后，它会流回到它的始点；（2）它流回时，是当作已经实现的资本，那就是，已经实现它的使用价值，即生产剩余价值。

当作资本而贷付的商品，依其构性如何，或是当作固定资本贷付，或是当作流动资本贷付。货币可以在这两种形态上贷付。例如如果它是在终身年金（Leibrente）的形态上付还，资本一断片一断片偕同利息流回来，那就是当作固定资本贷付的。有些商品，依照它的使用价值的性质，便只能当作固定资本来贷付，例如房屋船舶机械等。但一切贷放资本，无论其形态如何，也无论其归还会因其使用价值性质受怎样的变更，它只是货币资本的一个特别形态。因为，在这里贷放的，总是一定额的货币，而利息的计算，也就以此额货币为基础。如果贷放的，不是货币，也不是流动资本，它的流回也就和固定资本一样。贷放者会定期受得利息，并受得所支出的固定资本价值的一部分，当作逐期磨损的代价。而在期限终了时，所贷放的固定资本之未消耗部分，即在自然形态上流回来。如所贷放的资本是流动资本，它流回到贷放者手里的方法，也就和流动资本的流回方法相同。

所以，在每一场合，流回方法皆由资本（自行再生产的资本）的现实循环运动及其特殊方法而定。但就贷放资本而言，则其归流采取还款（Ruckzahlung）的形态；因为它的垫支，它的让渡，是采取贷放（Verliehen）的形态。

在这一章，我们是讨论狭义的货币资本；贷放资本的其他各种形态，都是由此引出的。

贷出的资本，是由二重的经路流回的。它先是在再生产过程内，流回到机能资本家手里，然后再移转到贷放者即货币资本家手里，那就是偿还它的现实的所有者，它的合法的出发点。

在现实的流通过程内，资本常只表现为商品或货币，它的运动，常只表现为一系列的买卖。总之，流通过程常只还原为商品的形态变化。但我们考察再生产过程的总体时，却不是这样的。如我们从货币出发（即从商品出发，也一样的，因为在这场合，我们是从它的价值出发，并在货币的姿态上加以考察的），我们就看到，一个货币额被给予了，但会在一定时期后，偕同一个加量，流回来。那就是，有一个与垫支货币额相等的金额，加一个剩余价值，流回来。在一个一定的循环运动中，它保存了它自身，并且把它自身增殖了。在货币当作资本来贷放的限度内，它就是当作这一个货币额贷于的；这个货币额，会自行保存，自行增殖，并且会在一定的时期后，带着一个加额流回来，并不断地，重新通过相同的过程。它不是当作货币也不是当作商品支出的，所以，当它当作货币支出时，它不是为与商品交换，当它当作商品支出时，它也不是为货币而卖。总之，它是当作资本支出的。当资本主义生产过程，当作一个整体和统一体来考察时，资本会表现成为一种对自的关系。在这种关系上，资本是当作会生产货币的货币，表现的。这种对自的关系，会不借任何中介的运动，而当作一个特征，一个特性，印合在资本上面。当它当作货币资本贷放时，它就是凭这个特性来让渡的。

关于货币资本的部分，有一个奇妙的见解，为蒲鲁东君所主张（《信用论》巴斯夏与蒲鲁东的论战巴黎1850年）。在蒲鲁东看来，贷放好像是一种罪恶，因为它不是售卖。有息借款"是反复售卖同一对象并反复受取其价格的能力，这种售卖是不须把该物的所有权放弃的"（第9页）。固然，像货币房屋之类的东西，不像买卖一样，须把所有者变更。但蒲鲁东没有看到，当货币在生息资本形态上放出时，并没有在当时受取任何的代价。在买卖为交换过程的限度内，在每一种买卖的行为上，固然都有物品会被转移。所售去的物品的所有权，总要放弃的。但它的价值仍不会被放弃。在售卖的场合，商品被放弃了，但商品的价值没有被放弃，那会在货币形态上，或债务证券或支付凭证形态上收进来。在购买的场合，货币被放弃了。但货币的价值没有被放弃，那在商品形态上被代置了。产业资本家会在全再生产过程中保有同额的价值（把剩余价值存而不论），不过价值所采取的形态不同罢了。

在仅有交换，有物品交换的限度内，是不会有价值变化的。同一资本家总在手里有同一的价值。但在有剩余价值由资本家生产出来的限度内，却是没有交换发生的。在交换发生时，剩余价值已经包含在商品中了。如果我们不把个别的交换行为放在眼里，却把资本的总循环 G—W—G′ 放在眼里，我们就会看到，有一个定额的价值不断垫支下去，并且有这个价值额加剩余价值或利润，从流通中取出来。实在的，在单纯的交换行为上，这个过程的媒介作用，是隐而不显的。并且，贷放货币资本家的利息，正是把这个以 G 当作资本用的过程为基础，并由这个过程生出来。

蒲鲁东说："在实际上，把帽子出卖的帽制造业者，⋯⋯会受得帽的价值不更多也不更少。但贷放的资本家⋯⋯不仅取回他的资本；他所取回的，会比他的资本更多，比他投在交换中的东西更多；他还会在资本之上，取得一个利息。"（前书第 69 页）帽制造业者，在这里，是代表生产资本家，而与贷放资本家相区别的。很明白，关于生产资本家怎样能依照价值来售卖商品（在这里，价值均衡化为生产价格的事实，对于他的考察，是无关重要的），他又怎样能在资本（他投在交换上的资本）之外取得利润，普鲁东并没有了解当中的秘密。假设 100 顶帽子的生产价格是 115 镑，这个生产价格又偶然和帽的价值相一致，那就是，生产帽子的资本构成，有社会的平均构成。如果利润＝15％，帽制造业者会由此实现 15 镑的利润，他就会依照 115 镑的价值，把商品出卖。这种商品费他 100 镑。如果他是用他自己的资本生产，他就会把 15 镑的余额，完全收到钱袋里去；如果他用借来的资本生产，他也许要用当中的 5 镑当作利息来支付。那决不会影响帽的价值，不过会影响已在商品内包含的剩余价值在不同诸人间的分配。如果帽的价值不会因支付利息而变更，则蒲鲁东以下的说话，就等于胡说了。他说：“因为在商业上，资本的利息会加到劳动者的工资上，以合成商品价格，所以劳动者无论如何不能购回他自己的劳动的生产物。自食其力（Vivre en travaillant）这个原则，在利息的支配下，包含着一个矛盾。”① （105 页）

由下一种叙述，可知蒲鲁东对于资本的本质，是很少理解的。在这种叙述内，他把资本的运动一般，视为是生息资本所特有的运动。他说：“货币资本，由交换到交换，会依利息的蓄积，不断流回到它的源泉去，所以，那会不断由同一的人再贷放，并不断为同一的人带回利益来”。（薄鲁东书简 1849 年 12 月 31 日前书第 154 页）

这样，在生息资本所特有的运动中，有什么使他觉得谜一样不能解决呢？那是这几个范畴：购买，价格，对象物的让渡，以及剩余价值在这场合所依以表现的直接形态。总之，是这一种现象，即在这场合，资本会变成资本商品，以致售卖会变成贷放，

---

① 照蒲鲁东说，“一个房屋”“货币”等，不应当作“资本贷放”，只应“依照成本价格，……当作商品”让渡。（第 43、44 页）路德的观点，较蒲鲁东略高一着。他至少知道，利润的赚取，无关于贷放或买卖的形态。“他们会把购买化为高利贷。但这真不是一口咬得下去的。我们必须先从一点，即从贷放的高利贷业着手，待我们把一点做成以后（在最终审判日之后），我们再把论锋，向着购买上的高利贷罢！”（路德《反高利贷，致僧侣书》威谷堡1549 年）

价格会变成利润的一份。

资本复归到它的出发点的现象，一般说，乃是资本在其总循环内的特征运动。这并不是生息资本所特有的。可以说是生息资本的特征的，毋宁说是它的外部的复归形态，因为它的复归，是与当作媒介的循环相分离的。贷放的资本家，把他的资本放弃让渡给产业资本家，不得任何的等价。这种放弃，一般说，不是资本现实循环过程中的行为，它不过引起那由产业资本家实行的循环。货币的第一次换位，不代表形态变化中的任何行为，不代表买，也不代表卖。所有权是不会让渡的，因为这当中没有交换发生，也没有等价物交付。货币固然会由产业资本家的手，流回到贷放资本家手里来，但这种复归，不过补足以前的贷放资本的行为。这种资本，是在货币形态上垫支的，也在货币形态上，从循环过程，再回到产业资本家手里。但因资本在支出时原非他所有，故在流回时也不是归他所有。通过再生产过程的事实，不能使资本变为他的所有。他必须把这个资本归还贷放者。第一次支出，是资本由贷者手里移转到借者手里，这是一种法律上的行为，那与资本的现实的再生产过程无关，不过把这个过程引导出来。其付还——那就是把流回的资本，由借者手里，移转到贷者手里——是第二次的法律行为，是第一次法律行为的补足。其一，把现实的过程引导出来；其他乃发生在现实的过程之后。贷放资本的出发点和归着点，放出和收回，表现为任意的以法律行为为媒介的运动；这种法律行为是发生在现实运动之前和其后，而与现实运动无关的。就现实的运动而言，即令资本自始就是产业资本家所有的，并当作他的所有物流回来，也是全然没有关系的。

在第一个引导的行为中，贷者以其资本让给借者。在第二个结束的行为中，借者以资本归还给贷者。在我们仅讨论此二者间的行为时——暂把利息存而不论——那就是仅考察贷放资本在贷者和借者间的运动，这个运动全部，就是由这两种行为（这两种行为，由一个或长或短的时间分离开，资本的现实的再生产运动，就是在这个时间内进行的）构成。而这个运动——以付还为条件的付出——一般说，便是贷借的运动，更是货币或商品附有条件让渡的特殊形态。

　　资本一般的特征运动——即货币复归到资本家，资本复归到它的出发点的运动——在生息资本的场合，取得一个全然外部的与现实运动相分离的姿态。A 把他的货币放出时，他不是把货币当作货币，乃是把货币当作资本。在这场合，没有资本的变化发生。它不过换一下手。它会实际转化为资本，但这种转化，是到 B 手里才实行的。对于 A，只要它被交付到 B 手上，它就成了资本了。资本由生产过程和流通过程实际流回，是只在 B 手里发生的。对于 A，流回与放出，是采取相同的形态。它会由 B 手里，再流回到 A 手里。放出，在一定期间内把货币贷出，然后取回，并附带得到利息（剩余价值），便是生息资本的运动的全部形态。贷放货币当作资本的现实运动，不属于贷者借者间的行为。在这种行为上，媒介是消灭了，看不见了，不直接包含在其内。资本，当作一种特别的商品，也有一种特别的让渡方法。故在这场合，它的流回，不是某系列经济过程的结果，却是买者卖者间一种特别法律契约的结果。资本流回的时期，原系定于再生产过程的进行。但就生息资本说，它（当作资本的它）的流回，却好像定于贷者借者间的合意。就这种交易的关系而言，资本的归流，好像不是由生产过程决定的，却好像决不致把贷放资本的货币形态剥夺。不错的，这种交易，实际上仍由现实的归流决定。但这个情形，并不显现在这种交易上面。而实地的情形，也不常常如此。如果现实的归流不能在适当的时候发生，借者就必须考虑，有什么别的补助资源，可用来应付他对贷者的义务。资本之单纯的形态——那就是货币，它当作 A 额投下，经过一定时间后，会不经别的媒介，单凭这种时间的空隔，而当作 $A+\frac{1}{x}A$ 额流回来——不过是现实资本运动的无概念的形态。

在资本之现实的运动内，资本的归流是流通过程的一个阶段。先是货币转化为生产手段；生产过程把它转化为商品；由商品的售卖，它在货币形态上流回到资本家手中。资本原来是由他在货币形态上垫支的。但就生息资本说，归流和放出一样是一种法律行为——资本所有者和第二者间的法律行为——的结果。我们仅看见放出和付还。而在这当中发生的一切，都消灭不见了。

但因当作资本垫支的货币，有一种特性，会流回到把它当作资本支出的垫支者手中，因为 G—W—G′ 是资本运动的内在形态，所以货币所有者能把货币，当作资本——它有一种特性，可以流回到它的出发点，并在它所通过的运动中，当作会保存并且会增殖的价值——来贷放。他把它当作资本放出，因为它当作资本利用之后，会流回到它的出发点，从而，在一定时期之后，会由借者归还到贷者手里（这是因为它会流回到借者自己手里）。

货币当作资本的贷放——它的贷放是以一定时期后归还为条件——有一个前提，货币实际当作资本来利用，实际流回到它的出发点。货币当作资本的现实循环运动，乃是这一种法律行为的前提，依照这种法律行为，借者是必须把货币还给贷者的。如果借者不把这个货币当作资本支出，那是他自己的事情。贷者是把货币当作资本放出的，它也就以这个资格，实行它的资本机能，这种机能包括货币资本的循环，以至它在货币形态上流回到它的出发点。

流通行为 G—W 和 W—G′——一定的价值额，就是在 G—W

和 W—G′ 的流通行为中，当作货币或商品来发挥机能的——不过是媒介的过程，不过是它的总运动的个别阶段。当作资本，它会通过总运动 G—G′。它当作货币或某形态的价值额垫支出去，并当作价值额流回来。货币的贷放者，不把它支出在商品的购买上（如果这个价值额是在商品形态上存在），也不把它为交换货币而售卖，却把这个价值额当作资本，当作 G-G′，当作在一定期限内会流回到出发点的价值，来垫支。那就是，不买也不卖，但贷放。所以，贷放这个形态，正好与当作资本不当作货币或商品来让渡的事实相照应。当然，在与资本主义再生产过程毫无关系的诸种交易上，也不是绝对不能有贷放这一回事。

*　　*　　*

以上我们仅讨论贷放资本在其所有者与产业资本家间的运动。现在我们要研究利息。

贷放者把他的货币当作资本来支出；他所让渡于人的价值额，是资本，所以会流回到他手里。但若单是流回，那就不是当作资本贷放的价值额的归流，只是贷放价值额的归还了。垫支的价值额如要当作资本流回，不仅须在运动中把自身保存，且须增殖，把它的价值量增大，须带着剩余价值，当作 G+ΔG 流回来。在这里，ΔG 是利息，是平均利润的一部分。这一部分不保留在机能资本家手里，却归到货币资本家手里。

它当作资本而由他支出的事实，包含如下的事实，即，它必须当作 G+ΔG 归回来。还有一个形态，在这个形态上，利息会按期在所经的时间内流回来，但资本不待一个长时期经过之后，是不会付还的。对于这个形态，我们以后还要详加讨论。

货币资本家所给于借者（产业资本家）的，是什么呢？他在事实上让渡给他的，是什么呢？使货币的贷放，成为货币资本的让渡，成为资本商品的让渡的，就只是这种让渡的行为。

只因有这种让渡行为，所以资本会由货币贷放者当作商品来贷放，他所支配的商品，会当作资本来转移给第三者。

在普通的售卖上，所让渡的究是什么呢？那不是所售商品的价值，因为那不过把形态变更罢了。在它实际在货币形态上移转到卖者手中以前，它不过观念地，当作价格，存在商品中。在这场合，同一的价值和同一的价值量，不过改变形态而已。在一场合，它是在商品形态上存在；在他一场合，它是在货币形态上存在。售卖者实际让渡的，并移供购买者个人消费或生产消费的，是商品的使用价值，是当作使用价值的商品。

货币资本家在贷放时间让渡并移转给借者（即生产资本家）的使用价值是什么呢？这是货币所有的使用价值；当货币转化为资本时，它能当作资本用，并能在其运动中，除保存它原来的价值量外，还会生出一定的剩余价值即平均利润。（在这里，落在其上或其下，都只是偶然的。）就其余的商品说，使用价值会在最后被消费，商品的实体以及它的价值，也会随着消灭。但资本商品有一种特性是，它的使用价值的消费，不仅会保存并且会增加它的价值和它的使用价值。

货币资本家在一定期间内，把他对于所贷资本的支配权让渡于产业资本家，在这期间内，由货币资本家交付到产业资本家手里的，就是货币当作资本的使用价值——即生产平均利润的能力。

就它对产业资本家的关系来说，这样贷放的货币，和劳动力有几分类似的地方。不过，劳动力的价值是他支付的，贷放资本的价值却是他付还的。就产业资本家而言，劳动力的使用价值，是由这一点成立；即，当它被使用时，它所生产的价值，会比它自身所有的价值，比它所费的价值更多，即生产利润。这个价值余额，便是它对于产业资本家的使用价值。同样，贷放的货币资本的使用价值，也表现为保存价值和增值价值的能力。

货币资本家在事实上让渡了一个使用价值，也就因此，所以它所让渡的东西，是当作商品来让渡。它和商品的类似性，也就是在这个限度内完成的。第一，它是一个价值，会由一个人移转到别个人。就单纯的商品即当作商品的商品来说，保留在买者手里和卖者手里的，是相同的价值，不过其形态不同；他们二者所有的价值，在让渡（一个在商品形态上让渡，一个在货币形态上让渡）之前，是和在让渡之后一样。差别是在这一点；即，就货币资本家的贷放而言，只有一个人会在这种行为上，把价值让渡；他是由未来的付还，来把它保存。在贷放上面，只有一方受得价值，因为只有一方把价值让渡。——第二，那也是一方面让渡现实的使用价值，别一方面受到现实的使用价值，并使用它。但与普通商品有一种区别是，这个使用价值本身就是价值，是货币当作资本使用所提供的价值超过额，即超过原价值量的余额。利润就是这个使用价值。

所贷货币的使用价值，是：它能够当作资本用，并以这个资格，在平均条件下，生产平均利润①。

然则，产业资本家所支付的，是什么；从而，贷放资本的价格又是什么呢？照马希（Massie）说来，人们为要使用他们借来的东西，必须支付利息，这种利息便是它所能生产的利润的一部

----

① "取息是否公道的问题，不取决于他赚得利润与否的问题，乃取决于适当运用时能否赚到利润的问题。"（《论自然利息率的支配原因》，并附论配第十和洛克先生关于这个问题的观感伦敦 1750 年第 49 页。这个匿名氏著作的著者，就是马希。）

分（《论自然的利息率》第 49 页）①。

普通商品购买者所购买的，是商品的使用价值；他所支付的，是商品的价值。货币借者所购买的，是货币当作资本的使用价值；但他是支付什么呢？就别的商品说，是它的价值或价格。在这场合，那当然不是。在贷者与借者之间，不像在买者与卖者之间一样，会发生价值的形态变化（在有这种形态变化之际，价值在一方面是存在货币形态上，在别一方面是存在商品形态上）。放出的价值和付还的价值之同一性，在这里，是依完全不同的方法表现的。价值额——货币——在支出时，不会收入任何的等价，不过会在一定时间之后付回来。贷者常常是该项价值的所有者；即在这个价值从他手里移转到借者手里以后，也是如此。在单纯的商品交换上，货币是不断在买者方面；但在贷放的场合，货币却是在卖者方面。把货币在一定期间内让渡的，便是资本的售卖者；而把货币当作商品来受得的，便是资本的买者。但必须货币当作资本，并这样垫支，这种情形方才是可能的。借者把货币当作资本，当作自行增殖的价值，把它借进来。但和每一个在出发点上的资本一样，必须到它被垫支的时候，它方才是资本自体。必须由使用，它才会把它自己增殖，把自己当作资本来实现。但借者必须把它当作已经实现的资本，当作价值加剩余价值（利息）来付还；利息也只能是他所实现的利润的一部分。只是一部分，不是全部。因为，它对于借者的使用价值，不过是为他生产利润。如果不是这样，贷者方面就未曾让渡任何的使用价值了。反之，也不能使全部利润归于借者。如果不是这样，他对于这种使用价值的让渡，就不会支付一点什么了，他把垫支的货币

① "富人，不亲自使用货币……但把它租给别人去赚利润，但以所有者的资格，取得所赚利润的一部。"（前书第 23、24 页）

付还贷者时，就是把它当作单纯的货币，不是当作资本，不是当作已经实现的资本了。因为，必须是 $C+\Delta G$，它方才是已经实现的资本。

贷者与借者把同一的货币额，当作资本支出。但在后者手里，它才当作资本发生机能。同一个货币额，对于两个人，取得了两重的资本资格，但利润不会由此，便二重化。它所以能在二人手里当作资本发生机能，仅由于利润的分割。归于贷者的那一部分利润，就叫做利息。

依照我们的前提，这全部交易是发生在两类资本家之间，一方面是货币资本家，一方面是产业的或商业的资本家。

决不要忘记，在这里，资本是当作资本商品，或者说，这里考察的商品，乃是资本。在这里显现的一切关系，如从单纯商品的观点看，是不合理的，从资本（在再生产过程上，当作商品资本的资本）的观点看，也是不合理的。贷与借（不是卖与买）的区别，在这里，是由这种商品——即资本——的特殊性质唤起的。而在这里支付的，也是利息，不是商品价格。如果我们把利息称为货币资本的价格，那便是一种不合理的价格形态，是与商品价格的概念完全矛盾的①。在这里，价格被还原为它的纯粹抽象的无内容的形态，是一定的为某种使用价值物而支付的货币额。反之，依照价格的概念，则所谓价格，是这个使用价值的用货币表现的价值。

把利息当作是资本的价格，根本是一个不合理的表现。在这里，一个商品有了两重的价值，一个是价值，一个是和这个价值

---

① "价值一辞，用到通货上来，有三种意义。……第二，是就实际保有的通货和那会在未来某日进来的同额通货相比较说的。在这场合，通货的价值，是由利息率尺度的。利息率是由贷放资本额和它的需要的比例决定的。"（托伦斯上校著《1844 年银行特许条例的作用》第 2 版 1847 年第 5 页以下）

有区别的价格。实则，价格不外是价值的货币表现。货币资本原不过是一个货币额，或是当作一个货币额固定着的定额商品的价值。如果是商品当作资本贷放，这个商品也不外是一个货币额的扮装的形态。因为，当作资本贷放的东西，不是若干磅棉花，乃是若干货币，在棉花形态上，当作棉花的价值存在的。所以资本的价格，即令不是指托伦斯所说（见 P367 的①）那样的通货的价格，也是指一个货币额的价格的。一个价值额，怎样能在它的价格（表现在它自身的货币形态上的）之外，再有价格呢？价格就是商品的价值（市场价格也是可以这样说的，它与价值的差，不是质的，只是量的，因为它只是指示价值的量），仅与使用价值有别。在性质上与价值有别的价格，乃是一个不合理的矛盾①。

　　资本表现为资本，即赖有它的价值增殖。它的价值增殖的程度，表现了资本实现其资本资格之量的程度。它所生产的剩余价值或利润——其比率或其分量——必须与垫支资本的价值比较，方才可以测量。所以，生息资本的价值增殖程度，也必须以利息额（即总利润的归作利息的部分）和垫支资本的价值相比较，方才可以测量。所以，价格表现商品的价值，利息则表现货币资本的价值增殖，表现为贷者由此得到的价格。由此可知，像蒲鲁东那样，把货币所促成的交换（即买与卖）的单纯关系径自拿来运用，是一件何等不合理的事体。在这里，我们的根本前提是：货币当作资本发挥机能，从而，可以当作资本自体（Kapital an sich），当作可能的资本移转到第三者手里。

———————————

① "货币价值或通货价值这个名词，如果像实际那样，不加区别地混用，它是有两重意义的：它或是指商品的交换价值，或是指资本的使用价值。这种暧昧，是一个不断的混乱的源泉。"（杜克《通货原理研究》第 77 页）但主要的混乱（这个问题本身所包含的）——这种价值（即利息）被视为资本的使用价值——是杜克所未看到的。

在这场合，资本仅在如下的场合表现为商品：那就是提供到市场上来，并把货币的当作资本的使用价值，实际让渡。但它的使用价值是生出利润。当作资本用，货币或商品的价值所由以决定的，不是当作货币或商品用，它有多少价值，乃是它会为所有者生产多少剩余价值。资本的生产物就是利润。在资本主义生产的基础上，它是当作货币支出还是当作资本垫支，那只是货币的用途的不同。像劳动力是可能的资本一样，货币或商品也是资本自体，是可能的资本。因为（1）货币可以转化为生产要素，而在这限度内，它只是生产要素的抽象的表现，只是生产要素的价值存在；（2）财富的物质要素有一种特性，它随时是可能的资本，因为它的对立的补充物——即工资劳动，它使财富的物质要素成为资本——在资本主义生产的基础上，是随时存在着的。

物质财富之对立的社会的性质（它和工资劳动的对立性），和生产过程分开来考察，就已经表现在资本所有权上了。这一个事实，——它是资本主义生产过程的不断的结果，并且当作它的不断的结果，它还是它的不断的前提——如果从这个生产过程分开来考察，将会表现成为这个样子：即货币和商品都是资本自体，是潜在的可能的资本，故能当作资本来售卖，并在这个形态上，成为支配他人劳动的权力，成为榨取他人劳动的权证，所以是一个会自行增殖的价值。在这里，又很明白，这种关系，是占有他人劳动的权证和手段，决不是资本家方面的当作对当价值的劳动。

再者，利润的分割（分割为利息和真正的利润）和商品的市场价格一样是由需要和供给，换言之，是由竞争所规制，在这限度内，资本又表现为商品了。但在这里，差别点是和类似点一样明白的。如果需要与供给恰好相抵，商品的市场价格即与其生产价格相合。那就是，它的价格，好像是由资本主义生产的内在法则支配，而与竞争无关一样，因为需要与供给的变动，不过说明市场价格和生产价格的差异——这种差异，会互相抵消，所以，在相当长的期间内，平均市场价格会和生产价格相等。当需要与供给互相抵消时，这诸种力的作用也将互相抵消；价格决定的一般法则，也就成了个别场合适用的法则。这样，市场价格，即在其直接存在上，不只当作市场价格的运动的平均，也必然与生产价格（由这个生产方法的内在法则支配的生产价格）相等。工资也是这样。如果需要与供给恰好相抵，它们就会互相把作用冲销，从而使工资与劳动力的价值相等。但货币资本的利息不是这样。在这场合，竞争不是决定法则以外的差异；实则，在竞争的法则之外，就再没有利润分割的法则；因为我们进一步会知道，根本就没有所谓"自然"利息率。人们所谓自然利息率，也许就是由自由竞争决定的利息率。利息率并没有"自然的"限界。在竞争不仅决定差异和变动的地方，换言之，在对立诸势力互相均衡，则一切决定作用停止的地方，那要决定的事物，就其自体说，就是毫无法则性的，任意的。关于这点，我们将在次章进一步加以讨论。

在生息资本的场合，一切都表现为表面的：资本的垫支，不过表现为资本由贷者到借者的移转；已经实现的资本的流回，不过表现为资本和利息由借者到贷者的移还或付还。下面讲的那种决定，虽是内在于资本主义生产方法之内的，但也是这样：即，利润率不仅由一个周转赚得的利润对垫支资本价值的比例来决定，并且由这个周转时间的长短来决定，那就是表现为产业资本在一定时期内提供的利润。在生息资本的场合，这也表现为完全表面的，即表现为一定额的利息，会在一定时期内付于贷者。

浪漫的亚当·米勒（Adam Müller）在其所著《政治要义》（柏林1839年第138页）中，会以他常有的对于事物内部关联的洞察力说："在物品价格的决定上，时间是无须考虑的；在利息的决定上，则主要须考察时间。"他没有看到，在商品价格的决定上，生产时间和流通时间，会怎样参加；他也没有看到，一个资本周转时间的利润率，正是由生产时间和流通时间决定；而利息的决定，又以一定期间内利润的决定为准。在这点是和在其他各点一样，他的洞察力不外是检拾表面上的尘埃，大胆地把这个尘埃认为充满神秘的，重要的东西。

# 第二十二章

# 『自然的利息率』利润的分割利息率

这一章的对象，和一切留待后来考察的信用现象，都不能在这里详加研究。贷者和借者间的竞争及由此发生的金融市场的短期的变动，是不在我们的考察范围之内的。利息率在产业循环中通过的循环如要说明，必须先把产业循环说明，那也不能在这里说明的。利息率在世界市场上，大体会近于平均化，这一点也不能在这里说明的。我们在这里只要分析生息资本之独立的姿态，说明利息（与利润相对而言）的独立化。

因为利息只是利润的一部分，依照我们以前的假设，那是由产业资本家付于货币资本家的。利息的最高限，是利润本身；在这场合，机能资本家所卷去的部分，将等于零，在个个的情形下，利息可以在事实上比利润更大，从而不能由利润支付，但除这种个个的情形不说，我们或可认为，利息的最高限是全部利润减去那化为监督工资的部分，这一部分是我们后来要说明的。利息的最低限，是全然不能限定的。它可以落下到无限的低。但总会有对立的事情发生作用，并使它再提高到相对的最低限度之上。

"为使用一个资本而支付的数额和这个资本自身的比例，表示利息率，那是由货币测量的。" "利息率第一取决于利润率，第二取决于总利润在贷者和借者间的分割比例。"（《经济学界》1853 年 1 月 22 日第 89 页）"因为，为使用所借物而支付的利息，是所借物所能生产的利润的一部分，所以这个利息常须由利润支配。"（马希前书伦敦 1750 年第 49 页）

我们且假设，在总利润和必须当作利息付给货币资本家的利润部分之间，存有一个固定的比例。这样，很明白，利息是随总利润一同涨落的，这个总利润是由一般利润率和它的变动来决定的。例如，如平均利润率为二分，利息等于利润的四分之一，则利息率为五厘；如果利润率为一分六厘，利息率即为四厘。在利润率为二分时，利息可以提高到八厘；因为，这时产业资本家所获的利润，和利润率为一分六厘，利息率为四厘时，刚好一样，都是一分二厘。假设利息仅涨至六厘或七厘，他还会在利润中，占取更大的部分。如果利息等于平均利润的固定部分，我们就可断言，在一般利润率提高时总利润和利息之间的绝对的差额会增加，机能资本家在总利润中占取的部分也会增加；反之亦然。假设利息等于平均利润的 $\frac{1}{5}$。10 的 $\frac{1}{5}$ 是 2；总利润与利息之间的差额是 8。20 的 $\frac{1}{5}$ 是 4；20 与 4 的差额是 16。25 的 $\frac{1}{5}$ 是 5；25 与 5 的差额是 20。30 的 $\frac{1}{5}$ 是 6；30 与 6 的差额是 24。35 的 $\frac{1}{5}$ 是 7，35 与 7 的差额是 28。四厘，五厘，六厘，七厘，是不等的利息率，但这几个利息率都代表总利润的 $\frac{1}{5}$ 或 20%。所以，如果利润率不等，则不等的利息率可以在总利润中代表相等的可除部分，或相等的百分比部分。在利息所占的比例不变时，一般利润率越是高，则产业利润（总利润与利息之间的差额）越是大；反之亦然。

假设一切其他的事情相等，换言之，假设利息和总利润的比例为相当不变的，机能资本家就将比例于利润率的水准，而能支付并愿支付较高的或较低的利息①。因为我们知道，利润率的水准与资本主义生产发展的程度成反比例，所以我们可以断言，一国利息率的高低，在利息率的差别，实际表示利润率的差别的限度内（我们以后会知道，情形并不常常是这样），是与产业发展的程度成反比例。在这意义上，我们可以说，利息是由利润调节，更精确一点说，是由一般利润率调节。这种调节利息的方法，对于利息平均也是适用的。

无论如何，平均利润率，可以认为是利息最后决定的最高限界。

利息与平均利润相关联的事情，我们将立即加以考察。把利润当作一个总数，而把它分归两造时，第一件要考虑的事情，自然是这个被分配的总量，而利润量又是由平均利润率决定的。假设定额资本 100 的一般利润率及利润量为已定的，利息的变动，自然和那仍留在机能资本家（借资营业的资本家）手中的利润部分的变动，成反比例。而待分配的利润量（即无给劳动的价值生产物）所依以决定的事情，和利润在这两类资本家间的分配所依以决定的事情，是极不相同的，且往往依相反的方向发生作用②。如果我们考察周转循环——近代产业就是在这种循环内运动的，那包括稳定，起色，繁荣，生产过剩，恐慌，停滞，稳定等，其进一步分析是不在我们分析的范围以内的——我们将会发觉，在多数场合，低利息率是与繁荣时期或有额外利润的时期相

---

① "自然利息率是由营业的利润决定的。"（马希前书第 57 页）

② 在这里，原稿上有这样的注解："这一章的进行，说明了，在研究利润分割的法则之前，不如先研究，怎样一种量的分割，会转成一种质的分割。为要从前章移到这一点，我们只须假定，利息是利润的一个不定部分。"——F. E.

伴而起的，利息的腾起则与由繁荣到衰落的过渡时期相伴而起的，利息的最高度乃至最异常的高利贷，则与恐慌时期相伴而起的①。1843 年夏是一个异常繁荣的时期；利息率在 1842 年春仍为 $4\frac{1}{2}$%，至 1843 年春夏，减为 2%②；在九月，甚至降为 $1\frac{1}{2}$%（居尔巴特《银行实务论》第五版伦敦 1849 年第一卷第 166 页）。在 1847 年恐慌中，却会涨至 8% 以上。

但在停滞时期也可有较低的利息，而在有起色的时期，也可有相当高的利息。

在恐慌期中，为要应付各种付款，不得不以任何代价，把货币借进。因为利息提高与有价证券价格的下落相照应，所以，对于有可用货币资本的人，是一个很好的机会，他们可以利用这个机会，而用低得可笑的价格，把这种有息的证券购进。这种有息证券，在常规的进行中，会在利息再下落时，至少，再回复它的平均价格③。

不过，把利润率的变动除开不说，利息率仍有向下落的趋势。这主要由于两个原因：

（1）"我们且假设资本只为生产的用途而借，但虽如此，在总利润率无任何变化时，利息率仍然可以变化的。因为，一个民

---

① "在第一个时期，即不景气时期后的那个时期，货币丰饶而无投机；在第二个时期，货币丰饶，而投机旺畅；在第三个时期，投机转弱，货币感到需要；在第四个时期，货币稀少。不景气开始了。"（居尔巴特前书第 1 卷第 149 页）

② 杜克关于这点，是这样解释的：会有剩余资本蓄积起来（因为在前几年，资本的有利用途感到缺乏），会有贮藏的货币游离出来。而对商业发展的信任心又会恢复。（《1839 年至 1847 年的物价史》伦敦 1848 年第 54 页）

③ "有一个银行业者的老顾客，申请以二十万镑债券为抵押而借款，但被拒绝了；当他止支付的意旨透露出来时，他被劝告无须采此步骤，因为银行家将以十五万镑的代价，购买这种债券。"（汇兑理论：《1844 年的银行特许法》伦敦 1864 年第 80 页）

族越是在财富的发展上进步，就越会发生一个阶级的人，他们由他们的祖先的劳动，获得了一个基金，可以赖这个基金的利息来生活。还有许多人，他们会在青年期壮年期积极经营事业，现今年老了，隐退下来，安静的，靠蓄积金的利息来生活。这两个阶级，在国家财富增进时，都有益益增加的趋势。因为，已有相当资本的人，比那些少有资本的人，自然更容易获得独立的资产！所以，与新开辟而贫穷的国家比较，在旧而富有的国家，国家资本中那非由所有者自行运用的部分，将会在社会总生产资本中，占较大的比例。在英吉利，食利者怎样会不这样多呢！而食利者阶级越是增加，则资本贷放者的人数也越是增加，因二者实在是同一的。"（兰塞《财富分配论》爱丁堡1836年第201、202页）

（2）信用制度的发展，及伴着不断发展的产业家和商人对社会各阶级货币节蓄的支配权（那是以银行为媒介的），以及货币节蓄益益累积成为大量，俾能当作货币资本运用的事实，也会把利息率压下。关于这一点，我们将在以后详细论到。

关于利息率的决定，兰塞说："它有一部分取决于总利润率，一部分取决于它分为利息和企业利益的比例。这个比例又取决于资本贷者和借者间的竞争；这种竞争，也会受影响于预想的总利润率，但不专受其调节①。其所以如此，一方面是因为有许多人借钱，不是为求生产的投资；另一方面，是因为总贷放资本的量，会与国富一同变化，而与总利润的变化无关。"（兰塞前书第206、207页）

为要发现平均利息率，第一，我们必须计算在大产业循环中，利息率在其变动中会形成怎样的平均；第二，我们必须发

---

① 因为大体说，利息率是由平均利润率决定的。所以，异常的欺诈，往往和低利息率相结合。1844年夏间的铁路诈欺，就是一个例。英格兰银行的利息率，到1844年10月16日，才提高到三厘。

现，在资本必须长期贷放的用途上，利息率是怎样。

在一个国家内支配的平均利息率——那与不断变动的市场利息率相区别——不能由任何法则决定。经济学者说有自然利润率和自然工资率，但这个意义上的自然利息率，是没有的。在这点，马希的说话（见《支配自然利息率的诸种原因》伦敦 1750年第 49 页），是完全确当的；他说："在这个地方，我们只能有一点疑问是：为公道起见，在这个利润中，有怎样大的部分应属于借者，怎样大的部分应属于贷者。其决定只能由借者贷者两方面的意见。因为，这点上面的曲直，乃是由一般的承认造成的。"供求的平衡——假设平均利润率为已定的——在这里，不表示任何的意思。在这个公式另有用处并成为实地上正确的地方，它的用处，是发现一个与竞争相独立的宁可说会决定竞争的基本原则（即支配的限界或限界量）。这个公式特别对于这种人有用处，这种人拘泥于竞争实际和竞争现象及由此发生的概念，并要皮毛的，把握那表现在竞争内的经济关系内部关联。这个方法，是由竞争所伴起的变象，达到变象的限界的。但就平均利息率而言，却不是这样。我们没有理由，可以说明，中位的竞争关系，即贷者与借者间的均衡，为什么能为贷者确保资本三厘、四厘、五厘那样的利息率，或者说，在总利润中为他确保一定的百分比部分，例如 20% 或 50%。在这里，竞争是有决定力的，但它的决定，就其自体说，仍是偶然的，纯粹经验的，只有眩学的和狂妄的人，会把这种偶然性，当作必然性来说明①。在国会 1857 年、1858 年关于银行法，及商业恐慌的报告中，载有英格兰银行理事伦敦银行家，地方银行家，职业的学者等关于"实际利息率"所发的种种言论。听听这种言论，是再有味没有的。他们的见解，从不会超出这一类平凡的论调：如"所付于贷放资本的价格，是与这种资本的供给同变化的"，"高的利息率与低的利润率是不能在长期间并存的"，以及其他同样平凡的论调②。在中位，利息率的决定上，习惯和法律的传习等，是和竞争一样有作用，如果这所谓中位利息率不仅当作一个平均数，还当作一个现实的量。中位的利息率，必须已经在许多计算利息的诉讼上，被视为合法的。现在，如果我们进一步问，为什么中位利息率的限界，不能由一般法则演绎出来，我们就简单答说，这是因为利息率的性质如此。它不过是平均利润的一部分。同一个资本，在这里，是以两种的资格出现，一方面它是在贷者手中，当作可以贷放的资本，他方面，它又在机能资本家手中，当作产业资本或商

---

① 例如，阿浦戴克（J. G. Opdyke）在其所著《经济学原论》（纽约 1851 年），曾极其谬误地，要由永远的法则，说明五厘利息率的普遍化。安特（Karl Arnd）在其所著《与独占精神和共产主义相对立的自然的国民经济学》（哈诺 1845 年），还更素朴地，这样尝试过。他说："在货物生产的自然进行中，只有一个现象，似乎决定会在一个已充分开殖的国家，相当地，调节利息率；那就是，欧洲诸森林的木材量依逐年新生树木而增加的比例。这种新生树木的发生，与其交换价值毫无关系（何等滑稽啊，树木的新生，竟与其交换价值毫无关系！），每百株会新生三株或四株。所以，照这样看（因为，木材的交换价值虽甚依存于木材的新生量，但树木的新生量，是与木材的交换价值无关），即在最富的国家，也不能期望利息率降到现在的水准以下。"（第 124 页）这应当说是"本来的森林利息率"。这个发现者，在该书，对"我们的科学"的贡献，是和"大税哲学家"的贡献一样。

② 英格兰银行会依照金的流出和流入，而提高贴现率，当然它也会常常顾公开到市场上支配的贴现率。"因此，汇票贴现的投机，即预料银行率变动的行为，现在已成为金融中心（即伦敦货币市场）巨头的一半业务了。"（《汇兑理论》第 113 页）

业资本。但它只发生一度的机能，也仅生产一度的利润。在生产过程之内，资本之贷放资本的资格，是完全没有作用的。这种利润怎样在二当事人间分割（对于这种利润，他们都有请求权），就其自体说，是和一个股份公司的共同利润怎样以诸百分比部分在各股友间分割一样，纯然是经验的偶然的事实。在剩余价值和劳动工资的分割（在本质上，利润率的决定，就是以这种分割为基础的）上，有两个完全不同的要素，劳动力与资本，参加了决定的作用；这是两个互相独立但互为限界的可变数之函数。所生产的价值之量的分割，乃是由二者的质的差别引起的。我们以后还会知道在剩余价值分割为地租和利润的分割上，也是这样。但在利息上面，却不是这样。在这场合，我们将会知道，质的差别，乃是由同一剩余价值之纯粹量的分割，引起的。

由以上所说，可知并无所谓"自然"利息率。就一方面说，中位利息率或平均利息率（即与不断变动的市场利息率相异）不能由任何一般法则把它的限界决定（因为这当中的问题，不过是总利润怎样在不同的名义下，在两个资本所有者间分配），固与一般利润率相反，就他方面说，利息率（或是中位的利息率或是个别的市场利息率），表现为一个一致的确定的明白的量①，也和一般利润率不同。

利息率对利润率的关系，和商品市场价格对商品价值的关系相似。在利息率由利润率决定的限度内，那也是由一般利润率决定，不是由特殊利润率（在特殊产业部门支配的特殊利润率）决定，更不是由额外利润（某个别资本家在特殊营业部门内赚得

---

① "商品的价格是不断变动的；它们被决定用在不同的诸种用途上；货币则可在每一用途上使用。商品，即使属于相同的种类，也是品质上相异的；现金则常有相同的价值。或被假定有相同的价值。所以，用利息这个名词指示的货币的价格，要比任何别的物品的价格，有较大的固定性和划一性。"（斯杜亚《经济学原理法》译本 1789 年第 4 篇第 27 页）

的额外利润）决定①。所以，在事实上，一般利润率会在平均利息率上再表现为经验的所与的事实，但后者不是前者的纯粹的可靠的表现。

不错的，利息率将视借者所提供的担保品的种类，视贷放的时间，而不断发生差别。但就每一种担保品说，利息率总会在一定的瞬间成为一致的。所以虽有这种差别，利息率仍不妨有固定的一致的姿态②。

---

① "这个分割利润的法则，不适用于个个的贷者和借者。但适用于贷者和借者一般。特别高的和特别小的利益，乃是熟练的和缺乏理解力的报酬，那是和贷者一般没有关系的。贷者不能因此而受害，也不能因彼而受益。我们就同业务诸个人所说的话，也适用于不同种的业务。设有某种营业的商人营业家，可以由他借人的资本，比同国内别的商人营业家，获得普通利润以上的利润，这种额外的利润就是他们的，虽然那只须有普通的熟练和理解力。这种额外的利润，绝非属于那供给他们以货币的贷者的。……贷者贷放货币的条件，并未低在一般利息率之下；所以，无论从他们的货币生出若何利益来，他们都不能在一般利息率之上，再得到什么。"（马希前书伦敦1750年第50、51页）

② 银行率（英格兰银行贴现率）       5%

市场贴现率（公开市场贴现率）60日期汇票    $3\frac{5}{8}$%

同上3月期汇票    $3\frac{1}{2}$%

同上6月期汇票    $3\frac{5}{16}$%

汇兑经纪人借款逐日    1%—2%

同上逐周    3%

最近证券经纪人2星期贷款利率    $4\frac{3}{4}$%—5%

存款利息（银行）    $3\frac{1}{2}$%

同上（贴现钱壮）    3%—$3\frac{1}{4}$%

同一日间能有怎样大的差别，可由伦敦货币市场1889年12月9日利息率表而知。这个表是由12月10日"每日新闻"本市新闻栏内采录的。最低率为1%，最高率为5%。——F. E.

在每一个国家，中位利息率都会在长期间，表现为一个不变的量，因为一般利润率——特殊利润率会不断变动的，但一个部门的变动，会被别一个部门的相反的变动所抵消——只会在长期间内变动。它的相对的不变性，表现为中位利息率（平均的或普通的利息率）的相当的不变性。

即就不断变动的市场利息率而言，那在每一瞬间，也是确定的量，和商品的市场价格一样：因为，在货币市场上，一切可贷放的资本，是当作一个总额，而不断与机能资本相对待的，所以，可贷放的资本的供给与其需要的比例，随便在什么时候，都会决定利息的市场标准。信用制度的发展及其累积，越是使贷放资本取得共同的社会的性质，并在同时候一齐投到货币市场上来，情形就越是会这样。反之，一般利润率是不断当作趋势，当作均衡特殊利润率的运动，存在的。资本家间的竞争，——它本身就是这种均衡的运动——在这场合，是这样成立的；即，他们会渐次从利润长期低于平均数的部门，把资本取出，并渐次把资本投到利润高于平均数的部门；或是逐渐以不同的比例，把追加资本，分配到不同的诸部门。要之，这是资本的供给和需要（在不同诸部门间）不断发生变动，绝不像在利息率的决定上一样，是同时发生的大规模作用。

我们曾经讲过，生息资本虽然是一个和商品绝对不同的范畴，但会变成一种特殊的商品，并以此故，利息将变为它的价格；像普通商品的市场价格一样，这种价格也是由需要与供给而定的。市场利息率虽会不断发生变动，但会在一定瞬间，像商品的市场价格一样，表现为不断固定的，一致的。货币资本家供给这种商品，机能资本家就把它买进，构成它的需要。这个情形，在一般利润率的均衡上，是不会发生的。如果商品价格在一个部门内涨在生产价格之上或跌在其下（除那些在各种营业上发生的与产业循环各阶段相关联的变动不说），那就会由生产的扩大或收缩得到均衡；那就是，产业资本家所投在市场上的商品量，将因资本会在特殊生产部门取出或加入，而行扩大或缩小。就因为商品平均市场价格会这样均衡化为生产价格，所以特殊利润率和一般利润率或平均利润率的不一致会由此订正。但这个过程决不会也决不能表现像这个样子，以致产业资本或商业资本，像生息资本一样，当作这样一种商品，而与购买者相对立。如果它会表现，它只表现在商品市场价格的变动和均衡（均衡为生产价格）上，不表现为平均利润率之直接的确立。一般利润率在事实上，（1）是由总资本所生产的剩余价值决定；（2）是由剩余价值对总资本的价值的比例决定；（3）是由竞争决定。惟就第（3）点说，所谓竞争乃指一种运动，由这种运动，投在特殊诸生产部门的资本，会比例于其相对量，在这个剩余价值中取得相等的部分。所以，一般利润率在事实上，和直接由需要供给比例决定的市场利息率是由完全不同的更复杂得多的原因决定的；那也不像利息率一样是明白的已知的事实。各不同生产部门的特殊的利润率，是有几分不确定的；如果它表现出来，它所表现的，不是它的一致性，只是它的差别性。一般利润率只为利润的最低限界，不是现实利润率之经验的直接显现的姿态。

我们虽然这样着重利息率与利润率之间的差别，但在这样着重时，还有两点足以助成利息率固定的事情，为我们存而不论。其一是，在历史上是先有生息资本，并且有一个习惯传下来的一般利息率；其二是，世界市场，会在各该国生产条件之外，在利息率的确定上，发生更大得多的直接的影响，它在利润率上发生的影响却是更小。

平均利润不表现为直接的已知的事实，只表现为诸相反变动互相均衡的最后结果，那要由研究才能确定的。利息率不是这样。至少就它的地方的普遍妥当性而言，它是一个日日固定的事实，这个事实，乃是产业资本和商业资本运用计算上的前提的事项。生出二厘三厘四厘或五厘的利息，变成了每一百镑货币额所同具的能力。交易所的报告，像气象台的报告，正确报告晴雨表寒暑表的状态一样，会正确报告利息率——不是这个或那个资本的利息率，乃是货币市场上一般贷放资本的利息率——的状态。

在货币市场上，只有贷者与借者互相对立。其商品有同一的形态，即货币。资本固然会因所投的生产部门或流通范围不同，而有种种特殊的形态，但这种特殊的形态，在这里都会消灭的。在这里，它是存在无差别的同一的独立化价值的姿态上，即货币的姿态上。诸特殊部门间的竞争，在这里是消灭了。他们一齐以货币借者的资格结合在一起；资本会在这个形态上，与他们全体相对立，在这个形态上，它可以随便怎样使用。产业资本在诸特殊部门间的运动和竞争上方才表现的性质（即当作资本阶级共同所有的资本），在这里，由资本的需要和供给，而充分成为现实的了。从另一面说，货币市场上的货币资本，还实际有这个形态，在这个形态上，它会当作共通的要素，不问特殊的应用法如何，但视各特殊部门的生产需要如何，而在诸不同部门间，分配在资本家阶级之内。再者，大工业发展后，出现于市场上的货币资本，也不是由个个资本家代表，不是由市场上这一部分资本或那一部分资本的所有者代表，却益益表现为累积的组织的大量。那会依一种和实际生产全然不同的方法，由代表社会资本的银行业者统御。所以，贷放资本不仅就其需要形态说，会以一个阶级的重力出现；即，就其供给形态说，它也表现为一个大量的贷放资本。

以上所述，便是这一种事实的理由：即一般利润率表现成为一个捉摸不定的东西，利息率虽也会在大小上发生变动，但它会均等的发生变动，所以在借者看来，会不断表现为固定的既成的事实。这好比货币的价值虽然变动，但与一切商品对立而言，它仍不妨有等一的价值。又好比，商品的市场价格虽日日变动，但商品的市场价格仍能在日日的报告中看到。同样，利息率也可以规则地，当作"货币的价格"来报告。这是因为，在这里，资本是在货币形态上，当作商品来供给的。像一切其他的商品一样，它的价格的确定，便是它的市场价格的确定。所以利息率常表现为一般利息率，表现为这样多钱取这样多利息的形态，表现为数量确定的。利润率不是这样。它会在商品的市场价格不变时，在同一部门之内发生变化；因为，生产同一商品的诸个别资本，会在不同的条件下，生产该同一的商品；因为，个别资本的利润率不是由商品的市场价格决定，乃是由市场价格与成本价格的差额决定。这诸种不同的利润率，只能由不断的变动，而在同一部门之内，继又在不同诸部门间，得到均衡。

*　　*　　*

（整理时应注意之点）一个特殊的信用形态。我们知道，当货币当作支付手段不当作购买手段用时，商品是被让渡了，但它的价值却要到后来才实现。其价值，要到商品再度被卖的时候，才会付进来。所以，这一次售卖，好像不是购买的结果；反之，这个购买所以实现，反而是由这一次售卖促成的。那就是，卖成了买的手段。——第二，债权证，汇票等，对于债权者，也是支付手段。——第三，债权证的抵消，可以代替货币。

　　我们在前二章讲过，利息原来是，并且实际上也是利润（即剩余价值）的一部分；在机能资本家（产业资本家或商人），不使用自有资本而使用借来资本的限度内，这个部分，乃是机能资本家必须支付给这个资本的所有者和贷放者的。如果他仅使用他自有的资本，利润便无须这样分割；那会全部属于他。在事实上，如果资本所有者亲自把它使用在再生产过程内，则在利息率的决定上，他便不参加进去竞争。单有这一点，已经可以说明，利息这个范畴——没有利息率的决定，即是不可能的——是与产业资本自体的运动，无关的。

　　"利息率可定义为贷者同意接受借者同意支付的比例金额，当作一定额货币资本在一年，或某期间内的利用权的代价。……如果资本所有者自动把它用在再生产上，他就不能算在这种资本家里面；利息率就是由这种资本家的人数对借者的人数的比例，决定的。"（杜克《物价史1793年至1837年》伦敦1838年第二卷第355、356页）在事实上，只因为资本家分为货币资本家和产业家，所以利润会有一部分变为利息，并引起利息的范畴。而引起利息率的，也只是这两种资本家的竞争。

　　如资本在再生产过程内发生机能，——就令它是属于产业资本家自己，无须付还给贷者——则在这限度内，资本家能以私人资格随意支配的，不是资本自身，不过是利润，那是他可以当作所得来支出的。在资本当作资本而发生机能的限度内，它是属于再生产过程，并被拘束在那里。他固然是它的所有者，但若他把它当作资本，利用它来榨取劳动，则在这限度内，他虽有所有权，他也不能因此便把它用在别的用途上。货币资本家的情形，也完全是这样。如果他是把资本放出，当作货币资本用，则在这限度内，它会把利润一部分当作利息带回来。但对于本金，他是不能随意支配的。这个情形，在资本以一年以上的期间贷放，依约定期间收取利息，但不收回本金的场合，是很明白的。但就令他把本金收回，那也不会在这里引起差别。如果他把本金收回，他就须把它再放出，如其他希望它发生资本——在这场合是货币资本——的作用。如果他把它保留在手中，它就不会生息，不会发生资本的作用；如果它会生息，会发生资本的作用，它就不会在他手里。资本可以永久贷放，也就是因此。所以，杜克反对波桑葵（Bosanquet）的话，是完全错误的。他引用波桑葵的话如下：“如果利息率压下而等于一厘，则借来的资本，会和所有者自有的资本，立于等位。”（见波桑葵著《金属通货与纸币，及信用通货》第 73 页）杜克对于这句话批评说：“说利息率降到这个程度或这个程度以下时，借来的资本会与所有者自有的资本立于等位，那是一种奇怪的主张，是不值得郑重注意的，不过这个主张，竟出自一个明哲的著作家之口，这个著作家对于这个问题的各个点，又都会经下过深切的研究。他不把这个事实看落，或看轻了吗？这个事实是：他的前提，已经包含着付还这个条件。”（杜克著《通货原理研究》第二版伦敦 1844 年第 84 页）如果利息是等于零，借资本营业的产业资本家，就会和运用自有资本的资本家，立于同等地位的。二者将卷去相同的平均利润；

资本，无论是借来的，还是自有的，它的作用，都以生产利润为限。付还的条件，丝毫不会在这点引起变化。利息率越是近于零，比方说，越是向一厘下落，借来的资本就越是和自有的资本立于同位。如果货币资本要保持货币资本的资格，它必须不断再行贷放出去，那就是依照现行的利息率（比方说一厘），不断向同一的产业资本家、商业资本家阶级贷放。在他们当作资本家而发生机能的限度内，他们——借资本营业的资本家和运用自有资本的资本家——之间的差别，不过在这一点：即，前者要支付利息，后者无须支付利息；其一把利润 p 全部吞下，其他仅得利润减利息，即 P-z。z 越是近于零，则 p-z 越是近于等于 p，这两种资本越是立于等位。其一固须付还资本，并重新借入；其他，在他的资本必须当作资本用的限度内，也须不断的，重新把资本垫支到生产过程，决不能在这个过程之外将它自由支配。唯一剩下的差别，是一种自明的差别：一个是他的资本的所有者，别一个却不是。

在这里发生的问题是：利润之纯粹量的分割——分为纯利润（Nettoprofit）与利息——怎样会变成质的分割？换言之，完全运用自有资本，完全不借资本用的资本家，怎样也要把总利润的一部分，归在利息的范畴内，并特别当作利息来计算？又，为什么一切资本，无论是不是借来的，都会自行区分为生利息的资本，而与生纯利润的资本相区别？

我们知道，利润之偶然的量的分割，并不是每一个都转成质的分割。比方说，有某资本家，他们联合经营一种事业，并依照法定的契约，把利润分享。别一些资本家可以独自经营事业，毫无联络。后一种资本家在计算利润时，便无须用两个范畴计算，一部分当作个人的利润，别一部分当作挂名股友的股利的。在这场合，量的分割就不转成质的分割。这种转换，在所有者偶然为多数法人的地方，才会发生的。当情形不是这样时，这种转换是不会发生的。

为要解答这个问题，我们还须再考察一下利息形成之现实的起点。那就是，由如下的前提出发：货币资本家实际与生产资本家相对立，不仅当作法律上不同的身份，并且在再生产过程上，演完全不同的节目，在这两种资本家手中，同一个资本实际会通过一种二重的完全不同的运动。一个不过把它贷放，别一个才生产的使用它。

就那些借资本营业的生产资本家看来，总利润是分成两个部分，一部分为利息，付于贷者；利息以上的余额，便成为他自己所得的利润部分。如果一般利润率为已定的，这后一部分便由利息率决定，如果利息率为已定的，这后一部分便由一般利润率决定。再者，在个别场合，总利润，总利润的现实价值量，虽可以和平均利润相差异，但属于机能资本家的部分仍然是由利息决定，因为利息是由一般利息率（暂且把特别的合法的契约存而不论）决定的，并且假定在生产过程开始以前，从而在其结果（总利润）取得以前，已经付进来。我们曾经讲过，资本之真正的特殊的生产物，是剩余价值，更进一步考察，是利润。但就借资本营业的资本家说，资本之真正的特殊的生产物，便不是利润，只是利润减利息，是支付利息以后余下的利润部分。所以，利润的这一部分，在他看来，在资本发生机能的限度内，必然会表现为资本的生产物，就他而言，实际也是这样的，因为他仅以机能资本家的资格，代表资本。在资本发生机能的限度内，他是资本的人格化；又必须它被投在产业或商业上生出利润，并在使用者手里，参加他所业以内的各种操作，它才发生机能。利息是他由总利润中付给贷者的。与利息不同而由他收取的利润残余部分，必然会取得产业利润或商业利润的形态。用一个德国名词，把二者包括在一起，那就是企业利益（Unternehmergewinn）。如其总利润等于平均利润，这个企业利益的量，就完全由利息率决定。如其总利润与平均利润有差异，则总利润与平均利润之差（两方都除去利息以后的差），由一切足使特殊生产部门利润率和一般利润率发生差异的事情，或使个别资本家在一定生产部门赚的利润与该部门平均利润发生差异的事情，来决定。加之，我们又知道，利润率即在生产过程之内，也不仅依存于剩余价值，却还须视其他许多情形而定，比方说，生产手段的购买价格，生产力在平均程度以上的方法，不变资本的经济等。即使把生产价格除开不说，一个人会不会，又会在什么程度内，在生产价格之上或在其下购买或售卖，从而在流通过程内，在总剩余价值中占取较大的或较小的部分，乃取决特殊的状况，而就各个营业说，还须取决于资本家个人如何机敏，如何勤勉。但无论如何，总利润之量的分割，会在这里转为质的分割；加以，这种量的分割还取决于被分割的东西的性质，取决于活动资本家使用资本的方法，取决于机能资本所提供的总利润（那就是他以活动资本家的资格发生机能结果所得的总利润），故更加如此。在这里，机能资本家被假设为非资本所有者。与他相对而言，资本的所有权，乃由贷者，由货币资本家代表。他对于贷者的利息，表现为总利润的一部分，这一部分是属于资本所有权的本身的。因此，为区别起见，属于活动资本家的利润部分，遂表现为企业利益，好像纯然是他运用资本在再生产过程内实行操作或机能发生的；尤其像是他以产业企业家或商业企业家资格所尽机能发生的。在他看来，利息只表现为资本所有权的结果，为资本自体——由资本再生产过程抽象出来的资本，那是不"操作"的，不发生机能的——的结果，企业利益则表现为他运用资本所实行的机能的结果，表现为资本的运动和运用的结果；这种运用，在他看来，好像是他自己的活动；这种活动，与货币资本家在生产过程上的不活动，不参与，是正好对立的。总利润这两部分间的质的分割——这种分割，使利息表现为资本自体的结果，为与生产过程分离的资本所有权的结果，反之，使企业利益表现为资本运用的在生产过程内发生作用的结果，为资本使用者在再生产过程内活动的结果——决不仅是货币资本家和产业资本家之主观的见解。那是以客观的事实为基础，因为利息归于货币资本家，归于贷者，归于那在生产过程之前并在其外代表资本所有权的资本所有者；企业利益则归于机能资本家，归于非资本所有者。

就借资本营业的产业资本家和不亲自使用资本的货币资本家说，总利润之量的分割——那是在两种不同的人身之间分割的，这两种不同的人身，对于同一个资本有两种不同的权利名义，对于资本所生产的利润，也有两种不同的权利名义——都会由此变为一个质的分割。利润的一部分，现在表现为资本在一个职分上自然生出的产物，即表现为利息。利润的别一部分，则表现为资本在一个相反职分上的特殊的产物，即表现为企业利益。其一表现为资本所有权的结果，其他表现为资本机能的结果，表现为资本运用的结果，表现为活动资本家所实行的机能的结果。总利润这两个部分，于是凝化并独立化了，好像是由两个在本质上不同的源泉生出的了；因而在全资本家阶级和全部资本看来，成了既定的事实。并且，无论活动资本家所使用的资本是否借来的，也无论属于货币资本家的资本是不是由他自己使用，情形都会是这样。每个资本的利润，从而，由资本相互均衡而确立的平均利润，都会分成两个在质上不同又互相分立而且独立的部分，那就是利息和企业利益，各由各的法则决定。使用自有资本的资本家，会和借用资本的资本家一样，把他的总利润分为利息和企业利益。这种利息是他自己得的，因为他是资本的所有者，他是把自有的资本，贷放给自己。这种企业利益也是他自己得的，因为他就是活动的机能的资本家。从质的方面说，资本家曾否实际与别一个人共分利润的事实，毫无影响于这种分割。资本的使用者，即使所运用的是他自有的资本，也会分裂成为两个人格，即资本所有者与资本使用者。就资本所提供的利润这个范畴的关系来说，资本也分成为资本所有权，即在生产过程之外提供利息的资本，和在生产过程之内提供企业利益的资本。

利息是这样固定的，好像它并不是一个与生产无关而仅偶然发生（即在产业家使用他人资本时发生）的总利润的分割。即在他运用自有资本的场合，他的利润也会分裂为利息和企业利益。就因此，所以，单纯的量的分割，就变为质的分割了。这个情形，不问产业家是不是资本所有者（这是一个偶然的事情）都会发生。这当中的问题，已不仅是利润会以种种成分，分归不同诸人之间，并且是有两个不同的利润范畴。这两个范畴，对于资本保持不同的关系；那就是，关系于资本两个不同的职分。

由以上所说，我们很容易说明，为什么总利润分为利息和企业利益的分割，一度成为质的，这个分割，就会对于一切资本和全资本家阶级，都会取得质的分割的性质。

第一，以上所说，可以由单纯的经验的事实来推出：那就是，有多数产业资本家——究竟有多少，那是时时不同的——会兼用自有的资本和借来的资本，而自有资本与借来资本的比例也是时时变动的。

第二，总利润一部分转化为利息的形态，它的别一部分便会由此转化为企业利益。当利息成为一个特殊的范畴时，后者在事实上不过是总利润余额对利息所采的对立形态。总利润究如何化为利息和企业利益的问题全部，可以还原成为一个单纯的问题：总利润的一部分，怎样一般地凝化并独立化为利息。但从历史方面考察，生息资本乃以完成的留传的形态存在的，从而，在资本主义生产方法及与其相应的资本概念和利润概念发生以前许久，利息，就已经是资本所生产的剩余价值之完成的副形态了。也就因此，所以会发生一种通俗的见解，认货币资本，生息资本，是资本的正型，是资本的本身。从而，一直到马希那时候，支配的见解仍认为被支付以利息的，是货币的本身。贷放资本又无论是否实际当作资本用，甚至在借来供自己消费的场合，也会提供利息。这个事实，更加强了这个资本形态有独立性的见解。在资本主义生产方法的初期，利息好像是与利润相独立的，生息资本好像是与产业资本相独立的。这种独立性的最好的证明是：直到十八世纪中叶，利息为总利润一部分的事实，方才由马希（继他之后有休谟）发现，且必须有这样一种发现，然后才为人所知道。

第三，无论产业资本家是运用自有的还是用借来的资本，货币资本家这一个阶级，总是当作一种特殊的资本家，而与产业资本家相对立，货币资本总是当作一种独立的资本，利息总是当作与这种特别资本相应的独立的剩余价值形态。

从质的方面考察，利息是资本所有权，资本自体——虽然它的所有者，依然留在再生产过程之外——所提供的剩余价值，是资本在其过程之外提供的。

从量的方面考察，形成利息的利润部分，似乎不与产业资本商业资本自身，而仅与货币资本发生关系；剩余价值这一部分的比率，即利息率，就把这种关系确定的。第一因为，利息率虽依存于一般利润率，但却是独立决定的；第二因为，利息率虽有种种变动，但与捉摸不定的利润率比较，它是像商品的市场价格一样，表现为固定一律的，分明的，已知的关系。如果一切资本都在产业资本家手中，那决不会有利息，也不会有利息率。总利润的量的分割所采取的独立形态，引起了质的分割。如果产业资本家和货币资本家相比较，则使他们之间发生区别的，不过是企业利益，是总利润超过平均利息的余额；平均利息乃由利息率决定，而表现为经验的已知的量。从别方面说，如果他和使用自有资本的产业资本家比较，则使用自有资本的产业资本家，不过在这一点和他不相同，那就是，这种产业资本家会兼以货币资本家的资格，把利息收为己有，不支付给别人。在两方面，总利润中的利息以外的部分，都会表现为企业利益，利息则表现为资本自体所提供的剩余价值；即使不生产的使用，它也会提供这种剩余价值的。

对个别资本家而言，这当然是实际正确的。他的资本，或是一开始就是在货币资本的形态上存在，或是要先转化为货币资本的形态。但无论如何，他总有权，可以随心所欲，把它当作生息资本来贷放，或当作生产资本来增殖其价值。但若像若干庸俗经济学者那样，把这个概念当作普遍的概念，把它适用于社会总资本，甚至认这是利润的源泉，却当然是不合理的。除少数在货币形态上存在的资本外，总资本原是在生产手段的形态上的。有人说，即使没有购买生产手段，并使其价值增殖的人，资本也会全部转化为货币资本，这种说法，当然是毫无意义的。如果可以这样说，则在资本主义生产方法的基础上，即使资本不以生产资本的资格发生机能，那就是，不生产任何的剩余价值（利息不过是剩余价值的一部分），也会提供利息了。没有资本主义生产，仍会有资本主义生产方法了。设竟有过大数的资本家，把他们的资本转化为货币资本，结果便会是货币资本的价值异常减低，利息率异常下落。马上会有许多人发觉，靠利息生活，已经是不可能的，因而，不得不变为产业资本家。但像我们以上讲的，个别资本家的情形，却确实是这样的。所以，即使他是用自有的资本，他也必须把平均利润中与平均利息相等的部分，视为是资本自体的在生产过程外获得的结果。在相反的方面，那与利息相独立的总利的剩余部分，就当作单纯的企业利益。

第四：（原稿上留一余白）——F. E.

我们曾经指出，机能资本家所付于资本所有者的利润部分，会转化成为利润一部分的独立形态。一切资本自体，无论是不是借来的，都会在利息的名称下，提供这部分利润的。这一部分究竟会怎样大，那是定于平均利息率的水准。这个利润部分的起源，不过表示在这一点上：机能资本家，即使本身就是资本所有者，也不会在利息率的决定上参加竞争，至少不会积极的参加竞争。利润之纯粹的量的分割——分割在两种人之间，他们对资本有不同的权利名义——转成为一种质的分割，好像这种分割，是由资本和利润本身的性质引起的。因为我们曾经讲过，当利润的这一个部分，一般采取利息的形态时，平均利润和利息之间的差额或利润超过利息的部分，将会采取与利息对立的形态，即采取企业利益的形态。这两个形态——利息与企业利益——乃是对立存在的。它们二者不过是剩余价值在不同范畴，不同部类，不同名称下固定的诸部分，它们不与剩余价值相关联，而仅互相关联。因为利润的一部分转化为利息，所以它的别一部分表现为企业利益。

我们称作利润的东西，在这里常常是指平均利润，因为，由竞争战及其他各种事情而起的平均利润或剩余价值分配上的上下变动那就是，个别利润或不同诸部门的利润的不一致，在这里，是完全和我们没有关系的。这一个注解，对于我们当前的全部研究工作，一般是适用的。

所以，像兰塞所说的，利息乃是纯利润，是资本所有权自体，为再生产过程以外的贷者，或为亲自把资本投在生产用途上的所有者，提供的。对于资本所有者，它所以会提供这纯利润，并不是因为他是机能的资本家，乃因为他是货币资本家，是他自有资本的贷放者；他把他自有的资本，当作生息资本，又把自己当作机能资本家，而把它贷放给自己。货币的资本化或价值一般资本化，为资本主义生产过程之不断的结果，它在资本形态上的存在，乃为资本主义生产过程之不断的前提。也就因有转化为生产手段的能力，所以它会不断的支配无给劳动，并把商品的生产过程和流通过程，化为为资本所有者生产剩余价值的过程。所以，利息不过是这个事实的表现，即，价值一般（那是在一般社会形态上的对象化的劳动，是在现实生产过程内采取生产手段姿态的价值），会当作一种独立的权力，而与活的劳动力相对立，那就是当作榨取无给劳动的手段。它是这样一种权力，因为它是当作别人所有的财产，而与劳动者相对立的。但这种对立（即与工资劳动相对立），却在利息形态上消灭了。因为，生息资本，就其自体说，并非以工资劳动为对手，乃是以机能资本为对手。贷放资本家就其自体说，是直接与再生产过程内现实的机能的资本家相对立。而非与工资劳动者——在资本主义生产的基础上，由生产手段而被榨取的，正是这种工资劳动者——相对立。生息资本是当作资本所有权，而与机能资本相对立的。在资本不发生机能的限度内，它不会榨取劳动者，也不与劳动者相对立。

从另一方面说，企业利益也非与工资劳动相对立，而系与利息相对立。

第一，假设平均利润为已定的，企业利益的比率，即非定于工资，而系定于利息率。其大小，与利息率的大小，成反比例①。

第二，机能资本家对于企业利益的请求权，从而企业利益的本身，不溯源于他对于资本的所有权，乃溯源于资本的机能。在

---

① "企业利益依存于资本的纯利润，不是后者依存于前者。"（兰塞《财富分配论》第 214 页。在兰塞，纯利润常常＝利息。）

它的机能上，它和那种无所作为的资本所有权，是对立着的。如果它是运用借来的资本，那就会表现成为一种直接存在的对立。这样，利息与企业利润，会归到两个不同的人手里。企业利益是由资本在再生产过程内的机能发生的，所以是机能资本家的操作活动——机能资本家即由这种活动，促成产业资本和商业资本的机能——的结果。机能资本的代表，并不像生息资本的代表一样，可以无所作为的。在资本主义生产的基础上，资本家须指导生产过程和流通过程。生产劳动的榨取，必须有所操作，那或是由他自己操作，或是用他的名字，由别人代为操作。他的企业利益，是和利息相对立的，在他看来，那是和资本所有权相独立的，宁可说是他——非资本所有者，劳动者——的机能的结果。

所以，在他脑中，必然会展开这样的思想：他的企业利益，决不是与工资劳动对立，决不仅代表他人的无给劳动，却宁可说也是工资，是监督劳动的工资。这种工资所以比普通工资劳动者的工资更高，第一，因为它是更复杂的劳动，第二，因为那是资本家支付给自己的工资。因此，这个事实——他的资本家的机能，本来是在最经济的条件下，生产剩余价值，生产无给劳动——就在下面那一种对立之前，完全被人忘记了：利息归属于资本家，即使他完全不尽资本家的机能，而仅为资本所有者；企业利益则归属于机能资本家，即令他不是他所运用的资本的所有者。利润或剩余价值是分成两部分的，这两部分的对立的形态，使我们忘记二者都只是剩余价值的部分，它的分割不能影响剩余价值的性质，它的起源，它的存在条件。

在再生产过程中，机能资本家代表别人所有的资本，而与工资劳动者相对立，而由机能资本家代表的货币资本家，则分享劳动的榨取。能动的资本家仅因为是与劳动者对立的生产手段的代表，所以能实行他的机能，那就是，使劳动者为他劳动，使生产手段当作资本来发生机能。但这个事实，在资本机能（那是在再生产过程之内的）与资本所有权（那是在再生产过程之外的）的对立之前，被人忘记了。

在事实上，利润或剩余价值这两部分（即利息与企业利益）所采取的形态，也不表示它们对劳动的关系；因为这种关系，只在劳动和利润之间，或者说，只在劳动和剩余价值（那是这两部分的总和，这两部分的全体，这两部分的合一）之间存在的。利润所依以分割的比例和这种分割所依以实行的权利名义，都以利润已经存在这一件事为前提。所以，如果资本家就是他所使用的资本的所有者，他就会把全部利润或剩余价值收为己有。从劳动者的地位来说，究竟资本家是把全部利润收为己有，还是要把利润一部分付给第三者（合法的所有者），是全然没有关系的。这样，利润何以要分解两种资本家的理由，就偷偷的变作待分割的利润（剩余价值，这种剩余价值，即使没有后来的分割，也会由再生产过程引出的），何以会存在的理由了。既然利息与企业利益相对立，企业利益与利息相对立，那就是，它们互相对立，而不与劳动相对立，所以——我们要问，企业利益加利息，即利润，也即剩余价值，究竟是拿什么作基础呢？是这两部分的互相对立的形态吗！但利润在已有这种分割之前，在尚谈不到这种分割之前，就已经生产出来了。

必须贷放的货币实际转化为资本，并生产出一个剩余（利息即为其一部分）来，生息资本方才实际是生息资本。不过，这个事实，仍不能影响这一点：生息的能力，乃它所固有，是发生在生产过程之外的。这好比，劳动力必须被使用在劳动过程之内，实现在劳动过程之内，方才有生产价值的能力，但我们不能因此，就说它不是可能的（那就是就它的性能说）创造价值的活动。当作这种活动的劳动力，并不是由劳动过程发生，却宁说是劳动过程的前提。它是当作创造价值的能力，而被购买的。买它的人，可以不生产的使用它。他可以用它来为私人的目的，例如充仆役。资本也是这样的。把它当作资本用么，实际推动它所固有的生产剩余价值的能力么，那完全是借者的问题。但就自体而言，就可能性而言，借者所支付的，总归是资本商品内包含的剩余价值。

\*　　\*　　\*

我们且更细密地来考察一下企业利益。

因为资本在资本主义生产方法下所特有的社会性质——即资本所有权支配他人的劳动的资格——已成为确定的，利息又表现为资本在这种关系下生产的剩余价值的一部分，所以剩余价值的别一部分，即企业利益，必然会这样表现，好像它并不是由资本自体出来的，而是由和这种特殊社会性质——这种社会性质，已经在资本利息这个名称下，取得了特殊的存在方法——相分离的生产过程生出的。但与资本分离，生产过程就不过是劳动过程。所以，在这场合，与资本所有者相区别的产业资本家，不表现为机能资本，却表现为与资本分开的机能者，表现为劳动过程的单纯的担当者，表现为劳动者，甚至表现为工资劳动者了。

利息的本身，正好表示，劳动条件是当作资本存在的，是在社会方面，与劳动相对立的，并转化成了一种与劳动相反对并支配劳动的个人的权力。利息把资本所有权表现为榨取他人劳动生产物的手段。但它又把资本的这种性质，表现得好像是由生产过程以外取得的，好像不是这种生产过程所特有的资本主义性质的结果。它把资本的这种性质，表现得好像并非直接与劳动相反对，反而好像和劳动没有关系，好像只是一个资本家对别一个资本家的关系，因而好像是一种与劳资关系漠不相涉的性质。资本之对立的性质，固然在利息的形态上，在这个特别的利润形态上，得到了一个独立的表现，但这样做的时候，这种对立的性质被完全抹杀了，被舍象了。因为，利息是二资本家间的关系，不是资本家与劳动者间的关系。

从另一方面说，这个利息形态，会使利润的别一部分，取得企业利益乃至监督工资之质的形态。资本家以资本家资格所尽的特别机能，——也正因有这种机能，所以他会和劳动者相区别，并与劳动者相对立——遂表现为单纯的劳动机能了。他生产剩余价值，好像不是因为他曾以资本家的资格操作，却因为他虽有资本家的资格，但仍从事劳动。所以，剩余价值的这一部分，就好像不是剩余价值，而是剩余价值的反对物，是所实行的劳动的等价物了。因为资本之对立的性质，——它和劳动的对立——被移转到现实榨取过程的彼岸，移转到生息资本上面，所以这个榨取过程也表现为单纯的劳动过程了，在这个过程内，机能资本家不过和劳动者担任不同的劳动。这样，榨取劳动的劳动和被榨取的劳动，都成了劳动了，是同一的了。利息代表资本的社会形态，但它是在一个中立的无关的形态上，代表它。企业利益则代表资本的经济机能，但这时候，这个机能之确定的资本主义的性质，就被舍象了。

资本家意识在这场合所得的印象，和本卷第二篇所论，有同样的情形。在那里，我们指出了，平均利润均衡过程上诸种抵消的理由（那在剩余价值的分配上，有决定的作用），会在资本家的表象方法中，被曲解为利润所由以成立的原因。他们还根据这几种理由，主观地，承认利润为正当的。

认企业利益为监督劳动的工资的观念，是由企业利益与利息的对立，而起的，但因有下述的事实，而益加强。那就是，利润的一部分，能够当作工资来分离，且实际当作工资而分离开来；反过来说，在资本主义生产方法的基础上，工资也会有一部分，表现为利润的必要成分。亚当·斯密早就正确的发现了，在营业规模许有充分的分工，并得以特别工资，支付给监督者的诸营业部门内，这个利润成分，将会纯粹的表现出来，即一方面与利润（指利息与企业利益的总和），他方面与扣除利息后仍留为企业利益的利润部分，相独立，并且当作监督者的薪俸，完全分离开来。

在直接生产过程采取社会结合过程的姿态，而不以独立生产者的独立劳动为基础的地方，监督和指挥的劳动当然是必要的①。但它有两重的性质。

从一方面说，一切有许多个人合作的劳动，都必然要把过程联系并统一在一个指挥的意志下，表现在一种与部分劳动无关而仅与工场总劳动有关的机能上。这种机能，是和乐班指导的机能一样。这是一种生产的劳动；每一种须有结合的生产方法，都须有这种劳动的。

而在另一方面——且全然不说商业部门——则一切以劳动者（直接生产者）和生产手段所有者相对立这一个事实为立脚点的生产方法，都必然有这种监督劳动发生。当中的对立性愈大，这种监督劳动所演的节目亦愈重要。所以，在奴隶制度下，它所演的节目，达到最高点②但在资本主义生产方法下，那也是不可避免的。因为在这场合，生产过程同时即是资本家消费劳动力的消费过程。同样，在专制国家，政府在监督和各种干涉上的劳动，

---

① "在这场合（即自耕的土地所有者）监督劳动完全省免了。"（凯恩斯《奴隶力》伦敦 1862 年第 48 页）

② "如果劳动的性质，要劳动者（即奴隶）散布在一广大区域内，监工的人数以及监督劳动所需的费用，会相应增加起来。"（凯恩斯前书第 44 页）

也包含两个要素：其一是公共事务的实行，那是由共同体的性质发生的，其他是各种特殊的由政府和民众相对立这一个事实引起的机能。

在把奴隶制度放在目中的古代著作家的文献内，监督劳动的这两个方面，正如在实际上不能分开一样，在理论上也不能分开。认资本主义生产方法为绝对生产方法的近世经济学者，也是这样做的。而在另一方面，我们又有一个例，可以说明，近世奴隶制度辩护者，曾利用监督劳动，作为奴隶制度的辩护理由；别一些经济学者，又把这种劳动，当作工资劳动制度的基础。

伽图时代的农业管理人（Villicus）："在农业奴隶制度的绝顶，有农业管理人。他管一切收支，买卖，受主人的命令，并在主人出缺时，发布命令，执行惩罚。……农业管理人，当然比别的奴隶更自由；玛哥尼亚的书，劝说允许他结婚，生子女，并积蓄财产；伽图还劝他和女管理人结婚。也许只有他，有希望，如有善行，便可由主人那里取得自由权。就其余各点说，他们是全体合成一个共同的家政。……每一个奴隶，包括管理人在内，都以自身之所需，取给于主人，这种取给，是依照一定的比率，按照一定的时间，支取的。他们必须赖这个来生活。……其量以劳动为准据，也就为这个理由，所以，工作比奴隶工作更轻的人，也比奴隶得更少的给付。"（摩姆孙《罗马史》第二版护林1856年第一卷第809—910页）

亚里士多德："因为，主人之为主人，不是因为他购买奴隶，而是因为他使用奴隶（同样，资本家之为资本家，也不是由于资本所有权——那给他以购买劳动的权力——而是由于劳动者的使用——在今日，便是工资劳动者在生产过程上的使用）。这种知识，并没有什么伟大崇高的地方。奴隶必须晓得做的事情，主人原须晓得命令的。在主人无须躬自监督的时候，那就会由管理人

去担任这种名义，他自己就去处理国务或研究哲理了。"（亚里士多德《共和国》贝克尔版第一卷第 7 页）

亚里士多德明白告诉我们说，在经济范围内，像在政治范围内一样，支配权会把支配上的各种机能课于权力者身上；那就是说在经济范围内，他必须了解如何把劳动力消费。但他又说：这种监督劳动，并不是怎样好的差事，所以，已有充分财富的主人，会把这种苦差事的"名义"，委于监督者。

指挥监督的劳动，虽不是由结合社会劳动的性质唤起，而是由生产手段所有者和劳动力所有者间的对立（不管是像奴隶制度那样，劳动力和劳动者自身一道被购去，还是劳动者把他的劳动力出卖，生产过程表现为资本消费劳动的消费过程），换言之，是由直接生产者的奴隶状态所引起，但也往往被援引来做这种关系的辩护理由。他人无给劳动的榨取和占有，也被视为是资本所有者应得的工资。在这当中，最著名的一种辩护，莫过于美国奴隶制度辩护者阿庚诺（Connor）在 1859 年 12 月 1 日纽约一次大会上，在《为南方说几句公道话》这个标题下，所发表的高论了。他曾在大鼓掌中说："是呀，诸位先生，自然已经把这种奴隶状态加于黑人身上呀！他是这样强健，他是这样适于劳动，但使他这样强健的自然，却不许他有统御的才能和劳动的意志。"（鼓掌）"这两样东西，他都没有。但不许他有劳动意志的自然，给了他一个主人，来强制的实行这个意志；并且为黑人自己的利益和支配他的主人的利益，而在一个适合的风土内，使他服种种有益的劳务。自然即然把黑人放在这个状况下，我敢说，任他处在这个状况中，使他受主人支配，是绝无不合之处。主人既然用了心力统御他，使他变为于自己，于社会有用，所以，即使被迫为主人服务，来报答主人，也决不能说是虐待。"（《纽约论坛》1859 年 12 月 20 日第 51 页）

工资劳动者，是和奴隶一样，必须有一个主人来命令自己劳动，并统御自己的。把这种主奴关系视为是已定的，则强迫工资劳动者去生产他自己的工资，并生产监督劳动的工资（那就是为监督者支配者的劳动提供一个报酬，就是理所当然的了）。"主人，既然用了心力统御他，使他变为于自己于社会有用，所以，他应当给他的主人以适当的报答"。

一切以阶级对立为基础的生产方法，和资本主义的生产方法一样，都会由对立的性质（在这场合，是由资本对劳动的支配），引起监督和指挥的劳动。这种监督和指挥的劳动，在资本制度内，也和结合了的社会劳动所给于各个人的生产机能（当作特殊的工作），直接地不可分离地结合着。这种监督者，在古希腊，称为 Epitropos，在封建的法国，称为 regisseur。这种人的工资，在营业规模甚大，可以维持这样一个管理人的时候，会完全与利润相分离，并采取熟练劳动的工资的形态；虽然我们的产业资本家，并不会因此便去"处理国务或研究哲理"。

乌尔老早就说过了，"现代产业制度的灵魂"，不是产业资本家，只是产业管理人①。而关于营业的商业部分，我们已在前一篇，说了我们必须说的一切了。

资本主义生产，已经进到这一点，以致监督劳动，完全与资本所有权分离，而彷徨在街头。资本家已无须躬自担任这种监督劳动了。一个乐队指导员，不必就是该乐队工具的所有者；而他以指挥者的资格，也毋庸过问合奏者的"工资"。在最高形态上发展的资本家，已经发觉，大土地所有者当作生产上的机能者为完全无用的；现在，合作工厂，又提示了一个例，证明资本家当

---

① 乌尔著《制造业哲学》法译本 1836 年第 1 卷第 67 页。在那里，工厂主的抒情诗人，曾经证明，大多数工厂主，对于他们所使用的机械，是一点理解也没有的。

作生产上的机能者，也是完全无用的。资本家的劳动，如其不是由资本主义生产过程唤起，不与资本一同消灭，不以榨取他人劳动的机能为限，而是由劳动的社会形态，由许多人为同一目的结合和合作所引起，那就会完全和资本相独立，恰如劳动的社会形态，一经突破资本主义的外壳，就会完全和资本相独立一样。说这种劳动必然是资本家的劳动，必然是资本家的机能，不过表示庸俗经济学者不能想象，在资本主产生产方法的胎内，会发展出一个完全脱却资本主义对立性质的形态来。与货币资本家相对而言，产业资本家是劳动者，是当作资本家（那就是当作他人劳动的榨取者）的劳动者。他为这种劳动而要求而收纳的工资，正好与他所占有的他人劳动的量相等，如果他是亲自从事榨取上的必要工作，那还是直接取决于他人劳动的榨取程度，但非取决于这种榨取所费于他的努力的程度。他能用相当的给付，把这种负担，加在一个管理人身上。每一次恐慌后，我们都看见，在英国工厂区域内，有许多已经把工厂出卖的前任工厂主，会在他们自己从前所有的工厂内，为低微的工资，变为新工厂所有者（他们往往就是他们的债权人）① 的管理人。

商业管理人和产业管理人所受的监督工资，在劳动者的合作工厂和资本家的股份企业上，都完全与企业利益分开。监督工资与企业利益相分离的现象，在其他场合，不过是偶然的，在这里却是不变的。在合作工厂内，监督劳动的对立性质是消灭了，因为管理人的薪资是由劳动者支给他绝非代表资本而与劳动者对立的。股份企业——那是和信用制度一同发展的——也有一种趋势，要把监督劳动，当作一种机能，而益益与资本的所有权（无

---

① 在我知道的一个场合，在 1868 年恐慌之后，有一个失败的工厂主，他在他以前的劳动者下面，变成了一个工资劳动者。在该工厂破产后，该工厂由劳动者合作经营，从前的工厂主变成了那里的经理。——F. E.

论那是自有的，还是借来的）相分离。这好比，当市民社会发展时，司法权与行政权会益益与土地所有权（在封建时代，司法权与行政权，却不过是土地所有权的属性）相分离。但在一方面，因为机能资本家是与资本所有者即货币资本家相对而出现，同时，货币资本在信用发展时却会取得一种社会的性质，累积在银行内，由银行贷放，而不由直接所有者贷放；在他一方面，又因为对于资本（无论是不是借来的）无任何权利的管理人，会替机能资本家担任一切真实的机能，所以，就只有机能者残留下来，资本家遂当作无所事事的人，不留在生产过程之内了。

根据英国各合作工厂的公开计算书①，我们可以看到，扣除管理人的工资——那是所投的可变资本的一部分，和别的劳动者的工资完全一样的——后，它们的利润是比平均利润更大；虽然它们所支付的利息，有时候，比私办工厂主所付的利息，更高得多。在这一切场合，利润所以更高的原因，都是不变资本使用上的更大的节省。而在这里特别使我们感到兴趣的，是：平均利润（＝利息加企业利益），在实际上，明明白白，表现成为一个与监督工资完全无关的量。因为在这里，利润比平均利润更大，所以企业利益也比别人的企业利益更大。

这个事实，在若干资本主义的股份企业，例如股份银行，也表示出来了。伦敦韦斯明斯特银行在 1863 年，全年支付三分的股息，伦敦联合银行等全年支付一分五厘的股息。除经理人的薪资外，所付于存款人的利息，也从利润中除去了。在这场合，高的利润，也可由实收资本比较少，存款比较多这一件事，来说明。例如 1863 年伦敦韦斯明斯特银行，实收资本为 1000000 镑，存款为 14540275 镑。1863 年伦敦联合银行实收资本为 600000，

① 这里引录的计算至 1864 年为止，因为以上的文章，是 1865 年写成的。——F. E.

存款为 12384173 镑。

企业利益所以会和监督工资或管理工资相混同，原来是因为，利润超过利息的余额，会对于利息，采取对立的形态。但因为辩护者起意要不把利润视为剩余价值或无给劳动，却把它视为资本家自己劳动所得的工资，所以这种混乱是更进了一步。甚至在社会主义方面，也见到这样的要求；利润应在实际上减低，而和理论上所称呼的一样，那就是，在实际上减为单纯的监督工资。并且，这个要求，也是极不合理论歪曲者的口味的；因为，监督工资，和别的劳动工资一样，在产业经理人商业经理人形成一大阶级时，会发现它的一定的水准和一定的市场价格①，同时，这种工资，又和各种熟练劳动的工资一样，会在一般发展，熟练劳动力的生产成本减低时，益益往下落②。但当劳动者方面的合作事业，资产阶级方面的股份企业日趋发展时，企业利益和监督工资互相混同的最后的口实，就除去了，从而，利润不仅在理论上，并且在实际上，表现为单纯的剩余价值，为未付任何代价的价值，为已经实现的无给劳动；从而，机能资本家实际不过是榨取劳动；而他榨取所得的结果，即在他借资营业时，也分为利息与企业利益或利润超过利息的余额。

在资本主义生产的基础上，有一个和监督工资有关的新的诈

① "老板和帮伙（Gesellen，Journeymen）一样是劳动者。在这个职分上，他的利害关系，和帮伙的利害关系是恰好一样的。但他还是资本家或资本家的代理人。就这个资格说，他的利害关系就判然与劳动者的利害关系相反了。"（第27页）"在这个国度内，工业工人教育是广泛地普及了。这种教育的普及，增加了有这种特殊知识的人数，因而，一天甚似一天的，几乎把一切老板雇主的劳动以及他们的熟练的价值，都减低了。"（第30页）荷治斯金著《拥护劳动反对资本要求》伦敦1825年。

② "因袭障碍的普遍弛缓，教育利器的增进，没有提高不熟练劳动者的工资的倾向，只有减低熟练劳动者的工资的倾向。"（约翰·穆勒《经济学原理》第2版伦敦1849年第1篇第463页）

欺，在股份企业上发生了。那就是，在实际监督者之外，并在其上，出现若干董事和监事。就这种董事和监事说，所谓指导和监督，不过是一个掠夺股东图谋钱财的借口。关于这点，我们可以在《伦敦市或伦敦营业的生理；交易所和咖啡店漫谈》（伦敦1845年）一书，看到很有趣味的记载。举一个例。"银行家和商人出席八九个公司董事会所得的结果，我们可由以下的例来说明。提摩太·阿布拉罕·寇蒂士君的私人计算书——那是他失败时由破产法院公布的——表示他充任董事，每年得八百镑至九百镑。因为寇蒂士君兼任东印度公司和英格兰银行的董事，所以每一个公司都以得他担任一董事名义为荣。"（第81、82页）——这一类公司的董事每星期出席会议的报酬，至少有一几尼（二十一马克）。破产法院的审理，说明了，这种监督工资，通例是与这种挂名董事实际担任的监督工作，成反比例。

在生息资本的形态上，资本关系取得了最表面最拜物教性的形态。在这场合，我们有 $G—G'$ 的公式，有生产更多货币的货币，有并无什么过程在二极端间充媒介，而自行把价值增殖的价值。就商业资本 $G—W—G'$ 说，虽然它只在流通范围之内，以致利润好像只是让渡的利润，但资本主义运动的一般形态，至少尚在其中存在着；在这场合，利润至少还表现为社会关系的产物，不是单纯的物的产物。商人资本的形态，常表现为一个过程，这个过程是二对立阶段的统一，表现为一个运动，这个运动是分为二对立交易——商品的卖与买——的。但在生息资本的形态上，即在 $G—G'$ 上，这个情形就消灭了。例如，如果 1000 镑由某资本家贷放出来，利息率五厘，则 1000 镑的价值，当作资本，一年后，会 $= C + C_z'$。C 代表资本，$z'$ 代表利息率，那在这场合是五厘或 $\frac{5}{100}$ 或 $\frac{1}{20}$，所以，$1000 + 1000 \times \frac{1}{20} = 1050$ 镑。那就是，1000镑的价值，当作资本，是 = 1050 镑；换句话说，资本并不是一个单纯的量。那是一个数量关系，是一个本金额（当作确定价值的本金额），对它自身（当作一个增殖的价值当作一个已生产剩余价值的本金额）的关系。我们曾经讲过，活动的资本家或是用自有的资本，或是用借来的资本，但无论如何，就一切活动的资本家来说，资本总会表现成为这样，总会表现成为这种直接自行增殖的价值。

G—G′：在这场合，我们有资本的本来的起点。在这里，G—W—G′公式内的货币，缩约为两极端 G—G′；在其内，G′ = G + △G，即表示已经生出追加货币的货币。资本的原来的一般的公式，被缩成一个无意义的形态。它是完成的资本，是生产过程和流通过程的合一，且会在一定期限内，提供一定的剩余价值。在生息资本的形态上，这个情形，不借生产过程或流通过程的媒介，会直接表现出来的。这个资本，表现成为利息或其价值增殖之神秘的自行创造的源泉。物（货币、商品、价值），当作单纯的物，已经是资本；资本也表现为单纯的物了。总再生产过程的结果，表现成为附属在一物之内的性质。究竟是把货币当作货币来支出，还是当作资本来贷放，那完全取决于货币——那是随时可以交换的商品——的所有者。所以，就生息资本说，这个自动的拜物教性质，是在最纯粹的形态上产生了。它是自行把价值增殖的价值，它是会生产货币的货币。在这个形态上，它的起源如何，不曾留下任何的痕迹来。社会的关系，化为一物（货币）对它自身的关系。货币现实化为资本的情形，我们没有看见，却只看见了一个无内容的形式。像在劳动力的场合一样，在这里，货币的使用价值，便是创造价值，是创造比它自身所含价值更大的价值。货币本身便已经是可能的自行增殖其价值的价值，且也就当作这种价值来贷放，贷放便是这一种特别商品的售卖形态。像桃树有结桃子的能力一样，货币有创造价值提供利息的能力。货币贷放者，就把他的货币，当作可以生息的东西来卖的。但尚不只此。我们讲过，现实机能的资本，看来好像不是以机能资本的资格，而是以资本自体（货币资本）的资格，来提供利息。

但还有别一些事情被曲解了。利息只是利润（或剩余价值，那是机能资本家从劳动者那里夺取的）的一部分，现在却好像利息是资本的真正的果实，是原来的东西，而现在转化为企业利益的利润，却像只是再生产过程的附属物和追加物。在这里，资本的拜物教姿态和资本拜物教的观念，就完成了。在 G—G′ 的形态上，我们有资本的无概念的形式，有生产关系的最高度的颠倒和实物化。生息资本的资态，成了资本的单纯姿态，成了资本再生产过程的前提，成了货币或商品可以在再生产过程外自行把价值增殖的能力——这是最显然的资本神秘化。

庸俗经济学，把资本视为是价值及价值创造之独立的源泉。在他们面前，这个形态自然是一个天赐的食物。利润的源泉，在这个形态上，是不复能辨认了；在这个形态上，资本主义生产过程的结果，也从过程分开，取得了一个独立的存在。

在货币资本的形态上，资本方才变成一种商品，它的自行增殖的性质，方才有固定的价格。这个价格，可以从当时的利息率，一望而知的。

当作生息的资本，在直接的当作生息货币资本的形态上，（生息资本还有别的形态，那是我们这里不要研究的，但那都由这个形态派生出来，以这个形态为前提的），资本会取得纯粹的拜物教形态，并当作主体，当作可卖的物，而取得 G—G′ 的形态。第一，因为它继续当作货币存在。在这个形态上，资本的一切职能都被抹除了，它的真正的要素全不能辨认了。在货币的形态上，商品的使用价值上的差别，是被抹除了，从而，由商品及其生产条件而成立的产业资本的区别，也被抹除了；在这个形态上，价值——在这场合是资本——是当作独立的交换价值存在的。在资本的再生产过程上，货币形态只是一个暂时的通过的阶段。但在货币市场上，资本却是不断在这个形态上。——第二，它所生产的剩余价值，在这里也是在货币形态上，好像本来是附属在它里面的。像树木的生长一样，好像资本在货币资本形态上，本来就具有货币生育力。

就生息资本而言，资本的运动是缩短了。媒介的过程是省略了。一个1000镑的资本，当作一个自体就是1000镑的物，固定着，并且会在一定期间内，变成1100镑。好比窖内的葡萄酒，在一定时间之后，会把它的使用价值改良。这样，资本是一个物，是一个当作物的资本了。现在，货币是有孕育力了。只要贷放出去，或投在再生产过程内（如果在企业利益之外，尚对于兼为资本所有者的机能资本家，提供利息），那就无论它是睡着，还是醒着，是在国内，还是在国外，是在白天，还是在黑夜，都会有利息累积上去。货币贮藏者的虔诚的愿念，就在生息货币资本上面实现了（一切资本从其价值表现而言，都是货币资本，或者说，都是货币资本的表现）。

使路德这样热心去反对高利贷的，就是利息自然发生在货币资本这种物之内的事实（在这场合，资本生产剩余价值，就是这样表现的）。他曾指出，如其资本不能依一定期日付还贷者，致使他蒙受损失，又或贷者本来可以用这种资本，在一种交易（例如购买一个庭园）上获得利润，但因资本不能依一定期日付还，致使他蒙受损失时，他是可以要求利息的。但他这样说明之后，往下又说："现在，我贷给你一百古尔登，你却须弥补我两重损失，一方面因为我将不能支付，他方面因为我将不能购买。好像这是我两重的损失，你所提出的赔偿，一方面须与我所受的损失相当，他方面须与我所抛弃的利益相当。这是二重利息。……他们听见某甲在100古尔登的贷放上受了损失，而要求相当的赔偿时，就急速跑进来，对每100古尔登，课以两重的利息，一方面赔偿不付的损失，一方面赔偿交易停止的损失，好像每100古尔登，都自然会生出两重的利息来一样。所以，无论何时，只要他有 100 古尔登，他就可以把这 100 古尔登贷放出去，并借口两种实际上不曾受到的损失，而要求赔偿了。……你们既然为一种实际不曾受到的，既不能证明也不能计算的损失，从邻人那里取得货币，当作利息，来作赔偿，所以你们是高利贷者。这种损失，依法律家说来，是不真实的想象的利害关系。这种损失，是各个人为自己打算而想象出来的。……不能说，因不能购买或不能支付之故，你就会受损失。如果这样说，那就会由一个不存在的事物，造出事物来，并且使一个不确实的事物，变为绝对确实的事物。这种高利贷，在数年之内，就会把全世界吞下去的，……如果贷放者偶然受了一宗损失，并且这种损失也不是由于他自己的错误，他是可以要求赔偿的，但在这种交易上，不是这样，却宁可说正好相反。在那里，总是想牺牲他们的贫苦的邻人，害人利己来蓄财致富，并一点不担忧虑，一点不冒危险，一点不受损失，坐下来，靠别人的劳动，来度奢侈游惰的生活。坐在火炉旁边，把我的 100 古尔登放出去，在国内，为我收集钱财罢。但这 100 古尔登，仍旧是像在我钱袋里一样，它们不过是贷出去罢了，是一点不冒危险的。朋友们，你们想想，有那个不愿这样做呢?"（马丁路德《致僧侣书：反对高利贷业者》威吞堡 1540 年全集第六篇第 309、310 页）

资本会再生产其自身，并会在再生产中，凭它的生得的性能（即当作永远存在永远增殖的价值）——即经院哲学家所说的潜存的性能——益益趋于增殖的观念，曾引起蒲莱士博士的无稽的幻想；这种幻想超过炼丹师的幻想；但封于这种幻想，庇特是深信不渝的。他在订立减债基金条例时，便是用这个幻想，当作他的财政经济的支柱。

"以复利生息的货币，在开初的时候，是增加得很慢的，但因为增加率是不断加速的，所以，经过一定期间后，它增加的速度，就会不可想象。一个便士若依五厘的复利，在救世主降生的那一天贷放出去，到现在，它会比一万五千万个地球，包含更巨额的存金。但若凭单利法贷放，则在同一期间，它不过变为七先令四便士半。在以前，我们英国的政府，都是依后法，不是依前法，去改革财政①。"

在《附期限支付论》（伦敦 1782 年）中，他还飞翔得更高。他说："在救世主降生那一天投下一先令（大概是在耶路撒冷宫投下的罢），"依六厘的复利生息，那到今日，它所包含的数量，会比全太阳系所能包含的数量更大，如果太阳系变为一个直径与土星轨道直径相等的天球。""一个国家，决不会因此陷于困难；因为，一个国家只要有最小的储蓄，便可随利害关系之所需，而在短期间内，偿付最大的负债。"（第 136 页）对于英国的国债，那是一个怎样美好的理论引导啊！

蒲莱士不过为几何级数所引起的数字的庞大，所迷惑。因为

---

① 蒲莱士：《关于国债问题，告公众书》（1772 年第 22 版 1774 年伦敦第 81 页以下）。他曾以素朴的机智，说"人必须以单利借钱，而以复利把它增殖"（哈弥尔登著《大英国债的起源与进步》第 2 版爱丁堡 1814 年第 3 篇第 1 章"蒲莱士博士的财政见解的考察"第 133 页）。依照他的说法，借钱是私人最有把握的致富手段。但若我以年息 5 厘借得 100 镑，我必须在年终支付 5 镑。这个借款就继续一万万年，我也只能在这期间内，每年把这 100 镑贷放出去，而每年仍得支付 5 镑。如我只借入 100 镑，我决不能由这个过程，贷放出 105 镑。然则我从那里支付这 5 镑呢？由于新的借入；如果我所论的是国家，那就是由课税。但若借钱的是产业资本家，他能由此赚得 15% 的利润，其中 5% 当作利息，5% 归作消费（他的欲望，会和收入一同增大的），5% 资本化。在这场合，5% 利息的不断出付，是以 15% 的利润率为前提。不过如果这个过程续续进行，则由以上已经说明过的理由，利润率会由 15%，减为 10%（比方这样说的）。蒲莱士已全忘记了，5% 的利息是以 15% 的利润为前提的；他还假定，这种情形会和资本的蓄积一同续续下去。他没有考虑现实的蓄积过程，只考虑了会带着复利流回的货币贷借。它怎样会把复利带回来的问题，在他看，是一个没有关系的问题；因为那是生息资本的天生的性质。

他不顾再生产的和劳动的条件如何，就把资本当作自行调节的自动机，当作一个自行增殖的数字来考察（马尔萨斯就是这样依几何级数考察人类的），所以他想象，资本增加的法则，是这个公式：$s = c(1+z)n$。在这个公式内，s 代表资本加复利，c 代表垫支的资本，z 代表利息率（那用 100 的可除部分表现），n 代表过程所进行的年数。

庇特却极真诚地看待蒲莱士博士这种神秘化。在 1786 年，下院议决为公共利益而举国债一百万镑。庇特是信仰蒲莱士的；照蒲莱士说，最好不过是由人民纳税来"蓄积"这个征募的数额，然后由复利的神秘方法，来拔除国家的债务。"下院的这个决议，不久就为庇特所颁布的一项法律实行了。这个法律命令，须蓄积二十五万镑，俾满期后，可以逐年提供四百万镑的基金"（乔治三世法令第 26 年法令第 31 章）。庇特曾在 1792 年一篇演说内，提议把减债基金的金额增加。在这篇演说内，他认为，机械信用等固然是英国商业霸权的原因，又认蓄积是"最广泛的最耐久的原因。这个原则，已经为大天才斯密的著作所充分说明了。……这个资本蓄积，因年利润至少有一部分充作本金，这种本金又在次年同样使用并继续提供利润之故，得以实行"。庇特就凭蒲莱士的中介得将斯密的蓄积说，转化为国富得由债务蓄积而增加的理论；他还由此达到一个非常快意的借债、借债、不断借债以还债的结论。

蔡尔德（Josias Child）——近代银行业的创祖——曾经说过，"一百镑以一分的利息率复利计算，会在七十年内，生产十万二千四百镑"（蔡尔德著《商业论》亚美斯特登与柏林 1854 年第 115 页。该书系在 1669 年写的）。

蒲莱士博士这个见解，曾为近世经济学者，不假思索的应用。此可由《经济学界》的一段话而见。"资本，在其各部分皆以复利蓄积时，会有非常的吸收力；以致所得所从出的世界财富，全部由资本吸收成为利息。……现在，一切的地租，都是以前投在土地上面的资本的利息的支付"（《经济学界》1859 年 7 月 19 日）。那就是说，资本是可以充作生息资本的。就它的这个性能说，一切从来所生产的财富，都是属于资本的，而资本从来受得的一切物，也都不过是资本无所不吞的欲望的偿却。依照它的天生的法则，一切剩余价值，一切能由人类提供的剩余价值，就都是属于它的。天啊！

最后，我们还把浪漫派的密勒尔的妄言，抄在下面："蒲莱士博士曾说到复利或人类繁殖力的惊人的加大。这种加大，以累世纪的不中断不分割的划一的使用为必要条件，如果它要发生这种异常的作用来。如果资本被分割，剖分成为若干独立生长的芽，这里所说的力的蓄积之总过程，就须重新开始。自然曾以力的进行，分配在二十年至二十五年之间，平均说每个劳动者都会享受这样大的年龄的（！）经过这个时间之后，劳动者就会离开，并且把他由劳动复利蓄积到的资本，移转给新的劳动者，那大抵要分配在若干劳动者或儿女之间的。此等人在能由此取得实在的复利之前，必须先学习，怎样推动他们份内的资本，并应用它。再者，资产阶级社会所获得的巨额资本，即在最变动的社会，也须经过许多年数，方才蓄积到，且也不是直接用来把劳动扩大，那宁说是等巨额收集成功之后，再在'贷放'的名称下，把它移转给别一个人，别个劳动者，或银行或国家之手。然后，受到这种资本的人，才实际运用它，从它那里收取复利，也就因此，所以他容易以单利息支付给贷者。最后，如果单有生产或节险的法则发生作用，那固然会使人力和生产物以异常的程度增加，但这种异常的增加，会在消费欲望和浪费的法则面前，受到相反的作用。后一种法则，是同样深种在人性中的。"（亚当

斯·密勒尔《政治纲要》柏林 1809 年第三卷第 147—149 页）

在这数行之内，他调合了无可比拟的无聊的胡言。他不仅滑稽的把劳动者和资本家，把劳动力价值和资本利息等混同，并且假设，复利的减少，应由资本将被贷放来说明，因这种贷放后来又会提供复利的。密勒尔君的这种方法，是浪漫主义在一切方面的特征。浪漫主义的内容，是由日常的偏见构成的，它不过撷取了最皮毛的事物的表面。但这种错误的不足道的内容，竟由一种神秘化的表现方法，被"高扬"，而诗化了。

如果利润（剩余价值）内那再转化为资本并被用来吸收新的剩余劳动的部分，得称为利息，则在这限度内，资本的蓄积过程也可认为是复利的蓄积。但

（1）把一切偶然的搅乱存而不论，现存资本的一大部分，会不断在再生产过程内，多少把它的价值减少，因为商品的价值，不是由原来用在它生产上的劳动时间决定，乃由再生产它所须费的劳动时间决定。因社会劳动生产力发展之故，再生产它所须费的劳动时间是会不断减少的。所以，在社会生产力的更高的发展阶段内，一切现有的资本，都会表现为比较极短的再生产时间的结果，但不表现为长期资本节省过程的结果①。

（2）我们曾在本卷第三篇证述，比例于资本蓄积的进步及相应的社会劳动生产力的增进，利润率将会减下；因为资本蓄积的进步和社会劳动生产力的增进，恰好表现在这个事实上：与不变资本部分相对而言，可变资本部分会益益相对的减少。当一个劳动者所推动的不变资本增加十倍时，要保持同一的利润率，剩余

---

① 参看穆勒，和卡勒，和罗雪尔对于这点的误解的批评。（参看约翰·穆勒著《经济学原理》第 2 版伦敦 1849 年第 92 页。卡勒著《社会科学原理》第Ⅲ卷菲拉德菲亚 I860 年第 71 页以下。罗雪尔著《国民经济学原理》第 2 版斯杜加与奥斯堡 1857 年第 70 页以下。）

劳动时间也须增加十倍，因此，哪怕全部劳动时间，甚至一日二十四小时皆为资本所占有，也会嫌不够。然利润率不减少的观念，正是蒲莱士的结论（复利的资本会吞并一切）的根据①。

剩余价值与剩余劳动的同一，在资本的蓄积上，课加了一个质的限界。这个限界就是总劳动日，和各时期生产力及人口的发展；依照这种发展，限制着同时可被榨取的劳动日数。但若把剩余价值用无意义的利息形态来解释，则其限界仅为分量的，并赛过一切的幻想。

资本拜物教的观念，在生息资本的场合，完成了。这个观念，认蓄积的已经固定为货币的劳动生产物，依其本有的秘密性质，当作纯粹的自动体，就有一种力，得依几何级数创造剩余价值，从而，像《经济学界》所想的那样，这种蓄积的劳动生产物，早已把历来世界所有的财富贴现得干干净净，使其依法归于它自身。这样，过去劳动的生产物，乃至过去劳动的自身皆在其自体上，孕育着现在的或未来的活剩余劳动的一部分了。但一考实际，我们却知道，过去劳动生产物的价值的保存，乃至它的再生产，不过是它与活劳动相接触的结果；次之，我们又知道，过去劳动生产物对活剩余劳动的支配，仅在资本关系——这是一种确定的社会关系，在这种关系内，过去的劳动，会当作一种独立的占优势的力，与活的劳动相对立——存在的限度内，才继续存在。

---

① "很明白，任何劳动，任何生产力，任何熟巧，任何技术，都不能应付复利法压倒一切的结果。但一切节蓄都是出于资本家的所得，所以，这种要求会在实际上不断发生；但劳动生产力也不断把这种要求拒绝。因此，会不断有一种差额出来。"（荷治斯金著《拥护劳动反对资本要求》第 23 页）

# 第二十五章

# 信用和虚拟资本

　　信用制度及其所引起的工具（信用货币等）之精细的分析，是在我们本书的计划之外的。在这里，我们只要论究少数必要之点，必须有这少数点，方才可以指示资本主义生产方法一般的特征。所以，在这里，我们只要讨究商业的和银行业的信用。此等信用的发展，与公共信用的发展，究有怎样的关联，也是我们这里不要考察的。

　　我以前曾经讲过（第一卷第三章第三节 B），货币充作支付手段的机能，以及债权者对债务者的关系，怎样会在商品生产者和商品经营业者间，由单纯的商品流通而发生。当商业及资本主义生产方法（它的生产，只顾到流通）发展时，信用制度的这个原生的基础也会扩大，普遍化，并完成。在这场合，货币大体说只不过尽了支付手段的机能。换言之，商品不是对货币而卖，乃对一种定期支付的字据而卖。为简单的目的，我们把此等字据，一概称作汇票（Wechseln，bills of exchange）。这种汇票，在兑付日期未达之前，会当作支付手段流通的；它们是真正的商业货币（Handelsgeld）。如其这种汇票结局可以使债权债务互相抵消，它们是绝对尽着货币的机能。因为结局无须转化为货币。总之，生产者与商人间相互的垫支，是信用的真正基础，同样，它们的流通手段——汇票——是真正的信用货币（Kreditgeld 例如银行券等）的基础。真正的信用货币，不是以货币（无论是金属货币，还是国家纸币）的流通为立脚点，乃是以汇票的流通为立脚点的。

约克州一位银行家里珊（W. Leathan）在其所著《通货论》（第二版 1840 年伦敦）内，曾说："我发觉，1839 年全年的汇票总额，是 528493842 镑（他认外国汇票约占金额的六分之一），而该年同时流通的汇票额，为 132123460 镑。"（第 56 页）"汇票在流通中所占的成分，比其他各部分合起来，还要更大。"（第 3、4 页）"汇票的巨大上层建筑物，是立（!）在银行券和金的数额所形成的基础上；若在事变的进行中，这个基础竟过度缩小，它的坚固性，甚至它的存在性，都会陷于危殆的。"（第 8 页）"在估计全部流通（他是指银行券——F. E.）和一切银行必须立时支付的债务额时我发觉了，其总额为 153000000 镑，依法，那是可以要求立即兑换现金的；为应付这种要求，有 14000000 镑现金，就已经足够。"（第 11 页）"设不能防止货币过剩，利息率或贴现率过低的现象，则要统制汇票，是不可能的；因为，这种现象，会引出一部分汇票来，并奖励这种含有危险性的膨胀。我们不能决定，这种兑票有多少是由于真实的营业（即由于真实的卖买）。有多少是虚的，仅由融通汇票（Reitwechseln）构成。这种融通汇票的用意，仅为要在汇票到期以前把汇票兑付，从而，由流通媒介的制造，造出一个虚资本（Fingiertes Kapital）来。在货币过剩和低廉的时候，我知道，这个办法，曾经用到极可怕的程度。"（第 43、44 页）鲍桑葵也在其所著

《金属通货，纸币，信用通货》（伦敦1842年）内，说："每一个营业日在票据交换所（伦敦各个银行家，就在那里互相交换他们的到期的汇票和支票，——F. E.）内了结的平均支付额，在三百万镑以上，但每日为此目的所须提用的货币额，不过略多于十万镑。"（第86页）——（在1889年，票据交换所的总周转额，为7618750000镑，每年以三百日营业计算，平均每日为25500000镑。——F. E.）"如果汇票会由划拨而由一人转到他人，它就无疑是与货币相独立的流通媒介。"（第92页）"平均说，每一张流通的汇票，都有两次划拨，所以，平均说，每一张汇票在到期以前，都会实行两次的支付。所以，单由划拨，汇票就在1839年促成了两个528000000镑或1056000000镑所有权的转移，每日计在三百万镑以上。所以，把汇票和存款合计起来，它们曾不借货币的帮助，至少，会由所有权的移转，每日实行一千八百万镑货币的机能。"（第93页）

关于信用一般，杜克曾说："信用，就它的最单纯的表现言，乃是一种适当的或不适当的信任，这种信任，使一个人，把一定额资本，在货币的形态或估计有一定货币价值的商品的形态上，委托给别一个人。这个资本额，通常在一定期间之后，就会支付进来的。如果资本是在货币形态上贷放，那就是，在银行券，在现金信用（Barkredit, cash credit）或在支票形式上贷放，则在还款的时候，会加上一个百分之几，当作资本使用的报酬。如果资本是用商品贷付，而商品的价值已经当事双方同意，其转移构成一种卖买，则约定的支付额，也包含资本使用的报酬。和支付前所冒的危险的赔偿。对于这种信用，往往会书立一种字据，载明支付的日期。有了这种可以转移的债务或约束，贷者发觉有机会可以在货币形态上或在商品形态上使用他的资本时，通例就能依更便宜的方法借得货币或购买商品；因为，有第二个人的名字签在汇票上面，他自己的信用就加强了。"（《通货原理的研究》第87页）

科魁林（Ch. coquelin）在其所著《产业上的信用及银行业》（见《二月评论》1842年第31号）内说："随便在哪一国，信用交易的大部分，都是在产业关系的领域内发生的。……原料生产家，垫支给把原料加工制造的资本家，并在这种资本家那里，受得一个定期支付的约束。这种资本家又把他份内的工作做好之后，依同样的条件，把他的生产物，垫支给别一个进一步加工的制造家。信用就是这样不断推广，并推广到消费者那里的。批发业者以信用把商品付给零售商人，他自己则由制造业者，或经理业者，受得信用。一切的人，都是一方面借，一方面贷。所借贷的东西，有时是货币，但多半是生产物。这样，遂在产业关系内，发生一种不断的信用交易，互相结合，互相交错着。信用的发展，正是这种相互信用的增加和发展，而信用的威力，也就真正存在这里。"

信用制度的别一方面，与货币经营业的发展，保有关系，而货币经营业的发展，在资本主义生产下，又自然与商品经营业的发展，并步而进。我们曾在以前某一章（第十九章），说过，营业者的准备基金，及货币出纳的技术操作，国际支付以及生金银贸易的技术操作，怎样累积在货币经营业者手中。就这种货币经营业的关系而言，信用制度的这别一个方面，即生息资本和货币资本的管理，是当作货币经营业者的特殊机能，而发展的。货币的贷借，成了他们的专业。他们成了货币资本现实贷者和现实借者间的居间人。一般说来，银行业在这方面，是把贷放的货币资本，大量累积在他手内，以致在这场合，与产业资本家商业资本家相对待的，不是个别的货币贷放者，而是代表一切货币贷放者的银行业者。这种银行业者成了货币资本的总管理人。从另一方面说，他们又把借者集中起来，与一切贷者相对立；因为他们会为全商业世界而借。所以，一个银行，一方面代表货币资本的集中，即贷者的集中，他方面又代表借者的集中。他们的利润通例是由这样得来的：他们借进的利息率，较低于他们放出的利息率。

诸银行所支配的贷放资本，是由种种方法，流到诸银行的。第一，因为他们是产业资本家的出纳业者，所以，每个生产家和商人必须当作准备基金来保存的货币资本，和他们在收付上可以收进的货币资本，都会累积在银行业者手中。这种基金，就是这样转化为可以贷放的货币资本。而商业世界的准备基金，也就因共同累积之故，得减至必要的最低限，而在异此情形下必须当作准备基金休止着的货币资本的一部分，也就因此，得被贷放出去，发生生息资本的机能。次之，银行的贷放资本，又会由货币资本家的存款构成。这种货币资本家会委托他们把存款贷放的。再者，当银行制度发展时，尤其是银行存款有利息支付时，一切阶级的货币储蓄及暂时不用的货币，都会存到银行里去。数额太小的货币，是不配当作货币资本来发生作用的，但一经结合成为巨额，就会构成一个货币力（Geldmacht）。这种小金额的结合，必须视为是银行制度的特别的作用，应与真正货币资本家和借者间的居间人地位相区别的。最后，仅渐渐消费的各种所得，也会存到银行去的。

就真正的商业信用而言，贷放是由汇票的贴现（那就是，在到期之前，把它化成货币），各种形态的垫支（例如，以个人信用为基础的直接垫支，以有息证券，国债券，各种股票，为抵押的银行垫支，尤其是以提货单，船舱证书，及其他各种商品所有权证为抵押的垫支），和年款的透支（Ueberziehung）等，来实行的。

银行家所给予的信用，可以在种种不同的形态上给予；例如，对其他银行所出的汇票，支票，以及同类的信用方法，但最后，是发行银行所发行的银行券（Banknoten）。银行券不过是对银行家自己发出的汇票，要随时兑付给持票人，用来代替银行家私人的汇票的。最后这种信用形态，在俗人看来，是特别重要而且注目的，第一因为这种信用货币，会由单纯的商品流通，加入一般的流通，并在一般流通内，发生货币的机能；第二，因为，在大多数国家，发行银行券的主要银行，是代表一种特别的国家银行和私办银行之间的混种，并在事实上，有国家信用作它们的后盾，它们的银行券，也多少有合法支付手段的性质。在这场合，银行券不过表示一个流通的信用记号，所以很明白，银行家处理的对象，不外就是信用自身。但银行业者还会在其他各种形态上处理信用，乃至把存在他们那里的现金，垫支出去。实际，银行券不过是大商业的铸币；而银行的主要业务，常常是存款。关于这点，最好的证明，是苏格兰的银行。

在本书的目的上，我们是无须进一步考察各种特殊的信用机关和各种特殊的银行形态的。

"银行业者有二重的业务，……（1）是由那些无须立即使用资本的人，把资本搜集，并把它分配。移转给能够使用它的人。（2）是由顾客的所得，收集存款，此后，遇顾客有消费需要时，再依照所需要的数额，付给顾客。前一项是资本的流通，后一项是通货的流通。"——"前一项，是一面把资本累积，一面把资本分配，后一项，是为地方的需要，把流通调节。"——杜克《通货原理的研究》第36、37页。第二十八章，我们会回来讨论这一点。

下院委员报告第八卷：《商业凋敝》第二卷，第一部，1847—1948年《证述细录》（以下简称《商业凋敝》1847—1948年）。"在四十年代，在伦敦的汇票贴现业上，用来贴现的，往往不是银行券，而是一个银行对别一个银行出的二十一日期的汇票（地方银行业者 J. 庇斯的供述，第4636号和4656号）。依照同一报告，银行业者，在货币紧迫时，习惯以这种汇票，支付给他的预客。如果受款人要求银行券。他就得把这种汇票再贴现一次。从银行家方面看，这等于是一种获取货币的特权。不知从何时起，琼斯路易公司就在货币稀少，利息率超过五厘以上时，实行了这个办法。顾客也很高兴接受这种银行汇票。因为琼斯路易公司汇票，比顾客自己的汇票，更容易找得贴现的人。这种汇票，往往可以经过二十人至三十人的手。"（前书第901—905、992号）

这一切形态，都使支付凭证成为可以转移的，"给予信用的任一种形态，都有时候可以实行货币的机能。无论信用是采取银行券的形态，是采取汇票的形态，还是采取支票的形态。过程在本质上总是相同的，结果在本质上也是相同的。"——富拉吞《通货管理论》二版伦敦1845年第38页。——"银行券是小信用货币。"（第51页）

以下引用的话，是采自居尔巴特《银行的历史与原则》（伦敦1834年）。"一个银行的资本，是由两个部分构成的。一部分是投资资本（Invested capital），一部分是银行资本（Bankingcapital）"（117页）。"银行资本或借入资本，是由三条路维持的。（1）存款的接收；（2）银行券的发行；（3）汇票的发出。假设有某人不需报酬他，借我100镑，我把这100镑依周年四厘的利息贷给别人，我在一年中，便由这种营业，赚得了四镑了。同样，如果别人情愿接受我的支付凭证（凭票即付，是英国银行券的普通形态），而在年终把这种凭证付还我，并支付我四厘的利息，好像我曾贷给他100镑一样，我也会由这种营业，赚得四镑的；又，假设某内地市镇上有某甲，依如下的条件给我100镑，那就是，在二十一日后，把这个金额交付给伦敦某乙，而我在这日期内由这个金额所得利息，一概当作我的利润，结果也是这样。以上所说，便是银行业务的实际的概括，而银行资本也就是这样，由存款，银行券，和汇票造出的。"（第117页）"银行业者的利润，一般说，是与其借入资本额或银行资本额成比例的。计算银行的现实利润时，必须把投资资本的利息，从总利润中扣除。其余额便是银行利润。"（第118页）"银行业对顾客的垫支，是用别人的钱来垫支的。"（第146页）"那种不发行银行券的银行业者，以汇票贴现的方法，造出一个银行资本来。它们会由贴现，增加它们的存款。因为，伦敦的银行，是只为存户贴现的。"（第119页）"以汇票要求贴现的银行，必须依汇票全额支付利息，但至少须以此金额的一部分存在该行，而不收受任何的利息。由此，银行业者垫款所得的利息，会比现行利息率更高，并由存在他手里的余额，造出一种银行资本来。（第120页）"关于准备基金存款，和支票的经济，他说："存款银行只要转账，就可以节省流通媒介的使用，从而，可以极小额现实的货币，实行大额的营业。这样游离出来的货币，会依贴现等方法，由银行业者垫支给他的顾客。所以，信用的移转，会增进存款制度的效能。"（第123页）"互相交易的二顾客，究竟和同一个银行业者往来，还是和不同的银行往来，那是一点关系没有的。因为，银行业者会在票据交换所内，交换他们的支票。由信用的移转，存款制度可以扩大到这程度，以致完全把金属货币驱逐。如果每一个人都向银行开户存款，并由支票实行他所有的一切支付，这种支票就会成为唯一的流通媒介的。在这场合我们必须假定，银行业者已经在他手里有这种钱，不然，这种支票就会不值一文。"（第124页）地方交易集中于银行家之手。这种集中，为如下各种机关所促进了。（1）是银行的分支行。地方银行在他区域的各小市镇内。设有支行；伦敦的银行，则在伦敦各区内，设有支行。（2）是办事处。"每一个地方银行，都在伦敦设有办事处，俾便在伦敦兑付银行券或汇票，并使伦敦市民那里，为本区的居民，经收各种款项。"（第127页）"每一个银行业者都会收兑别家的银行券，不再把它发出去。他们在每个大城市内，每星期会聚会一次或二次，交换他们的银行券的。其余额则用伦敦兑付的来支票来付清。"（第134页）"银行的目的，在使业务便利。但一切便利业务的事情，也会便利投机。在多数场合，业务与投机，是不能分开的，我们难判断业务止于何处，投机起于何处。……一般说，在有银行的地方，资本是更容易获得，且能以更低廉的条件获得。资本的低廉性，促进投机，像肉与酒的低廉性，会奖励人们贪食嗜酒一样。"（第 137、138 页）"因为发行银行券的银行，是常常用他们本行的银行券支付，所以，看起来，他们的贴现业务，完全是用这样造出的资本实行，但实际并非如此。一个银行业者可以用他本行的银行券，兑付一切由他贴现的汇票，但他所有的汇票，可以有十分之九，是代表现实的资本。因为，他虽然是用他自己的货币兑付这种汇票。但这种纸币，无须在流通中停留到汇票到期的时候。汇票也许要到三个月才满期，但银行券会在三日之内流回的。（第172 页）顾客的透支，也是一种常则的业务。在实际上，这便是准予现金信用（Barkredit）的目的。现金信用，不仅以个人保证为基础而给予的，那还须以有价证券的存入为条件。"（第 174、175 页）"以商品抵押为基础的资本垫支，和汇票贴现的资本垫支，有相等的作用。假设某甲以商品作抵押而借进 100 镑，那无异把这个商品，为一张 100 镑的汇票而卖，然后拿汇票到银行业者那里去贴现。但这种垫支，使他能保住货物，以待市场状况的好转，而避免牺牲。当他有急需而必须取得货币时，不是这样办，便不能不受牺牲的。"（第 180、181 页）

《通货学说评论》（爱丁堡 1845 年第 62、63 页），曾有这样的话："这无疑问是正确的：我今日存在 A 处的 1000 镑，会在明日再发出来，存到 B 那里去。明日 B 又会把它发出来，存到 C 那里去，并依类推下去。所以，同是这 1000 镑货币，它会由一系列的转移，繁殖成为一个绝对不能限定的存款额。所以，英国的全部存款，除已经在银行账簿上登账之外，也许没有别的存在的形迹。例如，在苏格兰，流通的货币，决不多过三百万镑，但存款额达二千七百万镑。在没有一般的突然的提取存款的需要（即银行挤提）时，这 1000 镑来回提存，可以同样便利地，抵消一个同样不能限定的金额。因为今日我以这 1000 镑抵付我对某商人的债务，明日这个商人，又可以用这 1000 镑，抵付他对某其他商人的债务，后日这某其他商人，又可以用这 1000 镑，抵消他对银行的债务，并依此无穷推演下去，所以，我们可以推论说，这 1000 镑可由这个人移转到那个人，由这个银行移转到那个银行，并抵消在一个可想象的存款额。"

〔我们曾经讲过，居尔巴特在 1834 年已经知道，"一切便利业务的事情，也会便利投机，在多数场合，业务与投机是不能分开的，我们难判断，业务止于何处，投机起于何处"以未售商品为抵押而要求垫支的办法越是容易，这种垫支额就会越是加大，而制造商品或把已成商品投到远隔市场去仅为获得货币垫支的要求，也会依比例，越是增加。至若一个国家的全部业务，究竟可以在什么程度内，为这种诈欺所笼罩，其结果又如何，只要研究一下 1845 年至 1847 年英国的商业史，就可以得到一个显著的例。在这种研究上，我们将会知道，信用能成就一些什么。但在我们援述这种例解之前，必须先做一个短短的注解。

在 1842 年底，那自 1837 年几无间断的破坏英国产业的压迫，就开始变弱了。在继起的二年内，外国对英国产业生产物的需要，还增加得更多。1845 年到 1846 年，是最繁荣的时期。

1843 年的鸦片战争，为英国商业开放了中国的门户。新的市场，对于已经推广的产业，特别是棉工业，成了进一步推广的借口。"我们怎样会致于生产过剩呢？我们已经要供给三万万人的穿着物了。"——这是当时孟彻斯德一位工厂主写给一位著作家信里的话。一切新建立的工厂建筑物，蒸汽机关，纺织机械，都不够吸收兰克夏所涌起的剩余价值。这种在生产推广上表现的情绪，又使人们去进行铁路的建造。在这里，工厂主和商人的投机欲，第一次得到了满足，那正是 1844 年夏间的事。股票，是尽可能（那就是在股款第一次付进的时候）被记名了；因为，大家都以为，以后各期股款的付入，是全然不成问题的。但等第二次付款期限到达时，——依照《商业凋敝》1848 年至 1857 年问题 1059 号，则 1846 年至 1847 年投在铁道上的资本，是等于七千五百万镑——股款的付入，便不能不凭信用了，真正的公司业务，却通例须有追加的出流。

真正的营业，大都已经负担过重。诱人的高价格，误导人们过分去把营业推广，以致可用的流动资金，感到缺少。要得信用，是这样容易，并且便宜。银行贴现率是这样低。在 1844 年，是 $1\frac{3}{4}$%—$2\frac{3}{4}$%；在 1845 年 10 月以前是 3% 不到；其后曾暂时升至 5%（至 1846 年 2 月为止），然后再在 1846 年 12 月落至 $3\frac{1}{4}$%。银行的地窖内，贮有空前的金准备。一切国内的行情，都比以前更高了。我们为什么要把这种好机会放过呢？为什么我们不尽量利用机会呢？为什么不尽量把可以制造的货物，运往需要英国货物的外国市场去呢？制造业者以棉纱织物售于远东，可得一重利益，以运回的货物在英国出售，又可得一重利益，为什么他不应该把这两重利益收为己有呢？

因此，对印度和中国，发生了一种大量的垫支委托制度

（das System der massenhaften Konsignationen gegen Vorschuss）。这种制度，不久又发展成为一种委托制度，而专以取得垫支为目的。关于这种制度，我们会在以下的注解内，详加解释的。这种制度，不可避免的，会以异常的市场过剩和营业崩溃为结局的。

这种崩溃，是当作 1846 年农作物歉收的结果，发生的。英格兰，尤其是爱尔兰，须有莫大的食粮输入，尤其是谷物和马铃薯的输入。但出产这种物品的国家，都不甚需要英国的产业生产物。所以，这种物品的代价，是必须用贵金属来支付的。这件事，至少曾以九百万镑的金，输出到外国。在此金额中，足有七百五十万镑，须由英格兰银行的现金库存支出，因此，英格兰银行在金融市场上活动的自由，就受到切实的限制了。其他诸银行的准备金，原是存在英格兰银行的，在事实上，其他诸银行的准备金，即是英格兰银行的准备金。因此，其他诸银行也迫不得已，须同样缩紧他们的金融调剂作用。支付的流，一向是畅通的；现在，却在这里那里受阻滞了，直到后来，普遍受到阻滞。银行贴现率，在 1847 年 1 月，尚为 3%—$3\frac{1}{2}$%；至 4 月，最初的恐慌勃发了，银行贴现率立即升至 7%。夏季，一时有小康之象，贴现率为由 $6\frac{1}{2}$%— 6%。但当新的歉收发生时，恐慌再爆发了，其激烈程度也增加了。英格兰银行的公定最低贴现率，在 10 月，为 7%，在 11 月，为 10%，那就是，最大多数的汇票，不出最高的高利息，便无人肯为贴现。支付一般停止的结果，使若干第一流商店破产，并使许多中等的乃至小商店陷于破产。英格兰银行本身，也因 1844 年的乖巧的银行法，加上种种限制，几濒于破产。在这紧急之秋，政府才徇众清，于十月二十五日，将该银行法停止，使英格兰银行所受的不合理的法律限制，得以解除。现在该银行已能不受干涉，而以其库存银行券，投到流通中了。这种银行券的信用，事实已为国家的信用所保证，从而成为不能动摇的，货币的逼急情形，遂立即得到了决定的救济。当然，还有许多已经绝望的大小商店，仍然不能翻身，但恐慌的绝顶期，总算过去了。银行贴现率再在十二月降为 5%，1848 年，营业活动再恢复了，这种活动，在 1849 年挫折了欧洲大陆革命运动的尖锋，并在五十年代，引起一种空前的产业繁荣，因而招致 1847 年的营业崩溃。——F. E.〕

（1）关于国家证券及股票在 1847 年恐慌中价值大减落的情形。上院曾于 1848 年发表一种文书来说明。依照这种文书，1847 年 10 月 23 日，与同年 2 月间的情形比较，英国国家证券价值下落等于 93824217 镑，船坞股票和运河股票价值下落等于 1358288 镑。铁路股票的价值下落等于 19579820 镑，合计为 114762325 镑。

（2）关于东印度营业——在这种营业上，成为问题的，不是商品已经购要好怎样汇钱，宁说是怎样购商品进来，俾能发出可以贴现可以兑现钱的汇票——《曼彻斯特导报》在 1848 年 11 月 24 日号，曾有如下的叙述。

A 在伦敦，托 B 在曼彻斯特向制造业者 C 购买货物，寄往东印度的 D 君。B 付一张六个月期的汇票给 C，C 可以凭这张汇票，向 B 要求兑付的。B 也凭一张六个月期的可向 A 要求汇付的兑票，作保证。当货物起运，提单由邮寄出时，A 便发出一张六个月期的向 D 要求兑付的兑票，"购买者与运输者，都在货价实际付清之前数月，就已经有了资金。在这种极延久的营业上，通常会在须有时间周转的借口下，在兑票到期时，把汇票延期的。不幸，这种营业的损失，不会导使这种营业紧缩，却反而使它扩充。当事人越是贫穷，他们购买货物的需要就越是增加；必须如此，他们才能获得新的垫支，来弥补他们前次投机所损失的资本。因此，购买不复受供给予需要的调节，却成了基础薄弱的商店的财政运用的最重大部分。但这还只是问题的一方面。制造品输出在这方面发生的现象，也发生在那一方面，即生产的购买和运送上。有充分信用可以把汇票拿去贴现的印度方面的商店购买砂糖，蓝靛，丝，棉花，不是因为购买价格与最近伦敦的行情比较，有利可图，却是因为他从前出的由伦敦某商店兑付的汇票快要到期，不得不设法弥补。他只要购进一批砂糖，用一张十个月期的由伦敦某商店兑付的汇票来支付代价，并把提单由陆上邮差寄住欧洲。那还有比这更简单的方法吗？不到两个月，这张提单就寄到伦敦了，货虽尚在运输中，提货单就转押到银行去了。因此，伦敦的商店，在汇票（为这批货物而出的汇票）到期之前八个月，就有了货币在手里。如其贴现公司尚有剩余货币，可以凭提货单船舱证书而垫支，并可为印度商店，发出的由'上等'咖啡茶叶交易所兑付的汇票，漫无限制的贴现，则在这限度内，一切都会圆滑进行，毫无阻碍，毫无困难的。"

（当从印度来和往印度去的货物，仍须经过好望角时，这种诈欺的办法，是一径流行着，但自苏伊士运河开通以来，这种创造虚资本的方法，便在蒸汽航行法面前，把根据——货物的长期运输——失掉了。而自英国商人对于印度市场行情，印度商人对于英国市场行情，得在同日由电报得到报告以来，这个方法便完全不能实行了。——F. E.）

（3）下面一段话，是由《商业凋敝》1847年至

1848 年上面曾经引用过的一个报告引述的。"1848 年 4 月最后一个星期，英格兰银行通知利物浦的皇家银行说，此后该行对皇家银行的贴现业务，应依半额减少。这个通知，曾招致极不幸的结果；因为，近来利物浦的支付，用汇票的，远比用现金的为多，并且因为向来必须携带巨额现金到银行兑付他的承兑汇票的商人，近来仅凭汇票，已能获得棉花和别的生产物。这个倾向，已经变为主要的，并引起营业上的困难。银行必须为商人转成现金的承兑汇票，大体是由外国发出的，且大抵要由生产物支付进来的代价，来清算。商人现在用来代替现金的汇票，乃是时间不同种类不同的，多数是三个月期的银行汇票，大多数是为购棉花而发出的。这种汇票，如果是银行汇票，都是由伦敦的银行业者承兑的，别的便由巴西，美国，加拿大，西印度等处商业上各种商人承兑。……商人不会相互发出汇票，但曾购买利物浦货物的国内顾客，会对伦敦的银行，或对伦敦的别的公司，或对别的人，发出汇票，来当作兑付的保证。英格兰银行的通知，曾把汇票——对已售外国货物而出的汇票——的通用期间缩短，在从前，它往往通用到三个月以上的。"（第 1、2、3 页）

如上所说，英格兰 1844 年至 1847 年的繁荣时期，与第一次大铁路欺诈相关联。关于这次欺诈对营业一般所生的影响，前报告曾有如下的记载。"1847 年 4 月，差不多一切商店，都因为曾经把他们的商业资本一部分投到铁路上去，以致营业多少发生饥饿的现象。"（第 18 页）——"私人，银行业者，保险公司，都曾依八厘那样高的利息，借款来投到铁路上去"（第 42、43 页）。——"这些商店投这许多钱到铁路上去的结果，遂不得不

凭汇票贴现，向银行借资本来进行他本店的业务"（第 43
页）。——问："你是说，铁路股票的支付，曾大大加强 1847 年
4 月和 10 月金融市场所受的压迫么？"答："我相信，那并没有
加强四月间所受的压迫。据我看来，铁路股票的支付，一直到四
月和夏季，都不曾减弱，反而巩固了银行的营业。由此引起的货
币的现实支用，并不像它的付入那样迅速。结果是，在同年初，
有多数银行，持有巨额的铁路基金"（这一点，在《商业凋敝》
1848 年至 1857 年中曾为多数银行业者的陈述所确证——F. E.）。
"这个倾向，在夏季，渐次减退了，至 12 月 31 日，已变成极其
微弱。10 月金融逼迫的原因之一，就是银行家手里的铁路基金
逐渐减少；自 4 月 22 日至 12 月 31 日，我们手里的铁路基金余
款，减少三分之一。铁路股金的缴入，在全英国，都有这种影
响。存在银行内的存款，渐次被夺去了。"（第 19、20 页）——
森牟尔·古尔讷（信用不好的古尔讷公司的会长）也说："1846
年，铁路资金的需要，比往年更大得多，但那不曾把利息率提
高。小额资金累积成为大额，此大额则在我们市场上消费。所
以，大体说，其结果，与其说是从伦敦取去许多货币，毋宁说曾
以更多的货币，投到伦敦的金融市场上来"（第 135 页）。

　　利物浦股份银行的董事荷基生，曾说明，在什么程度内，汇
票可以成为银行业者的准备金。他说："依照我们的习惯，我们
的全部存款（至少）的十分之九，和全部从他人那里受得的货
币，会当作逐日到期的汇票，归到我们的汇划账户内，……所
以，在恐慌期间，逐日到期的汇票额，与逐日的付款要求额，几
乎可以相抵"（第 29 页）。

　　投机汇票（Spekulationswechsel）——第 5092 号："这种汇票
（对已售棉花而出的）主要是哪一种人承兑呢？"（加德讷，棉工
厂主，他是本书屡次提到的一个人物。——F. E.）答："由商品

买卖经纪人；一个商人购买棉花，把棉花交付给某经纪人，并向他出汇票拿这种汇票去贴现。"——第5094号，问："这种汇票交到利物浦银行去，并在那里贴现么？"答："是的，但也有时有别的银行贴现。……这种通融办法，主要是由利物浦银行办理，假设没有这种通融办法，据我看，去年的棉花，每磅会更便宜一便士半至二便士。"——第600号，问："你说，流通中的汇票，有极大多数，是由投机家向利物浦棉花买卖经纪人发出的。就那些以别种殖民地生产物为对象的汇票的垫支说，情形是和你刚才说的一样么？"〔荷斯生，利特浦一位银行业者〕答："就一切殖民地生产物而言，都是这样的，但棉花更加是这样。"——第601号，问："足下以银行业者的资格，曾要避免这种汇票的办理么？"答："决不是这样的；这种汇票，只要分量不过分，我们就认它是合法的。……但这种汇票，往往会延期支付。"

1847年东印度及中国市场上的诈欺——查理·杜尔讷（利物浦市第一流东印度商店的店主）说："摩里西亚斯岛商业及其他类似商业上发生的事件，我们大家都知道。依照经纪商人的习惯，他们会在货物到埠之后，以货物为抵押（这是完全合法的），或以提单为抵押，而垫支，以偿付那对货物发出的汇票。但他们不仅这样做，……他们还会在货物起运以前，乃至在制造以前，就以生产物为抵押而垫支。例如，有一次，我在加尔各答，购得六千镑至七千镑的汇票；这种汇票的代价，被人家送往摩里西亚斯岛，投到那里栽培甘蔗。但当这种汇票送到英格兰时，竟有半数以上，被拒绝承兑。后来，这一批汇票所依以发出的砂糖，终于运到了，但却发觉，这种砂糖，在起运以前，甚至在熬制以前，已经抵押于第三者"（第54页）。"东印度市场上的货物，必须用现金支付给制造业者的；但这并没有怎样大的关系；因为，如购买者在伦敦有若干信用，他就能向伦敦出汇票，并在贴现率不高的伦敦，把这种汇票拿去贴现；他就用这样得到的现金，付给制造业者。……但运送货物到印度去的人，至少要在十二个月之后，才能收得他的归航品。……一个有一万镑或一万五千镑的经营印度商业的人，可以在伦敦某公司那里，开立巨额的信用；他给予该公司百分之一的手续费，而以如下的条件对该公司发出汇票；即送往印度的货物的代价，必须交到伦敦该公司。但双方的默契是：伦敦该公司无须垫支一个现钱；那就是，在归航品到埠以前，把汇票延期。这种汇票，是在利物浦、孟彻斯德、伦敦贴现的。但有若干部分，保留在苏格兰的银行手里"（第 55 页）。——第 786 号："有一个商店，最近在伦敦倒闭了。它的账簿的检查，曾暴露如下的事实：有一个商店在孟彻斯德，一个商店在加尔各答，他们曾与伦敦该商店，开立二十万镑的信用，那就是，这个孟彻斯德商店的营业朋友，受托由格拉斯哥和孟彻斯德运送货物到加尔各答商店时，得向伦敦该商店，开出二十万镑的汇票；其条件是，该加尔各答商店也会对伦敦该商店，开出二十万镑的汇票，这种汇票在加尔各答出售，而以其代金，购买别的汇票寄到伦敦去，使伦敦该商店，能支付格拉斯哥，或孟彻斯德商店所出的第一张汇票。该商店就由这个方法，把六十万镑的汇票，送到世界去的"（第 61 页）。——第 971 号："现在，如加尔各答某商店购买一船开往英国的货物。而用该店对伦敦来往商号开出的汇票支付货价，则提单送到伦敦后，其提单通例会立即拿到郎巴德街去获得垫支。因此，在他们的来往商号必须兑付汇票以前，他们可以有八个月的时间，利用货币。"——

（4）1848 年，上院秘密委员会奉命调查 1847 年恐慌的原因。证人在这个委员会面前所提的供述，至 1857 年，方才公布（即《证述细录》，本书引用时，称其为《商业凋敝》1848 年至 1857 年）。在那里，利物浦联合银行董事利斯特君，除证述别的事情外，尚提出如下的供述：

第 2444 号："1847 年春，信用会不当的扩大……因为营业者群以资本移向铁路方面，但仍要保持他们向来的营业规模。每一个人开初都以为，他们将来售卖铁路股票，可以获得利润，并由此补充营业上的资金。他也许发觉这件事是不可能的，故以前付现金营业的地方，现在改用信用了。信用就是这样扩大的。"

第 2500 号："使承兑银行蒙受损失的汇票，主要是与谷物或棉花相关的么?"……答："各种生产物都有关的，谷物，棉花，砂糖以及各种的生产物，都有关。在那时，除了油，恐怕每一种物品的价格都下落了。"——第 2506 号："若当作担保的商品的价格，未有充分保证，有下落之处，承兑汇票的经济人就不会承兑的。"

第 2512 号："对于生产物，可以发出两个种类的汇票。属于第一类的，是向外国输入者发出的未经划拨的汇票。……为这种生产物发出的汇票，往往在货物到埠以前，就到了期。因此，资金不甚充裕的商人，在货物到埠时，必须把货物送到经纪人那里去押款，押到货物出售的时候。在此，有别一类汇票发生了。那是由利物浦商人，以货物为担保，而向这种经纪人发出的。……因此，银行业者必须能辨别他有没有这宗货物，并辨别他对于这宗货物，曾经垫支多少。银行业者必须确信，经纪人有确实担保，足以赔偿万一的损失。"

第 2516 号："我们也从外国接受汇票。……假设有某人在外国购买一张在英国兑付的汇票，并把这张汇票送到英国来，我们自不能辨别，这张汇票是不是适当发出的，也不能辨别，它是代表生产物，还是不代表什么。"

第 2533 号：问："你说，几乎各种外国生产物，都须受非常的损失，才能卖出。你相信，这是这一类生产物不当投机的结果么?"——答:"这是输入额甚大,但无充分消费额的结果。就一切的征候来判断,消费都大减退了。"——第 2537 号:"在十月……生产物几乎完全不能销售"。

在恐慌的极顶期,我们一般都要求安全。这一层,可由如下的报告来说明。这个报告,是由第一流专门家,尊严而狡猾的教友派信徒,古尔讷公司的古尔讷撰成的。内有如下的叙述。——第 1262 号:"当恐慌实行支配时,营业家决不会反问自己,投下银行券会于自己怎样有利益,也不反问自己,在此时售卖财政库券或三厘公债券,将使自己蒙受 1%或 2%的损失。只要一旦有恐怖的暗示,他就会不顾损益,冀使自己安全,不复管别人的账。

(5)关于两个市场间相互的资金移送,有一位从事东印度贸易的商人亚力山大,曾在 1857 年银行法下院委员面前,提供如下的证述。第 4330 号:"我投 6 先令在孟彻斯德,我立即会在印度收回 5 先令;我投 6 先令在印度,我会立即在伦敦收回 5 先令。所以印度市场会假手英格兰来移送资金,英格兰市场会假手印度来移送资金。并且,这正是 1857 年夏的情形,这时候,与 1847 年的惨痛经验,不过相距十年!"

"在英格兰，有一个不断的追加财富的蓄积，那有一种倾向，要在结局上，采取货币的形态。但在赚取货币的愿望之后，还有一个最迫切的愿望，是由某种有利息或有利润的投资方法，把这种货币处分；因为，当作货币，货币是不会生出什么来的。所以，倘非在追加资本不断扩大，同时又有投资范围的渐次的充分的扩大，那就必致发生寻求用途的货币之周期的蓄积。这种蓄积，会视当时的情形如何，而有大小不等的意义的。有许多年数，国债是英吉利追加财富的大吸收器。但自 1816 年以来，它的最高限已达到了，它已不复有吸收的作用，每年至少有二千七百万的金额，要找寻别的用途。加之，还有种种资本被付回来了。……需有巨额资本并时时为不用资本的剩余开放一个出口的企业，……至少在我们英国是绝对必要的；必须有这一类的企业，社会追加财富之周期的蓄积，方才能寻到普通的投资范围。"（《通货学说评论》伦敦 1845 年第 32、33、34 页）关于 1845 年，该著者又说："在一个极短的时间之内，物价就由低落的极点，跃起来了。……三厘的国债，几乎以平价买卖了。……英格兰银行库内保藏的现金，超过以前任何时期的储额。各种证券的价格，皆为前此所未闻。利息率是这样下落，以致仅有其名。……这一切都证明，在英国，又有一个严重的不用财富的蓄积；都证明，一个新的投机热的时代，再迫到眼前来了。"（前书第36页）

"金的输入，虽然不是外国贸易获利的确实的标记，但在没有旁的说明理由时，这种输入的一部分，总可以明白代表这种利润"（胡巴特著《通货与国家》伦敦1843年第40、41页）。"假设在一个营业有坚实好况，物价有利润可图，货币流通甚为充实的时期，竟因有一次农作物的歉收，以致金输出五百万镑，谷物则依同价额输入。通货〔我们立即会知道那不是指流通媒介，只是指不用的货币资本——F. E.〕将会依同额减少。私人所有的流通媒介，可以和以前一样多，但商人在银行内的存款，银行留存在其金融经纪人手内的残额，以及在其库内的准备金，都会减少。不用的资本额减少了，其直接结果，是利息率的提高，例如由四厘增至六厘。因为营业是健全的，所以信任心没有动摇，不过，信用的估价提高了"（前书第42页）。"如其商品价格一般下落，过剩的货币就会在存款增加的形态上，流回到银行去，不用资本的过剩，将使利息率降至最低限。这种事态，将会继续下去，以致较高的物价或较活泼的营业，再把休眠着的货币推动，或使这种货币，被吸收而投在外国有价证券或外国的商品上"（第18页）。

以下的摘录，又是从国会报告《商业凋敝》1847年至1848年录下的。——1846年至1847年农作物歉收的结果，是营养资料有大输入的必要。"因此，发生了输入大大超过输出的现象。……因此，货币大量从银行流出，而有汇票需要贴现的人，对于贴现经纪人，也有了更大的需求。经纪人对于汇票不得不更精细的考察。向来可以在资金上得到通融的人，都受严格的限制；基础薄弱的商店，都不能得到通融了。完全依赖信用的人，都碰壁了。已经感到的不安，更因此加甚；银行业者等，都发觉他们的汇票和别种有价证券，不像从前那样容易化为银行券，来应付他们的债务。他们发觉，宁可完全不把银行券放出。不安与混乱的情形，是与日俱增，设无罗素爵士（Lord John Russell）的书翰，一般的破产现象，一定会成为不可避免的"（第50、51页）。罗素的这个书翰，把银行法停止了。——上面曾经提到的那位杜尔讷，曾供称："有许多商店的资金颇为充足，但可惜不能流动。他们的全部资本，被拘束在摩里西亚斯岛的土地所有权上面，或蓝靛工厂或砂糖工厂上面了。有一次，他们曾缔结五十万至六十万镑的债务，但没有流动资金可以兑付由此发生的汇票，最后他们发觉了，他们要兑付汇票，是只有依赖信用，如果他们可以得到信用的话"（第57页）。——以上提到的那位古尔讷说："现在（1848年），营业都在大收缩，货币大为过剩。"——第1763号："我不信，使利息率如此提高的，是资本的缺少；那是惊慌，是银行券获得的困难"（第135页）。

在1847年，英吉利至少曾为进口的营养滋料，支付九百万镑的现金。在这个金额中，有七百五十万镑是由英格兰银行支出，一百五十万镑从别的源泉流出（第204、277页）。——英格兰银行总裁摩里士说："在1847年10月23日，公债，运河股票，铁路股票，已经减了114752225镑的价值"（第288页）。明亭克公曾问该摩里士说："你不知道，一切投在有价证券和各种生产物上面的资本，都同样把价值减低了，原料棉花丝羊毛都以同一的贱价输到大陆去，砂糖咖啡茶都在强制售卖上拍卖么？"……答："当国内现余因营养滋料大输入而输出时，为预防起见，国家是不能不忍受大的牺牲的。"——问："在这时，与其忍受这种牺牲来防止现金输出，不是宁可动用银行库内现有的八百万镑现金么？你的意思不是这样么？"——答："我的意思不是这样？"（第 291 页以下）——以下是对于这种牺牲主义的注解。迭斯累利（Disraeli）问英格兰银行董事暨前任总裁哥东（W. Cotton）说："1844 年银行股东所得的股利多少呢？"——答："在这一年，是七厘。"——"1847 年的股利呢？"——答："九厘。"——问："银行会为股东支付当年的所得税，是不是？"——答："是的。"①——问："1844 年也是这样么。"——答："不是。"①——问："这样看，这个银行法（1844 年的银行法），就于股东极有利了。……所以，结果是，自新银行法实施以来，股东的股利已由七厘增至九厘，并且，以前所得税是由股东付，现在是由银行付，是不是？"——答："完全对的。"（第4356—4361 号）

关于 1847 年恐慌中银行贮藏的货币，一位地方银行业者庇斯（Pease）曾说："第 4695 号。因为，银行迫不得已，不断把它们的利息率提高，不安的情景是普遍化了。各地方银行都增加了它们所有的货币额，并同样增加了它们的钞票额。我们之中，有许多人，原来只要有数百镑现金或钞票的，现在都须在柜内或公司桌内，贮有千数以上了。这是因为，贴现与汇票在市场上的流通力，极不确实。因此，有一种普遍贮藏货币的事情发生了。"委员的一人曾说：（第 4691 号）"所以，无论在过去十二年间的原因是什么，结果随便在什么地方，都更有利于犹太人和货币经营业者，而更无利于生产阶级一般。"

货币经营业者曾怎样利用恐慌时期，杜克曾解说："在沃威克夏和斯召福夏二州的金属制品营业上，被拒绝的定单，为数甚

---

① 那就是，股息先被确定了，然后在交付于个个股东时，扣除所得税；但在1844 年以后，才是先由银行，缴付总利润的赋税，而在分配股息时"免纳所得税"。因此，名义上相等的股息百分率，在后一场合，将多包含一个课税的数额。——F. E.

多。这是因为，工厂主在汇票贴现上所须支付的利息率，会把他的全部利润吸收掉，还嫌不够"（第5451号）。

我们再取别一个以前曾经引用过的国会报告（银行委员报告1857年）。在其内，英格兰银行董事诺尔曼（Norman，他是通货原理上的巨星）君，曾提供下面那样的问答：

（第3635号）"你说，你的意思是，利息率并非依存于银行券的数额，而系依存于资本的需要和供给么？那所谓资本，除了银行券和现金，还包括什么呢？"——答："我是相信普通的'资本'定义，把资本定义为生产上使用的商品或劳务。"——（第3636号）："你说利息率时，有没有把一切商品包括在资本项内呢"？——答："一切在生产上使用的商品，都包括在内"。——（第3637号）"你说利息率时，把这一切商品都包括在资本项内么？"——答："是的。假设有一个棉工厂主，他工厂内需用棉花，他为要获得棉花，或许会请求银行垫支。他就用这样得到的货币，到利物浦去买。他真正需要的，是棉花；他需用银行券或现金，不过把它当作购买棉花的手段。还有，他也许要支付他的劳动者，他就向银行借钞票，用这种钞票付给他的劳动者，劳动者是需要食物和住所的，货币是这种物品的支付手段。"——（第3638号）"但利息是支付给货币的，是不是？"——答："是的，在前一场合，确实的。但再假设他是凭信用购买棉花，不会向银行要求任何的垫支。在这场合，现钱购买的价格和赊买的价格在支付时所见的差额，也是利息的尺度。所以，即使没有货币介在中间，也会有利息的。"

这种自欺的呓语，和通货原理的这个栋梁，是完全相配的。最先，是这种光辉的发现：银行券或现金，是购买物品的手段，银行券或现金的借进，并没有自身的目的。这个发现，被假设为可以说明利息率由何物调节的问题。以前，我们只知道，商品的

443

供给予需要，会调节商品的市场价格，现在我们又知道，利息率也是由商品的需要与供给调节的。不过，极不相同的利息率，会包含在相同的商品市场价格内。——且更进一步来观察这个狡猾的主张。他听见了这样一个正当的问题："利息是支付给货币的，是不是？"这个问题当然包括如下的问题："银行家是不经营任何商品的，然则，银行家所受的利息，与这种商品有什么关系呢？又，制造家是把货币投到极相异的市场去的，那就是投到供求状况（就生产上使用的商品来说）极不相同的市场去，但他们不是依相同的利息率，借得货币么？"但对于这些问题，这位庄严的天才，却只答说，凭信用购买棉花的工厂主，也支付利息，这种利息的尺度是："现钱购买的价格和赊买的价格在支付时所见的差额。"事实刚好相反。天才诺尔曼被请求去说明，现行利息率受什么事情调节。实则，现行的利息率，正是现付价格与赊卖价格在支付时所见的差额的尺度。在前一场合，棉花是照现付价格购买的，那是由市场价格决定，而市场价格则由供求状态调节。假设价格是 1000 镑。就买卖而言，这 1000 镑的支付，就把制造业者和棉花经纪人间的事务了结了。现在假设有第二种事务加入。那是在贷者与借者间发生的。1000 镑的价值，在棉花形态上，垫支给制造业者了，他必须在三个月之内，把这宗货币付还。那依市场利息率决定的 1000 镑的利息，则成为现付价格以上的加额。棉花的价格，由需要与供给决定。但棉花价值 1000 镑三个月的垫支价格，则由利息率决定。棉花转成货币资本的事实，为诺尔曼君证明了，即使没有货币介在中间，利息也会存在。然若全无货币存在，则一般的利息率是断然不会存在的。

最先我们要考察这种卑俗的资本观。这种观念，认资本为"生产上使用的商品"。在这种商品当作资本发生机能时，它们的当作资本的价值（那是和它们的当作商品的价值相区别的），是表现为利润，这种利润则是由资本之生产的或商业的用途生出的。并且，利润率总与所购商品的市场价格及其供求状况有关，虽然它是由完全不同的事情决定。并且，利息率一般以利润率为限界，也是毫无疑问的。但诺尔曼被请求去解答的，正是这个限界如何规定。那是由货币资本（与别的资本形态相区别的货币资本）的需要和供给规定的。现在，我们可以进一步问：货币资本的需要和供给又是怎样规定的呢？那是没有疑问的，在实物资本的供给和货币资本的供给之间，存有一种暗默的结合，而产业资本家对货币资本的需要，是由现实生产的情况决定。但诺尔曼不对我们说明这一点，却告诉我们，货币资本的需要，不与货币本身的需要相一致；而这个见解所以发生，在他看来，不过因为欧维斯坦等通货原理家，常常抱有一种负疚的良心，觉得他们可以人为地，由立法的干涉，从单纯的流通媒介，造出资本来，并把利息率提高。

现在说到欧维斯坦公（别名森牟尔·琼斯·路易）。他要说明，为什么在国内的"资本"这样稀少时，他对于他的"货币"，可以因此受得一分的利息。

（第3653号）"利息率的变动，是由下述二原因之一发生的。那或是由于资本价值的变动。"〔旨哉！一般说，资本的价值，正指示利息率！这样说，利息率的变动，就是由于利息率的变动了。我们曾经在别处说过，在理论方面，资本价值不指别的什么。难道欧维斯坦公是用资本价值来指示利润率么？如果是这样，这位深刻的思想家，就仍旧归到下述的命题了：利息率受节制于利润率。〕或是由于国内现有的货币额的变动。一切利息率上的变动，无论是在时间上很久的，或是在程度上很大的，都可溯源于资本价值的变动。对于这个事实，最显著的例解是，1847年及前二年（1855年及1856年）利息率的提高。由现存货币量变化而起的较小的利息率变动，在时间上是暂时的，在程度上又是很小的。那是很常发生的；但它越是频繁，它的目的就越是有效的达到。这个目的是什么呢？那不外是使欧维斯坦那样的银行家发财。关于这点古尔讷曾非常坦白的，向上院委员会陈述（见《商业凋敝》1848年至1857年）。（第1324号）"你觉得，在去年发生的利息率的大变动，有利于银行业者和货币经纪人，是不是？"——答："我以为，那有利于货币经纪人。"——（第1325号）问："在利息率高时，银行业者结局会因第一流顾客的贫困受损失，是不是？"——答："不是的。在我看，这个结果，并不会怎样显著的。"——在这里，我们可以看出这种谈话的意义来了。

关于现存货币额对于利息率的影响，我们以后会回来加以讨论。但我们必须在这里注明一笔，欧维斯坦又把一物混做别一物了。1847年，对于货币资本的需要（在十月以前，对于货币稀少，或像他所说，对于"现存货币量"，并不存有什么不安心情），是由种种不同的理由增加的；比方说，谷物的昂贵，棉花价格的提高，砂糖生产过剩而起的不能销售，铁路投机，及营业崩溃，外国市场上的棉制品的过充，以及上面讲过的对印度的强制的输出入（这是以汇票诈欺为目的的）。由这一切事情，工业的生产过剩和农业的生产不足，换言之，因有种种不同的原因，所以对货币资本（那就是对信用和货币）的需要会发生增加。这种增加的对货币资本的需要，在生产过程的进行中，有其原因。但无论它的原因是什么，我们总知道，使利息率或货币资本价值提高的，是对货币资本的需要。若欧维斯坦意思是说，货币资本的价值提高，就因为它的价值提高，那不过是同义复述。但若他所说的资本价值，是指那引起利息率提高的利润率的提高，则我们知道，他的意见是不确的。货币资本的需要，从而，资本价值，尽可以在利润下落时，提高的。只要货币资本之相对的供给减落，它的价值就会提高的。欧维斯坦所要证明的，是这一点：1847 年的恐慌及随着发生的高昂的利息率，无关于"现存货币量"，那就是，无关于他所拥护的 1844 年的银行法的规定。在银行准备金枯竭的危惧——这是欧维斯坦的创造——把一个金融恐慌，加到 1847 年至 1848 年恐慌里面去的限度内，这一次恐慌，是实际与这些事情有关系。但在这场合，论点并不在这里。业务范围（与现有资金比较）过度扩大的结果，引起一种货币资本的紧逼；而由农作物歉收，铁路投资过度，生产过剩（尤其是棉制品的生产过剩），印度市场中国市场上的诈欺营业，投机，砂糖的输入过多等原因发生的再生产过程的扰乱，遂使这种紧逼情形爆发出来。有些人曾依照每卡德 120 先令的价格，购买谷物，但他们出卖谷物时，每卡德仅值 60 先令。就这种人说，所损失的，便是他过度支付的 60 先令，便是他们以谷物押款所得的等额的信用。他们所以不能把他们的谷物，依照原价格，化成120 先令的货币，并不是因为银行券缺少。曾以过高价格购买砂糖但不能把砂糖售出的人的情形，也是这样。曾以流动资金投在铁路上，而凭信用获得流动资金，来经营"合法"业务的人的情形，也是这样。但在欧维斯坦看来，这一切都表现为"货币价值提高之精神上的承诺"（a moral sence of the enhanced value of his money）。但货币资本的这种价值提高，曾由现实资本（商品资本和生产资本）的货币价值下落，直接得到抵消的作用。资本的价值，在一个形态上提高，是因为资本的价值已在别一个形态上下落。但欧维斯坦却要把诸不同种资本的两种价值，归成资本一般的价值；他把这两个价值并起来，使它们和流通媒介或现有货币的稀少，对立起来表现。不过，同额的货币资本，是能用不等额的流通媒介，来贷放的。

　　现在，我们且以 1847 年为例。公定银行利息率在一月，为三厘至三厘半；在二月，为四厘至四厘半。在三月，通例为四厘。在四月（金融恐慌），为四厘至七厘半。在五月，为五厘至五厘半。在六月，大体为五厘。在七月，为五厘。在八月，为五厘至五厘半。在九月，为五厘，但有少许的变异，如五厘又四分之一，五厘半，或六厘。在十月，为五厘，五厘半，七厘。在十一月，为七厘至一分。在十二月，为七厘至五厘。——在这场合，利息的增加，是因为利润减少，商品的货币价值大大减低。照欧维斯坦些说，在这场合，利息率在1847年提高，是因为资本的价值增加，他所说的"资本价值"，便不过是货币资本的价值，但货币资本的价值，正是利息率，不是别的。但狐狸尾巴后来毕竟露出了；他是把资本价值视为与利润率相同的。

关于1856年的高利息率，欧维斯坦在事实上并没有知道，这个现象，一部分，正好是信用经纪人占优势的一个象征。这种信用经纪人所支付的利息，非出自他们的利润，却是出自别人所有的资本。在1857年恐慌前数月间，他还主张："营业是充分健全的。"

他还供述：（第3722号）"营业利润由利息率提高而破坏的见解，是极错误的。第一，利息率的提高，很少是经久不变；第二，如果是经久不变的，巨大的，它在事物的本质上，就不外是资本价值的提高。为什么资本的价值会提高呢？因为利润率已经提高呀！"——在这里，我们终于晓得了他所说的"资本价值"的意义。此外，我们还可说明一句，利润率可以在长时间内保持高昂的水准，但企业利益会下落，利息率会上腾，以致利润的大部分，为利息所吸收。

（第3724号）"利息率的提高，是我们营业异常扩张和利润率大大提高的结果，设有人借口利息率的提高，会把这两件事（那便是它自身的原因）破坏，而诉苦起来，那真是一种论理上的不合理，是我们无法形容的"——从论理方面说，他这种叙述，正好和下一种叙述相同：提高的利润率，是商品价格由投机而提高的结果，如果人们借口价格提高会破坏它自身的原因（投机），而诉苦起来，那真是一种论理上的不合理。一物结局会破坏它自身的原因的说法，只有喜欢利润率高的高利贷业者看来，是论理上不合理的。罗马民族的伟大，是他们征服许多地方的原因，但他们的征服，恰好破坏了他们的伟大。富是奢侈的原因，但奢侈对于富有破坏的影响。这个滑头呀！资产阶级现世界的痴呆，最显著地由这种事实表示了：大富翁的"论理学"，这种卑鄙贵族的"论理学"，竟曾在全英国人心中，博得尊敬。再者，那怕高利润和营业扩大可以是高利息率的原因，高利息率也不能因此便成为高利润的原因。问题正好在这一点：在高利润率已经消灭之后，这种高利息率（在恐慌时，就有这种高利息率的）会不会继续，或者说，是不是到这个时候，才达到它的极点？

（第3718号）"关于贴现率的大增进，有一个事情，完全是并且正好是由资本价值增进引起的；我相信，这种资本价值增进的原因，是每一个人充分明了的。我曾经说过，在这个银行法实施的十三年间，英国的商业由四千五百万镑，增至一万二千万镑。我们且考虑一下这个数字叙述所包含的种种事情，考虑一下商业莫大增进所伴起的异常的资本需要，同时，并考虑一下这种大需要的自然的供给源泉（即国家逐年的贮蓄）曾在过去三四年间，为无利益的战争支出所消耗。我承认，利息率只仅这样提高，是心里很觉得奇怪的。那就是，我很奇怪，为什么由这种庞大操作引起的资本不足，竟不比你们所料的，更迫切得多。"

我们的高利贷论理学者，在这里，是惊人地把用语混淆了！在这里，他又说到资本的价值增进！他好像是这样想，在一方面，有再生产过程之巨大的扩张，从而有现实资本的蓄积，在他方面又有一个"资本"——对于它，曾发生"巨额的需要"——存在，俾能完成商业的巨大的增进！这个绝大的生产增加，不就是资本的增加么？如果它会唤起需要，它不同样会引起供给，并引起货币资本的供给增加么？如果利息率增加得极高，那只因为，对货币资本的需要，比它的供给，是增加得更迅速。就是说，在产业的生产扩大时，它的以信用制度为基础的交易的范围也会扩大。那就是说，现实的产业扩大，引起一种扩大的对于"资金融通"的需要。而这种需要，便是我们银行家所说的"异常的资本需要"。使输出贸易由四千五百万镑增至一万二千万镑的原因，当然不只仅是这种资本需要的扩大。又，欧维斯坦说，克里米战争所消耗的国家逐年的贮蓄，便是这种大需要的自然的供给源泉。他这样说的时候，他是什么意思呢？第一，请问，1792 年至 1815 年的战争，比克里米战争是更大得多的，但在这个期间，英国怎样获得它的蓄积呢？第二，请问，如果自然的源泉枯竭了，资本又从那一个源泉流出呢？英国不会向外国借款，那是一种周知的事实。固然，如果在自然的源泉之外，尚有一个人为的源泉，则在战时利用自然资源，在营业上利用人为资源，对于国家当然是一个极妙的方法了。但若只有旧的货币资本存在，我们能由利息率的提高，使其效果加倍么？欧维斯坦君明白相信，国家的逐年的贮蓄（但在这场合，是被假设为消费掉了的），会转化成为货币资本。但若没有发生现实的蓄积，没有发生生产的增进，没有发生生产手段的增加，则债务请求权在货币形态上的蓄积，对于生产，又有什么益处呢？

由利润率提高而起的"资本价值"的增进，在欧维斯坦手里，和由货币资本需要增大而起的"资本价值"的增进，混同了。这种需要，可以由利润率以外的原因，增加的。他自己也曾引用若干实例，来说明 1847 年这种需要是因现实资本价值减少而增加的。他所谓资本价值，是随他自己的意思，有时指现实资本，有时指货币资本。

　　以下的供述，更可暴露这位银行王的不诚实，以及他的狭隘的银行家的观点（他是以教师的态度，把这种观点锐化了）。第3728号："你说，依你的意思看，贴现率对于商人，并没有特别的重要性。你可以告诉我，关于普通利润率，你是怎样看待？"欧维斯坦君当声明，这个问题的答复是"不可能"的。——第3729号。问："假设平均利润率为百分之七至百分之十；在这场合，贴现率由百分之二变为百分之七至百分之八的结果，不一定会显著影响利润率么？"〔这个问题，把企业利益率，和利润率混淆了，并忽略了利润率是利息和企业利益的共通源泉这一个事实。利息率可无影响于利润率，但必有影响于企业利益。〕欧维斯坦答说："第一，营业家在贴现率会吸去利润的大部分时，他就不会支付贴现率；他会宁愿把营业停止。"〔是的，他会把他的营业停止，如果这样停止，不会招致自身的破灭。在利润很大的时候，他们支付贴现手续费，是因为他们愿意；在利润小的时候，他们支付贴现手续费，是因为他们必需。〕问："贴现是什么意思呢？为什么一个人要拿汇票去贴现呢？"答："因为他愿有更大的资本。"〔停一下！因为他要预料那被拘束的资本，会在货币形态上流回，并要避免营业的停止；因为他必须应付到期的支付。他只在营业良好的时候，需要追加的资本，但在营业不佳的时候，如果他要凭别个人的资本来投机，他也需要追加的资本〕。"然则，他为什么要获得较大资本的支配权呢？"答："因为他要把它投下"。问："为什么他要把它投下呢？"答："因为那有利润；但若贴现率会把他的利润吸收掉，那对于他就无利润了。"

　　这位自欺的论理学者，假定汇票贴现是为扩大营业，而扩大营业则因其有利润。这第一个假设是错误的。普通营业家所以要贴现，是为要把他的资本的货币形态提前来实现，从而使他的再生产过程不致于中断；其目的，并非在扩大营业或获得追加的资本，不过要以所受得的信用，抵付他所给予的信用。然若他是凭信用来扩张他的营业，汇票的贴现对于他就是没有多大用处的，因为这种手续，不过使那已经在他手里的资本，由一种形态，转化成别一种形态。在这场合，他不如借一笔长期的固定的借款。只有信用诈欺者，会为营业扩张的目的，而把融通汇票拿去贴现，冀能用一种腐败的营业，来掩蔽别一种腐败的营业；那不是为利，而是骗取他人所有的资本。

贴现是使那代表资本的汇票，化为现金。但欧维斯坦不这样看，却把它视为是追加资本的借取。但这样做过之后，一经遇到指枷，他就退却了。——第 3730 号问："商人的营业一经开始，那吗，就使利息率暂时提高起来，他不是也要在一定时间内，继续进行他们的业务吗？"欧维斯坦答说："这是没有疑问的，若在任何个别的交易上，有一个人能依低利息率，无须用高利息率来获得资本，那为他个人计，当然是一件值得欢迎的事。"——在这里，欧维斯坦把资本只解作他的银行资本，并假设拿汇票向他贴现的人，都是没有资本的人。使他这样做的，乃是一种极无限界的观点。实则，拿汇票来要他贴现的人，并不是没有资本，不过他的资本是在商品形态上；不然，就因为他的资本的货币形态，是汇票。欧维斯坦不过使它由这种货币形态转化为别种货币形态而已。

第 3732 号："就 1844 年的银行法说，你能举出利息率与银行金准备的近似的关系么？有人说，在银行金准备为九百万镑至一千万镑时，利息率为六厘至七厘，在银行金准备为一千六百万镑时，利息率为三厘至四厘。的确么？"（在这场合，讯问者要使他由受资本价值影响的利息率，去说明受银行存金量影响的利息率）。——答："我并不以此为然。……不过如果情形真是这样，我就觉得，1844 年那样的方策，还嫌太松。因为，如果这个话是真的：如果存金量越是大，利息率便越是低，我们自应按照这种见解来做，并把金准备增加到无限额，使利息率减而为零。"——讯问者凯勒仍不为这种恶意的嘲弄所动，往下又问，第 3733 号："如果真是这样，那就只要有金五百万镑流回到银行，银行的金准备在次六个月之内，就会等于一千六百万镑。假设这时利息率减为三厘至四厘，我们又怎样能够说，利息率的下落，是由于营业的大缩小呢？"——答："我是说近来利息率的大增加，与营业的大扩张，有密切的关系。我并没有说利息率的下落。"——但凯勒是说：若利息率提高而金准备收缩，是营业扩张的记号，利息率下落而金准备膨胀，也是营业收缩的记号。关于这一点，欧维斯坦是没有答复的。——第 3736 号，问："我觉得，阁下曾说货币是确保资本的工具"〔视货币为工具的见解，是完全错误的；货币是资本的一个形态〕。"在（英格兰银行的）金准备减少时，困难不是在资本家不能获得货币这一点上面么？"——欧维斯坦答："不是的；要获得货币的，不是资本家，乃是非资本家。"问："他们为什么要求货币呢？"——答："因为有了货币，他们就可以支配资本家的资本，从而，他们虽然不是资本家，也可以营业。"——在这里，他竟认制造业者和商业者为非资本家，并认资本家的资本只是货币资本。——第 3737号，问："出汇票的人，都不是资本家么？"一答："出汇票的人，有的是资本家，有的不是资本家，并不一定的。"——在这里他是触礁了。

然后，他被讯问，商人的汇票，是不是代表他们售出的或运出的商品。他的意思是汇票代表商品的价值，恰好像银行券代表金一样。（第 3740、3741 号）这是有点近于不逊的。

第 3742 号："获得货币是商人的目的么?"——答:"不是的;获得货币不是出汇票的目的;获得货币乃是汇票贴现的目的。"——出汇票是把商品转化为信用货币的形态,汇票贴现,则是以这种信用货币转化为别种信用货币,即银行券。总之,欧维斯坦在这里是承认,贴现的目的,是获得货币。但不久以前,他又说,贴现的目的,不是使资本由一种形态转为别种形态,而是获取追加的资本。

第 3473 号："在金融恐慌的压迫下,例如在 1825 年,1837 年,1839 年金融恐慌的压迫下,什么是营业界的大愿望呢?他们是要获得资本呢,还是要获得合法的支付货币呢?"——答:"他们是要获得资本的支配权,俾营业能够继续。"——他们的目的,是获得支付手段,来偿付到期的汇票(这是因为信用缺损的缘故),俾使商品无须在价格之下出卖。如果他们完全没有资本,他们得到支付手段时,同时也就得到了资本;在这场合,他们受得了价值,不会出任何等价物。但这样的获得货币的要求,不过是这样一种愿望:那就是,使价值由商品或债务请求权的形态;转化为货币的形态。所以,即不说恐慌,就是资本借入与贴现之间,也存有大的差别。贴现,不过使货币请求权,由一种形态转化为别种形态,即转化为实在的货币。

(我——编者——趁此机会,插进个附注进去。〕

在诺尔曼和路易·欧维斯坦看来,银行家常常是"垫支资本"的人,他的顾客常常是向他要求"资本"的人。所以,欧维斯坦说,因为人们愿要资本,所以人们会拿汇票到他那里去贴现(第 3729 号)。若能用"低利息率获得资本的支配权",对于咨些人,当然是一件快意的事(第 3730 号)。"货币是获取资本的工具"(第 3736 号),而在金融恐慌中,营业界的大愿望,是"获得资本的支配权"(第 3743 页)。不过,路易·欧维斯坦关于资本是什么的问题，虽在思想上这样混乱，但这种混乱，至少曾把这一点指明：他把银行业者给予顾客的东西，叫做资本；那不是顾客原有的，却是在这个原有额之外，垫支给他的。

银行业者通常被视为是货币形态上的可用的社会资本在贷放形态上之分配者。因此，他把银行业者每一种让渡货币的机能，都称做贷放。一切由他付出的货币，在他看，都是垫支。假如货币是直接贷放的，那当然是贷放；如果它被用在汇票的贴现上，则在汇票到期以前，它也实际是由他垫支。这样，就在他脑中生起一种观念，好像他的支付，随便怎样，都是垫支了。并且，他们说这一切都是垫支时，他们并不是这样解释，即每一种以赚利息或利润为目的的货币投资，在经济学上，都可视为是货币所有者私人对于他自己（当作企业者）的垫支，他们其实是这样解释：银行家曾把一个金额贷放给他的顾客，使后者所支配的资本，得如许的增加。

这种观念，由银行家的事务室，传到经济学上来，遂引起一种混乱的论争。这个论争的题目是：银行家在现金形态上贷放给顾客的东西，是资本呢，还只是货币，流通媒介，或通货呢？为要解决这个在根本上只是单纯的论争，我们必须设身处地，自认为是一个银行家的顾客。在这里，发生了银行顾客要求什么，受得什么的问题。

假设银行家允许他的顾客，单凭他个人的信用，无须用别的担保，这当中的事情，当然很明白。他的顾客，无条件的，获得了一个定额价值的垫支，当作他原来使用的资本的增加额。他是在货币形态上得到这种垫支的；所以，那不只是货币，而是货币资本。

如果他是凭有价证券等为抵押而受得垫支，那就是这样的垫支：在这个意义上，它是以付还为条件而支付的货币。但不是资本的垫支。因为，这种有价证券也代表资本，它所代表的金额，还比垫支的金额更大。受者所受得的资本价值，比他用作抵押的资本价值要少。因此，对于他，这决不是追加资本的获得。他这样做，并非因为他需要资本——他已经在有价证券上有这个资本了——仅因为他需要货币。所以，在这里，我们有货币垫支，但没有资本垫支。

如果垫支是由汇票贴现而给予的，那就连垫支的形态也会消灭。那是一种纯粹的卖买。汇票由划拨而成为银行的所有，货币则由此成为顾客的所有。在这场合，顾客方面，付还是不成问题的。顾客用汇票或类似的信用工具。购买现钱，像用别种商品（例如棉花、铁、谷物）购买现钱一样不是垫支。那更不能说是资本的垫支。商人与商人之间的买卖，每一次都是资本的移转。但在如下的场合，才发生垫支：资本的移转不是相互的，而只是片面的，以信用为基础的。在汇票贴现的场合，资本垫支不过在如下的场合发生：被贴现的汇票是一种融通汇票，那不代表任何已卖的商品，如果银行家认识了它的性质，他决不会受进来的。在常规的贴现业务上，银行的顾客不会接受任何的资本垫支或货币垫支，他不过受得货币，当作已售商品的代价。

顾客向银行要求资本和获取资本，是一回事；仅获得货币垫支或向银行购买货币垫支，是显然相异的一回事。既然路易·欧维斯坦通常须有担保方才会垫支资金（他就是我在孟彻斯德所开商店的银行业者），所以，当他说仁慈的银行业者曾以大量资本贷于缺乏资本的制造业者，他这句话分明只是一种无聊的妄言。

第三十二章马克思所说的话，大体说，是和这个意思相同的。他说："在商人或生产者提供确实担保的限度内，他们需要支付手段，其实是需要转化为货币。如果没有确实的担保，以致支付手段的垫支，不仅给他们以货币形态，并且会给他们以实行支付的某形态的等价物。"——在第三十三章，又说："在发展的信用制度下货币累积在银行业者手中时，至少在名义上，是由银行业者实行垫支。这种垫支，仅与流通中现有的货币有关。① 这是通货的垫支，不是它所流通的资本的垫支。"——对于这件事必很明白的乍蒲曼君（Chapmann），关于贴现业务，也确认上述的见解。《银行委员会报告1857年》内有云："银行业者有了汇票，银行业者已经把汇票购买了"（供述第5139号）。

关于这个问题，我们还要在第二十八章，回来讨论。——F. E.

第3744号："你能告诉我，你所谓资本，真正是指什么？"——欧维斯坦答："资本包括各种维持业务的商品：有固定资本，也有流动资本。船舶、船坞、码头，是固定资本；食粮、衣服等，是流动资本。"

第3745号："现金输出国外，对于英国，会发生有害的结果么？"答："如果把这个字眼和合理的意义相结合，那就不是的〔在这里，旧的里嘉图货币学说，出现了〕。……在事物之自然的状态中，世界的货币会依一定的比例，分配在世界各国之间；这个比例是这样的，以致在（货币）这样分配时，任一国和其他各国之间的商业，成为一种单纯的交换商业（Tauschverkehr）；但其中有种种扰乱的影响，那会不时影响货币的分配；当有这种影响发生时，一个国家的货币就会有一部分流向别的国家去。"——第3746号："你现在又用货币这个名词。如果我以前了解了你的意思，你就会说这是资本的损失了。"——答："什么是我说的资本的损失呢？"——第3747号："金的流出"。——答："不，我没有说这个。如果你把金当作资本看，那无疑是资

---

① 译者注第一版："仅与"误排为"不与"据马恩研究院改正。

本的损失；那会把世界货币所依以构成的贵金属的一部分放弃。"——第3748号："你以前不是说，贴现率的变更，只是资本价值变更的一个记号么？"——答："是的。"——第3749号："贴现率，一般是和英格兰银行的金准备，一同变化么？"——答："是的，但我曾经指出，由货币量变化〔这就是他这里说的现金量〕而起的一国利息率的变动，是极微小事的。……"

第3750号："当贴现率长期提高或暂时提高到普通水准以上时，你以为，这就是资本减少么？"——答："就某一种意义说，那是资本减少。资本与资本需要之间的比例变动了；但这种变动，非起因于资本量的减少，而只起因于资本需要的增加"（但在他看，资本正是货币或金，并且他刚才还由利润率的增进，说明利息率的增进，而利润率的增进，则是由于业务或资本的扩大，不是由于业务或资本的缩减）。

第3751号："在这里，你特别关心的一种资本，是哪一种资本呢？"——答："那完全看各人需要什么种类的资本。一个国家要进行它的业务，是必须有资本听它支配的；如果业务加倍了，则经营业务的资本的需要，也必定会大增加"（这位狡猾的银行业者，光使营业扩大一倍，然后使必要资本的需要，也增加一倍。他常常只看见他的顾客，这种顾客，会向路易君要求更多的资本，来倍加他的业务）。"资本是像任何别一种商品一样"，（但依路易君说，资本不外是商品的总体），"会依照需要和供给，来改变它的价格"（那就是，诸商品会在价格上发生两重的变化，一重是以商品的资格，一重是以资本的资格）。

第3752号："贴现率的变动，一般说，与银行库内的金准备的变动，有关联。这就是足下所谓资本么？"——答："不是的"。——第3753号："你能举一个例说明，当英格兰银行蓄积着大的资本库存时，贴现率也会很高么？"——答："在英格兰银行内，蓄积的，不是资本，只是货币。"——第3754号："你说，利息率定于资本量；你可以告诉我，你所指的是哪一种资本呢？你能举一个例说明，当银行存金额大的时候，利息率也会很高么？"——答："银行的金的藏积，也许"（呀哈！）"会与低的利息率相一致，因为在资本（那就是货币资本），需要小的时期（在这里是指1844年至1845年，那是一个繁荣的时期），人们所赖以支配资本的手段或工具，当然能够蓄积的"。——第3755号："然则，你以为，在贴现率和银行库存金量之间，没有什么关联么？"——答："关联是有的；但没有原则上的关联"（但他的1844年的银行法，却正好给了英格兰银行一个原则，这个原则是：依照它所有的金量，来调节利息率）；"两者得有时间上的一致。"——第3758号："你是说我国商人在货币稀少时，由利息率高所感遇到的困难，是在难于获得资本，不在难于获得货币么？"——答："你把两种事情混淆了。我并没有在这个形态上，把它们摆在一起。困难在难获得资本，又难获得货币。……获得货币的困难和获得资本的困难，是同一种困难，不过系从不同的发展阶段考察。"——在这里，鱼再度被捉住了。第一个困难，是难把汇票贴现，或难以商品为担保来获得垫支。这就是难把资本或资本的商业价值记号，转化成为货币。这种困难，除表现为别的事情外，还表现为高的利息率。但在货币获得之后，又有什么第二种困难呢？如果问题只是支付，还有谁愁他的货币，难得付出么？如果问题只是购买，则在恐慌时期，又有谁发觉不易购买呢？假设这里考察的，只是谷物棉花等昂贵的场合，这当中的困难，也只能在这些商品价格上指示出来，决不能在货币资本的价值即利息率上指示出来的。但在商品价格上发生的困难，已经为这事实所克服了：现在，我们的当事人，已经有了购买商品的货币。

第 3760 号:"但贴现率提高,就是获得货币的困难增加,是不是?"——答:"这是获得货币的困难增加。但成为问题的,不是货币的获得,只是在文化状态的复杂关系下,这种追加困难(即获取资本的追加困难)所依以表现的形态"(使银行业者赚到利润的,就是这种形态)。

第 3763 号,欧维斯坦答说:"银行业者是一种居间人,他们一面接受存款,一面又在资本形态上,把这种存款委托于人……而利用之"。

在这里,我们终于晓得了,什么是他们所谓的资本。他会把货币转化为资本,因为他曾把它委托于人,更爽直的说,把它凭生息的方法贷付出去。

欧维斯坦君以前曾说:贴现率的变动,与银行存金额的变动,或现存货币额的变动,没有本质上的关联,而只有时间上的一致。后来又说:

第 3804 号:"如果国内的货币,因流出而减少了,它的价值就会提高,英格兰银行必须使它本身和货币价值上的这种变化,相适应的"(这所谓货币价值,是指当作资本的货币的价值,那就是利息率;因为当作货币的货币的价值,与商品比较,仍是保持不变的)"用术语来说,那便是使利息率提高。"

第 3819 号:"我决不把二者混淆。"——这二者,即货币与资本。为什么呢,因为他决不把二者分别。

第 3834 号:"为国人所需生活资料(例如 1847 年所需的食物),必须支付一个极大的数额;那在事实上,就是资本。"

第 3841 号:"贴现率的变动,无疑与(英格兰银行的)金准备的状态,有极密切的关联;因为,准备金的状态,可以指示国内现存货币额的增减;货币的价值,就会比例于国内现存货币的增加而减落,比例于国内现存货币的减少而增加的。银行贴现率也就要使它本身，和这个情形相适应。"——在这里，他又把他在 3755 号决然否认的事情，加以承认了。——第 3842 号："在二者间，有密切的关联。"——这是说，在发行部的存金量与银行部的银行券准备之间。在这里，他是由货币量的变动，说明利息率的变动。但他所说的话，是错误的。准备减少，可起因于国内流通的货币量增加。在公众所取去的银行券增加而金属准备不减少时，情形就是这样的。在这场合，利息率的提高，乃因英格兰银行的银行资本，曾为 1844 年的银行法所限制。但他不敢说这点，因为依照这个法律，银行的这两部，不得互相混同。

第 3859 号："高的利润率，常会引起大的资本需要；大的资本需要，就会提高资本的价值。"——这就是欧维斯坦所想象的高利润率与资本需要间的关系，拿 1814 年至 1845 年棉工业盛行的高的利润率说，那是因为棉制品的需要甚强时，棉花这种原料却依然是很便宜。资本（依照前面一段话，欧维斯坦是把各人在营业上需用的东西，叫做资本）的价值，——在这场合，原棉的价值——对于工厂主，是未曾增加。高的利润率将诱使工厂主设法弄到钱来把业务扩充。由此，他对于货币资本的需要增进了，对别的东西的需要，却是没有增进。

第 3889 号："金可以是货币，可以不是货币，正好像纸可以是银行券，可以不是银行券。"

第 3896 号："足下曾于 1840 年主张，英格兰银行流通券的变动，应以金准备额的变动为准据。我现在说你已经把前说取消，对不对呢？"——答："依据我们现在的知识标准，我们还须把存在英格兰银行准备库内的银行券，加在流通券内。在这限度内，我是把前说取消的。"这是僭越的主张。英格兰银行得在金准备额之外，再发行一千四百万镑纸币的专擅的规定，当然，包含如下的见解：银行券的发行，应与金准备一同变动。但因"我们现在的知识标准"，明白说明了英格兰银行依照规定所能制造，由其发行部移交银行部，在英格兰银行这二部间流通，并与金准备一同变化的纸币额，不能在英格兰银行墙壁以外，决定银行券流通的变动，所以，最后讲的那一种流通，即现实的流通，实与银行的行政，漠不相关；只有银行二部间的流通（它和现实流通的区别，会在准备金上显示出来），是由此决定的。银行二部间的流通，从下一点说，才于外部世界是重要的：银行究怎样接近银行券发行的法定最高限，银行的顾客尚能由银行部受得多少，概可在准备金上指示出来。

欧维斯坦的不诚实，可由下面那个显著的例来说明：

第4243号；"据你看来，资本量会逐月发生这样大的变动，以致它的价值的变动，和数年来在贴现率上我们所见到的变动一样么？"——答："无疑的，资本需要和供给的比例，即在短期间内，也会变动的。……如果明日法国宣布将举一巨额借款，那自然会在英国的货币价值上，立即引起变动，那就是在英国的资本价值上，立即引起变动。这是没有疑问的。"

第4245号："如法国宣布，它在某种目的之下，会突然需要价值三千万镑的商品——用更科学更简明的字眼说，——那便是对于资本发生大的需要。"

第4246号。问："法兰西用借款所要购买的资本，是一件东西，法兰西用来购买这个资本的货币，是别一个东西；变更价值的，是货币么，是不是呢？"——答："我们回到旧问题上来了。我相信，这个问题，与其交给委员办事室研究，实不如交给科学家的研究室去研究。"他就用这个话后退了，但不是退回到研究室去[1]。

---

[1] 欧维斯坦在资本问题上的概念错乱，我们还要在第 32 章末进一步讨论的。——F. E.

# 第二十七章

# 信用在资本主义生产上的作用

我们以上关于信用制度所得的见解，可概述如下：

Ⅰ．为促成利润率的均衡，或促成资本主义生产全部所依以立脚的这种均衡运动起见，信用制度是必然会成立的。

Ⅱ．各种流通费用的节减。

（1）主要流通费用一种，就是货币本身。那会依下述三种方法由信用而节省的。

A．交易的一大部分，因有信用之故，得完全不用货币。

B．流通媒介的流通，因有信用之故，被加速了①。这一项，

---

① "法兰西银行银行券的平均流通，在 1812 年，为106,538,000法郎；在 1818 年，为 101,205,000 法郎；而货币通流即收付总额，在 1812 年，为 2,837,712,000 法郎；在 1818 年，为 9,665,030,000 法郎。法国 1818 年的流通活动，与 1812 年的流通活动相比，成 3∶1 之比。流通速支的大调节器，是信用。……这说明了，为什么，货币市场的严重压迫，通常与充实的流通相一致。"（《通货学说评论》第 165 页）。——"1833 年 9 月至 1843 年 9 月间，差不多有 300 家银行，在大不列颠境内成立，它们各自发行银行券；结果是把银行券的流通限制 2 $\frac{1}{2}$ 百万镑；在 1833 年 9 月底，是 36,036,244 镑，在 1843 年 9 月底，是 33,518,544 镑。"（前书第 53 页）——"苏格兰流通的可惊的活跃，使那里有 100 镑即可经营的业务，在英格兰需有 420 镑。"（前书第 55 页。最后这个叙述，仅与营业的技术有关的。）

和（2）项所述的情形，有一部分共同之处。从一方面说，这种加速是技术的；那就是在现实的为消费而起的商品交换量不变时，较小量的货币或货币记号，将可实行同等的职务。这一点，是和银行制度的技术相关联的。从别一方面说，信用又会加速商品变形的速度，并加速货币流通的速度。

C. 金币得由纸币代置。

（2）信用会使流通或商品变形之个别的阶段加速，并进而使再生产过程一般加速（从另一方面说，信用又使购买行为和售卖行为，得在更长的时期内相分离，因而构成投机的基础）。准备基金得以缩小。这可由两方面来考察。一方面，它会使流通媒介减少；另一方面，它又会减少那必须常常在货币形态上存在的资本部分①。

Ⅲ. 股份公司的成立。由此发生的是：

（1）个个资本所不能经营的生产和企业，在规模上，可发生惊人的发展。同时，那种种向来由政府经营的企业，都社会化了。

（2）以社会化生产方法为基础并以生产手段和劳动力的社会累积为前提的资本，在这里，直接取得了社会资本（直接相结合的诸个人的资本）的形态，而与私人资本相对立。它的企业，也以社会企业的资格，而与私人企业相对立。那是在资本主义生产的限界之内，把私人所有的资本，实行扬弃。

（3）实际从事业务的资本家，转化为管理人，他不过处分别人所有的资本。资本所有者则转化为单纯的所有者，单纯的货币资本家。因为他们所得的股息，包括利息和企业利益，即包括总利润（因为管理人的薪给，是，或应当是一种熟练劳动的工资，

---

① "在银行设立以前，实行流通手段机能所必要的资本额，常比商品现实流通所需要的资本额为大。"（《经济学界》1845年第238页）

在劳动市场上，是同别种劳动的价格一样受调节的），所以，这个总利润只当作利息，只当作资本所有权的报酬，而收受。资本所有权，和它在现实再生产过程内的机能，完全分离了。同样，这种机能，附属在管理人身上的，也和资本所有权完全分离了。利润（不复仅是它的一部分即利息，这种利息是以借者的利润为辩护理由的），单表现为对他人的剩余劳动的占有。这种占有，是因生产手段转化为资本，因生产手段与现实生产者相分离，因生产手段当作他人所有而与一切在生产上实际活动的个人（由管理人至日佣劳动者）相对立这个事实，发生的。在股份公司内，机能与资本所有权分离了，劳动亦完全与生产手段和剩余劳动的所有权相分离了。资本主义生产最高度发展的这个结果，是一种必然的过渡；必须经过这个阶段，资本才再转化为生产者的所有，但到那时候，它不复是个别生产者私人的所有，而是结合劳动者的所有，是直接的社会所有物了。从另一方面说，那又是一个过渡点，必须经过这一点，一切向来与资本所有权分离不开的再生产过程内的机能，都转化为结合生产者的机能，转化为社会机能。

在我们更进一步讨论之前，我们且注意这个经济上重要的事实：因为在这里，利润纯然采取利息的形态，所以仅提供利息的企业仍然是可能的；并且，这也就是一般利润率下落趋势得以阻止的原因之一。这是因为，不变资本与可变资本较持有惊人比例的诸种企业，不一定参加一般利润率的均衡化过程。

〔自马克思写出上面那一段话以来，大家知道，已有新的产业经营形态发展了。这种形态，代表股份公司的自乘数和三乘数。在今日，一切大产业部门生产增进的速度，是日日增加，但追加生产物的市场的扩大，却是一天比一天更迟缓的。前一种日日增加的速度，竟与后者日趋缓慢的事实相对立。大产业数个月

间造出的物品，竟在市场上数年间吸收不了。加之，保护税政策
（Schutzzollpolitik），使各个产业国家，和别的产业国家，尤其是
和英国隔立起来，并人为地提高国内的生产能力。其结果，是一
般的慢性的生产过剩，价格压下，利润下落或全然消灭。要之，
旧自由竞争制度，已经到了末日，不得不公开宣告屈辱的破产。
这一点，是由下述的事实宣告的。在各国，一定部门的诸大产业
家，会组织一种加特尔（Kartell），来共同实行生产的调节。加
特尔设一委员会，决定各经营单位的生产量，并终审地，分配所
接到的各种定单。有时候，还会暂时成立所谓国际加特尔，例
如，有一个国际加特尔，曾统制英国和德国的铁的生产。但生产
社会化的这个形态，还嫌不足。各经营单位间的利害关系的对
立，会屡屡把这个形态破坏，并把竞争恢复。因此，在生产阶段
允许的限度内，有若干生产部门，竟把该生产部门的全部生产，
在共同的经营下，累积在一个大股份公司内。在美国，这种尝试
曾经几度成功；在欧洲今日，最大的一个实例，是制钾托拉斯。
这个托拉斯，把英国的全部钾生产事业，归到一个单一的公司手
里。个别的经营所，合计在三十以上，它们以前的所有者，在股
份形态上，保有他们的总投资的评价价值（Taxwert），合计约有
五百万镑，那代表该托拉斯的固定资本。技术方面的指导仍保留
在原人手中，但营业方面的指导累积在总经理部手中。流通资
本，约有一百万镑，是在公众间募集。总资本合计为六百万镑。
因此，这个部门——那是全部化学工业的基础——在英国，竞争
已为独占所代替了；因此，总社会（即国家）在这个生产部门
将来所要实行的剥夺行为，已经痛痛快快的，准备好了。——
F. E.］

　　这是资本主义生产方法在资本主义生产方法之内自行扬弃，
是一个自行扬弃的矛盾，那在表面上表现为一个到一个新生产形

态的过渡点。在现象上，它也会表现成为这样的矛盾。它会在一定部门内，形成独占，并诱起国家的干涉。它会繁殖起一种新的金融贵族，并在发起人、创立人、名义董事的形态上，繁殖起一种新的寄生虫，并由公司的创立，股票的发行，股票的买卖，引起一个完全的诈欺制度。那是一种私生产，但没有私有财产的统制。

Ⅳ. 股份制度，使资本主义的私产业，在资本主义制度的基础上，自行扬弃；它越是扩大，越是侵入新的生产部门，它越是把私产业破坏。这点且不说，信用还会使个别资本家或被视为资本家的人，可以在一定界限之内，绝对地支配别人的资本，别人的所有，并支配别人的劳动[1]。支配社会资本（不是个人资本）的支配权，使他对于社会劳动，能够支配。因此，一个人实际所有的或公认为他所有的资本，不过成为信用上层建筑（Kreditüberbau）的基础。这个话，对于大商业，是特别适用的。社会生产物也就有最大的一部分，要通过大商人之手的。在这里，一切的尺度，一切可以在资本主义生产之内当作辩护的理由，都消灭了。投机的大商人，不过拿社会的财产（不是他自己的财产）来冒险。资本由节蓄而起的见解，也同样成了不合理的。因为，他所要求的，正是别人应该为他节蓄〔全部法兰西

---

[1] 我们可以看《泰姆士报》（1857 年 12 月 3 日，5 日，7 日）恐慌年 1857 年的破产表，并比较破产者自己的财产和他们的负债额。——"在事实上，有资本和信用的人的购买力，绝非一个对投机市场毫无实际认识的人所能想象。"（杜克《通货原理研究》第 79 页）"一个人，如其大家相信他有充足的经营顺常营业的资本，而在同业中，又有良好的信用，那就只要他对于他所经营的物品，乐观地，认为一定会涨价，并且他在投机的开头和进行中，又诸事顺手，他就会大超过他的资本额，而异常推广他的购买额的。"（前书第 136 页）——"制造业者、商人等，都大大超过他们的资本来营业。……在今日，资本与其说是商业交易的限制，不如说是良好信用的基础。"（《经济学界》1847 年第 333 页）

人，近来就是这样，为巴拿马运河的诈欺者，节蓄一万五千万法郎。巴拿马运河，是这段话写过二十年之后才开凿的，但当中的诈欺情形，已经正确的在这里描写了——F. E.］节欲论的别的用语，也为他的奢侈，——它本身现在也成了信用手段——所批颊了。在资本主义生产发展初期尚有若干意义的诸种观念，在这里，都毫无意义了。在这里，成功与失败，都使资本趋于集中，使夺取过程依最惊人的规模进行。在这里，夺取过程，已由直接生产者，推到小资本家和中等资本家了。这种夺取，原来是资本主义生产方法的起点；它的完全的实行，又是资本主义生产方法的鹄的。它的最后的目的，正是使一切个人的生产手段被剥夺，当社会生产发展时，这种生产手段，将不复成为私生产的手段和私生产的生产物，而只能在结合生产者手里，成为生产手段了，成为社会的所有，和社会的生产物了。但这种剥夺在资本主义制度之内，却表现在一种矛盾的形态上，表现为少数人对于社会财产的占有。信用又使这少数人，益益成为纯粹的冒险者。因为所有权在这里是采取股票的形态，它的运动和移转，也成为证券交易所的赌博的结果；在这种交易上，小鱼为大鱼所吞，羊是为交易所的恶狼所杀的。在旧形态内，社会的生产手段，是当作个人的所有物表现的；对这种旧形态的对立性，在股份制度内，已经存在了；不过，到股份形态的转化，尚拘囿在资本制度限界之内。所以，股份制度，没有克服社会公有财富和个人私有财产之间的对立，却不过在一种新形态上，把这种对立形成。

劳动者的合作工厂（Kooperativfabriken），虽然到处都会在它的现实组织内，再生产并且必定会再生产现存制度的一切缺点，但它仍会在旧形态之内，表示旧形态的最初的破坏。在这种合作工厂内，组合的劳动者，成了他们自己的资本家，使他们能够用生产手段，来使他们自身的劳动价值增殖，所以，在它里面，资本与劳动的对立总算扬弃了。它指出了，新的生产方法，自然会在物质生产力的一定的发展阶段及与其相应的社会生产形态上，由一个生产方法发展出来，并因以成立。工厂制度是由资本主义生产方法发生的，信用制度也是由资本主义生产方法发生的；若无工厂制度和信用制度，合作工厂是不会发展出来的。信用制度，是资本主义私有企业到资本主义股份公司的渐渐的转化之主要基础，但也是国家合作企业渐渐扩大的手段。资本主义的股份公司和合作工厂一样都可说是资本主义生产方法到组合生产方法的过渡形态，不过在前者，资本与劳动的对立仅有消极的扬弃，在后者，这种对立便有积极的扬弃了。

以上，我们主要是就产业资本的关系，来考察信用制度的发展及其内隐含的资本所有权的扬弃作用。在以下数章，我们将就生息资本的关系，来考察信用；那就是，考察信用对于这种资本的影响，和信用在这场合所采的形态。在那里，我们还须提出几种特殊的经济学注解。在这里，我们只要说：信用制度是生产过剩和商业过度投机的主要支点，这是因为，再生产过程——它的本性，是可自由伸缩的——在这场合，会拉紧到极端的限界；而它所以会这样拉紧，就因为社会资本的一大部分，将由资本的非所有者使用；这种非所有者，在使用资本时，会比资本所有者更不当心。资本所有者在运用他自有的资本时，一定会权衡当中地限制的。这个情形，指出了如下的事实：以资本主义生产的对立性质为基础的资本价值增殖，只能在一定限度内，许有现实的自由的发展，因此，这个价值增殖，会在事实上成为生产的一个内在的桎梏和限制。这种桎梏和限制，不断会为信用制度所冲破①。信用制度会加速生产力的物质的发展，并加速世界市场的

---

① 查尔麦斯《论经济学》伦敦 1832 年。

成立。此二者，乃新生产形态的物质的基础。使这种物质基础发展到一定的程度，乃资本主义生产方法之历史的使命。同时，信用还会加速矛盾之强烈的爆发——即恐慌——并加速旧生产方法的分解要素。

内在于信用制度之内的二重性质是：一方面，它会发展资本主义生产的发条和财富（由榨取他人劳动而起的）的蓄积成为最纯粹最巨大的赌博诈欺制度，并益益限制那少数榨取社会财富者的人数。他方面，它又是到新生产方法的过渡形态。自劳（Law）以来，至伯勒尔（Isaak Pereire），一切主要地为信用制度发言的人，都具有诈欺和预言者的乐天的混合性质，那也是因为信用有这样的二重性质。

# 第二十八章

# 流通手段与资本：杜克和富拉吞的见解

杜克①、威尔逊（Wilson）等人，曾在通货和资本之间，定下区别。不过，这种区别在他们手上，和当作货币的，当作货币资本一般的，和当作生息资本（英语的 Moneyed Capital）的通货

---

① 在这里我们且把本书（第二十五章）曾经摘引过的杜克的原文，录在下面："银行业者的业务，除发行凭票即付的银行券外，可以分成二大类。斯密博士曾在商人与商人间的交易和商人与消费者间的交易之间，指出一种区别。这二大类就与这种区别相一致的。银行业者的一类业务，是从那些不须直接使用资本的人手里，收集资本，而把它转移到须直接使用资本的人手里。别一类是由顾客的所得，接受存款，而在消费者要把这种所得，支出在消费品上时，照数付给他们。……前者是资本的流通，后者是通货的流通。"（杜克《通货原理研究》第 36 页）——前者是"一方面把资本累积，一方面把它分配"，后者是"为本地处理本地的流通"（前书第 37 页）。——但关于这个问题，金尼尔（J. G. Kinnear）下面那一段话所包含的见解，是更正确得多。"货币被用来完成两种在本质上不同的作用。当作商人与商人间的交换手段，它是完成资本转移的工具；这种交换，是把一定量在货币形态上的资本，交换等量的在商品形态上的资本。但支付工资时支出的货币，和商人与消费者间卖买上支出的货币，不是资本，只是所得，是社会那一部分用在日常开销上的所得。货币会不断在日常开销上流通；只有这种货币，可以严格地称为通货或流通手段。资本的垫支，完全依存于银行或其他资本家的意志，因为借钱的人随时都有的。但通货（流通手段）的量，则依存于社会——货币就在其内，为日常开销而流通——的需要。"（金尼尔著《恐慌与通货》伦敦 1847 年第 3 页以下）

之间的区别，虽然混淆了。他们在通货和资本间所划的区别，结局，是归着下面讲的两点。

依他们说，通货，如果是促成所得的支出，从而，促成个别消费者和小商人间的交易，它就是当作铸币（货币）流通的。这所谓小商人，是指一切以货物售于消费者的商人，这所谓消费者，是指那与生产消费者或生产者相区别的个别消费者。在这场合，货币是以铸币的资格来流通，虽然它会不断把资本代置。一国的货币，常常有一定的部分，不断用在这种机能上；虽然构成这一个部分的个个铸币是不断变化的。反之，在货币促成资本移转的限度内，那就无论它是当作购买手段（流通手段）还是当作支付手段，它都是资本。所以，使它和铸币相区别的，既不是它的充作购买手段的机能，也不是它的充作支付手段的机能；因为，在互相以现金购买的限度内，它可以在商人与商人之间充作购买手段，而在互相以信用购买，把所得先行消费而代价待后支付的限度内，它也可以在商人和商人之间充作支付手段。所以，区别是在：在第二场合，货币不仅就一方面（售卖者方面）说，会代置资本，并且就别一方面（即购买者方面）说，它也是当作资本支出的，垫支的。所以在事实上，他们所划定的区别，是所得的货币形态和资本的货币形态之间的区别，不是通货与资本之间的区别。因为，一个数量有定的货币部分，有时会当作商人间的媒介而流通，有时会当作消费者与商人间的媒介而流通；在这两种机能上，它同样是通货。在杜克的这种见解上，有种种的混乱，在这个问题上面发生了：

（一）和机能的决定相混同了。

（二）把在这两个机能上流通的货币合计量的问题，混入了。

（三）把在这两个机能上，从而在再生产过程这两个部门内流通的流通手段量的相对比例的问题，混入了。

第一，和机能的决定混同了。他们认货币在一个形态上是通货（Currency），在别一个形态上是资本。实则，无论货币是在这个机能或那个机能上发生作用，即就是，无论是用来实现所得或用来移转资本，它总是当作购买手段或支付手段，更广泛的说，总是当作流通手段，而在买卖或支付上发生机能的。固然，它还会进一步，在支出者或收受者计算中，代表资本或所得，但这个进一步的决定，不会在这个问题上，引起任何的差别。这一层，是由两点指示的。在这两个部门流通的货币，虽然是属于不同的种类，但同一枚货币，例如一张 5 镑的银行券，会由一个部门到别一个部门，并交替实行这两重机能。这是不可避免的。因为小商人会在他由买客那里得到的铸币的形态上，给自己的资本以货币形态。我们还可假设，真正的辅币（Scheidemünze），是以小商业的范围，为流通的重心。小商人不断需用它来找补，并在顾客的支付上，不断把它收回。但他也收受货币，即收受当作价值尺度的金属铸币（例如英吉利的金镑），甚至银行券（特别是 5 镑或 10 镑那样的小额银行券）。这种金镑和银行券，会和残余的辅币，每日或每星期，由他存入银行内；他还会以这种银行存款为对象而开发支票，来偿付他的购买额。且同一的金币和银行券，又会不断由公众以消费者的资格，当作他们的所得的货币形态，直接的或间接的（例如工厂主支付工资的小额货币），再从银行提出来，并不断流回到小商人手里，使小商人由此实现他们的资本的一部分，并同时重新实现他们的所得。这一件事情是重要的，但完全为杜克所忽视了。只有在再生产过程发端，货币当作货币资本投下那时候（参看第二卷第一篇），资本价值会纯粹当作资本价值而存在。因为，在所生产的商品内，不仅包含资本，并且已经包含剩余价值；它们不仅是资本自体，并且是已经生成的资本，是已经包含所得源泉的资本。所以，就小商人而言，他对流回货币所给予的东西（他的商品），乃是资本加利润，是资本加所得。

再者，因为流通的货币会流回到小商人手里，它又会恢复他的资本的货币形态。当作所得流通的通货和当作资本流通的通货，是有区别的，但若把这种区别转化为通货和资本的区别，那就全然倒乱了。在杜克的场合，这个语法是这样发生的：他纯然立在发行银行券的银行业者的立场上。不断在公众手中（虽然那是由不断变更的银行券构成）当作流通手段用的他的银行券额，除了纸张和印刷费外，是不费他什么的。它是他对他本人发行的流通的债务证券（汇票）。它会把货币带到他那里来，并当作他的资本价值增殖的手段。但它和他的资本（不问是他自有的，还是借来的），是有别的。所以，对他而言，在通货和资本之间，发生了一种特殊的区别了；不过，这种区别，和概念规定的本身，至少，和杜克以上所述的概念规定，是一点关系没有的。

货币或是当作所得的货币形态，或是当作资本的货币形态，但这种不同的机能，并不会改变货币当作流通手段的性质。无论它是担任这个机能还是担任那个机能，它总会把这个性质保留。不错的，如果货币是当作所得的货币形态，它的机能，是更近于流通手段（铸币，购买手段）的机能，因为这种买卖将会分散，并且因为大多数的所得支出者（劳动者），比较更不能凭信用来购买；而在商业世界——在那里，流通手段就是资本的货币形态——的交易中，一部分因为累积，一部分因为信用制度盛行，所以货币主要是当作支付手段用。但当作支付手段的货币和当作购买手段（流通手段）的货币的区别，是一种属于货币自身的区别，不是货币与资本之间的区别。因为，在小商业上虽更多银和铜流通，在大商业上虽更多金流通，但银铜和金的区别，并不是通货和资本的区别。

第二，他把在这两个机能上流通的货币合计量的问题混入了。实则，在货币当作购买手段或支付手段的限度内——无论在两个部门内，它是在那一个部门流通，也不问它的机能，是实现所得，还是实现资本——从量的方面说，它总归受支配于我们第一卷第三章第二节 B 考察单纯商品流通时所已说明的法则。流通速度的程度，换言之，同一枚货币在一定时间内反复实行同一机能（当作购买手段和支付手段）的次数，同时发生的买卖或支付的数量，流通的商品的价格总和，最后，必须在同时间清算的支付差额，会在这二场合，决定流通货币（即通货）的量。这样发生机能的货币，对于付者或收者，究竟是代表资本还是代表所得，是一件没有关系的事，绝对不会在问题上引起什么变化的。它的量，是单纯由它的购买手段的机能和支付手段的机能来决定的。

第三，他把在这两个机能上从而在再生产过程这两个部门内流通的流通手段量相互成什么相对比例的问题，混入了。这两个流通部门，有一种内在的关联，因为从一方面说，待支出的所得的量，表示消费的范围；从他一方面说，在生产和商业上流通的资本额的大小，表示再生产过程的范围和速度。不过，同一的事情，对于这两个部门或这两个机能上流通的货币量，换言之，对于通货量（这是英国银行业的通用语），会发生不同的作用，甚至相反的作用。这一点使杜克在资本和通货间划定的不合理的区别，得了一个新的机缘。不过，通货原理家虽把两种相异事物相混起来，但我们决不能因此便把此等事物当作是概念上的区别。

在营业振兴，再生产过程大扩张，加速，加强的时期，劳动者会得到充分的工作。一般说，工资会提高，俾使商业循环其他时期工资落在平均水准以下的情形，得到若干的补偿。同时，资本家的所得，也会显著增进。消费会一般增加。商品的价格也通例会提高，至少，会在各种重要的营业部门提高。结果，流通货币量，至少会在一定限度内（因为，较大的通流速度，会在流通手段的量的增加上，加上限制），增加起来。这是因为由工资构成的那一部分社会所得，原来是由产业资本家在可变资本形态上，并且常常在货币形态上垫支的，所以在营业振兴时期，它的流通须有更多的货币。但我们不要把这一点作重复的计算。那就是，不要先把它当作可变资本流通所需要的货币，再把它当作劳动者的所得的流通所需要的货币。当作工资支付给劳动者的货币，会在零售贸易上支出，并且在小循环内实行若干次中间的营业之后，差不多一星期一次，当作小商人的银行存款，回到银行来。在营业振兴时期，就产业资本家而言，货币的归流，会圆滑的进行；他们不会需要更多的货币融通，虽然他们要支付更多的工资，从而，需有更多的货币，来流通他们的可变资本。

总结果是：在营业振兴时期，所得支出上必要的流通手段量，会断然增加起来的。

再就资本移转所必要的通货，即资本在诸资本家间移转所必要的通货说，营业活跃的时期，同时即是信用最有伸缩性最容易获得的时期。资本家与资本家间的流通的速度，直接为信用所调节。从而，支付清算上必要的通货量和现金购买上必要的通货量，会相对的减小。它会绝对的增大起来；但在一切情形下，与再生产过程的扩大相比较，都会相对的减少。从一方面说，巨额的支付，虽全无货币，也可以了结清楚；从别一方面说，因为过程会更灵活，所以，同量货币当作购买手段和支付手段，会有较速的运动。相同的货币量，会促成较大数个别资本的归流。

大体说，在这个时期，货币的通流更充实。它的第二个部分（即资本的移转），虽会相对的缩小，但它的第一个部分（即所得的支出）却会绝对的增大。

货币的归流，代表商品资本的货币化，即 G—W—G′。那是我们在第二卷第一篇讨论再生产过程时已经讲过的。信用使货币形态上的归流，与现实归流的时间相独立；就产业资本家说，是这样的，就商人说也是这样的。他们都是凭信用售卖的；他们的商品，是在商品化为货币，并实际在货币形态上流回到他手里以前，就让渡了。从另一方面说，他们都是凭信用购买的；因此，他们的商品的价值，会在现实转化为货币以前，那就是，在商品价格到期付进之前，就会再转化为生产资本或商品资本。在营业振兴时期，货币的归流是圆滑进行的。小商人以副担保品付给大商人，大商人以副担保品付给制造业者，制造业者以副担保品付给原料输入者等。在外观上，货币的归流是迅速的，确实的。这种外观，在它的现实性消灭以后许久，还会赖信用的作用，保持着。这是因为，信用一旦成立，信用的归流（Kreditrückfüsse），就会代替现实的归流。如果顾客付入的，是汇票多于货币，银行也就会跟着感到危险的。关于这一点，可参看利物浦银行董事上面所提供的证言。

在这里，我还要插入一段我以前讲过的话："在信用所支配的时期，货币通流的速度会比商品价格增加得更快；而在信用缩减的时期，商品价格会比流通速度下落得更缓。"（《经济学批判》柏林 1859 年第 83、84 页）

恐慌时期的情形，是正好相反。第一类流通将会缩减，物价会下落，劳动工资也会下落；被雇劳动者数会减少，交易额也会减少。反之，在第二类交易上，则在信用减退时，货币通融的需要，会依比例增加。关于这一点，我们立即就要讨论的。

毫无疑问的，在信用减退而再生产过程遇着阻碍时，第一类流通（即所得支出）所必要的通货量，将会缩减，第二类流通（即资本的移转）所必要的通货量将会增加。尚待研究的，是这个命题，在什么程度内，与富拉吞等人所主张的命题相一致。富拉吞这辈人是主张："对贷放资本的需要，和对追加通货的需要，是两件完全不同的事，也不常常结合在一起①。"

---

① 富拉吞《通货管理论》第 2 版伦敦 1845 年第 82 页。那是第五章的标题。——"认货币通融（Kreditgewabrung）的需要，（即贷放资本的需要），与追加流通手段的需要是一件事，甚至认二者常常结合在一起，那实际上是一个大错误。在这两种需要中，每一种需要，都是在对于它决定作用的情形下成立的，彼此极不相同的。在一切看起来都很繁荣，工资很高，物价趋涨，工厂繁忙时，那通常会对于流通手段（通货），引起追加货需要；那就是必须有追加的通货供给，来实行追加的机能。在支付额增大，支付次数增加时，那是必然会这样的。但等商业循环进到一个更进的阶段，困难就开始显示了，市场就壅塞了，归流就延迟了，因而，利息会提高，大家都会压迫银行，要求他垫借资本。当然，银行只有用它的银行券，作它垫借资本的手段。所以，拒绝银行券，即是拒绝融通。但货币融通一经给予，那就一切都和市场的必要相适合了；借款还是存在，但流通手段，一不需用，就会回到发行者手里去。所以哪怕皮毛地考察国会报告一下，我们也会知道，英格兰银行手中的有价证券额，常与其流通券额，采相反的方向，不常是采一致的方向变动。而这个大银行的实例，也并不是下面那个命题（地方银行这样重视的一个命题）的例外。这个命题是银行券的流通，普通只为某一些目的，如果为这些目的计，流通的银行券额已经足够，那就随便那一个银行，也不能把流通的银行券额增大；如果它要超过这个限制来增加它的垫支，那一定要取自它的资本；那就是，必须拿当作准备的有价证券去卖，或停止再把资本投在有价证券上。国会报告关于 1833 年至 1840 年所编制的表，我已在前面提到了；这个表，曾不断供给实例，足以印证这个真理。但此等实例中，有两个太显著了，我只要把这两个实例举出来，就很够。一个是 1837 年 1 月 3 日，当时英格兰银行为要维持信用，应付货币市场上的困难，尽了万分的力量。我们发觉，该行在贷款和贴现上的垫支额异常惊人，竟等于 17022000 镑。自大战（1793 年至 1815 年）以来，我们简直还是第一次听到，那简直等于它发行的纸币全部，在那时，它的发行额，还是固定在这样低的标准，即 17706000 镑。还有一点是 1833 年 6 月 4 日，银行券流通等于 18892000 镑，但它在私人有价证券形态上保有的金额，却只等于 972000 镑，简直是过去五十年间最低的记录"（富拉吞前书第 97、98 页）。——我们看一看英格兰银行总裁韦古林（Weguelin）如下的供述，却知道货币融通的需要，不必就与金（威尔逊、杜克等人称它为资本）的需要相一致，他说，"汇票的贴现，在这个数额之内（那就是接连三日，每日一百万镑）是不会把准备

最先，很明白，在上述二场合的第一场合（即在营业振兴时期，即流通手段量必须增加的时期），对流通手段量的需要是会增加。但也很明白，当工厂主向银行在现金或银行券形态上提取更多的存款（因为他须在货币形态上支出更多的资本）时，所增加的，不是他对于资本的需要，只是他对于这个特殊的支出资本的形态的需要。这种需要，只与资本投入流通的技术形态有关。我们讲过，因信用制度的发展程度不等，同一可变资本或同额劳动工资，在一国所需用的流通手段量，会比在他国更大；例如，在英格兰比在苏格兰更大，在德意志比在英格兰更大。同样，投在农业上而在再生产过程上活动的同一的资本，也会在不同的季节，需有不等的货币额，来实行它的机能。

但富拉吞所画出的对立，是不确当的。使停滞时期和繁荣时期相区别的，并非像他所说，是借款需要的强度；我们宁可说，在繁荣时期，这种需要是容易满足，而在停滞时期，这种需要不易满足。使停滞时期感到信用短少的原因，正是信用制度在繁荣时期的惊人的发展，是贷放资本需要的惊人的增加，是其供给在这时期易于得到的事实。所以，给这两个时期以特征的，并不是借款需要的量的差别。

我们曾经讲，这两个时期原来是由这个事实区别的：在营业振兴时期，消费者和商人间的流通手段的需要占支配地位，在不

---

① （接上文注）（即银行券的准备）减少的，除非公众要求较大额的能动的流通。汇票贴现上发出的银行券，会由银行的媒介，在存款形态上，流回来的。所以，假使交易不是以金流出为目的，而在国内又没有恐慌流行，以致公众不愿把银行券付入银行，而情愿保留在自己身边，则银行的准备，决不会为这种激烈的交易所动摇的。"——"英格兰银行每日能贴现一百五十万镑，照这样下去，决不会动摇银行的准备。银行券会当作存款回来，唯一的变化，是由这个账户移到那个账户。"（《银行法报告》1857 年述证第 241 号 500 号）。在这场合，银行券不过当作信用移转（Uebertragung von Krediten）的手段。

景气时期，资本家和资本家间的流通手段的需要占支配地位。在不景气时期，前一种需要会减退，后一种需要会增加。

富拉吞等人认为有决定重要性的，是这种现象：在英格兰银行手里的有价证券——副担保品（Leihpfander）和汇票——增加时，它的银行券的流通，会减少；反之，它的银行券的流通就会增加。有价证券的水准，会表示货币通融的范围，表示贴现汇票和垫支（以通用有价证券为担保的垫支）的范围，所以，富拉吞在注 91 所引述的那一段话内，曾说：英格兰银行所有的有价证券，通例会与银行券的流通，成相反的变化。这个见解，恰好和银行业者私人许久以来所支持的原理相印证；这个原理是，任何银行都只能在公众需要所决定的点内，发行银行券，但若他要超过这个数额来垫支，他就必须把他的资本拿出来垫支，那就是，或是把有价证券动用，或是把原来可以投在有价证券上的进款拿出来用。

在这里，我们知道了富拉吞的所谓资本是指什么。在这里，资本是指什么意思呢？那是指，银行不复能以它本行的银行券，不复能以不费它一文的支付凭票。来实行垫支。但它是用什么来垫支呢？它是用准备的有价证券（Securities in reserve）——即政府债券。股票，及别种有息的有价证券——卖得的代价，来垫支的。有价证券的出卖，获得什么呢？获得货币，金，或银行券（如果它像英格兰银行的银行券一样，是合法的支付手段）。银行所垫支的东西，在一切情形下，都是货币。但从银行家的观点看，这种货币就是它的资本的一部分。这个情形，在它以金垫支时，是很明白的。但是就使它是用银行券垫支，这种银行券也被认为代表资本，因为它会由此让渡一个现实的价值，让渡一个有息的有价证券。就私办银行来说，它们由出卖有价证券而得到的银行券，大体说，不外是英格兰银行的银行券或它们本行的银行券。因为，以别家银行的银行券为有价证券的代价，是难获得它们的同意的。若就英格兰银行本身而论，它所受得的本行银行券，也会费去它的资本，会费去它的有息的有价证券。加之，由此，他还会把它本行的银行券，从流通中取出。就令它再把这种银行券发出，或发行同额的新银行券，这种银行券也代表资本。无论它是把它们垫支给资本家，还是后来在货币融通的需要减少时，重新把它们投在有价证券上，它们总是一样代表资本。总之，在这一切情形下，资本这个名词，都是从银行业者方面解释的。它是指这个意思：银行业者不得不超出他的单纯的信用来贷放。

我们大家都知道，英格兰银行是完全用它的银行券来垫支的。现在，如果照规则，该银行券的流通额的减少，和该银行手里的贴现汇票和副担保品，以及该银行的垫支的增加，成比例——该行投在通流中的银行券会变成什么呢？它又是怎样流回到该行呢？

最先，如果对货币融通的需要，是由一国的逆势的支付差额发生，并促起货币流出，事情是极单纯的。汇票是用银行券来贴现的。银行券会由该行发行部兑换现金，而把现金输出。这无异在汇票贴现时，直接支付现金，而不用银行券作媒介。这种增进的需要——虽在一定场合，有时等于七百万镑至一千万镑——当然连一个五镑的钞票。也不会加到国内的流通。在这场合，如果我们说，英格兰银行是垫支资本，不是垫支流通手段，这句话是包含两重意思的。第一，那包含这个意思：银行不是垫支信用，而是垫支现实的价值，它自有资本的一部分或存在它那里的资本的一部分。第二，那又可包含这个意思：它不是为国内的流通.而是为国际的流通垫支货币，那就是垫支世界货币；为这个目的的货币，是必须常常在贮藏货币的形态上，常常在其金属身体上面的；在这个形态上，货币不仅是价值的形态，而且是价值（它就是这种价值的货币形态）的本身。这种金，对银行而言，对金的输出商人而言，虽都是代表资本，银行家资本或商人资本，但这种需要并不是把金当作资本，却是把金当作货币资本的绝对形态来需要。这种需要，正在不能实现的英国商品资本在外国市场上充斥那时候发生的。所以，被要求的，不是当作资本的资本，而是当作货币的资本。在这个形态上，货币是一般的世界市场商品（Weltmarktsware），这就是它原来的贵金属的形态。金的流出，并不像富拉吞，杜克等人所主张的那样，纯然是资本问题。那其实是一个货币问题，虽然它是在一个特别的机能上。它虽不像通货原理家所主张那样是一个国内流通的问题，但这个事实，也不像富拉吞等人所想像那样可以证明那单纯是资本的问题。它所关涉的，是国际支付手段形态上的货币。富拉吞说："这个资本（即国内谷物歉收后一百万卡德外国小麦的购买价格）是在商品形态上还是在现钱形态上移送，那是一个毫无影响于营业性质的一点。"（富拉吞前书第 131 页）但它会极其显著地，影响金是否流出的问题。资本在贵金属的形态上移转，因为它不能在商品形态上移转，或须忍受极大的损失方才能在商品形态上移转。现代银行体系（Banksystem）对于金流出的恐惧，比货币体系（Monetarsystem）——它认贵金属为唯一真实的财富——所梦想的一切，只有过之无不及。在这里，我们且拿国会委员对英格兰银行总裁摩里士关于 1847 年—1948 年恐慌所行的问答来做例。第 3846 号，问："当我说存货和固定资本的价值减少时，你不知道，各种证券，各种生产物，是同样价值减少了么，原棉、原丝、原毛，是以同样削减的价格送到大陆去么？砂糖、咖啡、茶，都忍受大牺牲而以强制拍卖的方法卖出么？"——答："这是不可避免的，国家为要阻止因生活资料大量输入而起的现金流出，是必致于受这种大牺牲的。"——第3838号，问："你的意思，不是说与其忍受这种牺牲而使金流回，就不如动用银行库存的八百万镑么?"——答："不，我的意思不是这样想。"——在这场合，金被视为是唯一的现实的富。

杜克曾发现，"除一两个许有圆满说明的例外，过去五十年间由金流出而起的汇兑率的显著下落，与流通手段的比较低位的状态，是一致的。反之，则与流通手段的比较高位的状态相一致。"杜克的这个发现，曾为富拉吞氏所引用（见富拉吞前书第121页）。这个发现，证明了，金的流出，通例是在激动和投机的期间过去以后发生，是"已经开始的崩溃的信号……是市场过充的记号，是外国对本国生产物的需要已经停止的记号，是归流迟滞的记号，并且是这种种现象，商业失信用，制造厂关闭，职工饥饿，产业及企业一般停滞的必然结果。"（第129页）同时，这个发现，又自然是通货原理派的主张最有力的反驳。通货原理派的主张是：充实的流通，会把金块驱出，低位的流通，会把金块吸引。恰好相反。虽然英格兰银行的强固的金准备，通例会在繁荣时期存在，但这个货币贮藏，常常是在激动期后的停滞冷落时期形成的。

总之，这个关于金流出现象的智慧，归根结底，是主张：对国际的流通手段和支付手段的需要，和对国内的流通手段和支付手段的需要，是不同的，（由此会生出如下的结论来，即，"出流的存在，不必包含国内通货需要的减退"，富拉吞在前书第112页，就曾这样主张的），贵金属从国内流出而投入国际流通的过程，也与银行券或铸币投入国内流通的过程不一致。此外，我又在前面指出了，当作国际支付准备金而累积的贮藏货币之运动，就其自体说，与当作流通手段的货币之运动，毫无关系。是的，我说明货币性质时，曾指出贮藏货币有种种的机能，它或是当作支付手段（国内的到期的支付）的准备金，或是当作流通手段的准备金，或是当作世界货币的准备金。在这场合，这种种机能，归由这个独一无二的准备金负担了，问题会因此益形复杂的。但由此，我们当可结论说，在一定的情形下，英格兰银行的金流到国内市场的现象，可以和流出到国外市场的现象，结在一起。又，当这个贮藏货币，随意地被课加以追加的机能，因而，在信用制度和信用货币已发展的国家，当作银行券兑现的保证基金时，问题还会更进一步复杂。并且在此之外，（1）国家准备基金又会累积在一个中央银行；（2）国家准备基金又会减至可能最低限。富拉吞的怨嗟（第143页）就是这样发生的。他说："英国，只要英格兰银行的贮藏货币，好像有完全枯竭的样子，便会发生热病似的不安和警戒。在这场合，如我们不知道金属通货在这方面的优越的利益，我们决不能了解，为什么大陆诸国，对于汇兑率的变动，能以非常安静平稳的态度来应付。"

把金流出的问题除开不说，我们要问，像英格兰银行那样发行银行券的银行，怎样能不增加银行券的发行，而增加它所给予的货币融通额？

在银行外部的银行券，或是在流通中，或是在私人的贮藏中，但无论如何，就银行本身言，那都是在流通中的，在它的所有之外的。所以，如果银行扩大它的贴现业务和银行业务，推广它的以有价证券为担保的垫支业务，则为这目的发行的银行券，必定会流回到它手里来；不然，这个银行券就会把流通额增加。但这是一个我们未曾假定的事项。这种归流，是由两个方法产生的。

第一，银行以有价证券为抵押，而以银行券支付给A；A用这种银行券，支付给B，以兑付到期的汇票；B再把这种银行券存到银行。这种银行券的流通，由此结束了，但贷放依然保存着。（"货放仍然保存着，通货如不需要，就会流回到发行者手里"。富拉吞第97页）银行垫支给 A 的银行券，现在流回到银行来了；但他依然是 A 的债权人或依然是汇票（由 A 拿来贴现的汇票）支付人的债权人，并依然是 B 的债务人（就这种银行券表示的价值额而言）。由此，B 可支配银行的资本一个相应的部分。

第二，A 支付 B，B 自己或由 B 受得这种银行券的 C，就用这种银行券，直接地，或间接地，兑付到期的汇票于银行。在这场合，银行被付入的，就是银行自己的银行券。交易就是这样完成（一直到 A 付还银行的时候）。

然则，银行对 A 的垫支，在什么程度内，是资本的垫支，在什么程度内，只可说是支付手段的垫支呢？[①]

〔这要视垫支的性质而定的。在这里，有三种情形待我们研究。

第一种情形，是 A 以他个人的信用，从银行获得垫支，不须为此提供任何的担保。在这场合，他不仅受得支付手段，并无条件的，受得一个新资本。这个新资本，可在付还之前，当作追加资本，投在他的业务上，使它发生价值增殖的作用。

第二种情形，是 A 以有价证券，公债券或股票，当作副担保品，而在时价三分之二以内的范围，获得现金的垫支。在这场合，他获得了他所需用的支付手段，但没有获得追加的资本；因为，他曾以更大的资本价值（比他所受得的资本价值更大）给于银行。但从一方面说，这个更大的资本价值，因为是在一定形态上，当作生息的资本投下，所以，对于他目前的需要——支付

---

① 原稿从这里接下去的文句，在前后的脉络上，是解不通的。括号内的文句，都经编者重新编过。这里所讨论的问题，已在别的关系上，讨论过了。参看第 26 章。——F. E.

手段——不能适用；从另一方面说，A 自有理由，不肯直接由售卖，把这种有价证券化为支付手段。他的有价证券，除有别种决定外，尚当作准备资本；他现在也就是把它当作准备资本，使它发生机能的。所以，在 A 与银行之间，发生了一个暂时的相互的资本移转，A 并未由此受得任何的追加资本（不，不但没有增加，而且减少了），不过受得了他所需要的支付手段。反之，就银行而言，这种交易，不过暂时使货币资本固定在贷放形态上，使货币资本由一种形态转为别一种形态。这种转化，正是银行业务的本质的机能。

第三种情形——A 有一张汇票请银行贴现，并在扣除贴现手续费之后，在现金的形态上，取得这个金额。在这个场合，他是把一个非流动形态上的货币资本，为交换一个流动形态上的价值额，而售于银行。那是用一张通用的汇票，交换现钱。现在，这张汇票，成了银行的所有。当然，在汇票不兑付的场合，最后的划拨人 A，仍须对银行负偿付责任。这个责任，是由 A 和别的划拨人，汇票发出人，共同负担的；而这其他一切的划拨人和汇票发出人，都须对 A 负责。所以，在这场合，我们没有垫支，只有通例的买卖，所以，A 无须付还什么给银行；汇票到期时，银行会由汇票的兑付现金，而获得代价。在这场合，在 A 和银行之间，也发生了相互的资本移转，那是和普通买卖完全一样的。也就因此，A 不曾获得任何追加的资本。他所需要的，所受得的，都是支付手段；他所以能获得这种支付手段，是因为银行把他的货币资本由一个形态——汇票，转化为别个形态——货币。

所以，现实的资本垫支，在第一种情形下，方才发生。在第二种情形和第三种情形下，我们至多只能在这种意义上，说它是资本垫支，那就是每一种投资，都包含"资本的垫支"。在这意义上，银行垫支货币资本给 A；但就 A 而言，它不过在这个意义上是货币资本，那就是，它是他的资本一般的一部。但他需要它，使用它，并不是特别把它当作资本，却宁可说是特别把它当作支付手段的。不然的话，每一种普通的商品售卖（人们也由这种售卖，获得支付手段的），都可当作是资本垫支看待了。——F. E.〕

就发行银行券的私办银行说，区别是由这一点成立的：如果它的银行券不留在地方的流通内，也不在存款形态上或兑付到期汇票的形态上，流回到它本行，这种银行券就会落到人民手里。对于这种人民，私办银行是必须用金或英格兰银行的银行券来兑换的。在这场合，私办银行银行券的垫支，在事实上，是代表英格兰银行银行券的垫支，或（就私办银行说，这其实是一样的）代表金（它的银行资本的一部分）的垫支。又如英格兰银行或某其他的有法定最高纸币发行额的银行，必须售卖有价证券才能从流通内收回它本行的银行券，然后再在垫支形态上放出，情形也是这样的。在这场合，它本行的银行券，就代表该行流动银行资本的一部分。

就令通货纯然是由金属构成，以下所述数点依然是可能的：第一，金的流出〔在这里，分明是指一个至少有一部分到外国去的金流出——F. E.〕会把金库弄得枯竭。第二，因为人们向银行要求现金，主要是为要清付支付上的差额（即过去各种交易的支付差额），所以它的以有价证券为担保的垫款会大增加，但那会在存款的形态上，或在兑付到期汇票的形态上，流回到它来的，因此，一方面，银行手里的有价证券增大时，其货币贮藏额将会减少；别一方面，银行从前以所有者资格所有的货币额，现在仍会由他以存款人的债务人的资格保有，结局，流通手段的总量是会减少的。

在以上，我们是假定，垫支是用银行券来实行的，所以，这种垫支至少会在银行券的发行上引起一种暂时的甚至会再消灭的增大。但这并不是必然的。银行不发行纸币时，还可对 A 开始一种账簿信用（Bücbkredit）；在这场合，银行的债务人 A，变成它的想象上的存款人。他会把那由银行兑付的支票，支付给他的债权人；支票受取人，就把这种支票交给他本人的银行业者，这个银行业者会在票据交换所，交换那须由他兑付的支票。在这场合，并没有任何银行券介在中间；全部交易是以这个事实——银行会由一张由它本行兑付的支票，来清算它所有的请求权，它的现实的报酬，则由它对 A 的债务请求权构成——为限。在这场合，银行曾以其银行资本的一部分垫支于 A，因为它曾以它本行对 A 的债务请求权，垫支给 A。

如果对于货币融通的需要，便是对于资本的需要，那也只是对于货币资本的需要；这所谓资本，乃是银行业者心目中的资本；在金流出的场合，是金，或国家银行的银行券；私办银行要获得这种银行券，是必须用等价物来购买的，所以，对于这种私办银行，它是代表资本。不然，它为要获得这种金或银行券，是必须拿有息的有价证券、国债券、股票等去售卖。但若是国债券，那不过对于买者是资本；对他而言，它的购买价格，就代表他的投在其内的资本。就它自体说，它并非资本，不过是一种债务请求权。如果它是土地抵当证书（Hypetheken），它就不过是对未来地租的请求权。如果它是股票，它就是一种所有权证，不过使这种权证的保有人，有权分受未来的剩余价值。这种种，都不是现实的资本，都不是资本的成分，就它们自体说，它们也不是价值。由于类似这一类的交易，银行所有的货币，可以转化为存款，以致这个货币的原来的所有者——银行——成为这个货币的债务人，但不过在别一种所有权利下，把它保有。这件事对于银行自身是极重要的，但国内库存的资本量乃至货币资本量，不会因此发生任何的变更。在这场合，资本只当作货币资本，如果它不是在现实的货币形态上存在，它还只表现为资本权证（Kapitaltitel）。这是一个极重要的事实；因为银行资本的稀少及其迫急需要，曾被混同于现实资本的减少。在这场合，事实是正好相反；我们宁可说，这是生产手段和生产物形态上的资本过多，以致市场受其压迫。

在流通手段的总量不变乃至减少的场合，何故银行所受得的当作担保的有价证券的量反而会增加，从而，增大的对于货币融通的需要能由银行满足呢？根据以上所说，这个问题的说明，就极单纯了。在金融紧逼的时期，流通手段的总量，将由下述二法，受到限制。(1) 由于金的流出；(2) 在放出的银行券会立即回来或交易不经银行券发行而以账簿信用为媒介的场合，要之，在支付完全以信用交易为媒介，而营业之唯一目的仅在清算这种支付的场合，由于当作支付手段的货币的需要。在货币仅用来清算支付的场合，（在恐慌时期受人垫支，其目的是为支付，不是为购买，是为处理以前的交易，不是为开始新的交易），货币有一种特色是，货币的流通，即在清算不纯由信用作用（即无任何货币介在中间）的地方，也是微小的，所以，在人们对于货币融通发生大需要时，这种行为能发生惊人的数额，但不致于把流通扩大。但英格兰银行给予大的货币融通，同时该银行的流通却呈稳定状态乃至减少的事实，并不像富拉吞杜克辈所设想那样，可以证明，当作支付手段的货币（银行券）的流通，不被增加，也不被扩大。（富拉吞、杜克）他们所以会这样主张，是因为他们错误地把货币融通和借取追加资本，看作是一回事。在营业不景气时期，是必须有这样大的货币融通的。在这时期，当作购买手段的银行券的流通虽会减少，但当作支付手段的银行券的流通却会增加，但其流通总额（即当作购买手段和支付手段用的银行券的总额）保持不变或减少。当作支付手段的会立即回到原行的银行券的流通，在这一辈经济学者眼里，并不是流通。

假设当作支付手段的通货的增加率，较大于当作购买手段的通货的减低率，则当作购买手段用的货币量虽显著减少，通货的总额仍然会增大。这种情形，在恐慌的某一时期，会实际发生的；那就是，在信用完全破坏的时期会实际发生；因为在这个时期，不仅商品和有价证券不能售卖，汇票也会不能贴现，一切都须用现钱支付，或者像商人所说：Kassa。因为富拉吞辈不了解，当作支付手段的银行券的流通，正是这个金融紧迫时期的特征，所以他们竟把这种现象视为是偶然的。"在金融恐慌的时期，人们热烈竞争，图把银行券获得，这种情形，有时（例如在1825年终），甚至在金仍继续流出时，也会引起银行券发行额的突然的乃至暂时的增大。再说到这种情形，我以为，这种竞争，不能说是低汇兑率之自然的必然的附随事项。这场合的需要，不是对通货（应该说是当作购买手段的通货）的需要，只是对贮藏货币的需要。那是陷入警戒状态中的银行家和资本家方面的需要。在金流出历时已久之后，这种需要一般是在恐慌的最后行动（那就是需要银行券，当作支付手段的准备）中成立，并且是恐慌终结的先声"。（富拉吞第130页）

在考察当作支付手段的货币时（第一卷第三章第三节B），我们已经说明，在支付的连锁急激中断时，货币怎样由价值之观念的形态，转化为价值之实物的绝对的形态，而与商品相对立。关于这一点，我们曾在第一卷第三章79页注①和注②，提示若干的实例。这种中断，一方面是信用动摇及伴起的各种事情（市场的过充，商品的减价，生产的中断等）的结果，一方面又是这种种事情的原因。

但很明白，富拉吞是把当作购买手段的货币和当作支付手段的货币之区别，错误地，转化为通货（流通手段）和资本之区别了。他所以会这样，是因为他对于流通，抱有狭隘的银行业者的观念。

我们还可以问，在这个逼迫期感到缺乏的，是资本呢，还是当作支付手段的货币呢？这是一个尽人皆知的论争。

最先，在金融紧迫由于金流出的限度内，那很明白，被需要的，是国际的支付手段。但当作国际支付手段用的货币，乃是在金属实体内的金，是一个自具价值的实体，一个价值量。它同时是资本，但这个资本，不是商品资本，只是货币资本；不是在商品形态上的资本，而是在货币形态上的资本（这所谓货币，是真正的货币，那是当作一般世界市场商品而存在的）。在这里，对立的，不是对于当作支付手段的货币的需要和对于资本的需要。在这里对立的，仍是货币形态上的资本和商品形态上的资本。在这里被需要且能发生机能的唯一的形态，是资本的货币形态。

把这种对金（或银）的需要存而不论，我们不能说，在这样的恐慌时期，会发生资本短少的情形。在谷物歉收或棉花歉收那样异常的时期，情形或许会这样的；但这种情形，并非恐慌时期必然的常则的附随事项。我们不能因为看见对于货币融通发生了严重的需要，便断言已发生资本短少的情形。刚好相反，市场是过充着，商品资本是充溢着。无论如何，引起金融紧逼的，不是商品资本的短少。关于这个问题，我们以后还要讨论的。